SPSS를 활용한
회귀분석

REGRESSION ANALYSIS
using SPSS

노형진 지음

MEDIA JIPHIL
(주)지필미디어

머/리/말

회귀분석은 데이터를 통계적으로 처리하는 방법 중에서 가장 활용빈도가 높고 활용분야도 넓은 수법의 하나이다. 또한 회귀분석의 이론은 다른 통계적 분석 수법과 밀접하게 관련되어 있다. 따라서 회귀분석을 이해하고 실제로 활용할 수 있도록 하는 것은 조사 데이터나 실험 데이터의 분석을 실천하지 않으면 안 되는 사람들에게는 필수적이라고 할 수 있다.

회귀분석은 수치를 예측하는 데에 쓰이는 수법인데, 수치를 예측하고 싶은 것이 아니라 살까 사지 말까, 합격인가 불합격인가를 예측하고 싶다고 하는 상황도 빈번하게 있다. 또한 어떠한 사람이 사지 않을까, 어떠한 사람이 불합격이 될까라고 하는 요인을 찾아내고 싶다고 하는 상황도 있다. 이와 같이 예측하고 싶은 항목이 수치로는 나타낼 수 없지만, 범주(종류)로서는 표현할 수 있다고 할 때에 쓰이는 것이 로지스틱 회귀분석이다.

로지스틱 회귀분석은 계산식을 알고 있더라도 필산으로 결과를 낼 수 있는 것이 아니고, 통계 소프트웨어라고 부르는 전문적인 도구가 필요하다. 이 책에서는 SPSS라고 하는 통계 소프트웨어를 이용하고 있다. 이 책은 회귀분석과 로지스틱 회귀분석의 사용방법과 이들을 SPSS로 실시하는 방법을 배우기 위한 서적이다.

이 책은 회귀분석과 로지스틱 회귀분석의 전문서적이므로, 회귀분석의 용어나 기초지식에 대해서 충분히 할애했다.

이 책의 구성은 다음과 같다.

제0장은 상관분석의 개요와 기본 그리고 편상관계수 등을 해설하고 있다.

제1장은 회귀분석 입문으로 회귀분석의 개요와 데이터 및 변수의 종류를 해설하고 있다.

제2장은 단회귀분석의 개요와 잔차의 검토 등에 대하여 소개하고 있다.

제3장은 중회귀분석의 기초지식과 실제에 대하여 상세히 해설하고 있다.

제4장은 질적 변수와 더미 변수에 대하여 예를 들어 해설하고 있다.

제5장은 회귀분석에 있어서 설명변수의 선택에 대한 여러 가지 문제점을 해설하고 있다.

특히 다중공선성과 결측값의 취급 등을 해설하고 있다.

제6장은 로지스틱 회귀분석의 개요와 기본 그리고 실천적 예제를 소개하고 있다.

제7장은 수치로 표현할 수 없는 범주변수의 취급방법, 로지스틱 회귀분석과 관계가 깊은 오즈비의 취급방법, 변수끼리의 상호작용의 취급방법을 문제 삼아 해설하고 있다.

제8장은 로지스틱 회귀분석에서 중요한 역할을 하는 변수를 통계학적으로 선택하기 위한 방법에 대해서 소개하고 있다.

제9장은 로지스틱 회귀분석을 실천할 때에 직면하는 과제를 문제 삼아 해설하고 있다.

제10장은 대응이 있는 데이터의 분석방법으로서 조건부 로지스틱 회귀분석을 소개하고 있다.

제11장은 예측하고 싶은 항목의 종류 수가 세 개 이상으로 나누어질 때에 사용하는 특수한 로지스틱 회귀분석의 수법으로서 다항 로지스틱 회귀분석과 순서 로지스틱 회귀분석을 소개하고 있다.

제12장은 로지스틱 회귀분석을 포함한 광범위한 수법으로서 일반화 선형모형을 소개하고 있다. 또한 일반화 추정방정식이라고 부르는 반복측정이 있는 데이터에 대한 로지스틱 회귀분석의 방법도 문제 삼고 있다.

제13장은 성향 점수를 문제 삼고 있다. 성향 점수는 교락 인자를 조정하는 방법으로 성향 점수의 계산에 로지스틱 회귀분석이 이용되고 있다.

이 책에서는 SPSS를 이용하고 있는데, 이 소프트웨어의 정식 명칭은 IBM SPSS Statistics로 버전은 23을 사용하고 있다. 그리고 로지스틱 회귀분석을 실행하려면 기본 시스템 외에 IBM SPSS Regression이라고 하는 옵션이 필요하다. 더욱이 Cox 회귀분석이라고 하는 방법을 사용하려면 IBM SPSS Advanced Statistics라고 하는 옵션이 필요하다.

마지막으로 이 책의 출판에 많은 도움을 주신 지필미디어 사장님 이하 관계자 여러분의 노고에 깊은 감사의 말씀을 드린다.

2016년 4월

저자 씀

목/차

제3장 중회귀분석 51

제4장 질적 변수와 더미 변수 101

제5장 설명변수의 선택 139

CHAPTER

0

상관분석

CHAPTER 0 **상관분석**

0.1 | 상관관계의 파악

1. 상관계수와 산점도에 의한 파악

[예제 0-1]

다음의 데이터는 어떤 제품의 강도(y)와 그 제품 중에 포함된 경화제의 양(x)을 30개 측정한 것이다. 이 데이터를 그래프로 표현하고 경화제의 양 x와 강도 y의 관계를 파악하라.

표 0-1 데이터표

No.	1	2	3	4	5	6	7	8	9	10
경화제의 양 (x)	29	32	29	28	25	28	31	31	32	23
강도 (y)	50	49	46	51	44	46	52	52	51	42
No.	11	12	13	14	15	16	17	18	19	20
경화제의 양 (x)	29	32	27	30	29	29	30	30	32	29
강도 (y)	46	52	47	53	51	51	53	53	54	47
No.	21	22	23	24	25	26	27	28	29	30
경화제의 양 (x)	29	29	28	28	26	31	26	33	27	32
강도 (y)	50	53	49	46	47	53	45	48	47	48

■ 사고방식과 적용수법

두 개의 양적인 변수(x와 y)가 있을 때, 이 두 개의 변수 관계를 시각에 호소하여 파악하기 위해서는 산포도(散布圖) 혹은 산점도(散點圖)라고 불리는 그래프를 적용한다.

상관관계

두 개의 변수 x와 y가 있을 때에, x의 변화에 따라서 y도 변화하는 관계를 상관관계라고 한다. x가 증가하면 y도 증가하는 관계를 **양의 상관관계**, x가 증가하면 y는 감소하는 관계를 **음의 상관관계**라고 한다. 어느 쪽의 관계도 보이지 않는 경우를 **무상관**이라고 한다.

상관관계와 인과관계는 다른 개념이다. **인과관계**란 원인과 결과의 관계이며, 이것은 데이터의 통계적 검토만으로는 입증할 수 없다. 데이터에 의거해서 검토할 수 있는 것은 상관관계이며, 인과관계는 데이터의 배후에 있는 이론적 지식이나 기술적 지식에 의해서 설명이 될 필요가 있다. 흔히 수학을 잘하는 사람은 물리도 잘한다고 일컬어지고 있다. 이것은 수학의 성적과 물리의 성적 사이에는 양의 상관관계가 존재한다는 것을 말하고 있는 것으로, 인과관계가 존재하고 있다는 것을 말하고 있는 것은 아니다.

상관계수

두 개의 변수 사이에 상관관계가 있는지 어떤지를 수치적으로 판단하는 데는 **상관계수**라고 하는 지표를 이용한다.

상관계수는 통상 r이라는 기호로 표기되고, -1에서 1까지의 값을 취한다.

$$-1 \leqq r \leqq 1$$

상관계수의 부호가 양(+)일 때에는 양의 상관관계가 있다는 것을, 음(−)일 때에는 음의 상관관계가 있다는 것을 나타내고 있다. 상관관계의 강도는 상관계수의 절대값 $|r|$ 또는 자승값 r^2으로 평가한다. 어느 쪽도 1에 가까울수록 상관이 강하다는 것을 의미한다. 상관관계가 존재하지 않을 때에는 상관계수의 값은 0에 가까운 값이 된다

변수 x와 y의 상관계수는 다음과 같은 순서로 산출할 수 있다.

1. x의 편차제곱의 합 $S(xx)$를 계산한다.

$$S(xx) = \sum_{i=1}^{n}(x_i - \overline{x})^2 = \sum_{i=1}^{n}x_i^2 - \left(\sum_{i=1}^{n}x_i\right)^2/n$$

2. y의 편차제곱의 합 $S(yy)$를 계산한다.

$$S(yy) = \sum_{i=1}^{n}(y_i - \overline{y})^2 = \sum_{i=1}^{n}y_i^2 - \left(\sum_{i=1}^{n}y_i\right)^2/n$$

3. x와 y의 편차곱의 합 $S(xy)$를 계산한다.

$$S(xy) = \sum_{i=1}^{n}(x_i - \overline{x})(y_i - \overline{y}) = \sum_{i=1}^{n} x_i y_i - \left(\sum_{i=1}^{n} x_i\right)\left(\sum_{i=1}^{n} y_i\right)/n$$

4. 상관계수 r을 계산한다.

$$r = \frac{S(xy)}{\sqrt{S(xx)\,S(yy)}}$$

■ 상관계수의 해석방법

상관계수로부터 상관관계의 강약을 판단하는 기준은 다음과 같다.

$0.8 \leqq \lvert r \rvert$	: 강한 상관 있음
$0.6 \leqq \lvert r \rvert < 0.8$	: 보통 상관 있음
$0.4 \leqq \lvert r \rvert < 0.6$	: 약한 상관 있음
$\lvert r \rvert < 0.4$	: 거의 상관 없음

그러나 이것은 어디까지나 기준인 것이고, 상관계수는 데이터 수와의 관계로 음미할 필요가 있다. 특히 데이터의 수가 적을 때에는, 모상관계수 ρ가 0인지 어떤지의 가설검정을 실시해야 한다.

■ 산점도

산점도(散點圖)는 상관관계의 유무를 시각적으로 확인하기 위한 그래프이다. 두 개의 변수 중 한쪽을 가로축으로 하고 다른 한쪽을 세로축으로 하여, 대응하는 데이터를 1점씩 타점(plot)함으로써 작성한다.

> **힌트**
>
> 산점도는 산포도 또는 상관도라고 부르기도 한다.

2. 상관분석의 실제

■ SPSS에 의한 해법

[순서 1] 데이터의 입력

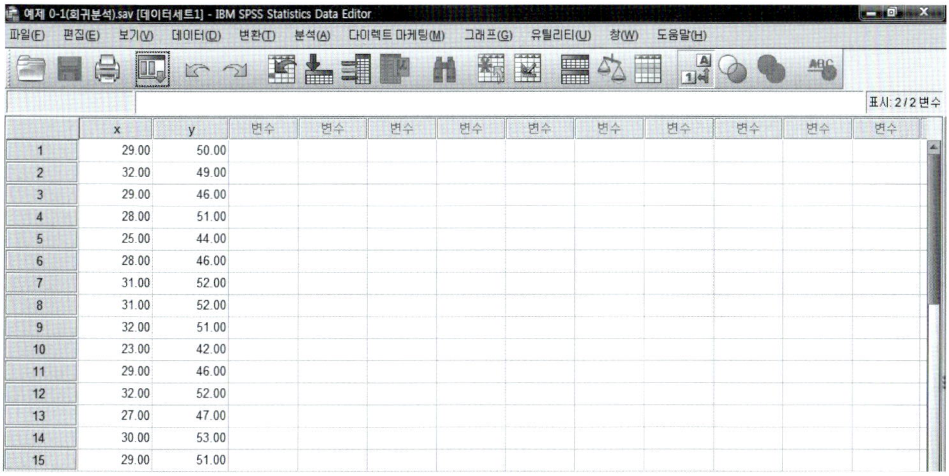

[순서 2] 상관분석의 선택

메뉴에서 [분석(A)]－[상관분석(C)]－[이변량 상관(B)]을 선택한다.

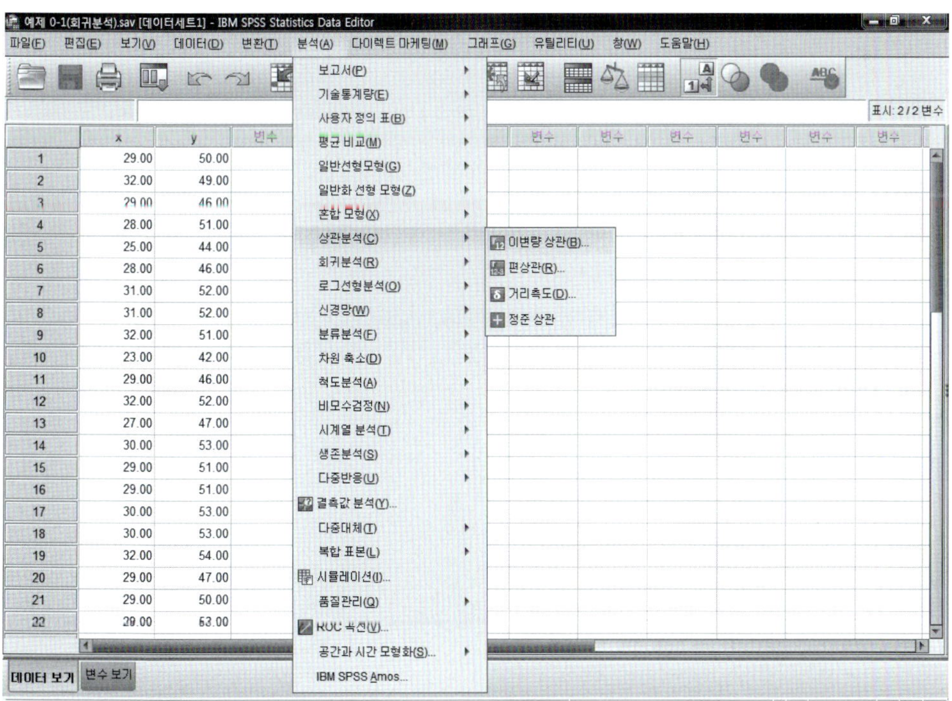

[순서 3] 변수의 선택

[변수(V)]로서 'x'와 'y'를 선택한다. [상관계수]는 이미 초기지정으로 [Pearson]이 선택되었고, [유의성 검정]도 [양측(T)]이 선택되어 있다.

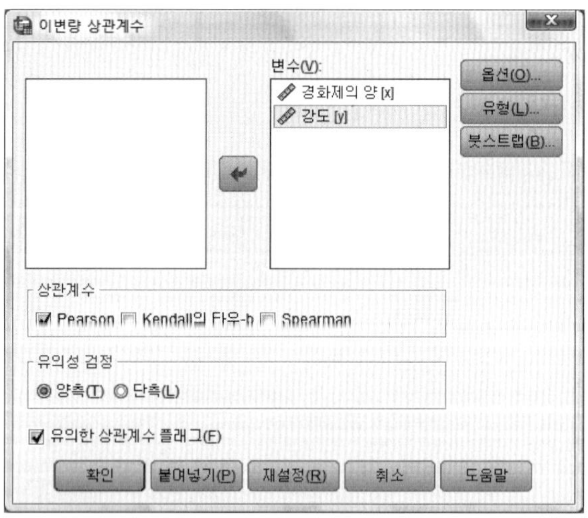

[옵션(O)] 버튼을 클릭하면, [이변량 상관계수 : 옵션] 대화상자가 나타난다.

[순서 4] 통계량의 선택

필요한 통계량으로서 [평균과 표준편차(M)]와 [교차곱 편차와 공분산(C)]을 선택한다.

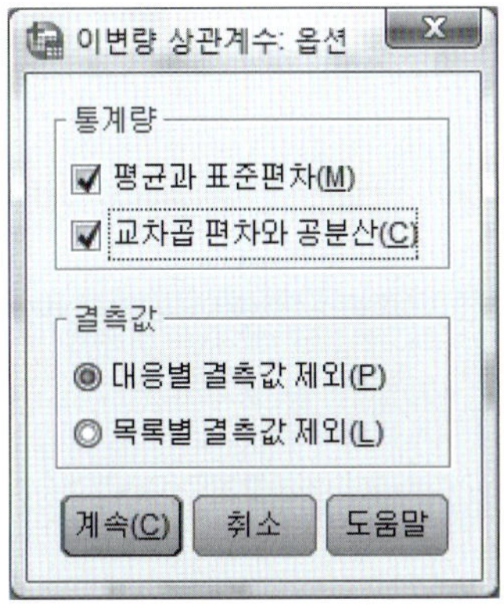

[계속] 버튼을 클릭하면 앞의 화면으로 되돌아간다. 여기에서 [확인] 버튼을 클릭하면 분석결과를 얻을 수 있다.

■ 분석결과

기술통계량

	평균	표준편차	N
경화제의 양	29.1333	2.33021	30
강도	49.2000	3.17751	30

상관관계

		경화제의 양	강도
경화제의 양	Pearson 상관	1	.681**
	유의확률 (양측)		.000
	제곱합 및 교차곱	157.467	146.200
	공분산	5.430	5.041
	N	30	30
강도	Pearson 상관	.681**	1
	유의확률 (양측)	.000	
	제곱합 및 교차곱	146.200	292.800
	공분산	5.041	10.097
	N	30	30

**. 상관관계가 0.01 수준에서 유의합니다(양측).

■ 결과의 해석방법

x (경화제의 양)과 y (강도)는 상당히 강한 양의 상관관계(0.681)를 가지고 있으며, 통계적으로 매우 유의하다(**).

■ SPSS에 산점도의 작성

[순서 1] 그래프의 선택

메뉴에서 [그래프(G)] − [레거시 대화상자(L)] − [산점도/점도표(S)]를 선택한다.

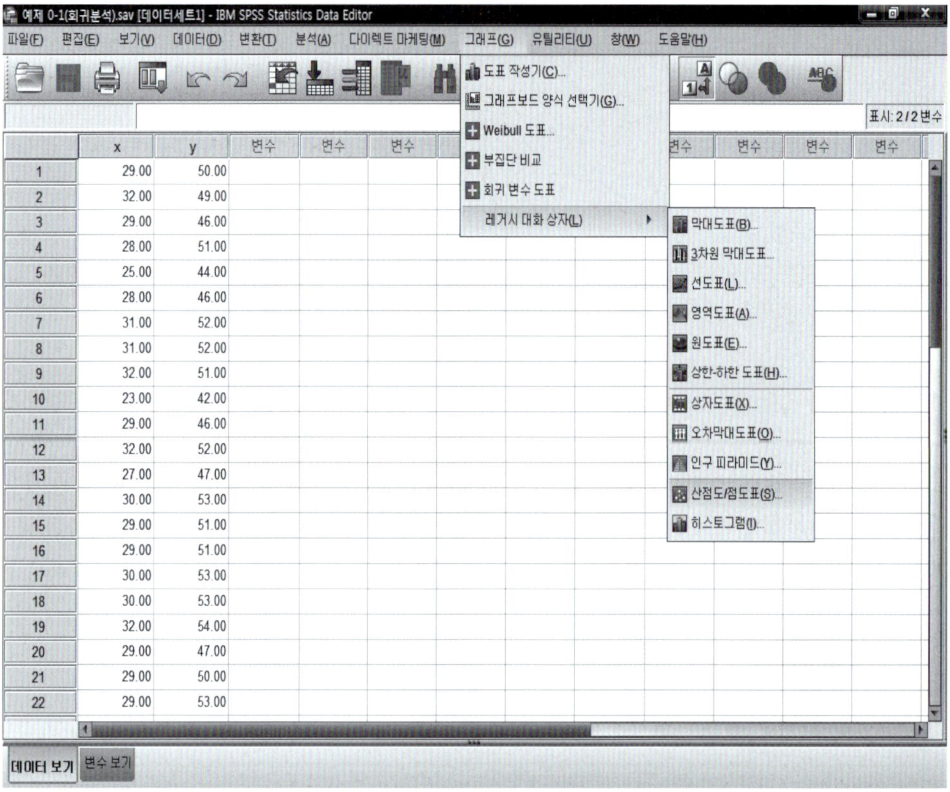

↓ (대화상자가 나타난다)

여기에서 초기지정된 상태대로 [단순 산점도]를 선택하고, [정의] 버튼을 클릭하면 [단순 산점도] 대화상자가 나타난다.

[순서 2] 변수의 선택

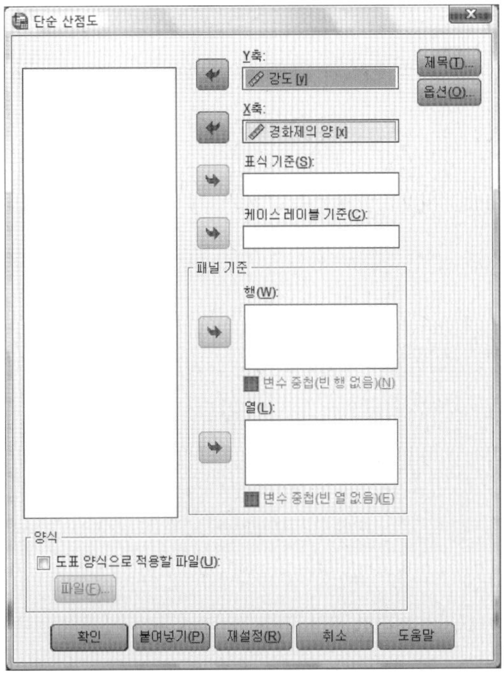

[Y축]에는 'y'를, [X축]에는 'x'를 선택한다. [제목(T)] 버튼을 클릭하면 [제목] 대화상자가 나타난다.

[순서 3] 제목의 입력

[제목]의 [첫째 줄(L)] 난에 '경화제의 양에 따른 강도의 변화'라는 제목을 입력한 후, [계속] 버튼을 클릭하면 앞의 화면으로 되돌아간다.

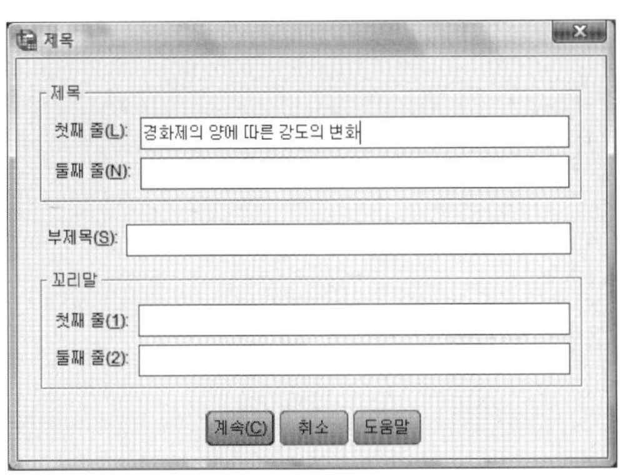

[단순 산점도] 대화상자에서 [확인] 버튼을 클릭하면, 다음과 같은 산점도가 작성된다.

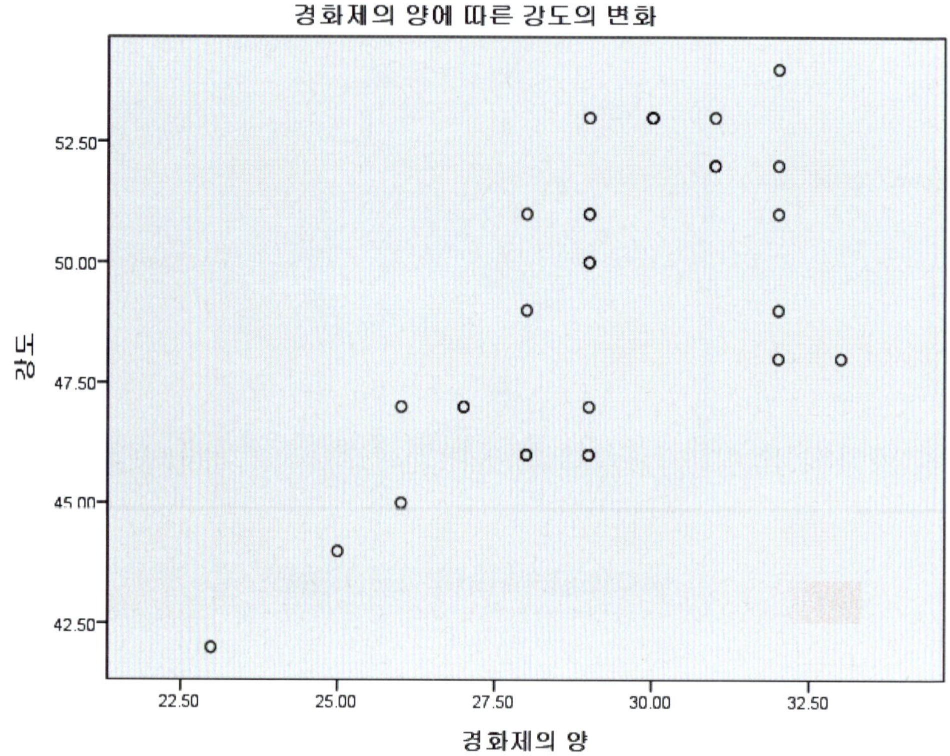

■ 산점도 관찰의 요점

산점도를 관찰할 때의 요점은 다음과 같다.

1. 이상치(엄청나게 차이가 나는 값)는 없는가?
2. 두 개의 변수 x와 y 사이에는 어떠한 관계(직선관계, 곡선관계, 무관계)가 있는가?
3. 그룹이 형성되어 있지 않은가?

0.2 ㅣ 편상관계수의 산출

1. 편상관계수의 의미

세 개의 변량 y, x_1, x_2에 있어서 y와 x_1의 **편상관계수(partial correlation coefficient)**란

y로부터 x_2의 영향을 제거한 것과 x_1으로부터 x_2의 영향을 제거한 것의 상관계수를 말한다.

한편, 두 개의 변수 x와 y에 영향을 미치는 변수를 **제어변수(control variable)**라 하고 제어변수가 없는 편상관계수를 0차 상관이라고 한다. 즉, 보통의 상관계수를 일컫는다. 제어변수가 한 개인 경우의 편상관계수를 1차 편상관이라고 한다.

그리고 x_1으로부터 x_2의 영향을 제거한 것과 y의 상관계수를 y와 x_1의 **부분상관계수 (part correlation coefficient)**라고 한다.

2. 편상관계수의 산출

[예제 0-2]

K고등학교 3학년 학생 20명에 대한 국어, 수학, 영어 세 과목의 성적과 성별 및 순위 데이터가 다음의 표와 같다. 수학의 영향을 제거한 국어와 영어의 편상관계수를 산출해 보자.

표 0-2 데이터표

(단위 : 점)

번호	성별	순위	국어	수학	영어
1	남	12	69	42	63
2	남	4	70	44	61
3	남	11	59	43	54
4	남	13	58	46	55
5	여	5	67	43	58
6	여	14	64	40	57
7	여	7	55	50	45
8	여	16	68	51	58
9	여	6	61	39	53
10	남	15	65	50	56
11	여	1	54	40	47
12	여	2	56	48	52
13	남	10	64	44	54
14	남	17	59	41	55
15	여	19	64	43	68
16	여	20	62	44	51
17	여	3	49	45	46
18	남	18	62	48	61
19	남	9	57	40	47
20	남	8	58	41	49

■ SPSS에 의한 해법

[순서 1] 데이터의 입력

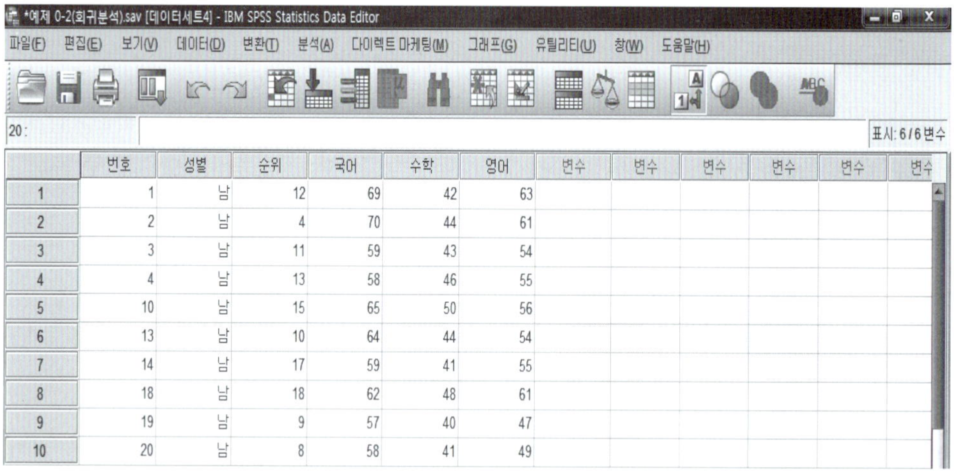

[순서 2] 편상관계수의 선택

메뉴에서 [분석(A)]−[상관분석(C)]−[편상관(R)]을 선택한다.

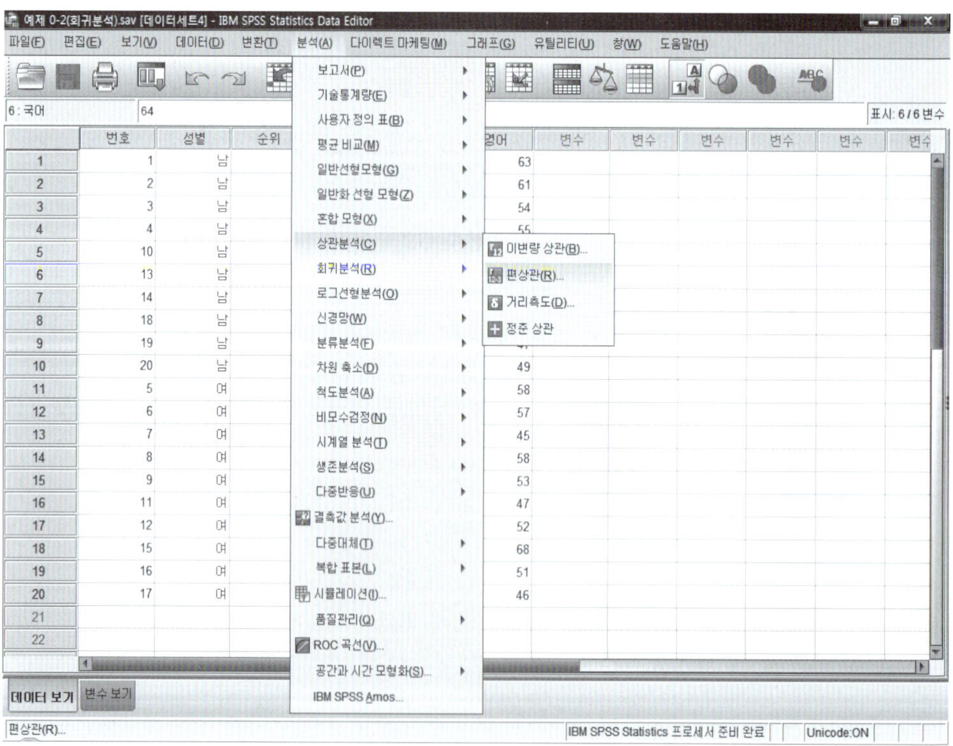

↓ (대화상자가 나타난다)

[순서 3] 변수의 선택 및 결과의 출력

[편상관계수] 대화상자에서 [변수]에 '국어'와 '영어'를 선택하고 [제어변수(C)]에 '수학'을 선택한 다음 [확인] 버튼을 클릭하면 국어와 영어의 편상관계수가 산출된다.

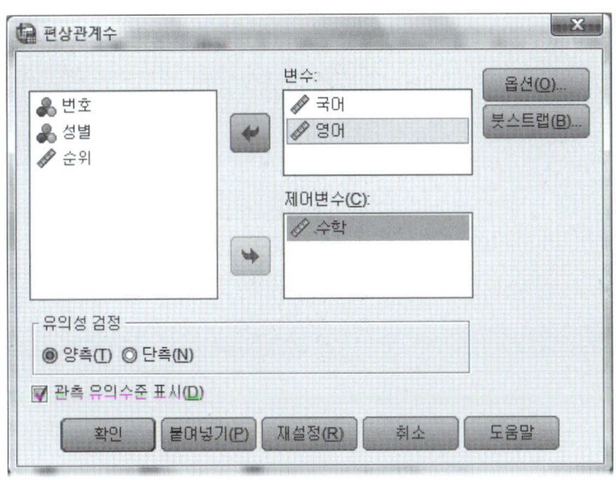

■ 분석결과

상관관계

대조변수			국어	영어
수학	국어	상관관계	1.000	.785
		유의확률(양측)	.	.000
		자유도	0	17
	영어	상관관계	.785	1.000
		유의확률(양측)	.000	.
		자유도	17	0

■ 결과의 해석방법

국어와 영어의 편상관계수는 0.785인 것을 알 수 있다. 이 데이터에서 수학의 점수를 통제하는 것은 의미가 있다. 편상관계수를 산출할 때에는 이론적인 뒷받침이 필요하다.

0.3 | 범주별 상관계수의 산출

1. 파일의 분할

앞의 [예제 0-2]의 데이터에 대해서 남녀 두 그룹으로 나누어 보도록 하자.

■ SPSS에 의한 해법

[순서 1] 파일분할의 선택

메뉴에서 [데이터(D)]-[파일분할(F)]을 선택한다.

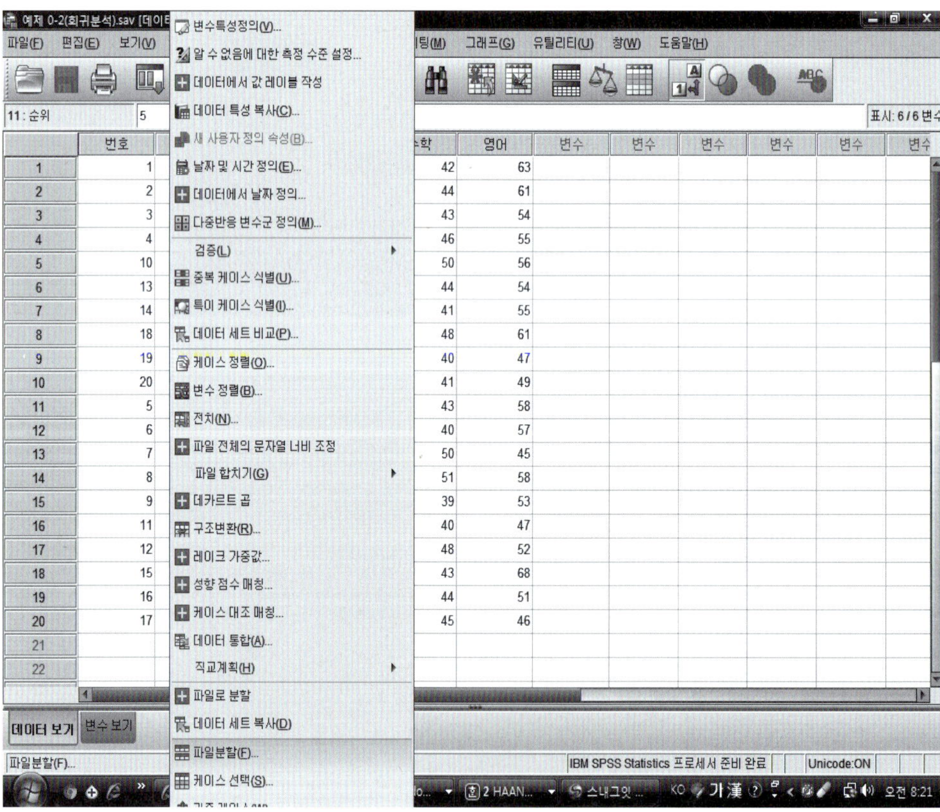

[순서 2] 변수의 선택

[파일분할] 대화상자가 나타나면 [분할 집단변수(G)]에 '성별'을 선택하고 [확인] 버튼을 클릭한다.

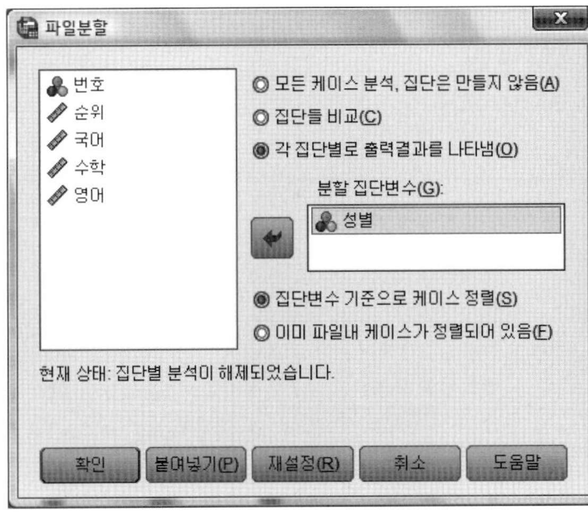

[순서 3] 파일분할의 결과

다음과 같이 남녀 두 그룹으로 나누어져 있음을 확인할 수 있다.

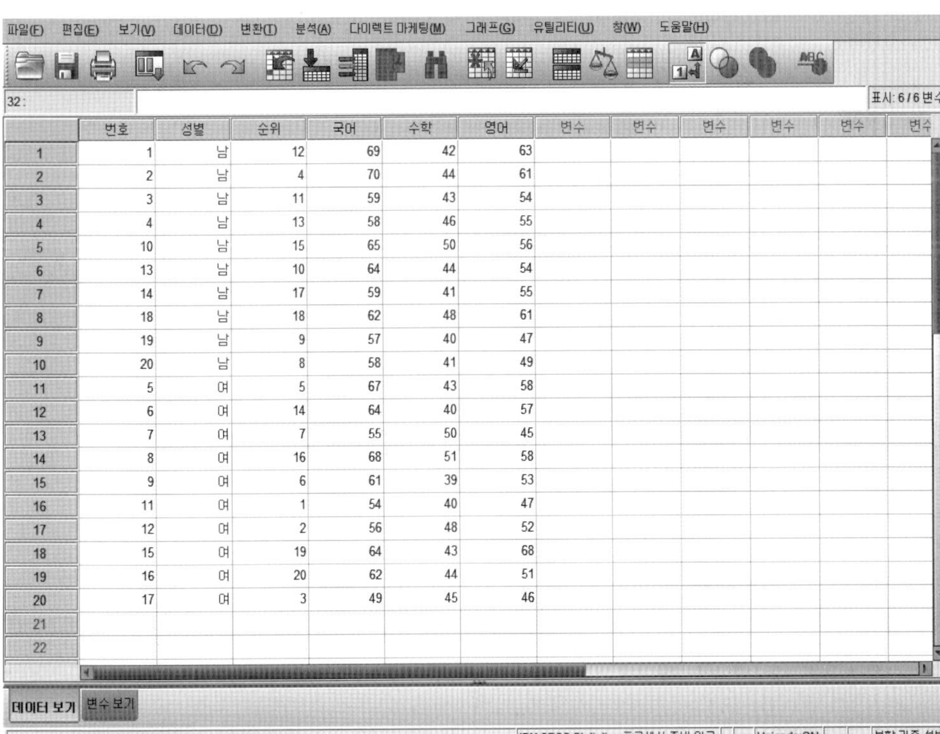

	번호	성별	순위	국어	수학	영어
1	1	남	12	69	42	63
2	2	남	4	70	44	61
3	3	남	11	59	43	54
4	4	남	13	58	46	55
5	10	남	15	65	50	56
6	13	남	10	64	44	54
7	14	남	17	59	41	55
8	18	남	18	62	48	61
9	19	남	9	57	40	47
10	20	남	8	58	41	49
11	5	여	5	67	43	58
12	6	여	14	64	40	57
13	7	여	7	55	50	45
14	8	여	16	68	51	58
15	9	여	6	61	39	53
16	11	여	1	54	40	47
17	12	여	2	56	48	52
18	15	여	19	64	43	68
19	16	여	20	62	44	51
20	17	여	3	49	45	46

2. 남녀별 상관계수의 산출

남녀 두 그룹으로 분할된 데이터에 대해서 국어, 수학, 영어 사이의 Pearson 상관계수를 구하면 다음과 같다.

성별 = 남

상관관계[a]

		국어	수학	영어
국어	Pearson 상관	1	.290	.787**
	유의확률 (양측)		.416	.007
	N	10	10	10
수학	Pearson 상관	.290	1	.437
	유의확률 (양측)	.416		.206
	N	10	10	10
영어	Pearson 상관	.787**	.437	1
	유의확률 (양측)	.007	.206	
	N	10	10	10

**. 상관관계가 0.01 수준에서 유의합니다(양측).

a. 성별 = 남

성별 = 여

상관관계[a]

		국어	수학	영어
국어	Pearson 상관	1	-.038	.775**
	유의확률 (양측)		.917	.009
	N	10	10	10
수학	Pearson 상관	-.038	1	-.141
	유의확률 (양측)	.917		.698
	N	10	10	10
영어	Pearson 상관	.775**	-.141	1
	유의확률 (양측)	.009	.698	
	N	10	10	10

**. 상관관계가 0.01 수준에서 유의합니다(양측).

a. 성별 = 여

다시 모든 케이스를 분석하고 싶은 경우에는 메뉴에서 [데이터(D)] − [파일분할(F)]을 선택하고, [파일분할] 대화상자에서 [모든 케이스 분석, 집단은 만들지 않음(A)]을 체크한 다음 [확인] 버튼을 클릭한다.

0.4 | 부분 데이터만의 상관계수의 산출

1. 특정 데이터의 추출

앞의 [예제 0-2]의 데이터에 대해서 상위 10명만의 상관계수를 구하기 위하여 먼저 상위 10명만의 데이터를 추출해 보자.

■ SPSS에 의한 해법

[순서 1] 메뉴에서 [데이터(D)]-[케이스 선택(S)]을 선택한다.

[순서 2] [케이스 선택] 대화상자에서 [조건을 만족하는 케이스(C)]를 선택하고 [조건 (I)] 버튼을 클릭한다.

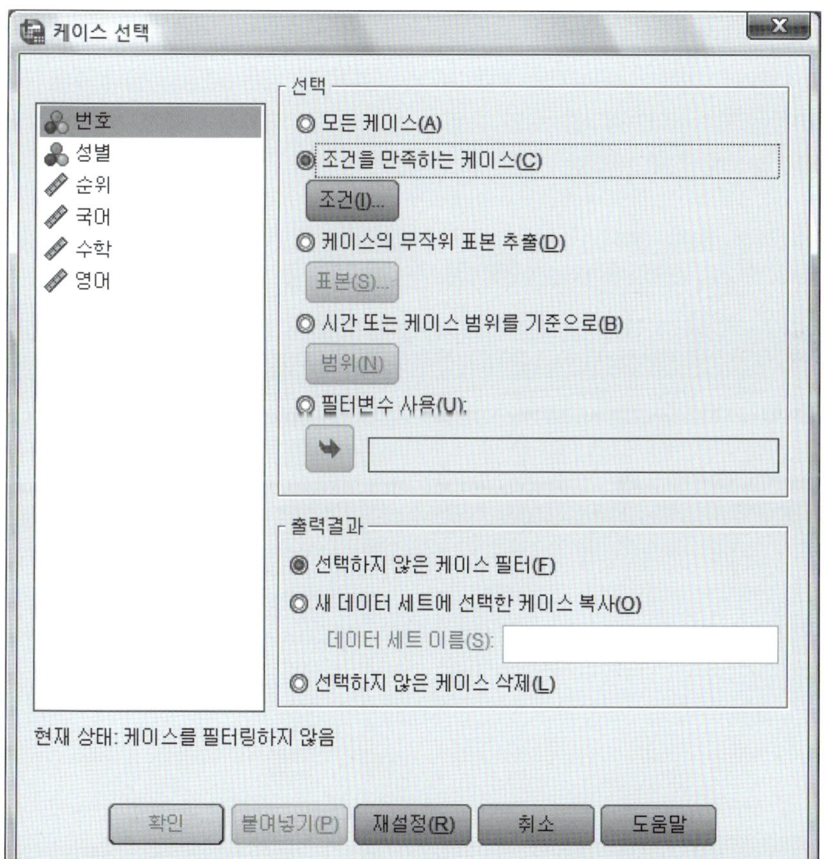

[순서 3] [케이스 선택 : 조건] 대화상자에서 변수 중 '순위'를 선택하여 오른쪽 난으로 옮기고, 키보드를 이용하여 '순위 <= 10'라고 표시되도록 한다. [계속] 버튼을 클릭한다.

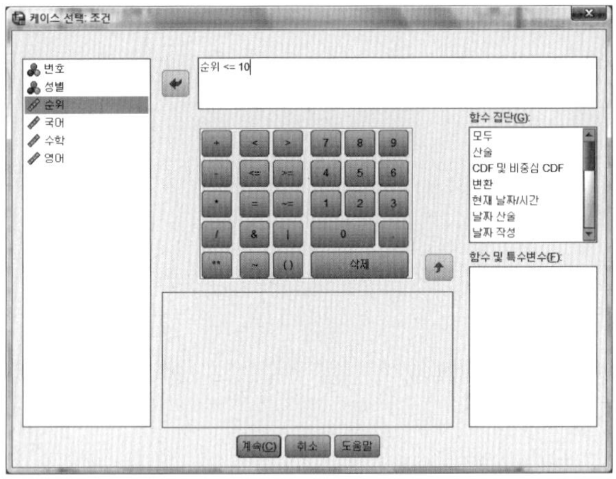

[순서 4] [케이스 선택] 대화상자로 되돌아오면 '선택하지 않은 케이스 필터(F)'을 지정하고 [확인] 버튼을 클릭한다. 결과를 보면 순위가 10보다 큰 케이스 번호에 사선이 그어져 있다. 이것은 분석에서 제외된다는 것을 의미한다.

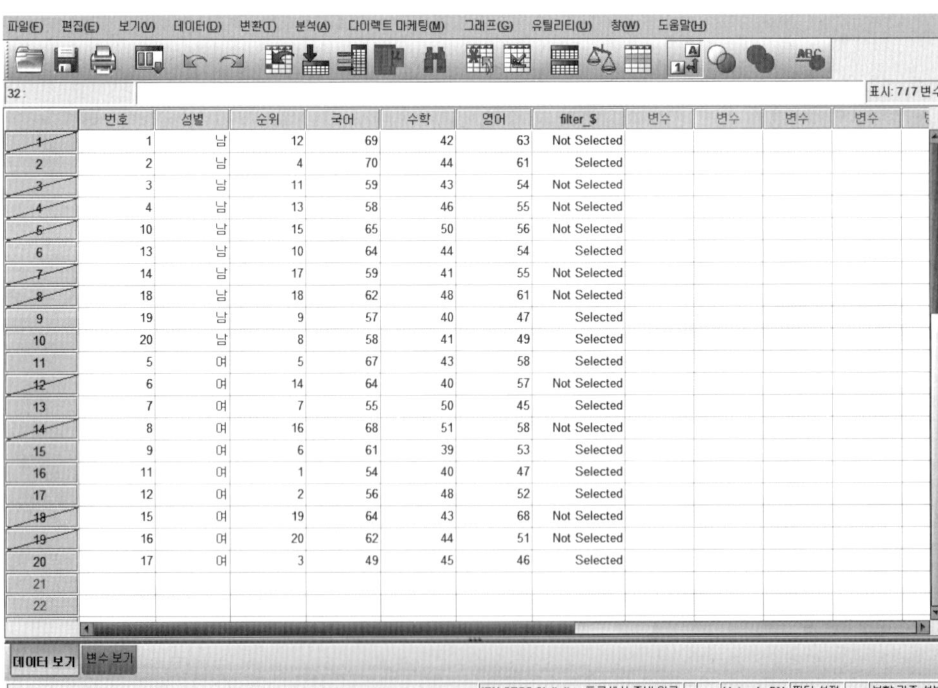

	번호	성별	순위	국어	수학	영어	filter_$
1	1	남	12	69	42	63	Not Selected
2	2	남	4	70	44	61	Selected
3	3	남	11	59	43	54	Not Selected
4	4	남	13	58	46	55	Not Selected
5	10	남	15	65	50	56	Not Selected
6	13	남	10	64	44	54	Selected
7	14	남	17	59	41	55	Not Selected
8	18	남	18	62	48	61	Not Selected
9	19	남	9	57	40	47	Selected
10	20	남	8	58	41	49	Selected
11	5	여	5	67	43	58	Selected
12	6	여	14	64	40	57	Not Selected
13	7	여	7	55	50	45	Selected
14	8	여	16	68	51	58	Not Selected
15	9	여	6	61	39	53	Selected
16	11	여	1	54	40	47	Selected
17	12	여	2	56	48	52	Selected
18	15	여	19	64	43	68	Not Selected
19	16	여	20	62	44	51	Not Selected
20	17	여	3	49	45	46	Selected

2. 특정 데이터만의 상관계수

위의 데이터에 대해서 국어, 수학, 영어 사이의 상위 10명만의 Pearson 상관계수를 구하면 그 결과는 다음과 같다.

상관관계

		국어	수학	영어
국어	Pearson 상관	1	-.156	.924**
	유의확률 (양측)		.666	.000
	N	10	10	10
수학	Pearson 상관	-.156	1	-.085
	유의확률 (양측)	.666		.815
	N	10	10	10
영어	Pearson 상관	.924**	-.085	1
	유의확률 (양측)	.000	.815	
	N	10	10	10

**. 상관관계가 0.01 수준에서 유의합니다(양측).

CHAPTER

1

회귀분석 입문

CHAPTER 1

회귀분석 입문

1.1 | 회귀분석의 개요

■ 회귀분석이란

[예제 1–1]

다음의 데이터는 아파트 전용면적과 가격을 20채에 대해서 조사한 결과이다.

표 1-1 데이터표

번 호	전용면적(m^2)	가격(10만원)
1	65.9	5717
2	48.2	3115
3	56.8	4682
4	64.6	5017
5	54.1	3968
6	68.4	6623
7	47.8	2900
8	51.6	3066
9	59.9	2745
10	46.8	1697
11	53.8	2988
12	62.0	2929
13	59.9	4425
14	44.5	3268
15	86.2	4845
16	54.4	3198
17	56.3	3456
18	70.8	3885
19	39.3	2014
20	36.0	1801

이 데이터를 이용해서 가격과 전용면적의 산점도를 작성해 보면, 전용면적이 넓어지면 가격도 높다고 하는 경향이 보인다.

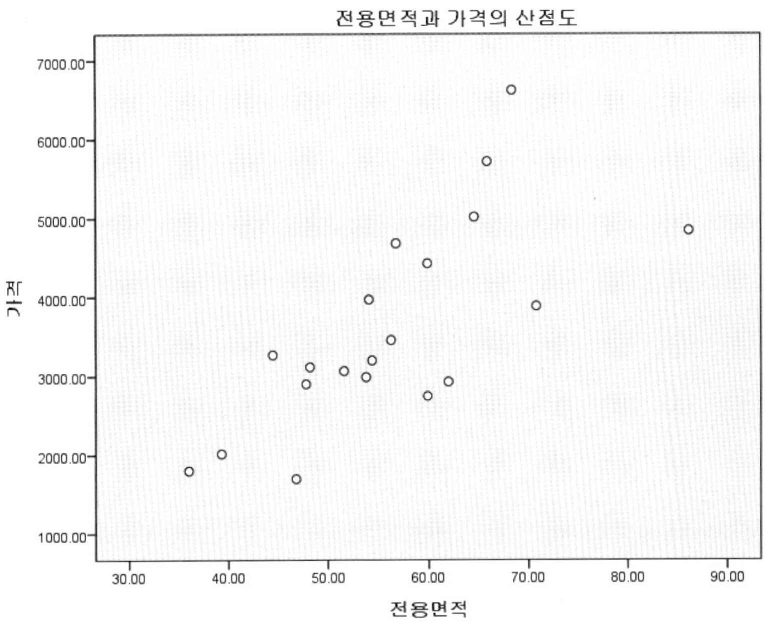

여기에서 전용면적과 가격의 산점도에 직선을 적용시켜 본다. 즉, 추세선을 그어본다.

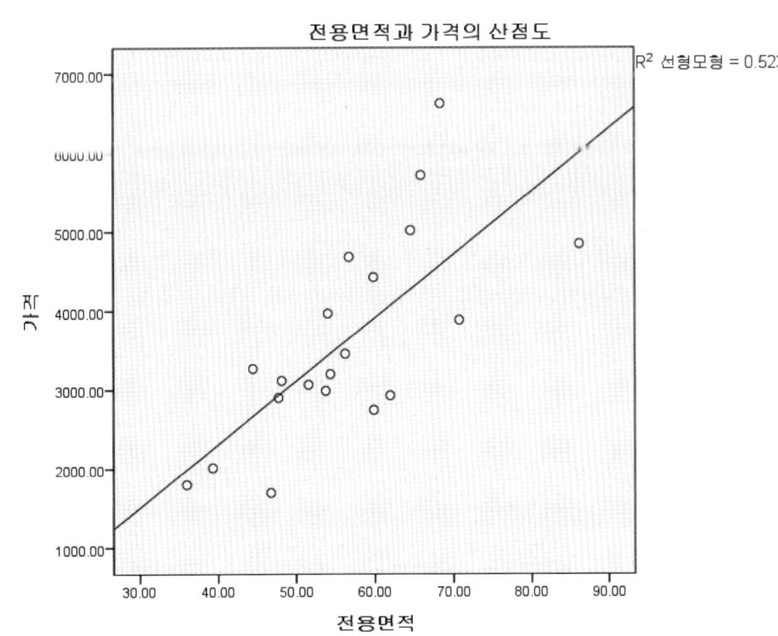

이 직선을 x(전용면적)에 대한 y(가격)의 회귀직선이라고 부른다. 식으로 표현하면 다음과 같이 된다.

$$y = -890.393 + 79.967 \times x$$

이와 같은 식을 회귀식이라고 부른다. 회귀직선(혹은 회귀곡선)이나 회귀식을 구하기 위한 분석을 회귀분석이라고 한다.

회귀라고 하는 말은 우생학자(優生學者) 갈톤(Francis Galton, 1822~1911)에 의해서 이름 붙여졌다. 그는 유전에 관한 논문 「Family Likeness in Stature(1886)」에서 처음 회귀에 대하여 정의하였다. 일반적으로 키가 큰 부모에게서 키 큰 자녀가, 키가 작은 부모에게서 키 작은 자녀가 태어난다. 그렇지만 자녀들의 평균 키는 전체 인구의 평균 키로 회귀하는 경향이 있다. 다시 설명하면 키가 큰 부모이든 작은 부모이든 그들에게서 태어난 자녀들의 평균 키는 전체 평균 키 수준에 접근하는 현상으로 나타난다는 것이다. 이러한 현상을 '보편적 회귀법칙(law of universal regression)'이라고 한다.

보편적 회귀법칙은 피어슨 (K. Pearson, 1857 ~ 1936)에 의해서 체계적인 회귀분석 이론으로 정립되었다. 피어슨은, 1,078개 가족 구성원 자료를 수집하여 아버지 키와 아들 키 사이에 존재하는 회귀법칙을 규명하였다. 피어슨의 회귀법칙 결론은 다음과 같다.

아버지 키가 비교적 큰 집단에서 태어난 아들들의 평균 키는 그 아버지 평균 키보다는 작고, 아버지 키가 비교적 작은 집단에서 태어난 아들들의 평균 키는 그 아버지 평균 키보다 크다는 결론이다.

따라서 아들의 키는 전체 평균 키 수준을 향하여 회귀하는 현상을 나타낸다는 것이다. 그런데 회귀분석에서 분명하게 구분할 것이 있다. 아버지 키가 아들 키에 영향을 주는 것이지, 아들 키가 아버지 키에 영향을 주는 것이 아니다. 또한 아들 키는 아버지뿐만 아니라 어머니의 키, 성장 과정에서 환경 및 인종에 따라 영향을 받는다. 그러므로 회귀분석에서는 변수를 반드시 영향을 주는 변수와 영향을 받는 변수로 구분한다.

갈톤은 "키의 크기는 유전된다고 생각되므로, 부모의 키와 자식의 키는 같은 값이 된다"고 예상했다. 즉,

$$y(\text{자식의 키}) = x(\text{부모의 키})$$

라고 하는 직선이 얻어진다고 생각하고 있었다. 그러나 실제로는 그렇지 않고, 키가 큰 부모로부터 태어난 자식의 키는 부모보다 조금 작은 경향이 있고, 키가 작은 부모로부터 태어난 자식의 키는 부모보다 조금 큰 경향이 있었다. 결국, 어느 쪽도 자식 전체의 평균치 쪽으로 돌아갔다. 그래서 이 현상을 회귀(回歸)라고 부르기로 했던 것이다.

칼럼 회귀란 말을 처음 사용한 갈톤

프랜시스 갈톤 경(Sir Francis Galton, 1822년 ~ 1911년)은 영국의 인류학자, 우생학의 창시자이다. 이래즈머스 다윈의 외손자이고, 찰스 다윈은 그의 배다른 외사촌 형이었다. 사실 그는 다윈보다도 더 '많은' 업적을 남긴 학자였다.

갈톤은 1822년 2월 16일 워위크셔 버밍엄 스파크브루크에서 새뮤얼 갈톤의 아들로 태어났다. 그의 외할아버지는 시인이자 자연철학자인 이래즈머스 다윈이며, 찰스 다윈은 그의 외사촌이다. 버밍엄에 위치한 에드워드 4세 그래머 스쿨을 다닌 후 갈톤은 버밍험 병원과 킹스 칼리지 런던에서 의학을 공부하였다. 그 후 케임브리지 대학교의 트리니지 칼리지에서 학위를 받았고 이때부터 방향을 전환하였다.

1845년에서 1846년까지는 수단을 여행하였고, 1850년에는 웰비스 만에서 시작하여 서남 아프리카를 탐방하였고 1853년에는 탐방 결과를 담은 「Narrative of an Explorer in Tropical South Africa」가 출판되었다. 같은 해 그는 왕립 지리학 협회의 회원이 되었으며 이와 함께 금메달을 수여하였다. 갈톤은 1860년에는 북부 스페인을 조사하였고, 지역과 사람들에 대한 탐문 결과를 「Vacation Tourists」로 출판하였다. 그 이후 갈톤은 기상학으로 관심을 돌렸고, 그의 조사 결과는 1863년에 출판된 「Meteorographica」에 포함되어 있다. 이 책은 광대한 수준에서의 기후를 관찰한 결과였으며 고기압의 존재와 그 이론에 대한 첫 번째 출판물이기도 하였다. 그는 1868년 기상학 위원회의 회원이 되었으며 이 직책을 30년 동안 유지하였다.

그는 과학수사에도 큰 기여를 했다. 그는 사람들마다 손가락의 지문이 다 다르다는 사실을 증명해서 런던 경찰청으로 하여금 세계 최초로 '지문 수사기법'을 도입하게 한 장본인이다. 지문 연구에서도 얼핏 알 수 있듯이 갈톤의 주된 관심사 중 하나는 사람들 간의 차이가 무엇인지, 그리고 그 차이가 어디서 시작되는 것인지였다. 즉 지문은 사람마다 불규칙적인 다른 패턴을 갖는다는 것을 발견하여 '갈톤 자국'이라고도 한다.

갈톤은 1800년대 말에서 1900년대 초에 살았던 사람으로 1800년대 말 다윈의 '종의 기원'의 영향을 받아 다양한 자료를 연구하기도 했다. 갈톤은 아버지와 아들의 키를 이용하여 아버지의 키가 큰 경우 아들의 키는 평균키로 하향하고, 아버지의 키가 작은 경우 아들의 키는 역시 평균키로 상향한다는 사실을 발견하여 회귀(regression)라는 말을 처음 사용하였다. 갈톤이라는 이름은 회귀분석을 공부하면 어김없이 나오는 이름이다.

그리고 갈톤은 런던에 「생물통계연구소」(biometrical laboratory)를 설립하고 다양한 자료를 분석하기도 했다.

■ 회귀분석의 용어

x에 대한 y의 회귀직선

$$y = b_0 + b_1 x$$

를 상정한 경우, 회귀분석에서는 x를 설명변수(혹은 독립변수), y를 목적변수(혹은 종속변수)라고 한다. 일반적으로 x 및 y에 해당하는 측정항목이나 관찰항목을 변수라고 부른다. 예제 1-1에서는 전용면적과 가격이 변수이다. 그리하여 전용면적이 설명변수, 가격이 목적변수가 된다.

회귀분석에서 설명변수의 수는 하나에 그치지 않고 두 개 이상의 경우도 있다. 설명변수가 하나인 경우를 단회귀분석 혹은 단순회귀분석이라 하고, 두 개 이상인 경우를 중회귀분석 혹은 다중회귀분석이라고 한다.

단회귀분석은 전술한 전용면적과 가격의 예와 같이 목적변수 y를 하나의 설명변수 x의 1차식으로 나타내는 것, 다시 말해서,

$$y = b_0 + b_1 x$$

라고 하는 x와 y 사이의 관계식을 구하는 수법이다.

중회귀분석은 목적변수 y를 m개의 설명변수 x_1, x_2, $\cdots$, x_m의 1차식으로 나타내는 것, 즉

$$y = b_0 + b_1x_1 + b_2x_2 + \cdots + b_mx_m$$

이라고 하는 관계식을 구하는 수법이다.

b_0를 절편(혹은 상수항), $b_1, b_2, \cdots, b_m$을 (편)회귀계수라고 부른다.

회귀분석의 용도

회귀분석은

1. 예측
2. 요인해석

이라고 하는 두 가지 용도로 활용되는 경우가 많은 수법이다.

예측에서의 활용이란 어떤 하나의 변수 값을, 다른 하나 또는 두 개 이상의 변수 값을 사용해서 예측하고 싶다고 하는 경우의 활용을 말한다. 예측하고 싶은 변수가 목적변수이고, 예측에 사용하는 변수가 설명변수이다.

예측하고 싶다고 하는 경우에는,

1. 어떤 수치를 예측하고 싶다
2. 어떤 수치를 역추정하고 싶다
3. 어떤 특성의 대용특성을 검토하고 싶다

라고 하는 세 가지의 경우가 포함된다. 예를 들면, 전용면적으로부터 아파트 가격을 예측하고 싶다고 하는 경우는 1.에 해당된다. 아파트 가격을 예측하는 식을 거꾸로 사용해서 소정의 아파트 가격으로 구입할 수 있는 전용면적을 검토한다고 하는 경우는 2.에 해당된다. 그리고 제품의 파괴강도(破壞强度)와 제품중량의 관계를 이용해서, 파괴강도의 검사를 제품중량의 검사로 대용하고 싶다고 하는 경우는 3.에 해당된다. 이때, 중요시하고 있는 측정항목을 '진짜 특성'이라 부르고, 그 대용으로서 측정할 항목을 '대용 특성'이라고 한다. 파괴강도의 검사를 제품중량의 검사로 대용한다면, 파괴강도가 '진짜 특성'이고, 제품중량이 '대용 특성'이 된다. 요인해석에서의 활용이란 어떤 하나의 변수가 변동하는 요인(같은 값이 되지 않는 원인)을, 다른 변수 중에서 찾아내고 싶다고 하는 경우의 활용이다. 관심의 대상으로 되어 있는 결과를 나타내는 변수가 목적변수이며, 그 요인이 되는 변수가 설명변수이다.

예측에서의 이용과 요인해석에서의 이용은, 회귀분석의 결과를 음미할 때의 관점이 다르다. 예측이라면 어느 정도 맞느냐가 문제로서 예측정밀도에 중점이 놓이고, 요인해석이라면 어느 요인이 어느 정도 결과에 영향을 미치고 있는지를 수치적으로 파악하는 것이 중요하게 된다.

1.2 회귀분석에 있어서의 데이터

데이터의 종류

데이터는 크게 다음의 세 가지로 대별된다.

1. 계량치
2. 계수치
3. 순위치

계량치는 면적, 시간, 중량, 길이 등과 같이 '측정해서' 얻어지는 데이터로 측정기의 정밀도가 허용하는 한 소수점 이하 몇 자리까지라도 구할 수 있다. 이 때문에 계량치는 연속적이라고 하는 성질을 가지고 있다.

계수치는 사고의 건수, 제품의 불량품수, 결함수 등과 같이 '헤아려서' 얻어지는 데이터로 0개의 다음은 1개라고 하는 것처럼 정수(整數)의 수치밖에 되지 않는다. 이 때문에 계수치는 이산적(離散的)이라고 하는 성질을 가지고 있다.

순위치는 1위, 2위, 3위라고 하는 것처럼 '비교해서' 얻어지는 데이터로 사람의 감각을 이용해서 제품을 평가하는 관능평가의 분야에서 자주 볼 수 있다. 계수치와 마찬가지로 이산적이라고 하는 성질을 가지고 있다.

데이터에 대한 위와 같은 분류는 어떠한 확률분포를 상정할 것인가라고 하는 관점에서 중요하다.

측정의 척도

측정이란 일정한 규칙에 따라 대상의 특성이나 속성에 수치나 기호를 부여하는 것이다. 규칙은 사용될 측정의 수준과 척도의 종류를 규정한다. 위와 같은 분류 외에 측정의 척도에 의해 네 가지로 분류하는 방법이 있다.

심리학자 스티븐스는 오래 전에 오늘날 조사방법론에서 널리 채택되고 있는 네 가지의 측정수준을 분류하였다. 회귀분석을 적용할 때에는 이 네 가지의 분류방법 쪽이 중요하다. 네 가지 측정의 척도란 다음과 같다.

1. 명목척도
2. 순서척도
3. 간격척도
4. 비율척도

명목척도란 성별이나 혈액형과 같은 종류를 나타내는 데이터이다. 다음과 같은 예는 명목척도의 데이터이다.

(예 1) 1. 남 2. 여

(예 2) 1. A형 2. B형 3. O형 4. AB형

순서척도란 앙케트 조사 등에서 볼 수 있는 단계평정법으로 측정된 데이터이다 다음과 같은 예는 순서척도의 데이터이다.

(예) 1. 불만 2. 약간 불만 3. 어느 쪽도 아님 4. 약간 만족 5. 만족

간격척도란 측정하거나 혹은 헤아려서 얻어지는 데이터이다. 몸무게나 온도, 사람 수 등은 간격척도의 데이터로 등간격이 보증되고 있다고 하는 특징이 있다.

비율척도의 데이터란 간격척도의 데이터 중에서 나눈 결과에도 의미가 있는 데이터이다.

간격척도와 비율척도의 구별은 통계처리를 하는 데 있어서는 중요하지 않으므로, 이 두 가지를 합쳐 연속척도라고 부른다.

명목척도와 순서척도의 데이터를 범주형 데이터(categorical data) 혹은 질적 데이터, 간격척도와 비율척도의 데이터를 양적 데이터라고 부른다.

특히 범주형 데이터 중에는 분할표(contingency table)라고 하는 것도 있는데, 두 가지 혹은 그 이상의 속성에 따라 분류된 표본 관측치로부터 얻어지는 도수로 구성되는 데이터를 분할표라 부른다.

힌트

분할표는 크로스 집계표라고도 한다. 앙케트 조사의 경우 필수품이라고 할 수 있다. 예를 들면, 학력별 임금수준을 각 범주별로 집계한 표를 $m \times n$ 분할표라고 할 수 있다.

칼럼 척도를 네 가지로 분류한 스티븐스

심리학자 S. S. 스티븐스는 척도를 네 가지 유형으로 분류했다.

1. 명목척도 : 서로 대립되는 범주, 이를테면 농촌형과 도시형이라는 식의 분류표지로서, 표지 상호 간에는 수학적인 관계가 없다.
2. 순서척도 : 대상을 어떤 변수에 관해 순서적으로 배열할 경우(예컨대 물질을 무게의 순으로 배열하는 등)이다.
3. 간격척도 : 크기 등의 차이를 수량적으로 비교할 수 있도록 표지가 수량화된 경우이다. 등간척도라고도 한다.
4. 비율척도 : 간격척도에 질대 영점(기준점)을 고정시켜 비율을 알 수 있게 만든 척도이다. 법칙을 수식화하고 완전한 수학적 조작을 하기 위해서는 비율척도가 바람직하다.

척도는 동시에 신뢰도와 타당성을 필요로 한다. 신뢰도는 다시 안정도(반복측정 결과의 안정성)와 등가성(척도를 구성하는 여러 항목 속에 이질적인 것이 포함되어 있지 않다)을 요건으로 한다. 한편, 척도의 타당성이란 그 척도가 과연 목적으로 하는 것을 측정하고 있는지 어떤지를 정하는 기준이지만, 이것을 나타내는 직접적인 지표는 없다. 척도화의 방법은 여러 가지 수학적 가설에 입각하여 여러 방법이 고안되었는데, 이들은 모두 간격척도 단계에서의 정밀화라는 데 공통점이 있다.

변수의 종류

명목척도 또는 순서척도로 구성되는 변수를 질적 변수(혹은 범주형 변수), 간격척도 또는 비율척도로 구성되는 변수를 양적 변수(혹은 연속변수, 수치변수)라고 부르고 있다.

회귀분석에서는, 목적변수는 양적 변수가 아니면 안 된다. 설명변수는 반드시 양적 변수일 필요는 없고, 양적 변수와 질적 변수의 어느 쪽도 사용할 수 있다. 단, 질적 변수의 경우에는 더미 변수라고 하는 변수의 교환이 필요하다.

더미 변수란, 예를 들면, 성별을 나타낼 때에 남자라면 1, 여자라면 0라고 하는 것처럼 수치화하는 변수를 말한다.

CHAPTER

2

단회귀분석

CHAPTER 2

단회귀분석

2.1 | 단회귀분석의 기본

[예제 2-1]

다음의 데이터는 아파트 전용면적과 가격을 20채에 대해서 조사한 결과이다. (예제 1-1과 동일)

표 2-1 데이터표

번 호	전용면적(m^2)	가격(10만원)
1	65.9	5717
2	48.2	3115
3	56.8	4682
4	64.6	5017
5	54.1	3968
6	68.4	6623
7	47.8	2900
8	51.6	3066
9	59.9	2745
10	46.8	1697
11	53.8	2988
12	62.0	2929
13	59.9	4425
14	44.5	3268
15	86.2	4845
16	54.4	3198
17	56.3	3456
18	70.8	3885
19	39.3	2014
20	36.0	1801

이 데이터를 이용해서 전용면적 x로 아파트 가격 y를 예측하는 식(전용면적에 대한 아파트 가격의 회귀직선)

$$y = b_0 + b_1 x$$

를 구하라.

■ 회귀식

계수[a]

모형		비표준화 계수		표준화 계수	t	유의확률	B에 대한 95.0% 신뢰구간	
		B	표준오차	베타			하한	상한
1	(상수)	-890.393	1034.311		-.861	.401	-3063.399	1282.614
	전용면적	79.967	17.989	.723	4.445	.000	42.173	117.761

a. 종속변수: 가격

회귀식은

$$y = -890.393 + 79.967x$$

로 구해진다.

■ 회귀식의 유의성

얻어진 회귀식이 통계학적으로 의미가 있는지 어떤지를 검증할 필요가 있다. 이를 위해서는 회귀에 관한 분산분석을 실시한다.

ANOVA[a]

모형		제곱합	자유도	평균제곱	F	유의확률
1	회귀	16469786.00	1	16469786.00	19.760	.000[b]
	잔차	15002558.95	18	833475.497		
	전체	31472344.95	19			

a. 종속변수: 가격

b. 예측자: (상수), 전용면적

n개의 표본 데이터에 의거해서 구해진 회귀식을

$$y = b_0 + b_1 x$$

라고 한다. 한편 이 표본이 추출된 모집단 전체의 데이터를 사용했을 때에 얻어질 회귀식을

$$y = \beta_0 + \beta_1 x$$

라고 하면, 이 회귀식을 모회귀식이라고 한다.

실제로 측정한 것은 n개의 표본이며 무한개의 표본 혹은 모집단 전체의 데이터를 모으는 것은 불가능하다. 그래서 n개의 표본 데이터에 의거해서 얻어진 회귀식의 b_0는 β_0의 추정치이고, b_1은 β_1의 추정치로 생각한다.

회귀식의 유의성(有意性)을 판단하기 위한 방법이 통계적 가설검정이다. 회귀식의 통계적 유의성은 분산분석표에 의해서 판정할 수 있다. 이를 위한 가설의 설정은 다음과 같이 한다.

귀무가설 H_0 : $\beta_1 = 0$ (회귀식에는 의미가 없다)

대립가설 H_1 : $\beta_1 \neq 0$ (회귀식에는 의미가 있다)

위의 분석결과 중 분산분석표의 유의확률에 의거하여 귀무가설의 기각 여부를 판정한다. 유의확률 p값이라고 부르고 있다. 따라서

유의확률 $p \leq$ 유의수준 α → 귀무가설 H_0를 기각한다
(회귀식에는 의미가 있다)

유의확률 $p >$ 유의수준 α → 귀무가설 H_0를 채택한다
(회귀식에는 의미가 없다)

이 p값이 작은지 어떤지의 판정기준을 유의수준이라 부르고 α라고 하는 기호로 나타낸다. 일반적으로는 $\alpha = 0.05$로 한다. 본 예제에서는,

유의확률(p값) = 0.000 < 유의수준 $\alpha = 0.05$

이므로, 회귀식은 유의하며 회귀식에는 의미가 있다고 하는 결론을 내린다.

■ 회귀식의 유효성

회귀식이 어느 정도 도움이 되는지를 보기 위한 통계량으로서, 기여율과 잔차표준편차(殘差標準偏差)가 있다.

목적변수 y의 변동 중에서 회귀에 의해서(설명변수 x에 의해서) 설명되는 비율을 기여율(결정계수)이라고 한다. 통상 R^2라고 하는 기호로 나타낸다. 기여율은 0 이상 1 이하의 값을 취하며, 1에 가까울수록 직선에 잘 들어맞는다는 것을 나타낸다. 이 수치는 회귀식의 적합도

를 나타내는 통계량으로서 이용된다.

더욱이 회귀식이 도움이 되는지 어떤지를 판단하려면 기여율만으로는 불충분하여, 잔차의 크기도 검토할 필요가 있다. 잔차란 목적변수 y의 값과 회귀식에 의해서 예측한 y의 값과의 차이다.

$$\text{잔차} = (\text{실제의 } y\text{값}) - (\text{예측한 } y\text{의 값})$$

잔차가 작다고 하는 것은 y의 값을 잘 예측하고 있다고 하는 것이다. 잔차는 개개의 데이터에 대해서 계산되므로, 표본의 크기가 n이라면, 잔차는 n개 구해진다. 그래서 전체의 평균적인 잔차의 크기를 파악할 필요가 있다. 그것을 위해서 이용되는 것이 잔차표준편차이다. 회귀식에 의한 예측의 정밀도라고 생각하면 된다. 일반적으로 잔차표준편차는 $\sqrt{V_e}$로 표현된다.

모형 요약

모형	R	R 제곱	수정된 R 제곱	추정값의 표준 오차
1	.723[a]	.523	.497	912.94879

a. 예측자: (상수), 전용면적

이 예에서는

$$\text{기여율} \qquad R^2 = 0.523$$
$$\text{잔차표준편차} \quad \sqrt{V_e} = 912.949$$

가 된다.

이 사실로부터 목적변수 y의 변동 중에서 회귀에 의해서 52.3%를 설명할 수 있다는 것을 알 수 있다. 그리고 이 회귀식으로 가격을 예측했을 때에 ± 912.949(10만원) 정도의 오차를 각오할 필요가 있다.

■ 단회귀계수의 신뢰구간

예제에서 얻어진 79.967이라고 하는 회귀계수는 표본의 크기 $n = 20$의 데이터에 기초해서 얻어진 것이기 때문에, 표본이 바뀌면 회귀계수도 변하게 된다. 그래서 진짜의 회귀계수(모회귀계수라고 부르며, β로 표현한다)의 존재범위를 추정하는 것을 생각한다. 이것을 모회귀계수의 구간추정이라고 한다.

계수[a]

모형		비표준화 계수		표준화 계수	t	유의확률	B에 대한 95.0% 신뢰구간	
		B	표준오차	베타			하한	상한
1	(상수)	-890.393	1034.311		-.861	.401	-3063.399	1282.614
	전용면적	79.967	17.989	.723	4.445	.000	42.173	117.761

a. 종속변수: 가격

모회귀계수 β의 95% 신뢰구간은

$$42.173 \le \beta \le 117.761$$

로 되어 있다. 이 구간이 0을 포함하고 있을 때에는, 회귀계수는 유의하지 않다는 것을 의미하고 있다.

2.2 | 잔차의 검토

■ 개개의 잔차

잔차의 일람표를 보이면 다음과 같다.

케이스별 진단[a]

케이스 번호	표준화 잔차	가격	예측값	잔차
1	1.465	5717.00	4379.4358	1337.56422
2	.165	3115.00	2964.0191	150.98093
3	1.129	4682.00	3651.7357	1030.26434
4	.812	5017.00	4275.4786	741.52138
5	.583	3968.00	3435.8246	532.17536
6	2.239	6623.00	4579.3534	2043.64661
7	-.035	2900.00	2932.0323	-32.03225
8	-.186	3066.00	3235.9070	-169.90703
9	-1.265	2745.00	3899.6335	-1154.63351
10	-1.265	1697.00	2852.0652	-1155.06521
11	-.464	2988.00	3411.8345	-423.83453
12	-1.247	2929.00	4067.5643	-1138.56430
13	.575	4425.00	3899.6335	525.36649
14	.657	3268.00	2668.1410	599.85900
15	-1.268	4845.00	6002.7668	-1157.76680
16	-.287	3198.00	3459.8148	-261.81476
17	-.171	3456.00	3611.7521	-155.75214
18	-.971	3885.00	4771.2743	-886.27430
19	-.261	2014.00	2252.3124	-238.31237
20	-.205	1801.00	1988.4211	-187.42112

a. 종속변수: 가격

개개의 잔차를 검토하는 것은 이상치(outlier)의 발견이나 구한 회귀식이 적당한 식인지 어떤지를 알기 위한 유효한 수단이 된다. 잔차를 구했다면, 다음과 같은 것을 검토하면 된다.

1. 잔차가 정규분포에 따르고 있는지 어떤지
2. 잔차와 설명변수는 무관계인지(독립인지) 어떤지
3. 잔차와 목적변수의 예측치는 무관계인지 어떤지
4. 잔차의 시간적 변화에 편향된 경향이나 성질이 있는지 어떤지
5. 잔차 중에 이상치가 없는지

위와 같은 사항을 검토하기 위한 구체적인 방법으로서, **1.**을 위해서는 잔차의 히스토그램이나 정규확률 도표가 유효하다. **2.**를 위해서는 잔차와 설명변수의 산점도, **3.**을 위해서는 잔차와 목적변수의 예측치에 대한 산점도가 유효하다. **4.**를 위해서는 시간순으로 잔차를 늘어놓은 시계열 도표(꺾은선 그래프)가 유효하다. 단, 시계열 도표를 위해서는 시간에 관한 정보(예를 들면, 제조순서, 측정순서, 실험순서 등)가 필요하다. **5.**를 위해서는 표준화 잔차를 계산할 필요가 있다. 잔차 그 자체의 값만 보아서는, 이상하게 큰지 어떤지는 판단할 수 없기 때문이다. 잔차를 잔차의 표준편차로 나누어서 얻어지는 표준화 잔차를 보고, 그 절대값이 2.5 이상이라면 이상치라고 생각해도 좋다.

잔차의 일람표를 보면, 표준화 잔차의 절대값이 2.5 이상인 것은 없으므로, 이상치는 없는 것 같다.

잔차의 히스토그램

표준화된 히스토그램은 다음과 같다. n이 20으로 작으므로, 이 히스토그램의 형태를 음미해서 정규분포인지 어떤지를 판단하는 것은 불가능하지만 이상치의 발견에는 유효하다.

> **힌트**
>
> 잔차(residual)란 목적변수의 관측치와 예측치의 차를 말한다. 오차(error)라고도 한다. 회귀식이나 중회귀식은 최소자승법을 사용해서 잔차를 최소로 한다.

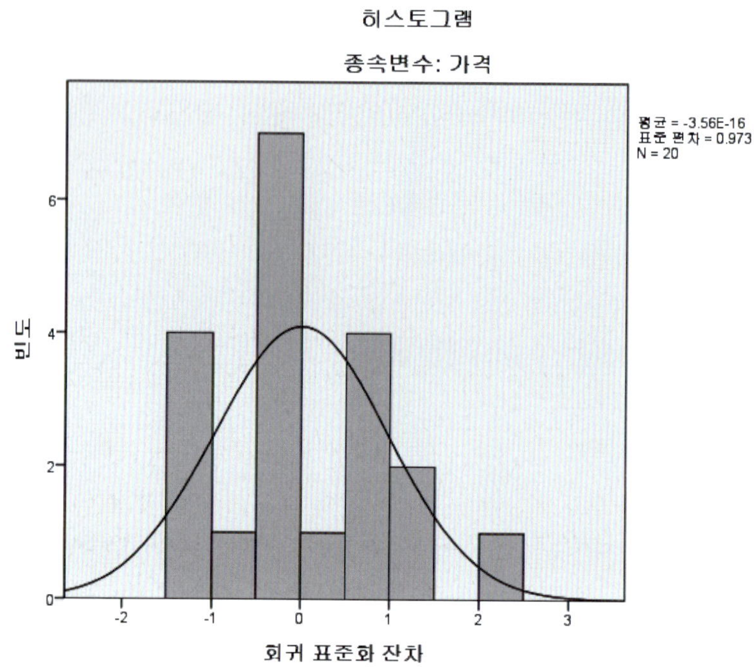

■ 표준화 잔차의 정규확률 도표

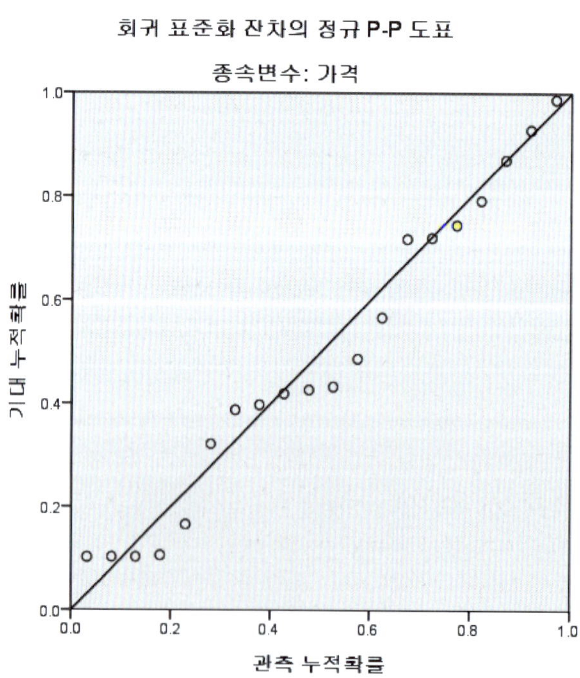

정규확률 도표에서 점이 거의 직선 모양으로 늘어서 있으면, 잔차는 정규분포에 따르고 있다고 판단한다.

2.3 | 구간추정

■ 모회귀식의 신뢰구간

예제에서 얻어진 회귀식

$$y = -890.393 + 79.967x$$

는 표본의 크기 $n = 20$의 데이터에 기초해서 구해진 것이기 때문에, 표본이 바뀌면 회귀식도 변하게 된다. 그래서 진짜 회귀식(모회귀식이라고 한다)의 존재범위를 추정하는 것을 생각한다. 이것을 모회귀식의 구간추정이라고 한다.

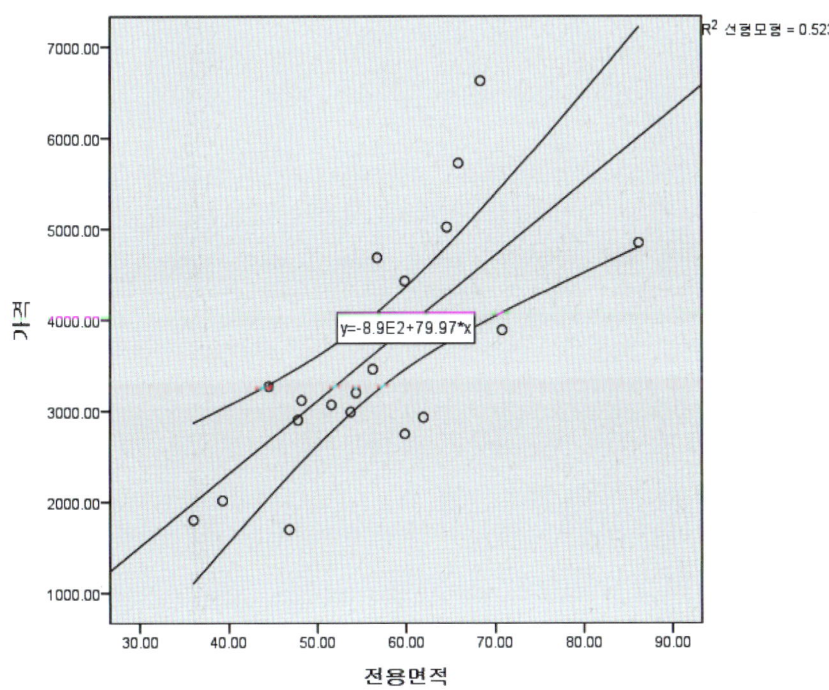

위의 그래프에서 회귀직선 위의 곡선은 모회귀식의 95% 신뢰구간에 대한 상한을 가리키고, 아래 곡선은 모회귀식의 95% 신뢰구간에 대한 하한을 가리킨다. 즉, 두 곡선 사이가 모회귀식의 95% 신뢰구간이 된다.

■ 개개 데이터의 예측구간

모회귀식의 신뢰구간과는 별개로 설명변수 x의 값을 어떤 수치로 지정했을 때에, 장래 실현할 목적변수 y값의 신뢰구간을 예측구간이라고 한다. 이것은 원하는 y값을 실현하기 위해서는, x의 값을 얼마로 하면 좋을까라고 하는 역추정의 문제(x의 값으로부터 y의 값을 예측하는)에서 자주 이용된다.

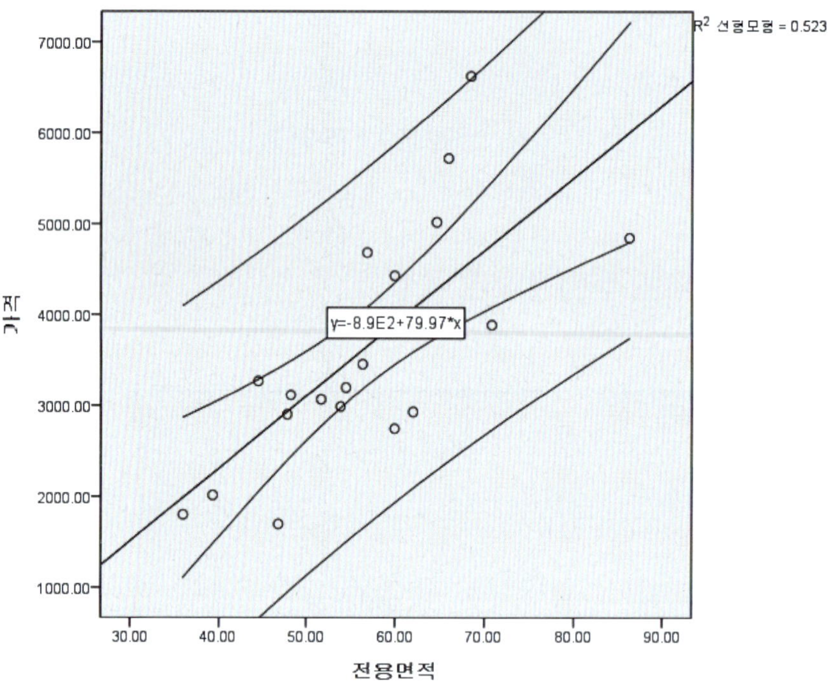

위의 그래프에서 맨 위의 곡선은 개개 데이터의 95% 신뢰구간에 대한 상한을 가리키고, 맨 아래 곡선은 개개 데이터의 95% 신뢰구간에 대한 하한을 가리킨다. 즉, 두 곡선 사이가 개개 데이터의 95% 예측구간이 된다.

2.4 ı SPSS의 처리절차

■ 단회귀분석

[순서 1] 데이터의 입력

다음과 같이 SPSS [데이터 보기]에 데이터를 입력한다.

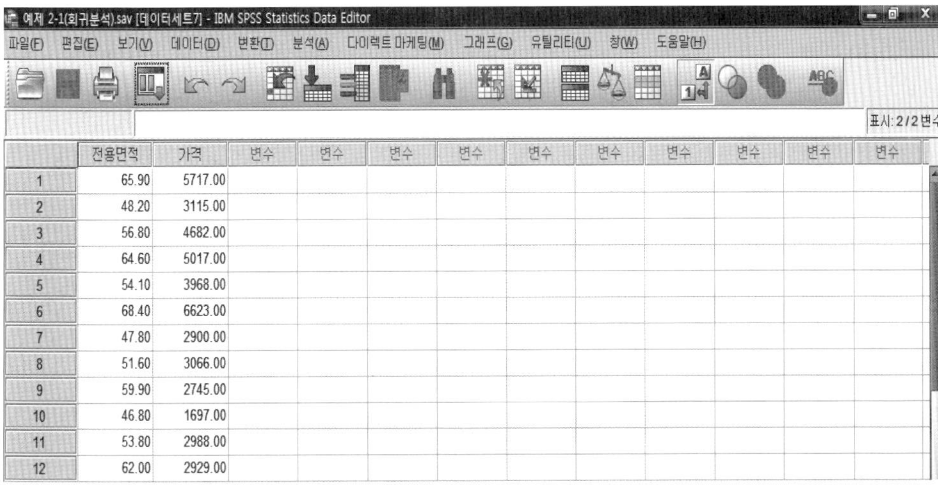

[순서 2] 분석 수법의 선택

메뉴로부터 [분석]-[회귀분석]-[선형]을 선택한다.

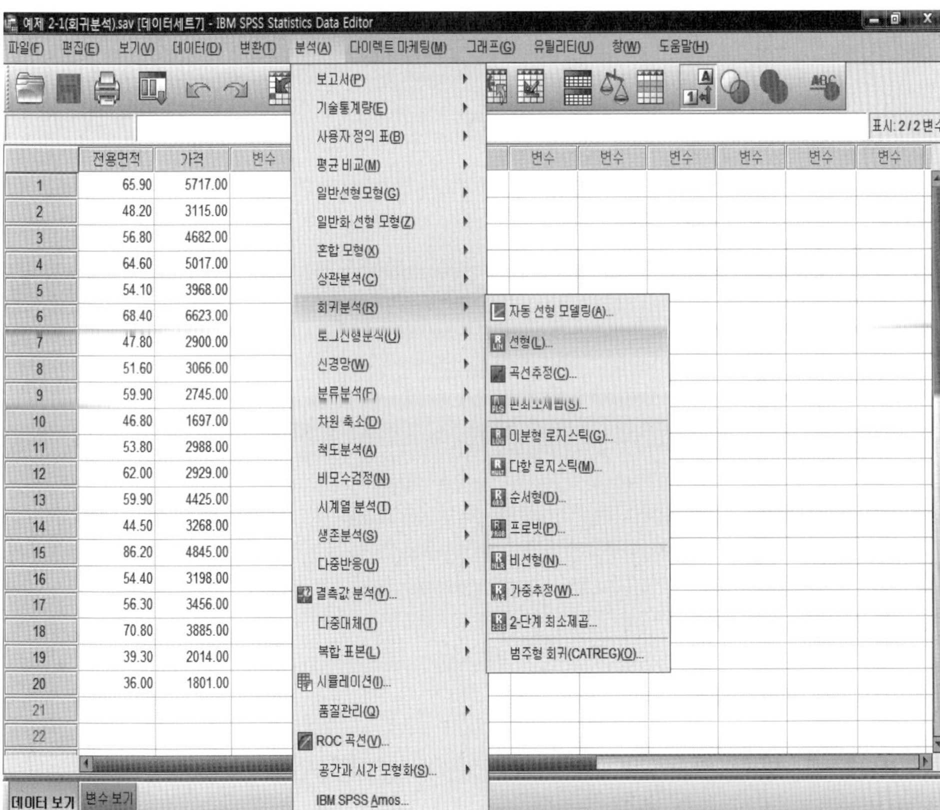

[순서 3] 변수의 설정

다음과 같은 대화상자가 나타나면, [종속변수]에 '가격', [독립변수]에 '전용면적'을 각각 설정한다.

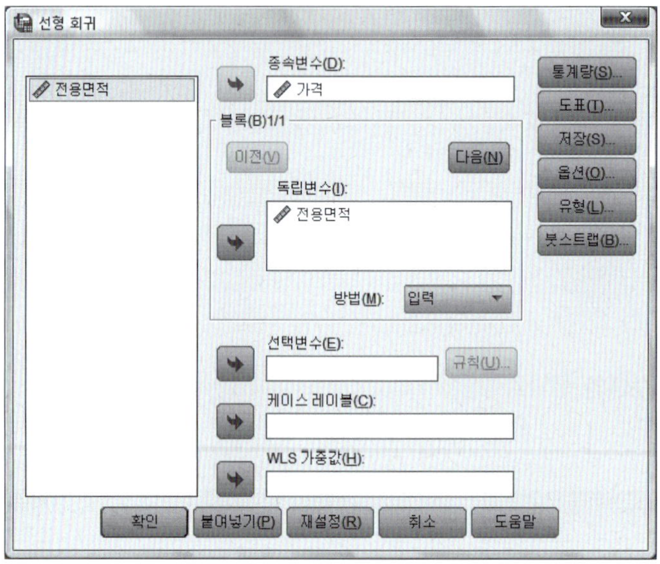

[순서 4] 출력내용의 설정

(1) 통계량

[통계량]을 클릭하면 다음과 같은 대화상자가 나타난다. [추정값], [신뢰구간], [모형 적합], [케이스별 진단]-[모든 케이스]에 체크하고 [계속]을 클릭하면, 앞의 화면으로 되돌아간다.

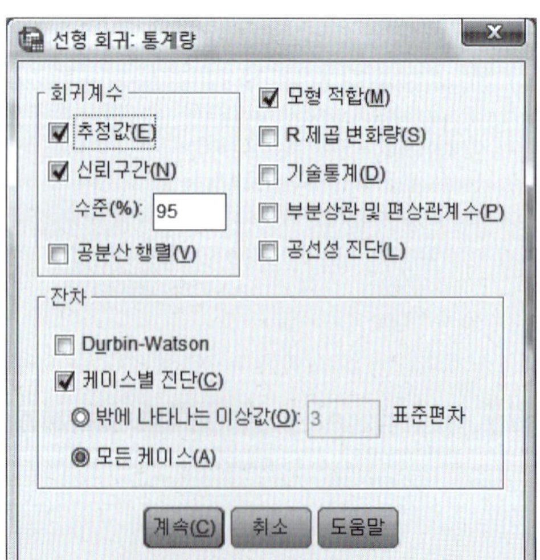

(2) 도표

[도표]를 클릭하면 다음과 같은 대화상자가 나타난다. [히스토그램], [정규확률도표]에 체크하고 [계속]을 클릭하면, 앞의 화면으로 되돌아간다.

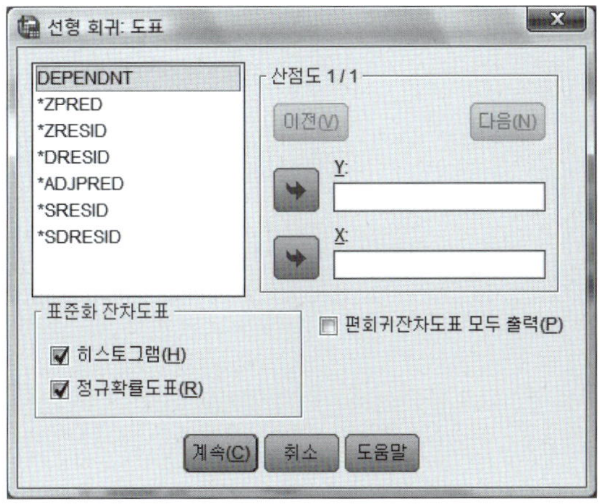

여기에서 [확인]을 클릭하면, 회귀식, 회귀식의 유의성, 회귀식의 유효성, 모회귀계수의 신뢰구간, 개개의 잔차, 잔차의 히스토그램, 표준화 잔차의 정규확률 도표가 출력된다.

■ 산점도

[순서 1] 데이터의 입력

[순서 2] 그래프의 선택

메뉴로부터 [그래프]-[레거시 대화상자]-[산점도/점도표]를 선택한다.

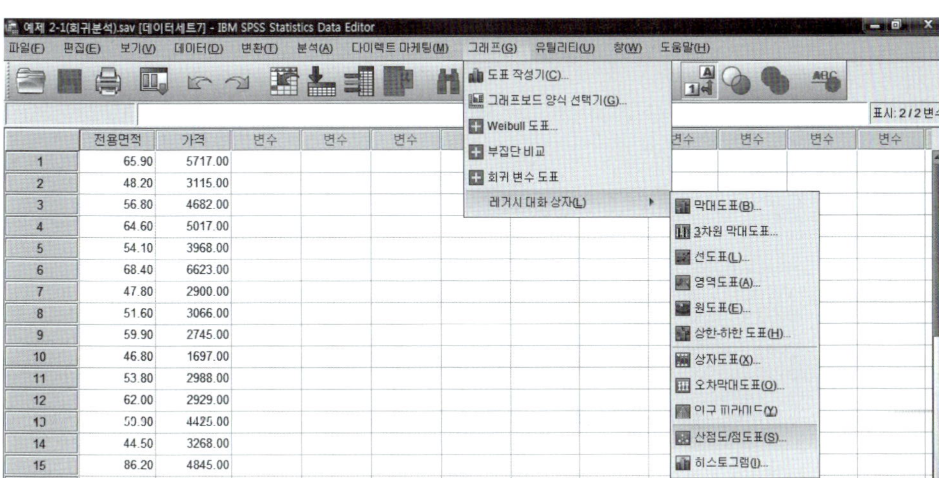

	전용면적	가격
1	65.90	5717.00
2	48.20	3115.00
3	56.80	4682.00
4	64.60	5017.00
5	54.10	3968.00
6	68.40	6623.00
7	47.80	2900.00
8	51.60	3066.00
9	59.90	2745.00
10	46.80	1697.00
11	53.80	2988.00
12	62.00	2929.00
13	50.30	4425.00
14	44.50	3268.00
15	86.20	4845.00
16	54.40	3198.00

[순서 3] 종류의 선택

다음과 같은 대화상자가 나타난다. [단순 산점도]를 선택하고, [정의]를 클릭한다.

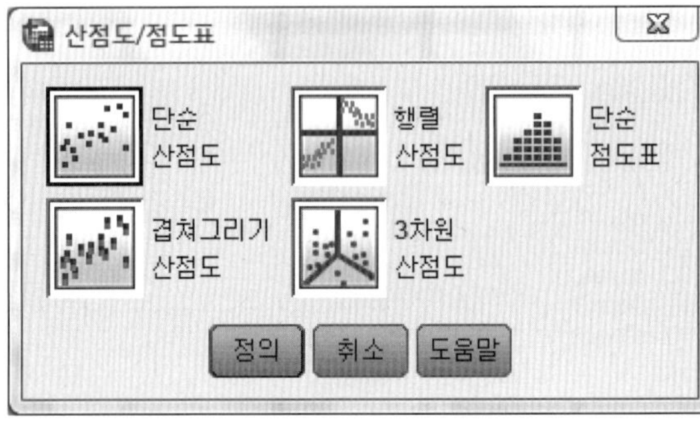

[순서 4] 정의의 설정

[Y축]에 '가격', [X축]에 '전용면적'을 설정하고, [확인]을 클릭한다.

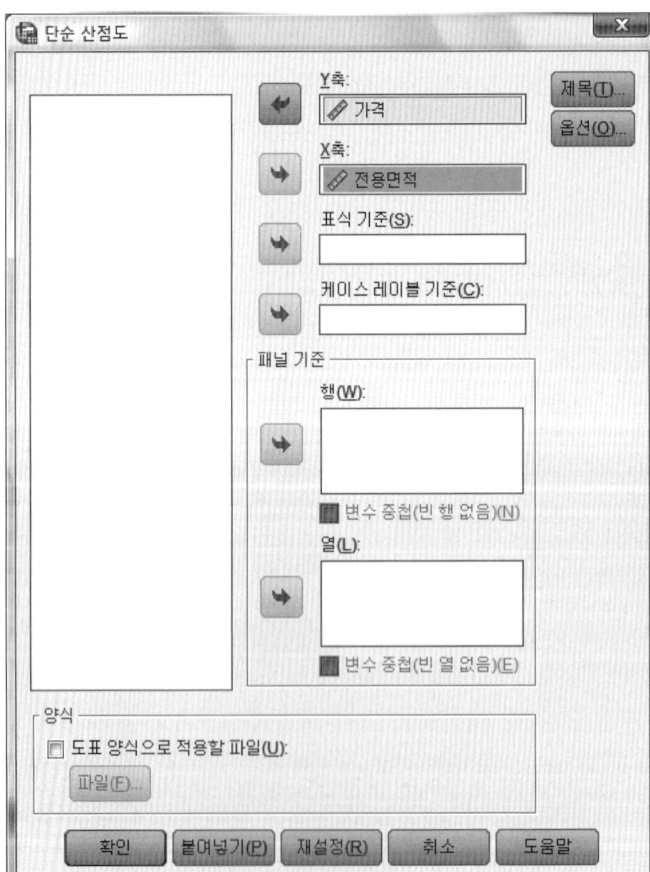

다음과 같은 산점도가 작성된다.

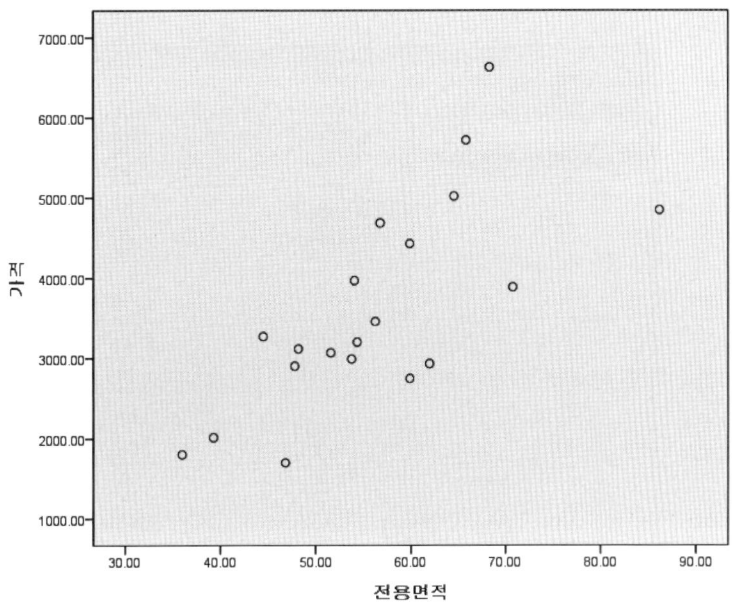

산점도를 더블클릭하면 [도표 편집기]로 바뀐다.

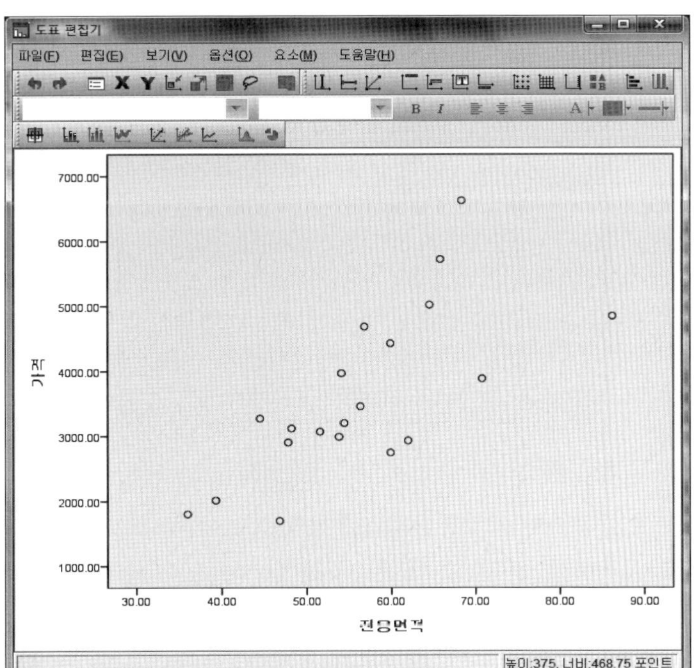

[순서 5] 회귀직선의 적용

메뉴에서 [요소]-[전체 회귀선 적합]을 선택하면, 산점도에 회귀직선이 적용된다.

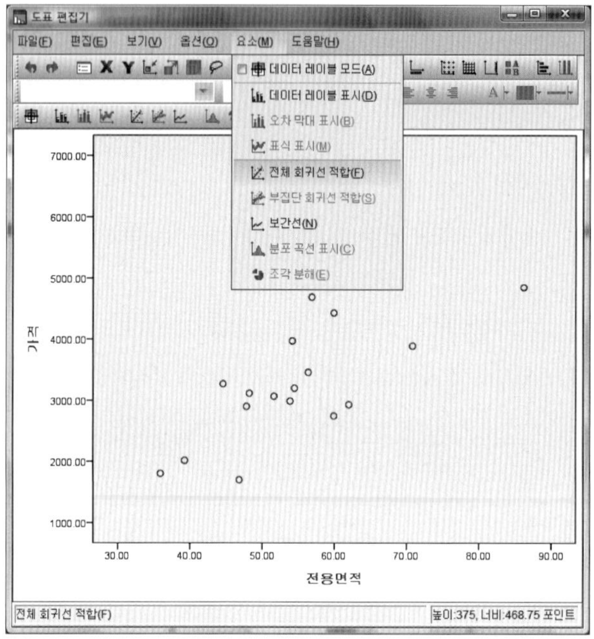

산점도에 적합한 회귀직선이 다음과 같이 그어진다.

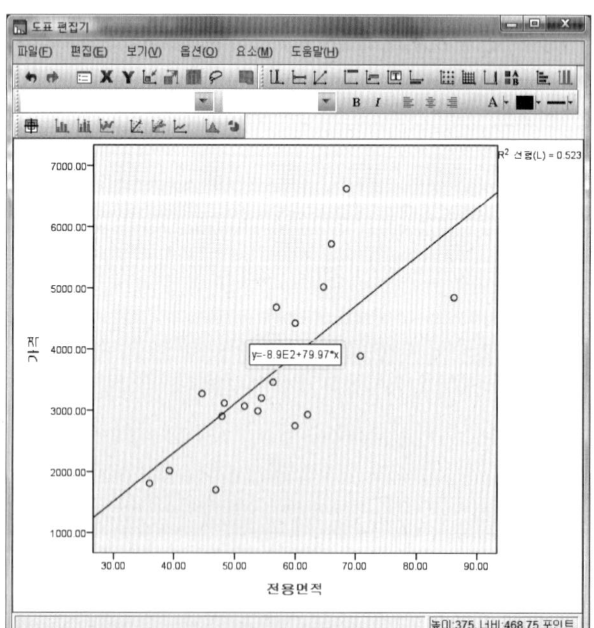

[순서 6] 신뢰구간의 적용

(1) 모회귀식의 95% 신뢰구간

회귀직선을 더블클릭하면, 다음과 같은 [특성] 대화상자가 나타난다. [적합 방법]은 [선형], [신뢰구간]의 [평균]을 선택하고, [%]를 [95]로 설정하고, [적용]을 클릭한다.

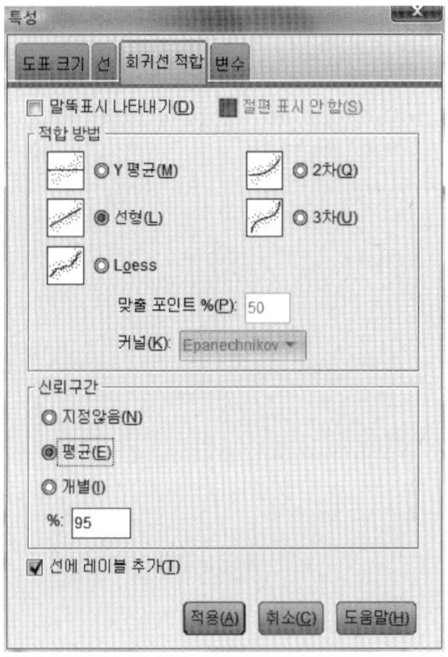

산점도에 모회귀선의 95% 신뢰구간이 적용된다.

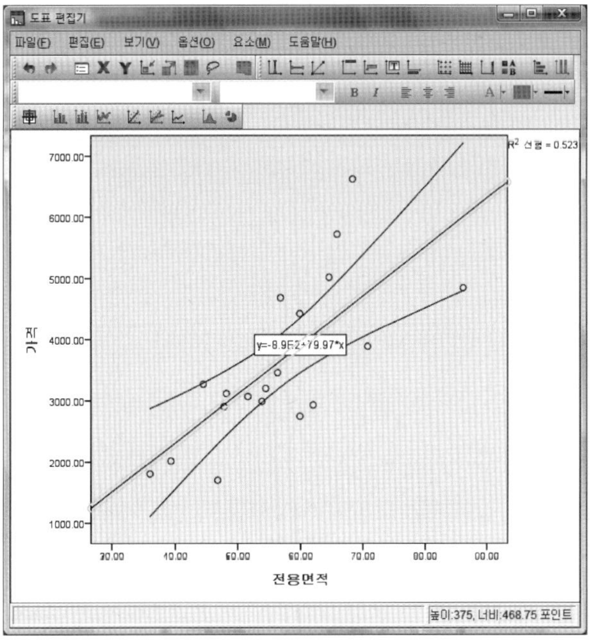

(2) 개개 데이터의 95% 신뢰구간의 적용

회귀직선을 더블클릭하면, 다음과 같은 [특성] 대화상자가 나타난다. [적합 방법]은 [선형], [신뢰구간]의 [개별]을 선택하고, [%]를 [95]로 설정하고, [적용]을 클릭한다.

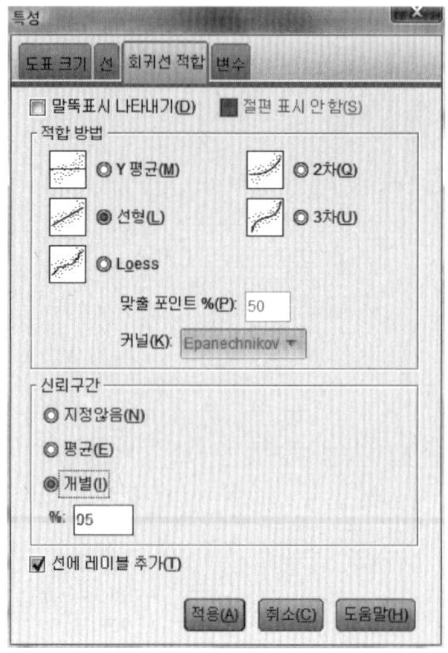

산점도에 개개 데이터의 95% 신뢰구간이 적용된다.

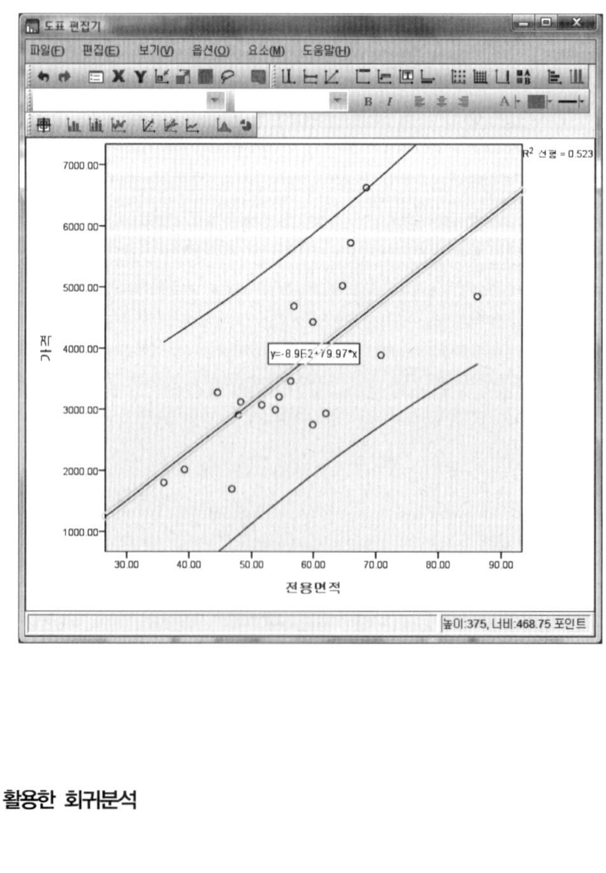

CHAPTER

3

중회귀분석

CHAPTER 3

중회귀분석

3.1 | 중회귀분석에 대한 예비적 분석

[예제 3-1]

다음의 데이터는 어떤 제품의 중량 y(단위 : mg)와 그 제품을 제조할 때의 조건 x_1(열처리 A 시간 : 초), x_2(건조시간 : 초), x_3(열처리 B 시간 : 초), x_4(폭 치수 : mm)를 30개의 제품을 무작위로 추출해서 조사한 결과이다.

표 3-1 데이터표

번호	x_1	x_2	x_3	x_4	y	번호	x_1	x_2	x_3	x_4	y
1	15	105	35	216	55	16	12	96	41	201	60
2	10	99	37	220	51	17	15	105	50	203	88
3	9	75	31	185	47	18	16	115	44	236	74
4	10	103	42	215	52	19	17	98	45	184	80
5	11	102	52	182	55	20	18	109	46	237	80
6	9	87	55	212	48	21	16	103	44	224	79
7	10	95	35	180	53	22	15	100	43	220	68
8	15	111	40	203	67	23	15	101	43	197	72
9	12	110	38	198	57	24	18	114	50	195	89
10	9	105	42	183	50	25	19	120	55	224	90
11	12	132	46	214	59	26	20	121	56	221	95
12	14	135	48	223	75	27	8	115	50	195	45
13	13	130	47	226	62	28	11	124	40	231	66
14	11	122	45	186	56	29	18	118	39	186	65
15	13	125	49	215	73	30	12	104	35	197	62

이 데이터를 사용해서 제조할 때의 조건 x_1, x_2, x_3, x_4에서 제품의 중량 y를 예측하는 식을 만들어 보자. 구체적으로는,

$$y = b_0 + b_1 x_1 + b_2 x_2 + b_3 x_3 + b_4 x_4$$

라고 하는 회귀식을 구하고 싶다.

이것은 설명변수가 두 개 이상 있는 경우이므로, 중회귀분석을 적용하는 문제가 된다.

먼저 중회귀분석을 실시하기 전에 1변수마다, 2변수마다의 예비적인 분석을 실시하기로 한다.

1. 1변수의 분석

■ 요약 통계량

[SPSS의 처리 절차]

[순서 1] 데이터의 입력

다음과 같이 데이터를 입력한다.

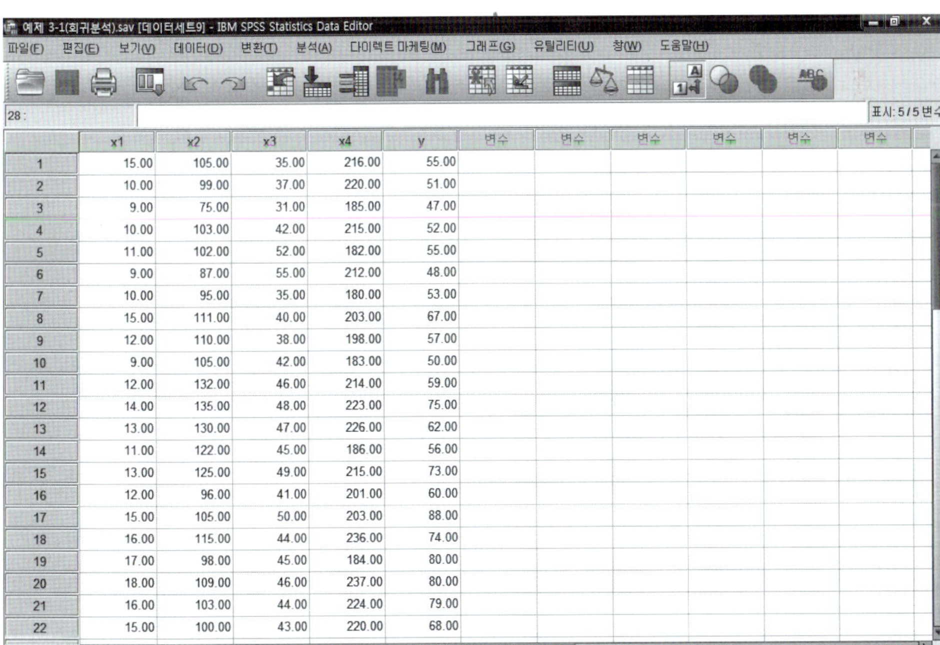

	x1	x2	x3	x4	y
1	15.00	105.00	35.00	216.00	55.00
2	10.00	99.00	37.00	220.00	51.00
3	9.00	75.00	31.00	185.00	47.00
4	10.00	103.00	42.00	215.00	52.00
5	11.00	102.00	52.00	182.00	55.00
6	9.00	87.00	55.00	212.00	48.00
7	10.00	95.00	35.00	180.00	53.00
8	15.00	111.00	40.00	203.00	67.00
9	12.00	110.00	38.00	198.00	57.00
10	9.00	105.00	42.00	183.00	50.00
11	12.00	132.00	46.00	214.00	59.00
12	14.00	135.00	48.00	223.00	75.00
13	13.00	130.00	47.00	226.00	62.00
14	11.00	122.00	45.00	186.00	56.00
15	13.00	125.00	49.00	215.00	73.00
16	12.00	96.00	41.00	201.00	60.00
17	15.00	105.00	50.00	203.00	88.00
18	16.00	115.00	44.00	236.00	74.00
19	17.00	98.00	45.00	184.00	80.00
20	18.00	109.00	46.00	237.00	80.00
21	16.00	103.00	44.00	224.00	79.00
22	15.00	100.00	43.00	220.00	68.00

[순서 2] 분석 수법의 선택

메뉴에서 [분석]-[기술통계량]-[기술통계]를 선택한다.

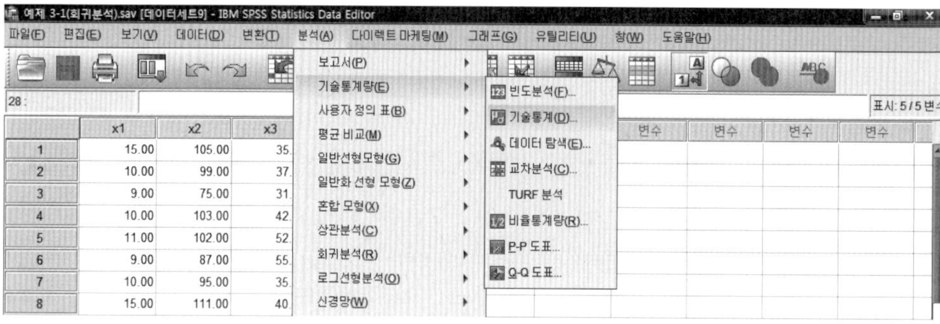

[순서 3] 변수의 설정

다음과 같은 대화상자가 나타나면, [변수] 난에 'x_1, x_2, x_3, x_4, y'를 설정한다.

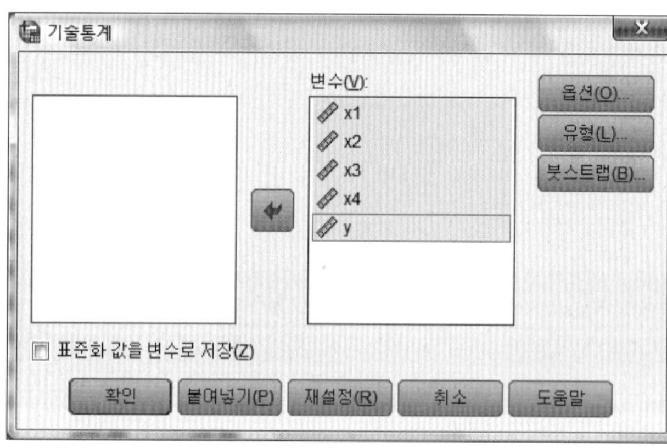

[확인]을 클릭하면 각 변수의 기술통계량이 출력된다.

기술통계량

	N	최소값	최대값	평균	표준편차
x1	30	8.00	20.00	13.4333	3.34956
x2	30	75.00	135.00	109.3000	13.52686
x3	30	31.00	56.00	44.1000	6.40770
x4	30	180.00	237.00	206.9667	17.41082
y	30	45.00	95.00	65.7667	14.06557
유효 N(목록별)	30				

각 설명변수와 목적변수의 기본적인 통계량을 구할 수 있다.

■ **히스토그램 · 줄기와 잎 그림 · 상자도표**

[SPSS의 처리 절차]

[순서 1] 데이터의 입력

[순서 2] 분석 수법의 선택

메뉴에서 [분석]-[기술통계량]-[데이터 탐색]을 선택한다.

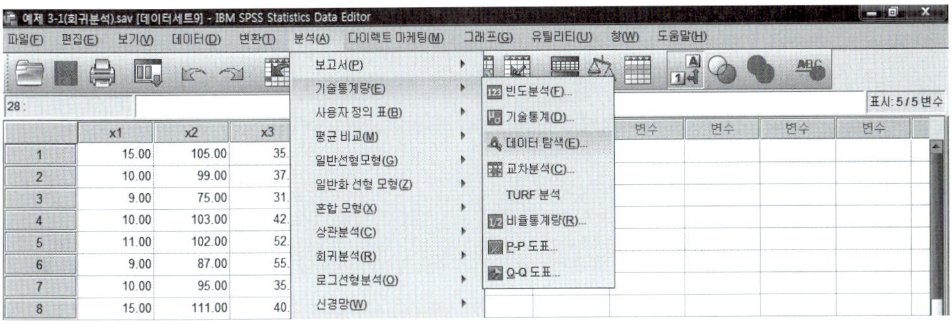

[순서 3] 변수의 설정

[종속변수] 난에 'x_1, x_2, x_3, x_4, y'를 설정하고, [표시]의 [도표]에 체크한다.

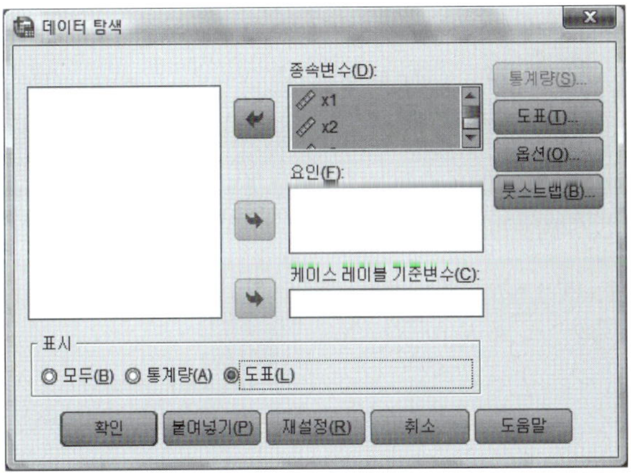

[도표]를 클릭한다.

[순서 4] 출력내용의 설정

다음 대화상자에서 [상자도표]의 [종속변수들과 함께], [기술통계]의 [줄기와 잎 그림], [히스토그램]에 체크하고 [계속]을 클릭하면, 앞의 화면으로 되돌아간다.

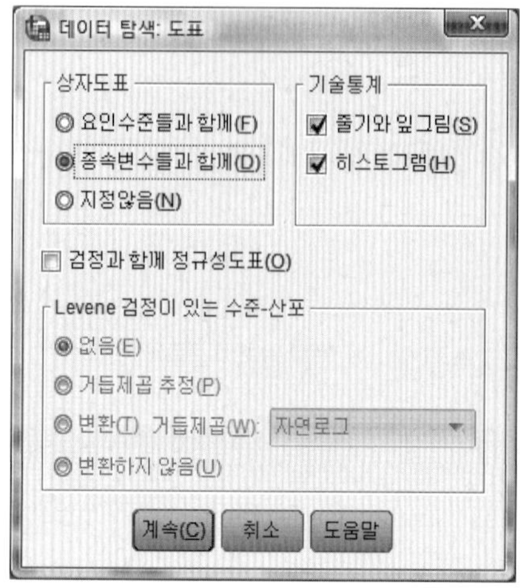

[확인]을 클릭하면 각 변수의 히스토그램, 상자도표, 잎 그림이 출력된다.

(1) 히스토그램

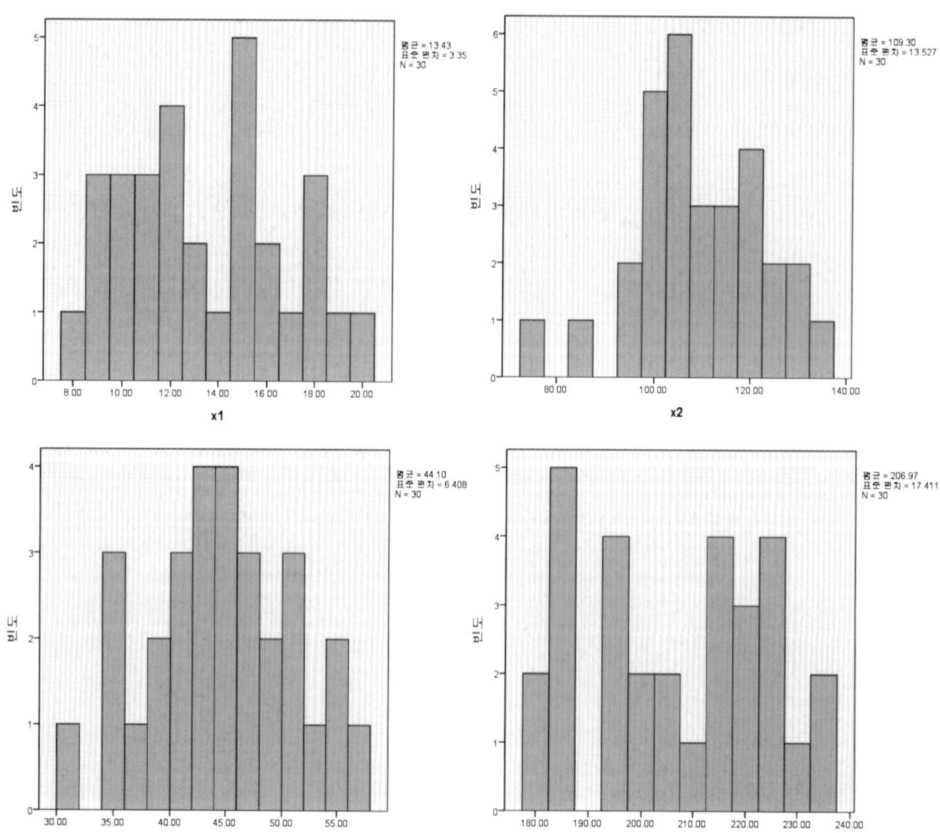

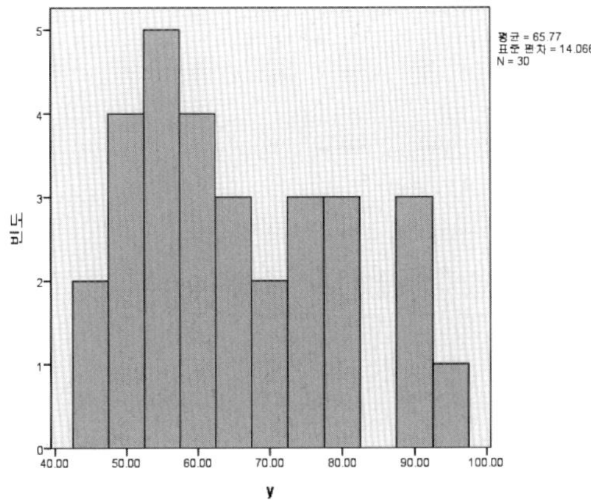

각 변수의 히스토그램이 출력된다.

(2) 줄기와 잎 그림

수치 데이터를 그래프화하는 방법으로서 줄기와 잎 그림이라고 하는 수법이 있다. 히스토그램과 같은 정보가 얻어지는데, 데이터의 수가 많을 때에는 적합하지 않다.

```
x1 줄기와 잎그림 도표

구매빈도 Stem &  잎

    4.00        0 .  8999
   13.00        1 .  0001112222334
   12.00        1 .  555556678889
    1.00        2 .  0

줄기 너비:     10.00
각 잎:        1 케이스
```

변수 x_1에 대한 위에서 두 번째 잎(Leaf)에 해당하는 0001112222334은 10, 10, 10, 11, 11, 11, 12, 12, 12, 12, 13, 13, 14라고 하는 데이터가 있다는 것을 나타내고 있다. 마찬가지로 세 번째 잎에 해당하는 555556678889는 15, 15, 15, 15, 15, 16, 16, 17, 18, 18, 18, 19라고 하는 데이터가 있다는 것을 나타내고 있는 것이다.

x2 줄기와 잎그림 도표

구매빈도 Stem & 잎

1.00	7 .	5
1.00	8 .	7
4.00	9 .	5689
10.00	10 .	0123345559
6.00	11 .	014558
5.00	12 .	01245
3.00	13 .	025

줄기 너비: 10.00
각 잎: 1 케이스

x3 줄기와 잎그림 도표

구매빈도 Stem & 잎

1.00	3 .	1
6.00	3 .	555789
9.00	4 .	001223344
7.00	4 .	5566789
4.00	5 .	0002
3.00	5 .	556

줄기 너비: 10.00
각 잎: 1 케이스

x4 줄기와 잎그림 도표

구매빈도 Stem & 잎

7.00	18 .	0234566
5.00	19 .	55778
3.00	20 .	133
5.00	21 .	24556
7.00	22 .	0013446
3.00	23 .	167

줄기 너비: 10.00
각 잎: 1 케이스

y 줄기와 잎그림 도표

구매빈도 Stem & 잎

3.00	4 .	578
9.00	5 .	012355679
7.00	6 .	0225678
5.00	7 .	23459
4.00	8 .	0089
2.00	9 .	05

줄기 너비: 10.00
각 잎: 1 케이스

(3) 상자도표

상자도표를 관찰하려면 5수요약(五數要約)에 대해서 알아 둘 필요가 있다. 5수요약이란 다음의 다섯 가지 지표에 데이터의 집단을 요약하는 것을 말한다.

1. 중앙값
2. 최대값
3. 최소값
4. 제3사분위값
5. 제1사분위값

제3사분위값이란 전 데이터의 75%가 그 값보다도 작아지는 곳이며, 제1사분위값이란 전 데이터의 25%가 그 값보다도 작아지는 곳이다.

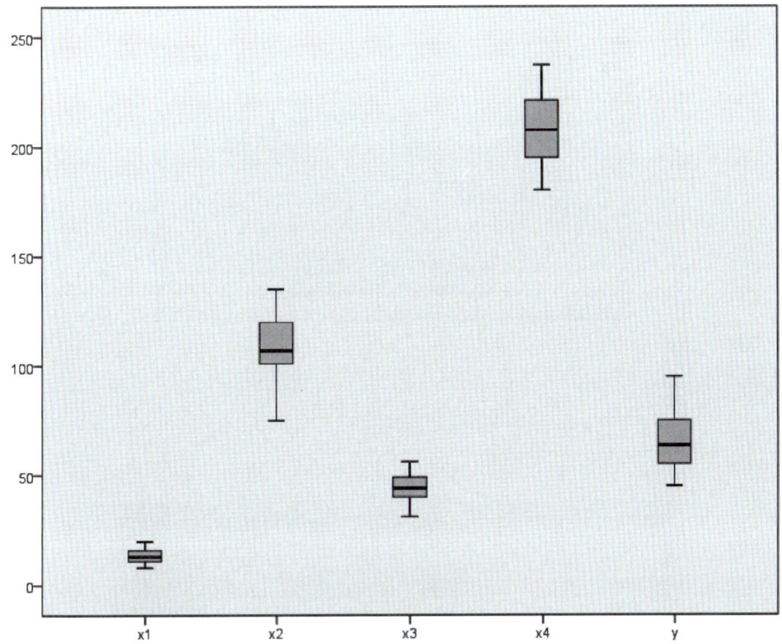

■ 점도표

[SPSS의 처리 절차]

[순서 1] 데이터의 입력

[순서 2] 분석 수법의 선택

메뉴에서 [그래프]-[레거시 대화상자]-[산점도/점도표]를 선택한다.

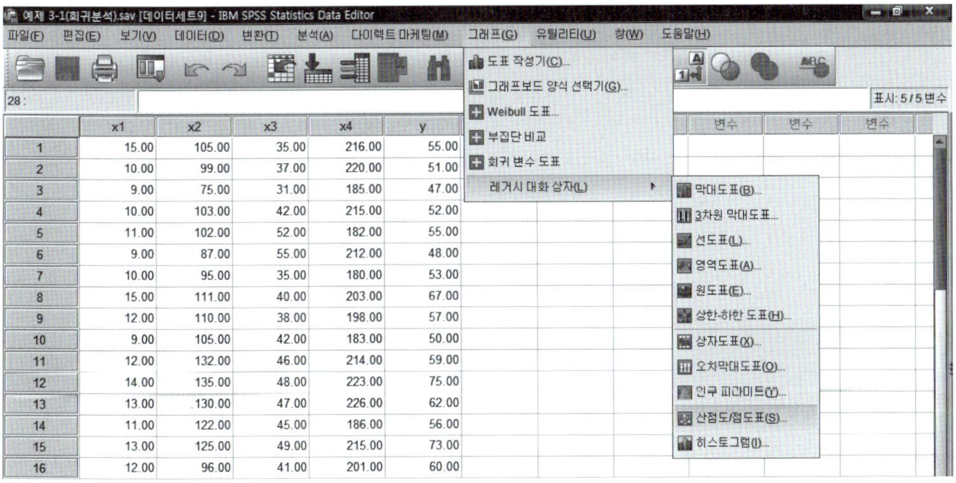

[순서 3] 종류의 선택

다음과 같은 대화상자가 나타나면, [단순 점도표]를 선택하고 [정의]를 클릭한다.

[순서 4] 정의의 설정

[X축 변수] 난에 'x_1'을 설정한다.

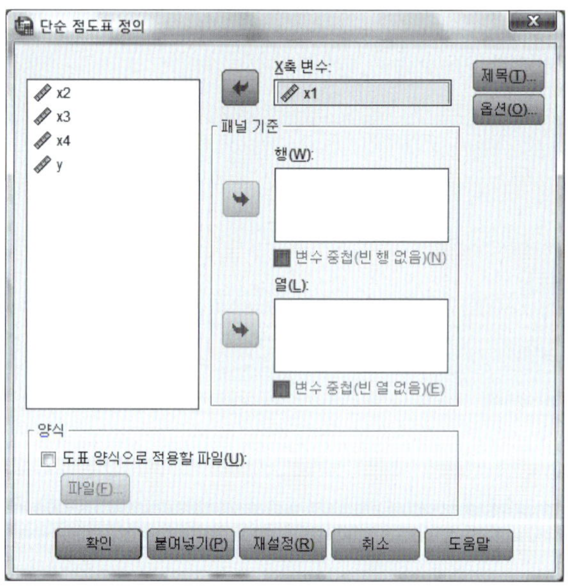

[확인]을 클릭하면, 변수 x_1의 점도표가 출력된다. 같은 방법으로 변수 x_2, x_3, x_4, y의 점도표를 작성할 수 있다.

■ 점도표

히스토그램이나 상자도표를 작성해서 음미하려면, 본래 적어도 50~100개 이상의 데이터가 필요하다. 데이터의 수가 적을 때에는 점도표가 좋다.

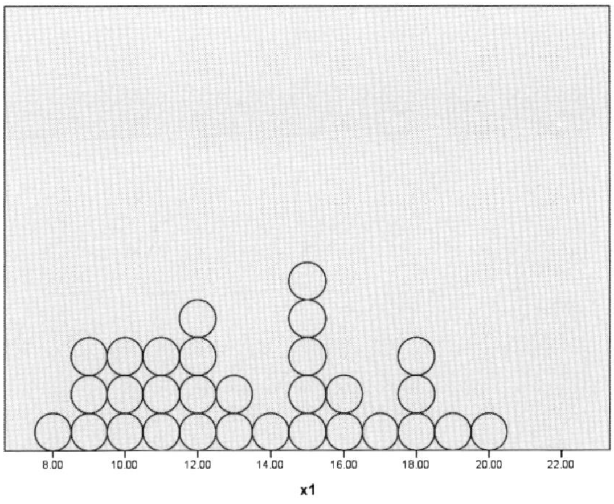
8.00
10.00
12.00
14.00
16.00
18.00
20.00
22.00
x1

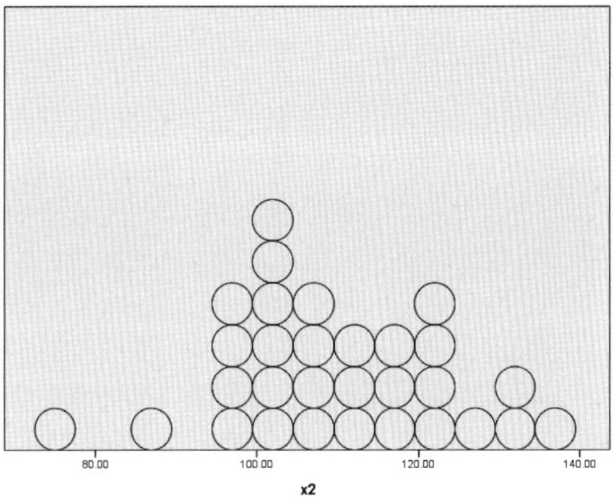
80.00
100.00
120.00
140.00
x2

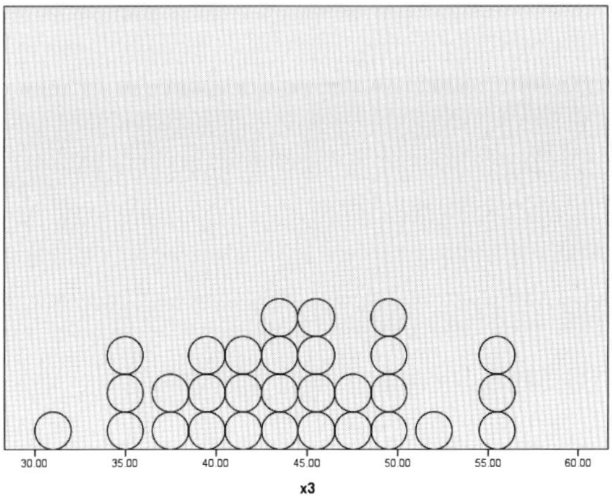
30.00
35.00
40.00
45.00
50.00
55.00
60.00
x3

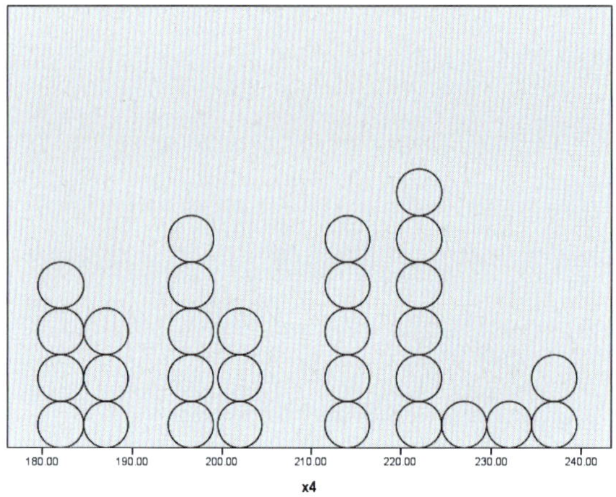

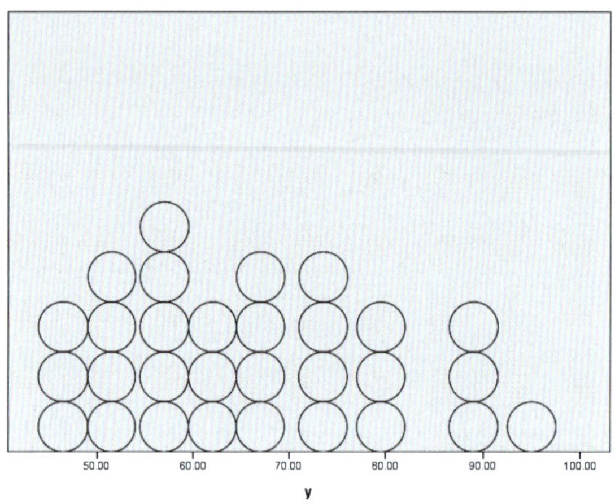

2. 2변수의 분석

■ 상관행렬

[SPSS의 처리 절차]

[순서 1] 데이터의 입력

예제 3-1의 데이터를 SPSS [데이터 보기]에 입력한다.

[순서 2] 분석 수법의 선택

메뉴에서 [분석]-[상관분석]-[이변량 상관]을 선택한다.

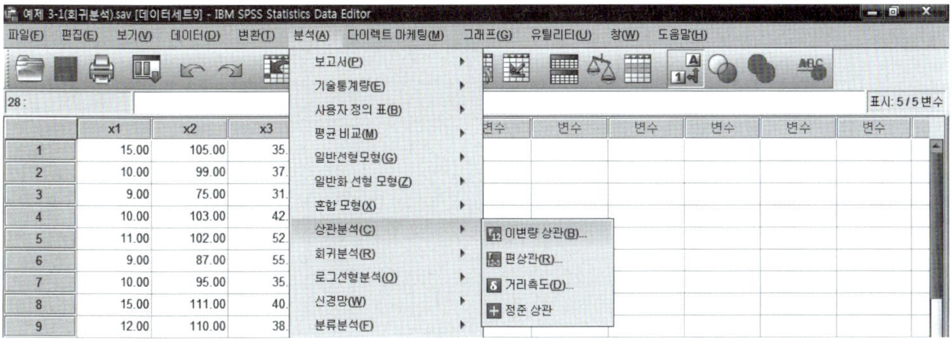

[순서 3] 변수의 설정

다음과 같은 대화상자가 나타나면, [변수] 난에 'x_1, x_2, x_3, x_4, y'를 설정하고, [상관계수]의 [Pearson], [유의성 검정]의 [양쪽], [유의한 상관계수 플래그]에 체크한다.

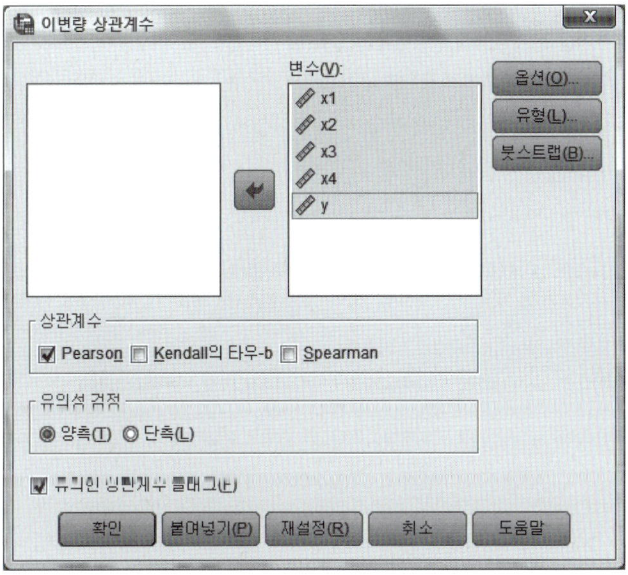

[확인]을 클릭하면 상관행렬이 출력된다.

■ 상관행렬

두 개의 변수 사이의 관계를 수치적으로 파악하려면 상관계수를 계산하면 된다. 모든 조합에 대해서 상관계수를 계산하여 행렬의 형식으로 정리한 것을 상관행렬이라고 부른다.

상관관계

		x1	x2	x3	x4	y
x1	Pearson 상관	1	.308	.321	.331	.885**
	유의확률 (양측)		.098	.084	.074	.000
	N	30	30	30	30	30
x2	Pearson 상관	.308	1	.390*	.397*	.355
	유의확률 (양측)	.098		.033	.030	.054
	N	30	30	30	30	30
x3	Pearson 상관	.321	.390*	1	.249	.488**
	유의확률 (양측)	.084	.033		.184	.006
	N	30	30	30	30	30
x4	Pearson 상관	.331	.397*	.249	1	.367*
	유의확률 (양측)	.074	.030	.184		.046
	N	30	30	30	30	30
y	Pearson 상관	.885**	.355	.488**	.367*	1
	유의확률 (양측)	.000	.054	.006	.046	
	N	30	30	30	30	30

**. 상관관계가 0.01 수준에서 유의합니다(양측).

*. 상관관계가 0.05 수준에서 유의합니다(양측).

목적변수 y와 각 설명변수의 상관계수는 다음과 같이 얻어지고 있다는 것을 간파할 수 있다.

y와 x_1의 상관계수 = 0.885 (1%에서 유의하다 = 상관 있음)

y와 x_2의 상관계수 = 0.355 (유의하지 않다 = 상관 없음)

y와 x_3의 상관계수 = 0.488 (1%에서 유의하다 = 상관 있음)

y와 x_4의 상관계수 = 0.367 (5%에서 유의하다 = 상관 있음)

또한 설명변수끼리의 상관계수를 음미하는 것도 중요하다. 중회귀분석에서는 설명변수끼리는 서로 무관계로 되어 있다고 하는 데이터가 가장 바람직하다. 이 예제는 설명변수끼리 가장 상관이 강한 것은 x_2와 x_4의 상관계수로 0.397로 되어 있는데, 강한 관계에 있다고 할 정도는 아니다.

■ 행렬 산점도

[SPSS의 처리 절차]

[순서 1] 데이터의 입력

[순서 2] 분석 수법의 선택

메뉴에서 [그래프]-[레거시 대화상자]-[산점도/점도표]를 선택한다.

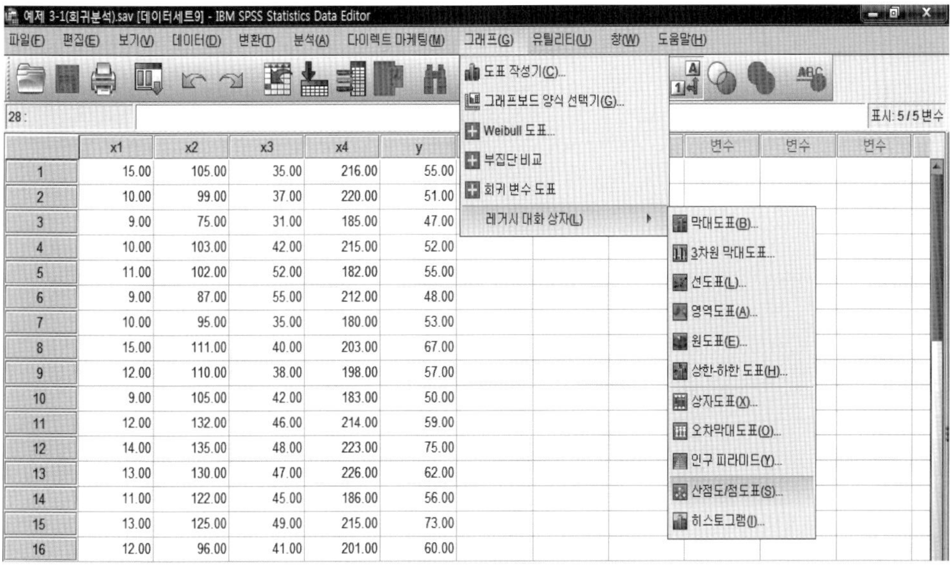

[순서 3] 종류의 선택

다음과 같은 대화상자가 나타나면, [행렬 산점도]를 선택하고 [정의]를 클릭한다.

[순서 4] 정의의 설정

[산점도 행렬] 대화상자가 나타나면, [행렬 변수] 난에 'x_1, x_2, x_3, x_4, y'를 설정한다. [확인]을 클릭하면, 행렬 산점도가 출력된다.

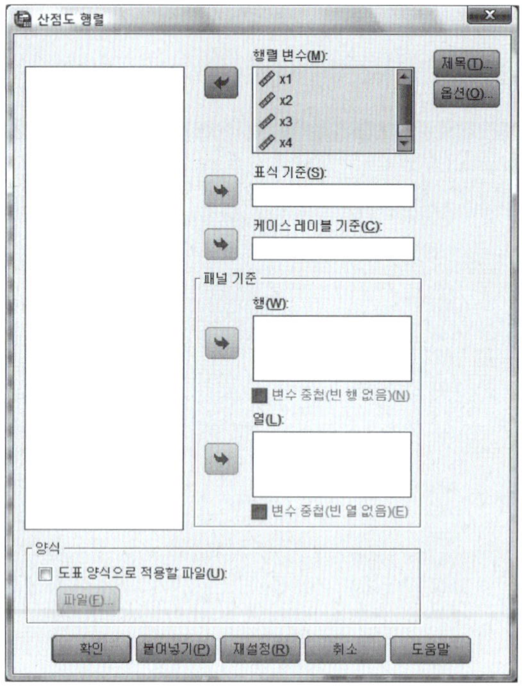

■ 행렬 산점도

목적변수와 설명변수의 관계나 설명변수끼리의 관계를 시각적으로 음미하려면, 행렬 산점도를 작성하면 된다.

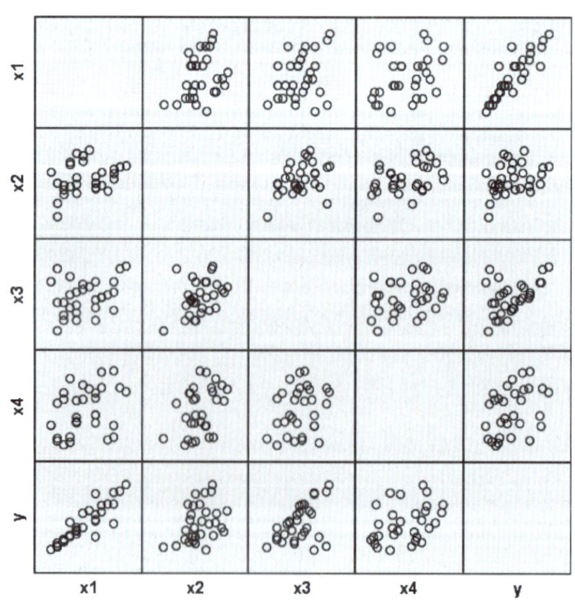

SPSS에서는 다음과 같은 케이스 번호를 표시한 산점도도 작성할 수 있다. 이것은 이상치의 동정(同定)에 유효하다.

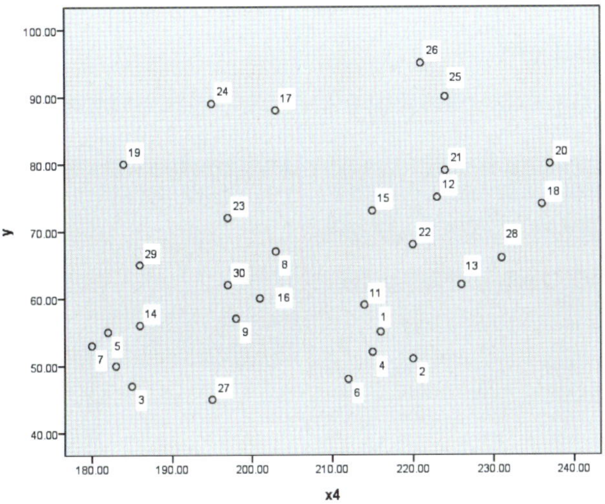

■ 산점도의 케이스 번호 표시

작성한 산점도에 케이스 번호를 표시하려면, 출력된 산점도를 더블클릭해서 [도표 편집기]를 호출한다. 메뉴에서 [데이터 설명 모드]를 선택하여 임의의 점을 클릭하면 된다.

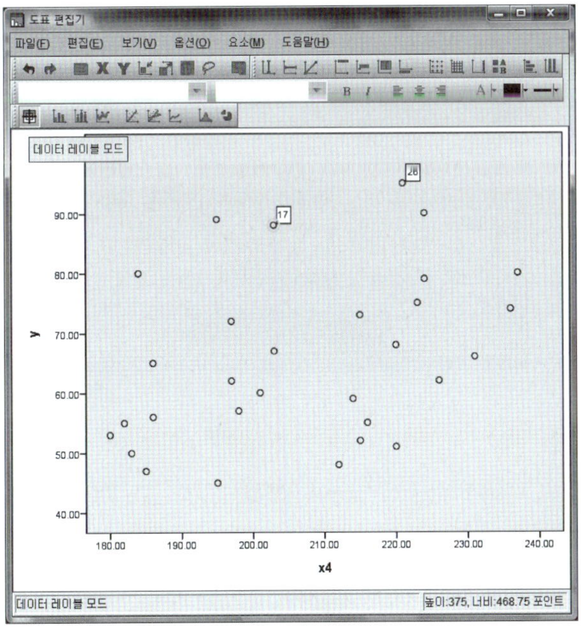

■ 3차원 산점도

[SPSS의 처리 절차]

[순서 1] 데이터의 입력

[순서 2] 분석 수법의 선택

메뉴에서 [그래프]-[레거시 대화상자]-[산점도/점도표]를 선택한다.

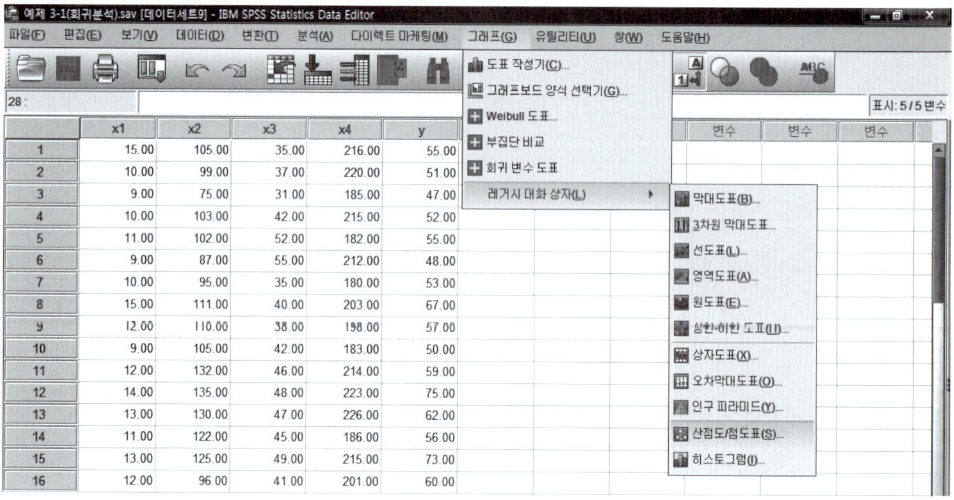

[순서 3] 종류의 선택

다음과 같은 대화상자가 나타나면, [3차원 산점도]를 선택하고 [정의]를 클릭한다.

[순서 4] 정의의 설정

[3차원 산점도 행렬] 대화상자가 나타나면, [Y축] 난에 'y', [X축] 난에 'x_1', [Z축] 난에 'x_2'를 설정한다. [확인]을 클릭하면, 3차원 산점도가 출력된다.

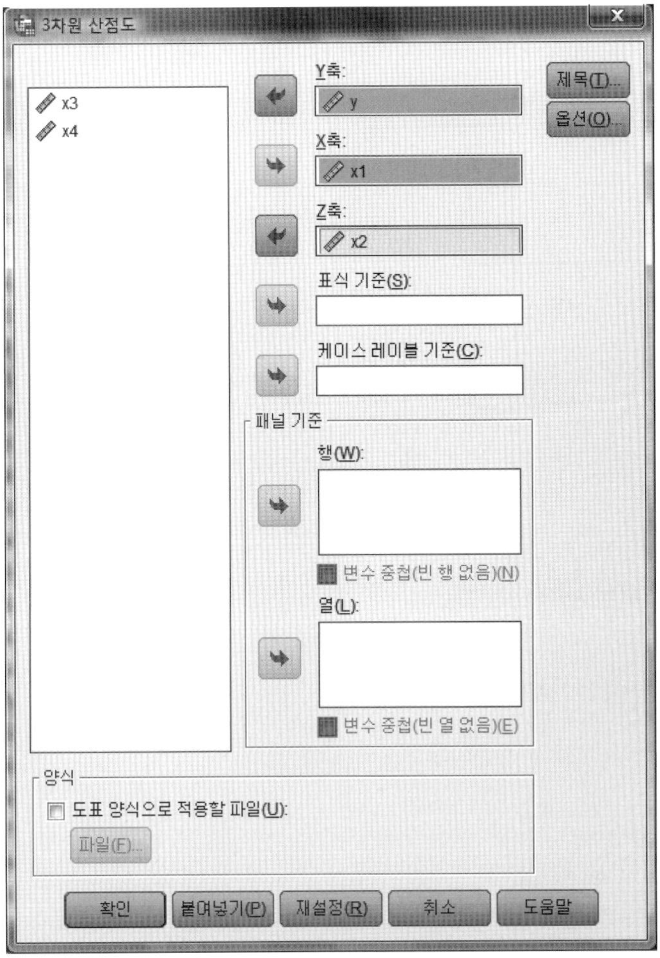
3차원 산점도
x3
x4
Y축:
y
X축:
x1
Z축:
x2
표식 기준(S):
케이스 레이블 기준(C):
패널 기준
행(W):
변수 중첩(빈 행 없음)(N)
열(L):
변수 중첩(빈 열 없음)(E)
양식
도표 양식으로 적용할 파일(U):
파일(F)...
제목(T)...
옵션(O)...
확인
붙여넣기(P)
재설정(R)
취소
도움말

■ 3차원 산점도

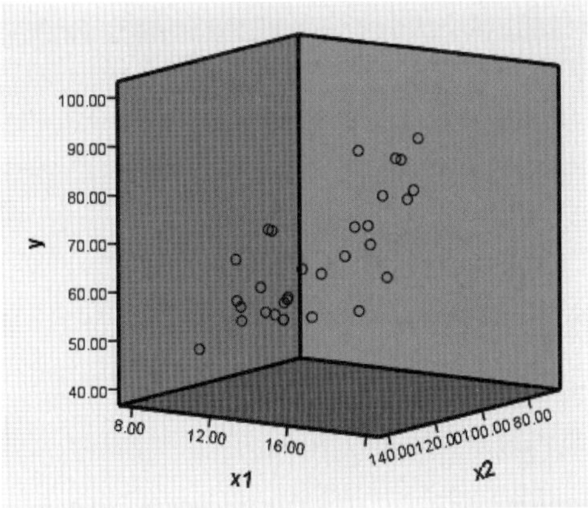
y
100.00
90.00
80.00
70.00
60.00
50.00
40.00
8.00
12.00
16.00
x1
140.00120.00100.00 80.00
x2

같은 방법으로 다른 조합에 대해서도 3차원 산점도를 작성할 수 있다.

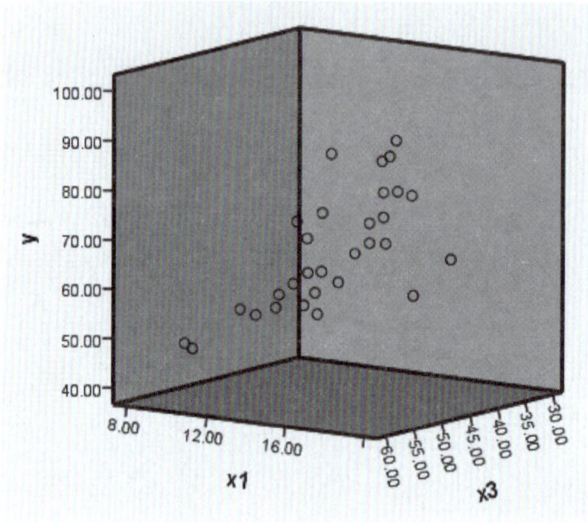

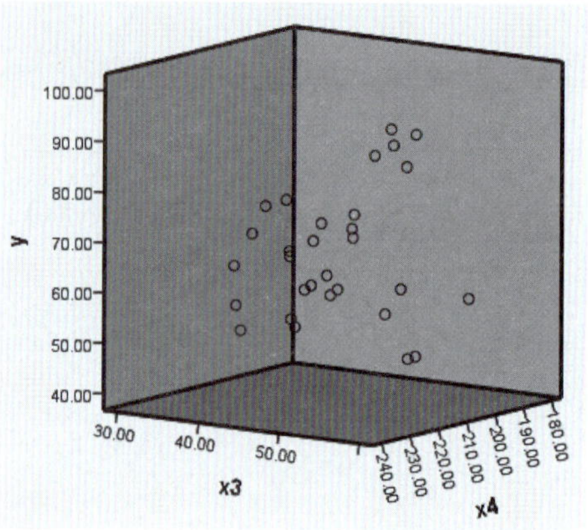

3.2 | 중회귀분석의 실제

1. 중회귀분석의 기본

앞의 예제 3-1의 데이터에 중회귀분석을 적용해 보자.

■ 중회귀분석의 실행

[SPSS의 처리 절차]

[순서 1] 데이터의 입력

예제 3-1의 데이터를 다음과 같이 입력한다.

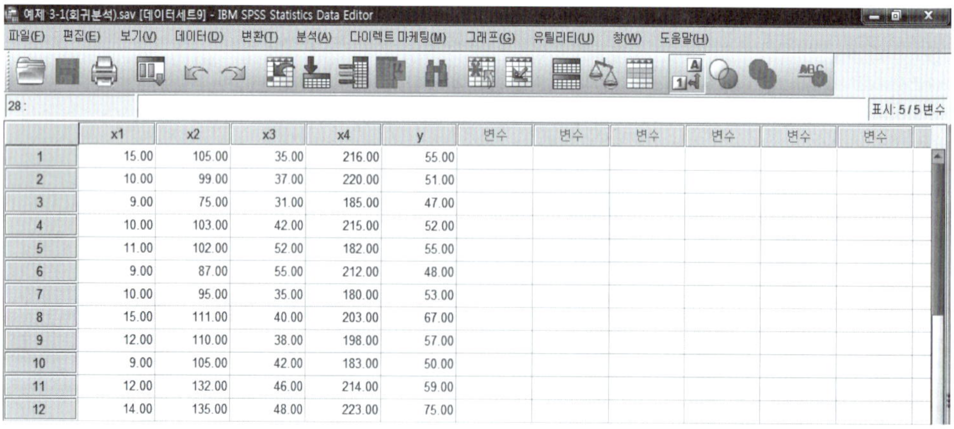

	x1	x2	x3	x4	y	변수	변수	변수	변수	변수	변수
1	15.00	105.00	35.00	216.00	55.00						
2	10.00	99.00	37.00	220.00	51.00						
3	9.00	75.00	31.00	185.00	47.00						
4	10.00	103.00	42.00	215.00	52.00						
5	11.00	102.00	52.00	182.00	55.00						
6	9.00	87.00	55.00	212.00	48.00						
7	10.00	95.00	35.00	180.00	53.00						
8	15.00	111.00	40.00	203.00	67.00						
9	12.00	110.00	38.00	198.00	57.00						
10	9.00	105.00	42.00	183.00	50.00						
11	12.00	132.00	46.00	214.00	59.00						
12	14.00	135.00	48.00	223.00	75.00						

[순서 2] 분석 수법의 선택

메뉴에서 [분석]-[회귀분석]-[선형]을 선택한다.

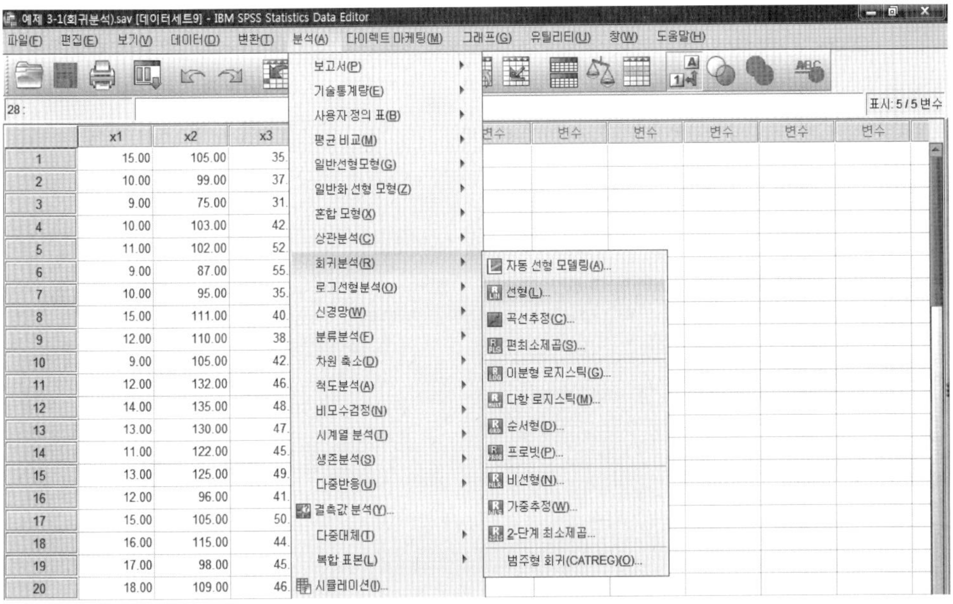

[순서 3] 변수의 설정

다음의 대화상자가 나타나면, [종속변수] 난에 'y', [독립변수] 난에 'x_1, x_2, x_3, x_4'를 설정한다.

[순서 4] 출력내용의 설정

(1) 통계량

위의 화면에서 [통계량]을 클릭하면, 다음과 같은 대화상자가 나타난다. 아래와 같이 선택·지정하고 [계속]을 클릭하면, 앞의 화면으로 되돌아온다.

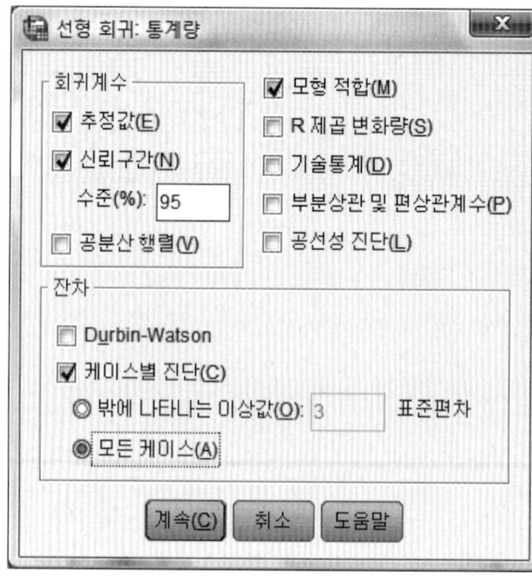

(2) 도표

[도표]를 클릭하면 다음과 같은 대화상자가 나타난다. [표준화 잔차도표]에서 [히스토그램], [정규확률도표]에 체크하고, [계속]을 클릭하면 앞의 화면으로 되돌아온다.

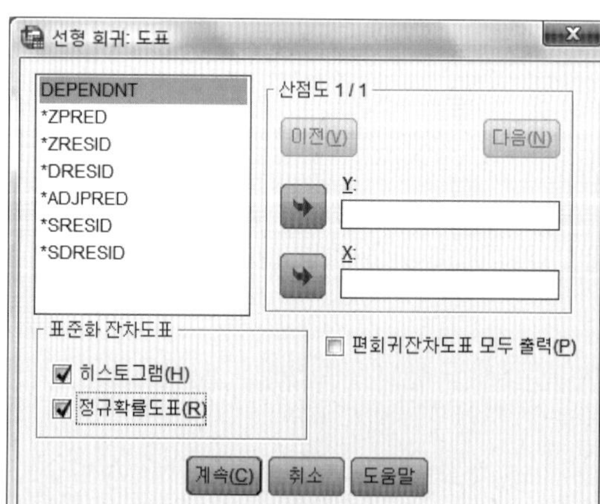

[확인]을 클릭하면, 회귀식, 회귀식의 유의성, 회귀식의 유효성, 모회귀계수의 유의성, 표준편회귀계수, 개개의 잔차, 잔차의 히스토그램, 표준화 잔차의 정규확률 도표가 출력된다.

■ 중회귀분석의 결과

(1) 회귀식

계수[a]

모형		비표준화 계수 B	비표준화 계수 표준오차	표준화 계수 베타	t	유의확률	B에 대한 95.0% 신뢰구간 하한	B에 대한 95.0% 신뢰구간 상한
1	(상수)	-8.911	14.891		-.598	.555	-39.579	21.758
	x1	3.348	.381	.797	8.781	.000	2.563	4.134
	x2	.007	.099	.007	.069	.946	-.197	.211
	x3	.480	.201	.218	2.383	.025	.065	.894
	x4	.038	.075	.047	.506	.617	-.116	.191

a. 종속변수: y

회귀식은

$$y = -8.911 + 3.348\,x_1 + 0.007\,x_2 + 0.480\,x_3 + 0.038\,x_4$$

로 구해진다.

x_1, x_2, x_3, x_4의 회귀계수의 부호는 모두 플러스로 되어 있음을 확인할 수 있다. 사실은 중회귀분석을 실시하기 전에, 각 설명변수를 사용해서 단회귀분석을 실시하여 회귀계수의 부호가 중회귀분석의 결과 각 설명변수의 부호와 일치하는지 어떤지를 검토해 볼 필요가 있다. 실제로 검토해 보면, 단회귀분석에서의 회귀계수의 부호와 일치한다. 만일 부호 역전 현상이 나타나면 다중공선성을 의심해 볼 필요가 있게 된다. 이에 대해서는 뒤에서 상술하기로 한다.

(2) 회귀식의 유의성

얻어진 회귀식이 통계학적으로 의미가 있는지 어떤지를 검증할 필요가 있다. 이를 위해서 회귀에 관한 분산분석을 실시한다.

ANOVA[a]

모형		제곱합	자유도	평균제곱	F	유의확률
1	회귀	4772.189	4	1193.047	30.902	.000[b]
	잔차	965.177	25	38.607		
	전체	5737.367	29			

a. 종속변수: y

b. 예측자: (상수), x4, x3, x1, x2

$$\text{유의확률}(p\text{값}) = 0.000 < \alpha = 0.05$$

이므로, 회귀식은 유의하며 회귀식에는 의미가 있다고 하는 결론을 내린다. 이 분산분석에 있어서의 가설은 다음과 같다.

귀무가설 $H_0 : \beta_1 = \beta_2 = \beta_3 = \beta_4 = 0$ (회귀식에는 의미가 없다)

대립사걸 $H_1 :$ 적어도 하나의 $\beta_j \neq 0$ (회귀식에는 의미가 있다)

(3) 회귀식의 유효성

모형 요약[b]

모형	R	R 제곱	수정된 R 제곱	추정값의 표준 오차
1	.912[a]	.832	.805	6.21346

a. 예측자: (상수), x4, x3, x1, x2

b. 종속변수: y

이 예제에서는

$$\text{기여율} \quad R^2 = 0.832$$

$$\text{잔차표준편차} \quad \sqrt{V_e} = 6.213$$

이 된다.

이 사실로부터 목적변수 y의 변동 중, x_1, x_2, x_3, x_4에 의해서 83.2%를 설명할 수 있다는 것을 알 수 있다. 또한 이 회귀식에서 중량을 예측했을 때에 ± 6.213 (g) 정도의 오차를 각오할 필요가 있다.

그런데 기여율 R^2은 설명변수의 수를 늘릴수록 그 변수가 유용한 것이든 아니든, 그 값이 커진다고 하는 문제점을 안고 있다. 그래서 무의미한 변수를 설명변수로서 사용했을 때에는, 그 수치가 작아지도록 자유도로 수정한 기여율이 쓰인다. 이것을 수정된 기여율이라고 한다. 수정된 기여율을 R^{*2}으로 표기하면, R^2과 R^{*2} 사이에는 다음과 같은 관계가 성립한다.

$$R^{*2} = 1 - \frac{n-1}{n-p-1}(1-R^2)$$

(n은 표본의 크기, p는 설명변수의 수)

이 예제에서는 $R^{*2} = 0.805$로 되어 있다.

(4) 회귀계수의 유의성

각 설명변수의 목적변수 y에 대한 영향력의 대소는 편회귀계수 값의 대소로 판단해서는 안 된다. 예를 들면,

$$y = 8 + 3x_1 + 7x_2$$

라고 하는 회귀식이 얻어졌다고 하자. 이때에 x_2 쪽이 x_1보다도 y에 대한 영향력이 강하다고 생각해서는 안 된다. 왜냐하면 편회귀계수의 값은 x_1이나 x_2의 단위에 따라서 변화해 버리기 때문이다. 가령 x_2가 m 단위일 때에 이것을 cm 단위로 고치면, 편회귀계수의 값은 변해 버린다. 또한 x_1과 x_2의 단위가 다른 경우에는 비교할 수가 없다.

그래서 편회귀계수의 유효성을 판단하기 위한 t값과 p값(유의확률)으로 영향력을 판단하게 된다. t값은 +의 값과 −의 값을 취할 수 있으므로, t값의 절대값이 큰 변수일수록 목적변수 y를 예측(설명)하는 데 공헌도가 높다고 생각한다.

이 예제에서는 다음과 같은 t값과 p값이 얻어졌다.

계수[a]

모형		비표준화 계수		표준화 계수	t	유의확률	B에 대한 95.0% 신뢰구간	
		B	표준오차	베타			하한	상한
1	(상수)	-8.911	14.891		-.598	.555	-39.579	21.758
	x1	3.348	.381	.797	8.781	.000	2.563	4.134
	x2	.007	.099	.007	.069	.946	-.197	.211
	x3	.480	.201	.218	2.383	.025	.065	.894
	x4	.038	.075	.047	.506	.617	-.116	.191

a. 종속변수: y

t값(의 절대값)은 x_1, x_3, x_4, x_2의 순으로 크므로, 이 순서로 y에 대한 영향력도 크다고 판단한다. 단, 이와 같은 판단은 x_1, x_2, x_3, x_4가 서로 독립일 때에 성립하는 것이지, 설명변수끼리 강한 상관관계가 있을 때에는 이와 같은 결론은 낼 수 없게 된다. 또한 x_1, x_2, x_3, x_4를 동시에 사용한 경우의 이야기라는 데에 주의할 필요가 있다.

p값에 의해서 편회귀계수의 유의성을 판정할 수 있다. 유의하지 않은 변수는 목적변수 y를 예측하는 데 불필요한 변수라고 결론짓는다. 그리고 유의하지 않은 변수는 y와 무관계하다고 하는 것을 말하고 있는 것은 아니라는 사실에 주의해야 한다. 이 예제에서는 x_2와 x_4가 유의수준을 0.05로 하면, 불필요한 변수라고 하는 셈이 된다. p값은 t값과는 역으로 수치가

작을수록 중요한 변수라고 생각할 수 있다.

그리고 t값 대신에 F값을 이용하는 경우도 있다.

$$F\text{값} = (t\text{값})^2$$

라고 하는 관계에 있고, 경험적으로는 F값이 2 이상이라면 유효한 변수, 2 미만이라면 불필요한 변수로서 간주하여, 유효한 변수만으로 회귀식을 작성하면 좋은 회귀식이 얻어진다고 일컬어지고 있다. 변수선택에 대해서는 뒤에서 언급하기로 한다.

(5) 표준편회귀계수

목적변수 y에 대한 영향력을 보는 것으로서 표준편회귀계수라고 하는 것이 있다. 편회귀계수는 원래의 변수에 대한 단위에 의존하므로, 모든 변수를 표준화하고 나서 중회귀분석을 실시하는 것을 생각한다. 그렇게 하면 모든 변수는 무명수(無名數, 단위의 이름이 붙지 아니한 보통의 수)가 되어, 단위의 차이는 없어짐과 동시에 어느 변수도 평균이 0, 표준편차가 1로 일치하므로, 편회귀계수의 대소를 비교하는 것이 가능해진다. 이때의 편회귀계수를 표준편회귀계수라고 한다. 표준편회귀계수의 절대값이 큰 변수일수록 y에 대한 영향력도 크다고 판단한다.

계수[a]

모형		비표준화 계수		표준화 계수	t	유의확률	B에 대한 95.0% 신뢰구간	
		B	표준오차	베타			하한	상한
1	(상수)	-8.911	14.891		-.598	.555	-39.579	21.758
	x1	3.348	.381	.797	8.781	.000	2.563	4.134
	x2	.007	.099	.007	.069	.946	-.197	.211
	x3	.480	.201	.218	2.383	.025	.065	.894
	x4	.038	.075	.047	.506	.617	-.116	.191

a. 종속변수: y

표준편회귀계수(표준화계수 베타)를 보면 x_1, x_3, x_4, x_2의 순으로 크므로, 이 순서로 y에 대한 영향력도 크다고 판단한다.

이 예제에서는 표준편회귀계수의 순위와 t값의 순위가 일치하고 있지만, 항상 일치하는 것은 아니다. 대개는 t값을 중시하고, 표준편회귀계수는 부차적으로 보고 있다.

2. 잔차의 검토

■ 개개의 잔차

잔차의 일람표를 보이면 다음과 같다.

케이스별 진단[a]

케이스 번호	표준화 잔차	y	예측값	잔차
1	-1.925	55.00	66.9600	-11.96002
2	-.046	51.00	51.2876	-.28762
3	.551	47.00	43.5783	3.42172
4	-.245	52.00	53.5239	-1.52394
5	-.872	55.00	60.4159	-5.41590
6	-1.318	48.00	56.1870	-8.18701
7	.677	53.00	48.7926	4.20740
8	-.307	67.00	68.9083	-1.90826
9	-.114	57.00	57.7090	-.70901
10	.164	50.00	48.9824	1.01761
11	-.531	59.00	62.2988	-3.29884
12	.754	75.00	70.3143	4.68565
13	-.735	62.00	66.5656	-4.56558
14	-.217	56.00	57.3467	-1.34670
15	.953	73.00	67.0756	5.92442
16	.134	60.00	59.1651	.83488
17	2.307	88.00	73.6625	14.33753
18	-.233	74.00	75.4466	-1.44657
19	.451	80.00	77.1970	2.80301
20	-.499	80.00	83.0989	-3.09888
21	.658	79.00	74.9120	4.08797
22	-.469	68.00	70.9129	-2.91289
23	.313	72.00	70.0522	1.94777
24	.890	89.00	83.4670	5.53302
25	-.056	90.00	90.3476	-.34760
26	.150	95.00	94.0691	.93094
27	-.803	45.00	49.9912	-4.99115
28	1.503	66.00	56.6600	9.33997
29	-2.073	65.00	77.8801	-12.88014
30	.935	62.00	56.1918	5.80823

잔차의 일람표를 보면 표준화 잔차의 절대값이 2.5 이상 되는 것은 없으므로, 이상치는 없는 것 같다.

■ 잔차의 히스토그램

표준화된 히스토그램은 다음과 같다. n이 30으로 작지 않으므로 이 히스토그램의 형태를 음미해서, 정규분포인지 어떤지를 어느 정도 판단할 수 있다.

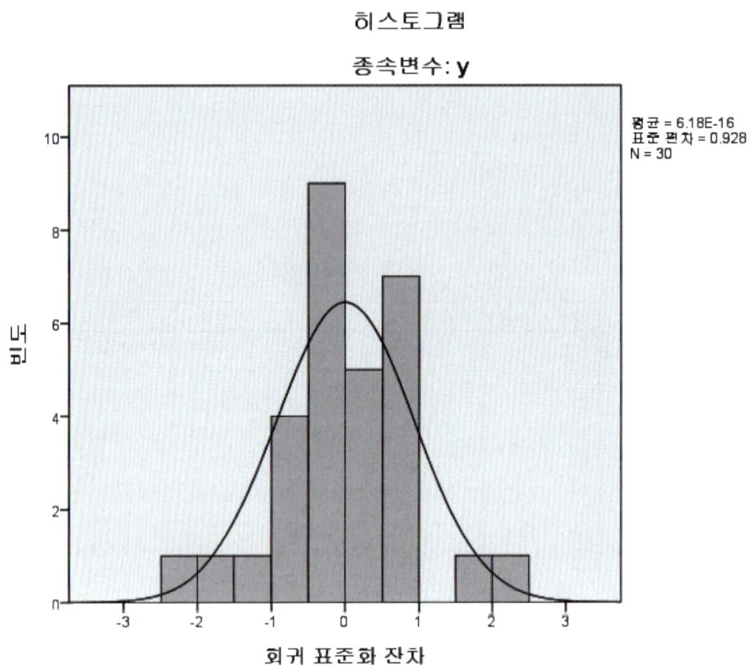

■ 표준화 잔차의 정규확률 도표

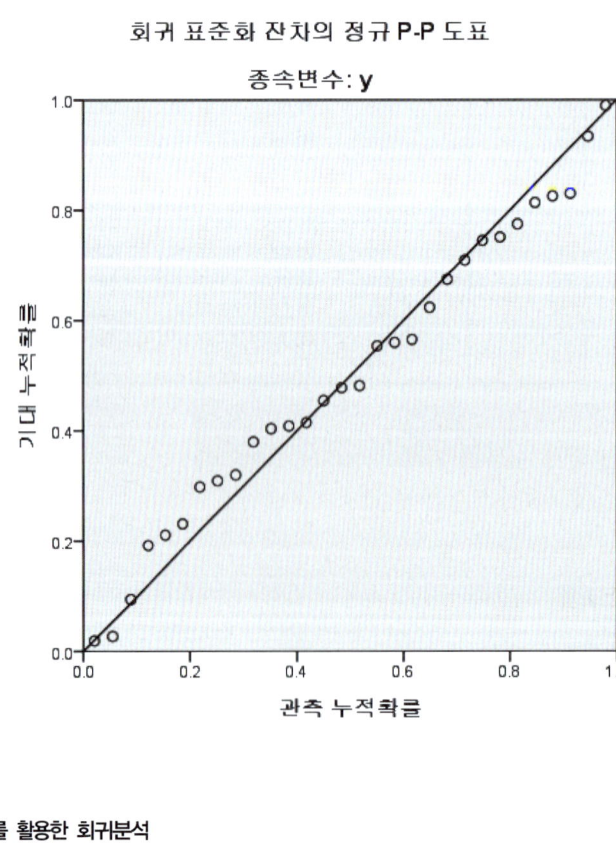

정규확률 도표에서 점이 거의 직선 모양으로 늘어서 있으면, 잔차는 정규분포에 따르고 있다고 판단한다.

3. 회귀진단

잔차의 분석과 영향력의 분석을 회귀진단이라고 한다. 영향력의 분석이란 개개의 데이터가 회귀분석의 결과에 어떠한 영향을 미치고 있는지를 조사하는 것이다. 잔차의 분석에 대해서는 앞에서 설명했으므로, 여기에서는 영향력의 분석에 대해서 설명하기로 한다.

영향력의 분석에는,

1. 레버리지(leverage)
2. Cook의 거리
3. DFBETA

등의 통계량이 제안되고 있다. 이들 통계량이 어떠한 값을 나타내는지를 앞의 예로 보이기로 한다.

■ 회귀진단

[SPSS의 처리 절차]

[순서 1] 데이터의 입력

예제 3-1의 데이터를 다음과 같이 입력한다.

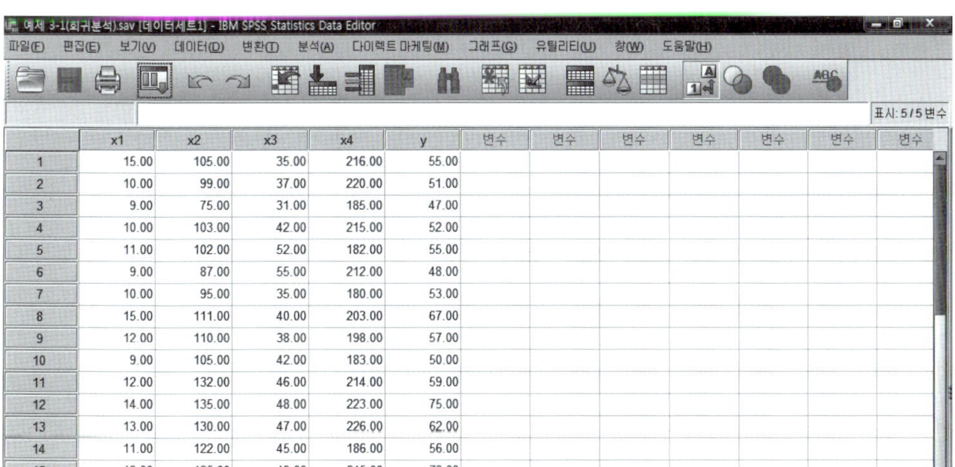

	x1	x2	x3	x4	y	변수	변수	변수	변수	변수	변수	변수
1	15.00	105.00	35.00	216.00	55.00							
2	10.00	99.00	37.00	220.00	51.00							
3	9.00	75.00	31.00	185.00	47.00							
4	10.00	103.00	42.00	215.00	52.00							
5	11.00	102.00	52.00	182.00	55.00							
6	9.00	87.00	55.00	212.00	48.00							
7	10.00	95.00	35.00	180.00	53.00							
8	15.00	111.00	40.00	203.00	67.00							
9	12.00	110.00	38.00	198.00	57.00							
10	9.00	105.00	42.00	183.00	50.00							
11	12.00	132.00	46.00	214.00	59.00							
12	14.00	135.00	48.00	223.00	75.00							
13	13.00	130.00	47.00	226.00	62.00							
14	11.00	122.00	45.00	186.00	56.00							
15	13.00	125.00	49.00	215.00	73.00							

[순서 2] 분석 수법의 선택

메뉴에서 [분석]-[회귀분석]-[선형]을 선택한다.

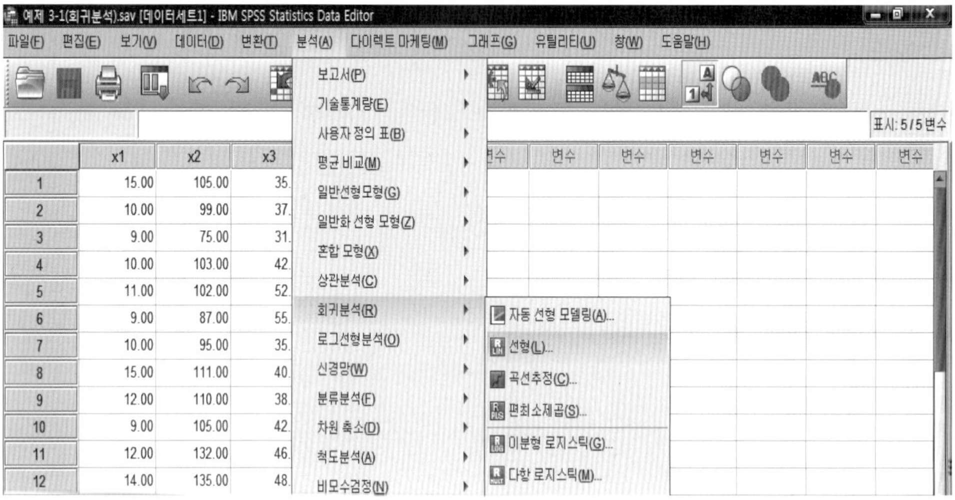

[순서 3] 변수의 설정

다음의 대화상자가 나타나면, [종속변수] 난에 'y', [독립변수] 난에 'x_1, x_2, x_3, x_4'를 설정한다.

[순서 4] 출력내용의 선택

[저장]을 클릭하면 다음과 같은 대화상자가 나타난다. [거리]의 [Cook의 거리], [레버리지 값], [영향력 통계량]의 [DFBETA]에 체크하고 [계속]을 클릭하면, 앞의 화면으로 되돌아온다.

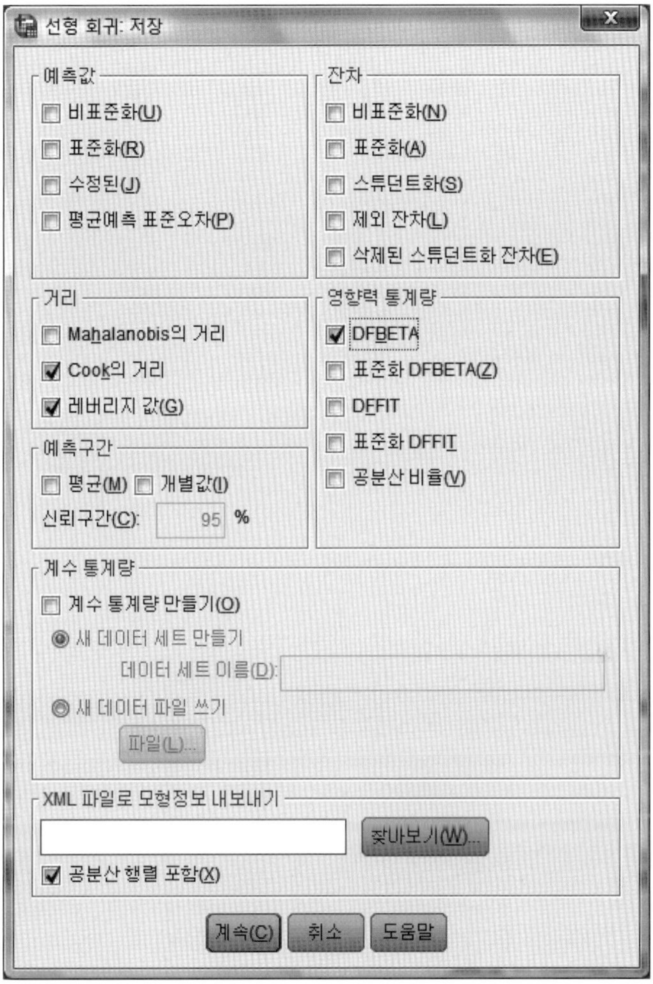

[확인]을 클릭하면 [데이터 보기]에 레버리지, Cook의 거리, DFBETA의 값이 출력된다.

[순서 5] 그래프의 작성

메뉴에서 [그래프]-[레거시 대화상자]-[선도표]를 선택한다.

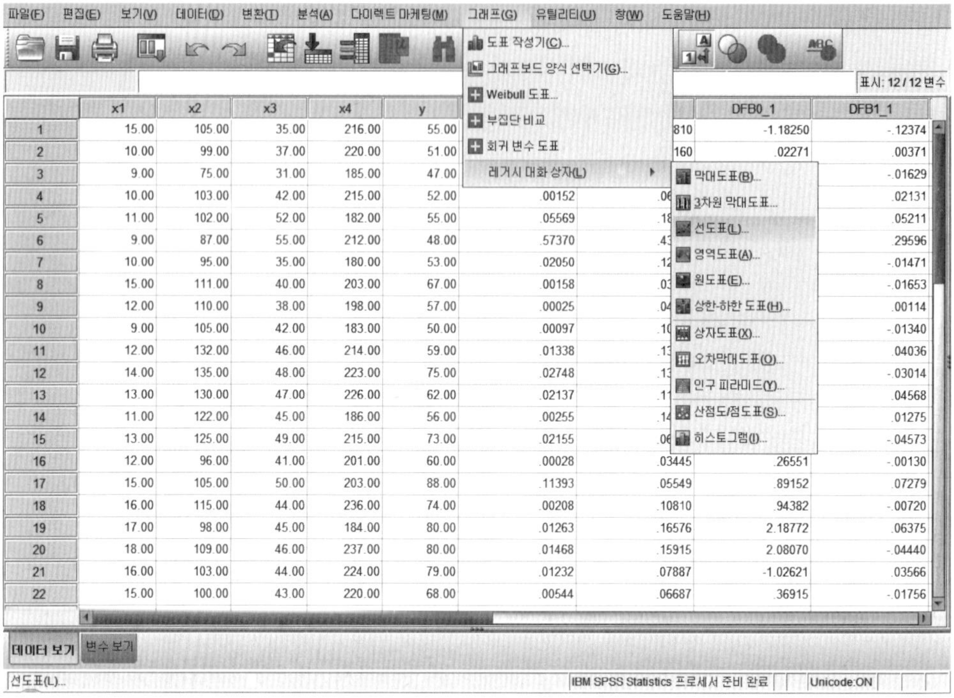

[순서 6] 종류의 선택

다음의 대화상자가 나타나면, [단순]-[각 케이스의 값]을 선택하고 [정의]를 클릭한다.

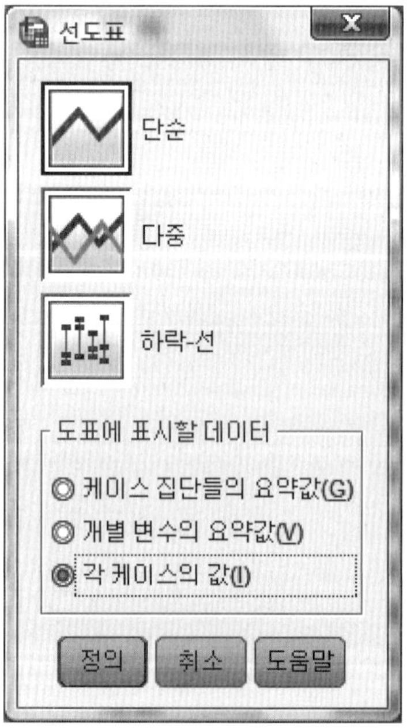

[순서 7] 정의의 설정

[선 표시]에 [LEV_1], [범주 레이블]에 [케이스 번호]를 설정한다.

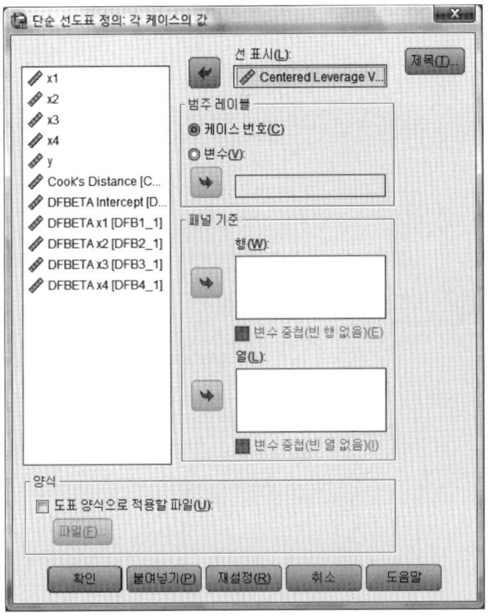

[확인]을 클릭하면 다음과 같은 꺾은선 그래프가 출력된다.

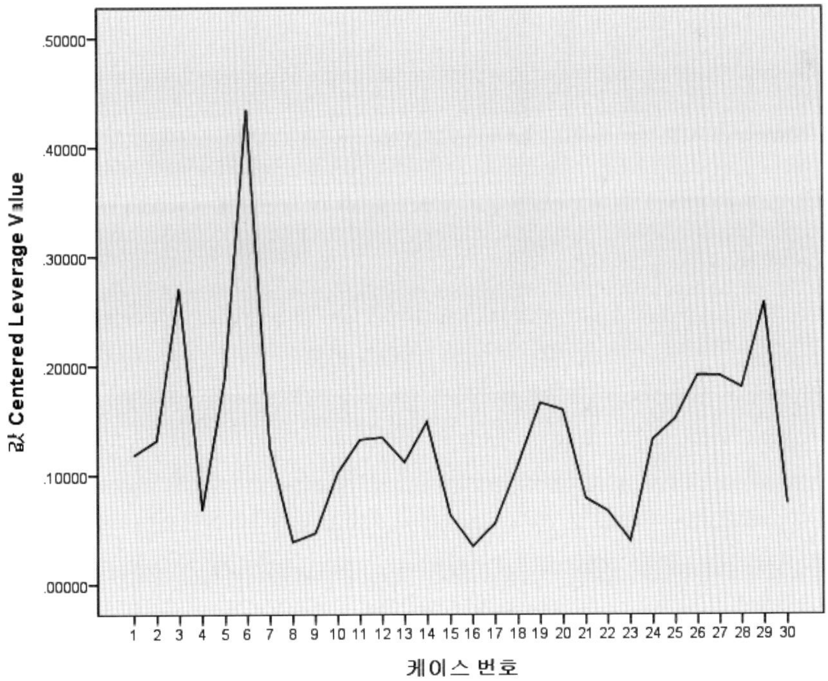

[순서 8] 레이아웃의 변경

출력된 꺾은선 그래프를 더블클릭하면 [도표 편집기]로 바뀐다. 꺾은선을 더블클릭해서 [특성] 대화상자로부터 [변수]를 선택하고, [요소 유형]에서 [표식]을 선택하고 [적용]을 클릭한다.

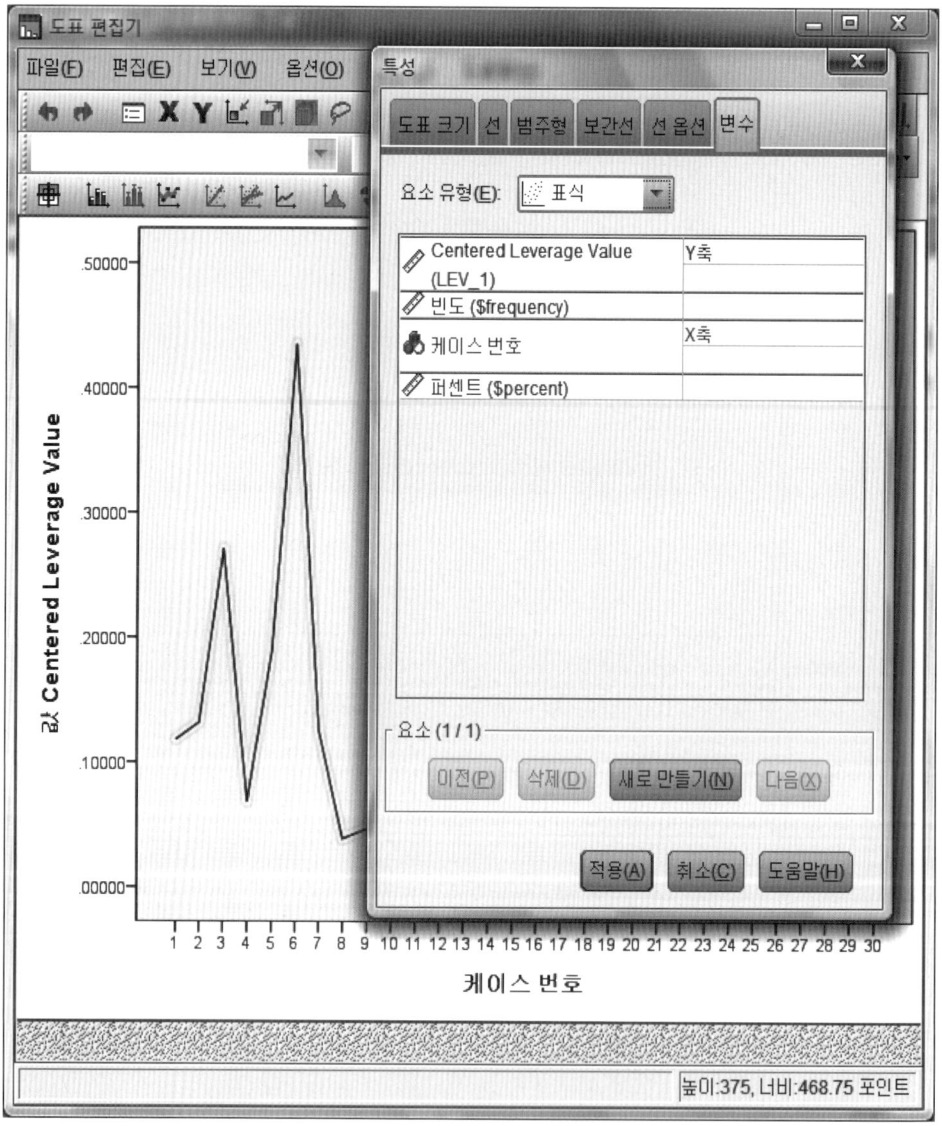

그러면 가로축을 케이스 번호로 하는 레버리지 값의 그래프가 완성된다.

■ 레버리지

레버리지란 설명변수의 이상치를 보는 것인데, 레버리지의 평균치는 (설명변수의 수+1)/(표본의 크기 n)이 된다. 이 예제에서는 설면변수의 수는 4, 표본의 크기(케이스의 수)는 30이므로, 레버리지의 평균치는 (4+1)/30=0.1666이 된다.

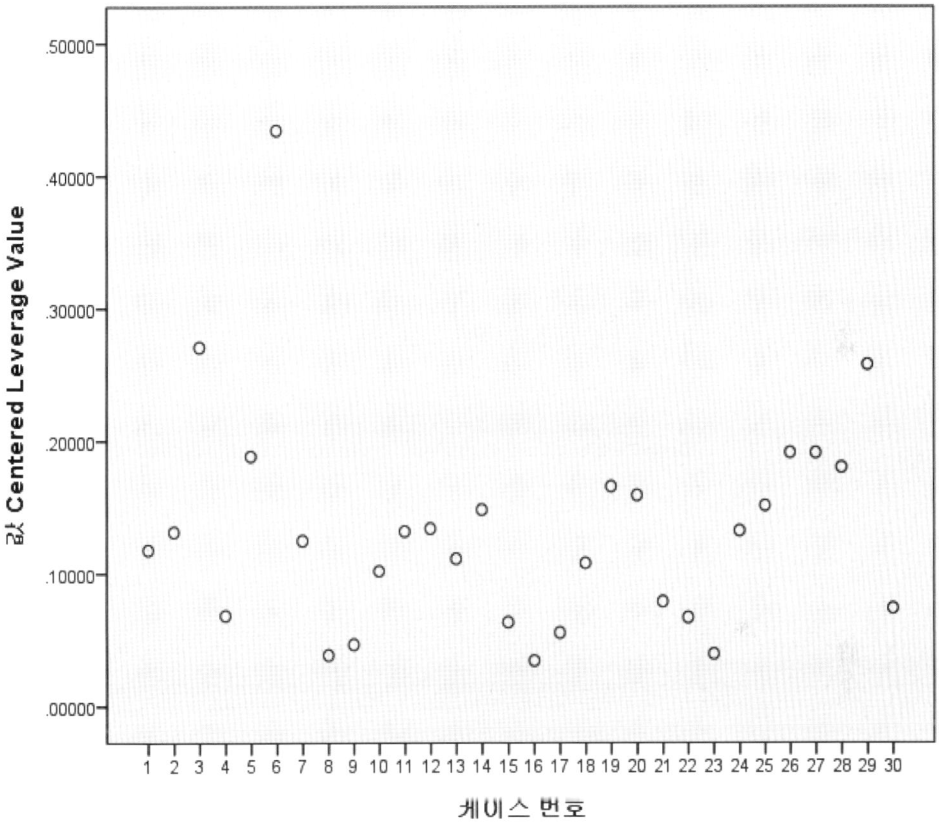

가로축은 케이스 번호, 세로축은 레버리지를 나타내고 있다. 6번과 29번이 큰 수치를 보이고 있다.

다시 위의 [순서 7]로 돌아가서 Cook의 거리를 선표시로 한다.

[순서 7] 정의의 설정

[선 표시]에 [Cook's Distance], [범주 레이블]에 [케이스 번호]를 설정한다.

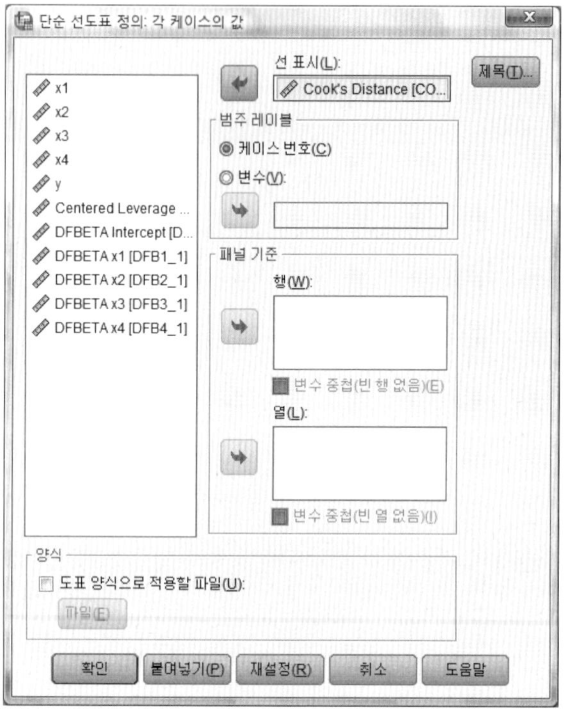

[확인]을 클릭하면 다음과 같은 꺾은선 그래프가 출력된다.

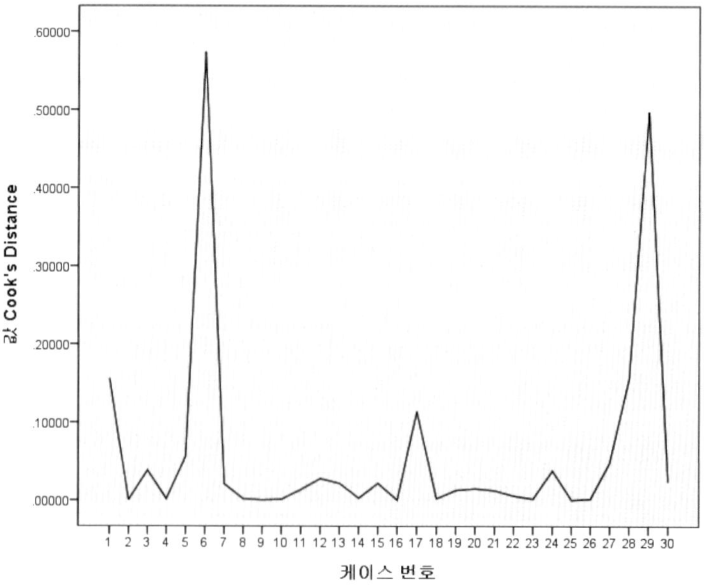

[순서 8] 레이아웃의 변경

출력된 꺾은선 그래프를 더블클릭하면 [도표 편집기]로 바뀐다. 꺾은선을 더블클릭해서 [특성] 대화상자로부터 [변수]를 선택하고, [요소 유형]에서 [표식]을 선택하고 [적용]을 클릭한다.

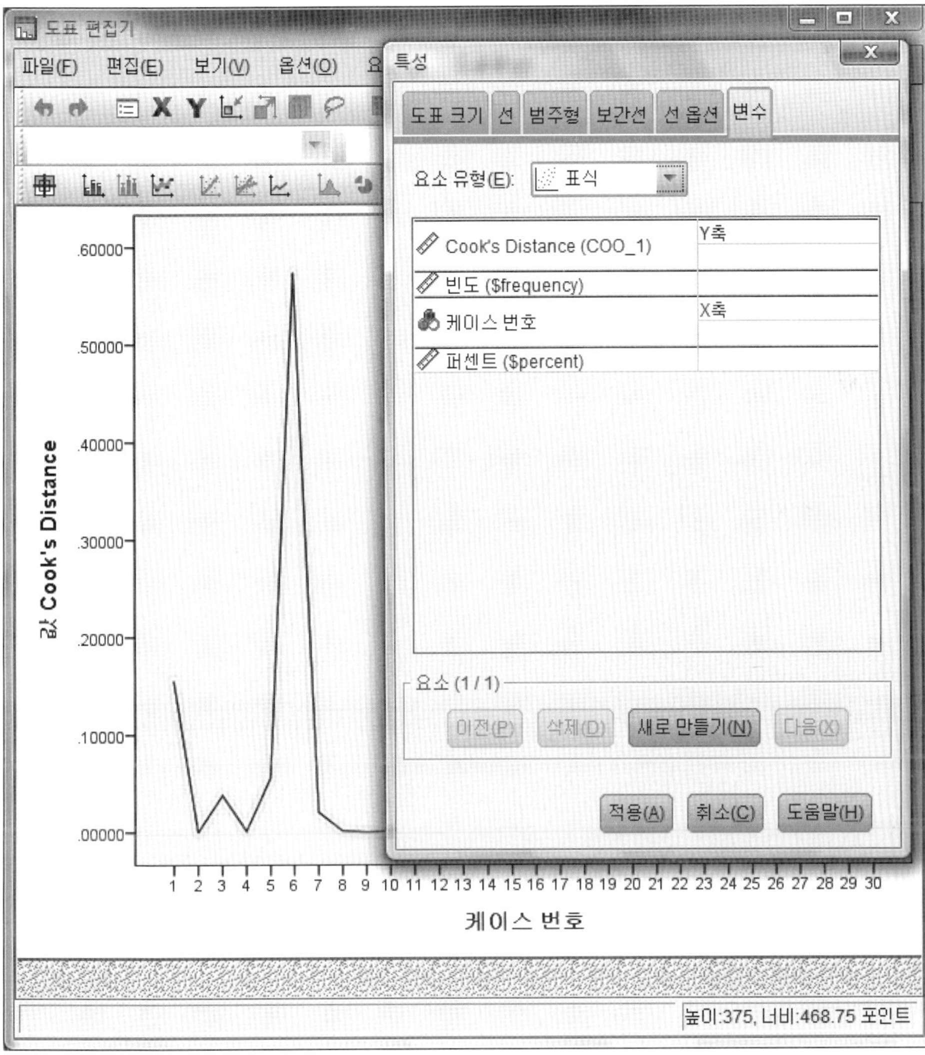

그러면 가로축을 케이스 번호로 하는 Cook의 거리 그래프가 완성된다.

■ Cook의 거리

Cook의 거리는 표준화 잔차와 레버리지의 양쪽을 고려한 통계량으로, 다음과 같이 계산된다.

$$\text{Cook의 거리} = \frac{\{(\text{표준화 잔차})^2 \times (\text{레버리지})\}}{\{1-(\text{레버리지})\}}$$

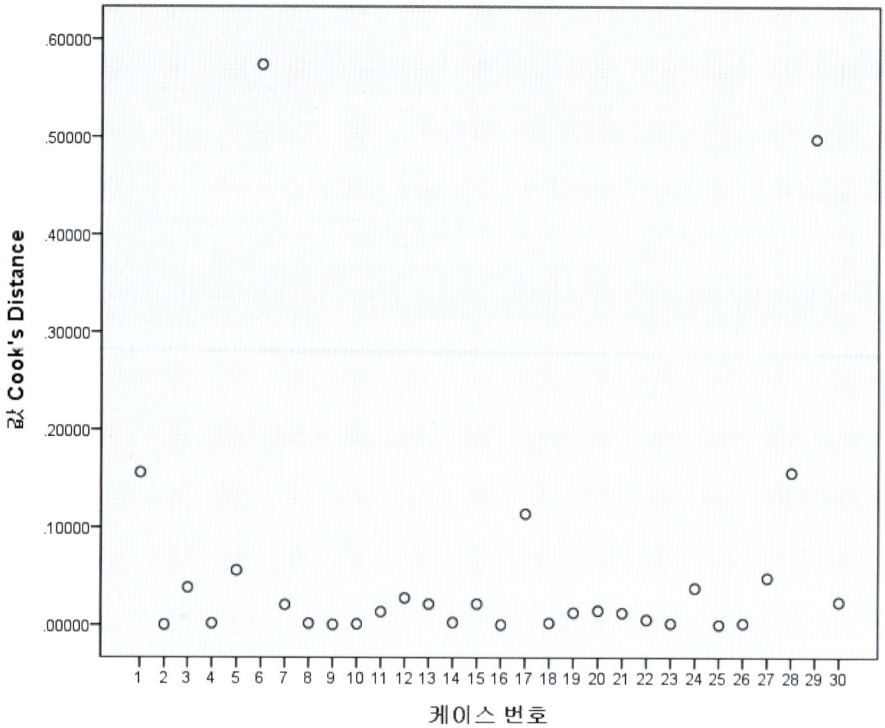

가로축은 케이스 번호, 세로축은 Cook의 거리를 나타내고 있다. 6번과 29번이 큰 수치를 보이고 있다.

다시 위의 [순서 7]로 돌아가서 DFBETA를 선표시로 한다.

[순서 7] 정의의 설정

[선 표시]에 [DFBETA Intercept], [범주 레이블]에 [케이스 번호]를 설정한다.

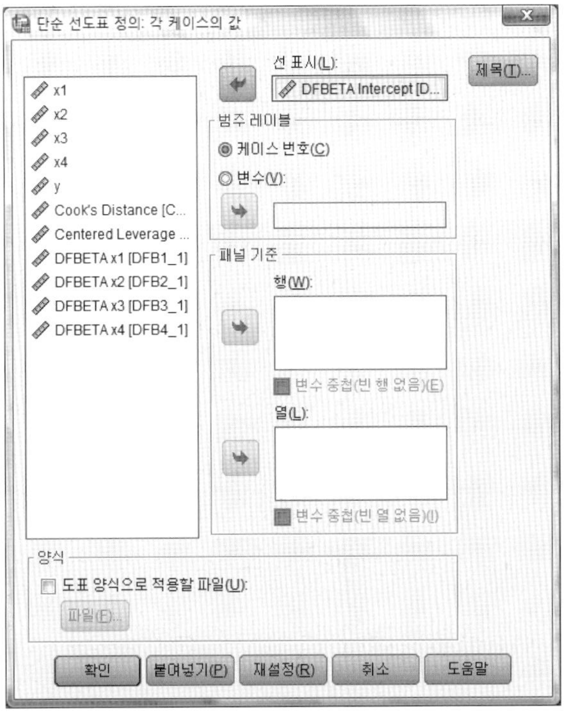

[확인]을 클릭하면 다음과 같은 꺾은선 그래프가 출력된다.

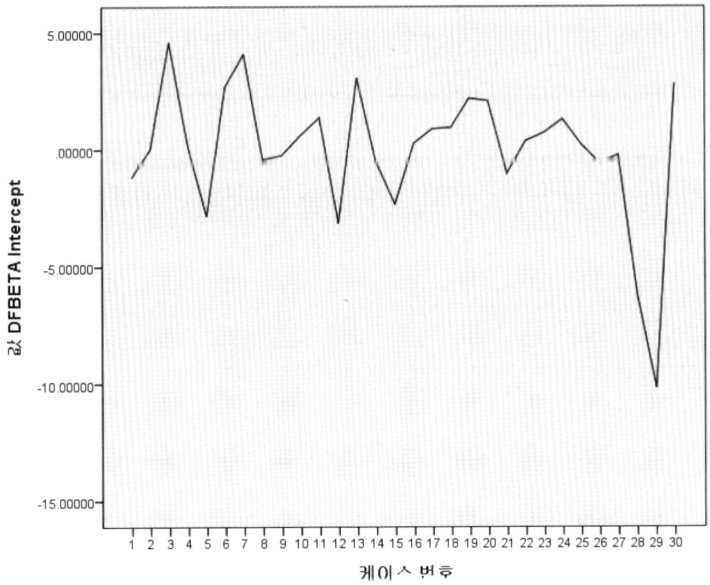

[순서 8] 레이아웃의 변경

출력된 꺾은선 그래프를 더블클릭하면 [도표 편집기]로 바뀐다. 꺾은선을 더블클릭해서 [특성] 대화상자로부터 [변수]를 선택하고, [요소 유형]에서 [표식]을 선택하고 [적용]을 클릭한다.

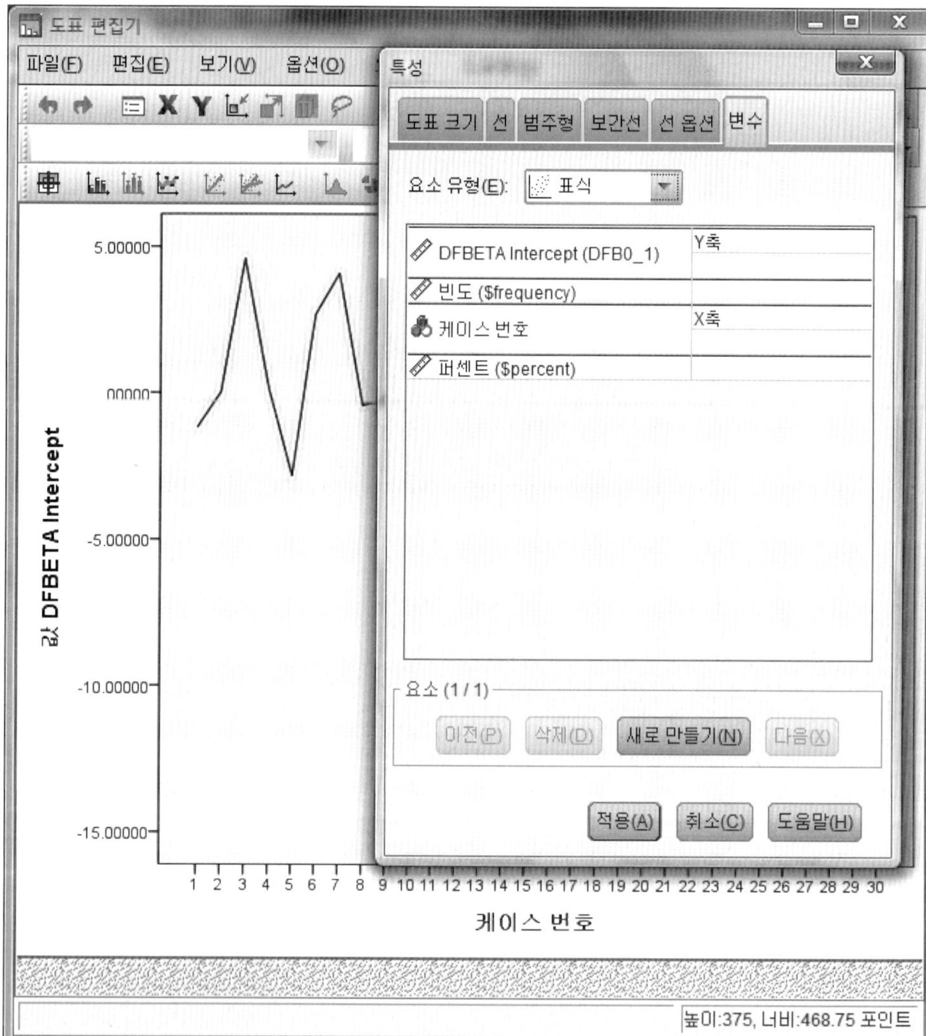

그러면 가로축을 케이스 번호로 하는 DFBETA Intercept 그래프가 완성된다.

DFBETA

DFBETA란 하나의 케이스를 제외하고 회귀분석을 실행했을 대의 회귀계수와, 제거하기 전(즉, 모든 케이스를 사용했을 때)의 회귀계수의 차(差)를 말한다. 이 차가 큰 케이스는 회귀식의 결정에 큰 영향을 미치게 된다. 데이터를 하나 제거하면 어떻게 될 것인가라고 하는 검증 방법은 잭나이프법이라고 불리는 방법론과 비슷하다.

$$\text{DFBETA} = b(\text{모든 케이스를 사용해서 구한 회귀계수}) - b(i\,\text{번째의 케이스를 제거하고 구한 회귀계수})$$

DFBETA는 설명변수마다 계산되고, 상수항에 대해서도 계산된다.

그리고 SPSS에서 계산되는 값은 근사치이며, 진짜 값과는 약간의 차가 생긴다.

(1) DFBETA Intercept(b_0의 DFBETA)

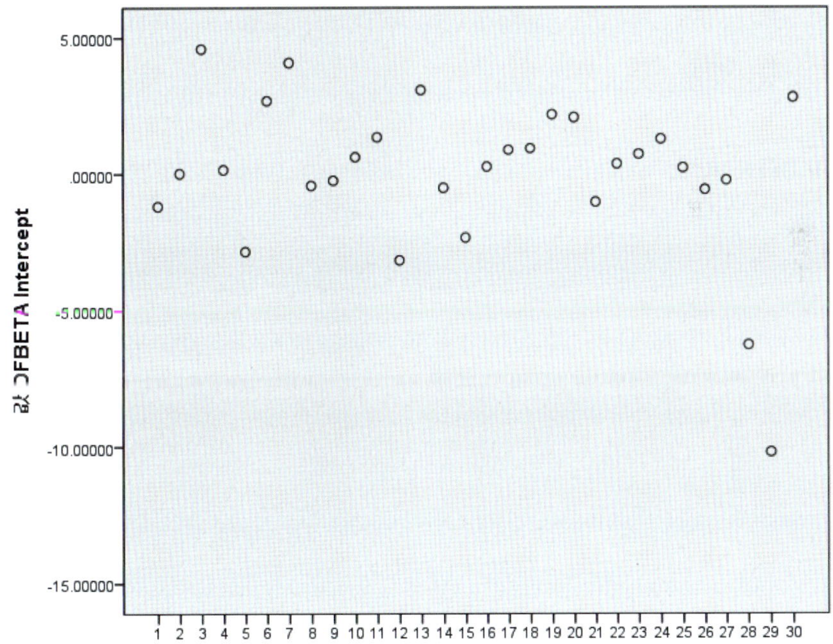

가로축은 케이스 번호, 세로축은 DFBETA를 나타내고 있다. 28번과 29번이 큰 차이가 나는 수치를 보이고 있다.

같은 방법으로 b_1, b_2, b_3, b_4의 DFBETA 그래프도 작성할 수 있다.

(2) b_1의 DFBETA

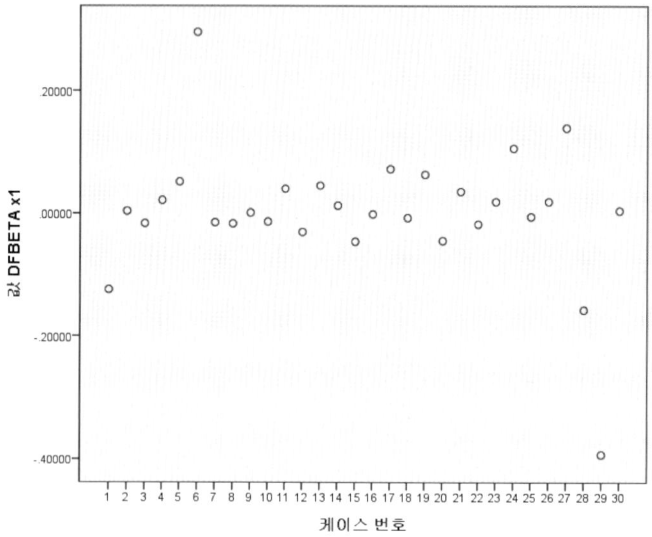

가로축은 케이스 번호, 세로축은 DFBETA를 나타내고 있다. 6번과 29번이 큰 차이가 나는 수치를 보이고 있다.

(3) b_2의 DFBETA

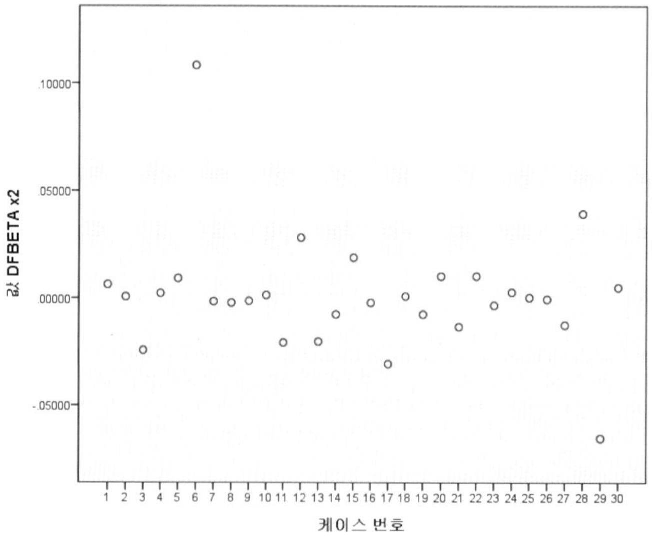

가로축은 케이스 번호, 세로축은 DFBETA를 나타내고 있다. 6번과 29번이 큰 차이가 나는 수치를 보이고 있다.

(4) b_3의 DFBETA

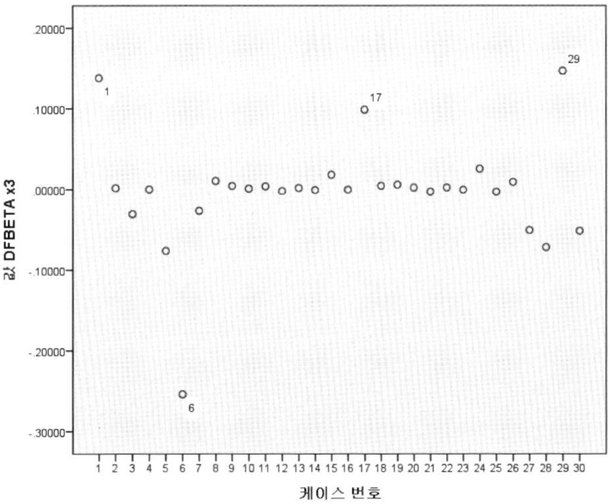

가로축은 케이스 번호, 세로축은 DFBETA를 나타내고 있다. 1번, 6번, 17번, 29번이 큰 차이가 나는 수치를 보이고 있다.

(5) b_4의 DFBETA

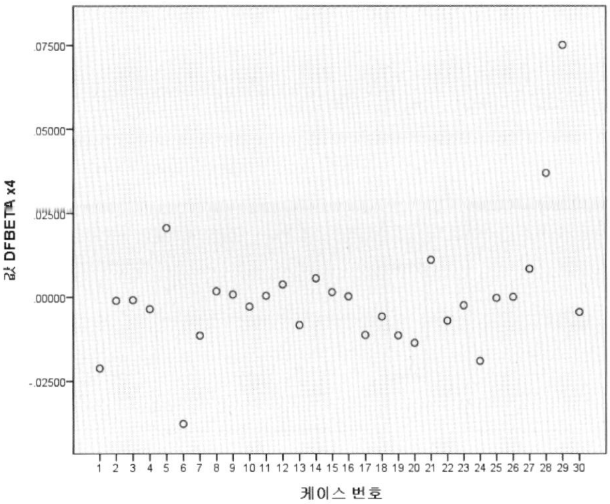

가로축은 케이스 번호, 세로축은 DFBETA를 나타내고 있다. 6번과 29번이 큰 차이가 나는 수치를 보이고 있다.

4. 상호검증법과 리샘플링법

회귀식을 검증한다고 하는 상황은 다음과 같은 두 가지이다.

1. 예측정밀도를 검증한다
2. 추정한 회귀계수의 안정성을 검증한다

(1) 예측정밀도의 검증

회귀분석에 의해서 얻어진 회귀식을 사용해서 개개의 케이스(표본)를 예측할 때에, 그 예측정밀도를 나타내는 데에 기여율 R^2이나 잔차표준편차가 자주 쓰인다. 그러나 여기에서 얻어지는 수치는 과잉평가(過剩評價)되고 있을 가능성이 높다. 왜냐하면 모든 케이스를 사용해서 회귀식을 작성하고 그 회귀식으로 각 케이스를 예측하게 되므로, 옳게 예측할 수 있는 게 당연한 것이다. 그래서 상호검증법이라고 하는 평가방법이 제안되고 있다.

■ Hold out법

초기의 데이터(원 데이터)를 무작위로 2분할해서, 한쪽의 데이터를 사용하여 회귀식을 작성하고, 그 회귀식을 사용해서 남은 또 한쪽의 데이터를 예측하는 방법이다. 회귀식을 작성하기 위해서 선택한 데이터를 분석용 데이터라 부르고, 남은 또 한쪽의 판별되는 데이터를 검증용 데이터라고 부른다. 검증용 데이터를 어느 정도 옳게 예측했는지를 본다고 하는 방법이다. 이 방법의 이미지를 보이면 다음의 그림과 같다.

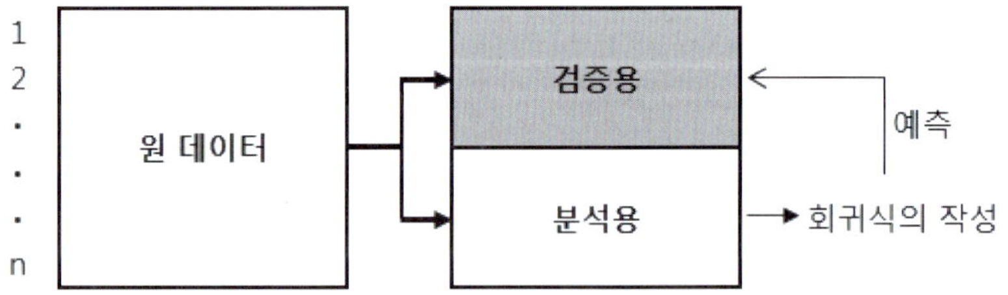

이 방법은 원 데이터에 대한 케이스의 수가 많지 않으면 사용할 수 없다.

■ K-fold법

초기의 데이터(원 데이터)를 무작위로 K개(K는 통상 3~10)로 분류한다. 가령 10분할했다고 하자. 10분할됨으로써 10개의 그룹이 생기게 된다. 이 중에서 9그룹의 데이터를 사용하여 회귀식을 작성하고, 남아 있는 1그룹 중의 각 케이스를 예측하는 것을 실행한다.

다음에 아까 남긴 1그룹을 회귀식 작성용의 데이터로 되돌리고, 그 대신에 앞의 9그룹 중에서 1그룹을 검증용으로 하여, 마찬가지로 9그룹을 사용해서 회귀식을 작성하고, 남아 있는 1그룹의 각 케이스를 예측한다. 이 작업을 전부해서 10회 반복한다. 그 때마다 기여율이나 잔차표준편차는 구해지므로, 마지막으로는 그 10회의 값을 검토한다고 하는 방법이다. 분할하는 그룹의 수 K는 10으로 하는 경우가 많은 것 같다.

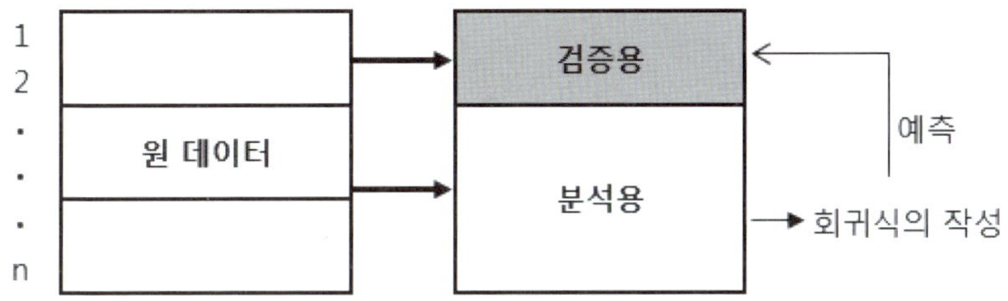

■ Leave-One-Out법

원 데이터로부터 하나의 케이스만을 뽑아서 검증용으로 하고, 나머지를 분석용으로 한다. 이것을 전 케이스가 1회씩 검증용이 되도록 반복한다. 이것은 fold 법의 분할 수 K를 원 데이터의 케이스 수로 설정하는 것과 같다.

앞에서 소개한 DFBETA와 같은 사고방식이다.

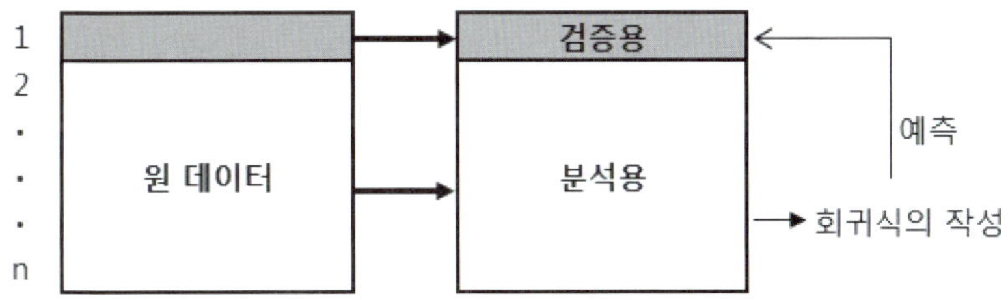

(2) 회귀계수의 검증

회귀계수는 하나의 데이터 세트로부터 추정되는 것이다. 데이터 세트가 다르면, 회귀계수도 다른 것이 된다 그래서 회귀계수의 산포 정도를 표준편차로 파악할 필요가 있다. 이 산포를 표준오차라고 한다. 표준오차는 이론적으로 유도된 공식으로부터 구할 수 있는데, 실제의 데이터가 이론대로의 이상적인 상황에 있다고는 할 수 없다. 그래서 주변에 있는 데이터를 사용해서 표준오차를 파악하는 방법이 고안되었다. 이 방법으로서 리샘플링법이라고 불리는 방법이 제안되고 있다. 회귀분석과 관련된 리샘플링법의 대표적인 수법으로서 Jackknife법과 Bootstrap법이 있다.

■ Jackknife법

n개의 데이터를 사용해서 어떤 모수의 추정치 θ_n을 계산했다고 하자. 제i번째의 데이터를 제외한 $(n-1)$개의 데이터를 사용해서 계산되는 추정량을 θ_{n-1}로 하고, 다음과 같은 θ_i를 정의한다.

$$\theta_i = n \times \theta_n - (n-1) \times \theta_{n-1}$$

이 θ_i를 의사치(擬似値)라고 부르고 있다. Jackknife법의 목표는 추정치 θ_n의 표준오차를 의사치의 표준편차로 파악하는 데 있다. 그리고 의사치 θ_i의 평균치를 추정치 θ_n의 Jackknife 추정치라고 부르고 있다. Leave-One-Out법도 Jackknife법과 같은 사고방식인데, Jackknife법에서는 Leave-One-Out법과 같이, 제외한 하나를 예측하는 일은 실행하지 않는다. 또한 Leave-One-Out법이 예측정밀도에 역점을 두고 있는 데 비해서, Jackknife법은 회귀계수의 추정치에 역점을 두고 있는 점도 다르다. 진단통계량의 하나로, 영향력을 보는 DFBETA법은 Jackknife법의 사고방식에 가깝다고 할 수 있다.

힌트

Jackknife법은 모집단의 모수를 컴퓨터를 사용해서 추정하는 방법이다. 수치계산을 몇 만 번이나 반복하여 실행함으로써 치우침을 감소시켜 가는 방법으로 컴퓨터가 필수품이다. 판별분석에서는 오판별률의 추정에 쓰이고 있다.

■ Bootstrap법

모집단의 모수 θ(예를 들면 모평균)를 컴퓨터를 사용해서 추정하는 비모수적인 방법이다. 수치계산을 몇 회나 반복하면서 구간추정 등을 실시한다. Bootstrap법은 Jackknife법보다 유효하다고 일컬어지고 있다.

n개의 데이터가 있을 때에 이 데이터로부터 n를 무작위로 복원추출한다. 다음에 그 표본을 사용해서 주목하고 있는 모수의 추정치 θ를 계산한다. 그것을 K회 반복함으로써 추정치

θ가 K개 얻어지게 된다. 그래서 이 K개의 $\theta_i (i = 1 \sim K)$로부터 추정치 θ의 산포를 조사하고자 하는 것이다. 이 방법의 이미지를 보이면 다음 그림과 같다.

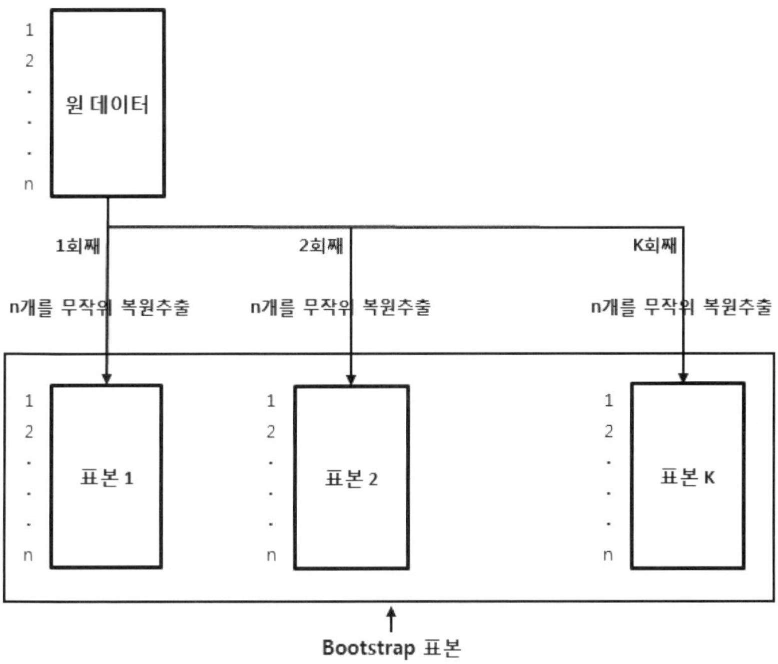

반복 횟수 K는 1,000~10,000이 쓰이는 경우가 많다.

SPSS에서도 Bootstrap법이 몇 가지의 수법으로 설치되어 있어, 각 수법의 대화상자에 [붓스트랩]이라고 하는 버튼이 준비되어 있다.

[SPSS의 처리 절차]

[순서 1] 데이터의 입력

예제 3-1의 데이터를 다음과 같이 입력한다.

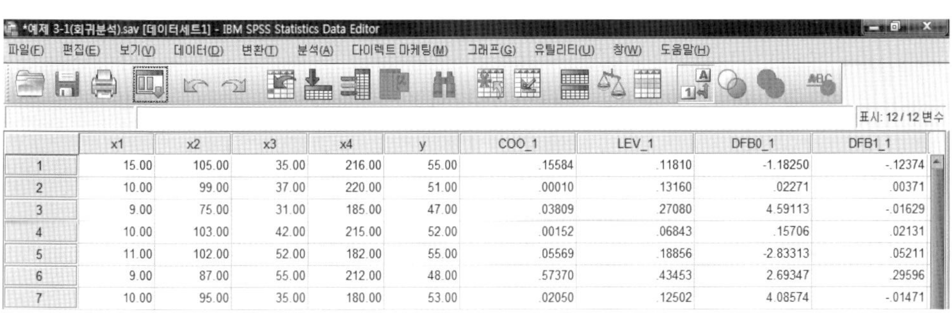

	x1	x2	x3	x4	y	COO_1	LEV_1	DFB0_1	DFB1_1
1	15.00	105.00	35.00	216.00	55.00	.15584	.11810	-1.18250	-.12374
2	10.00	99.00	37.00	220.00	51.00	.00010	.13160	.02271	.00371
3	9.00	75.00	31.00	185.00	47.00	.03809	.27080	4.59113	-.01629
4	10.00	103.00	42.00	215.00	52.00	.00152	.06843	.15706	.02131
5	11.00	102.00	52.00	182.00	55.00	.05569	.18856	-2.83313	.05211
6	9.00	87.00	55.00	212.00	48.00	.57370	.43453	2.69347	.29596
7	10.00	95.00	35.00	180.00	53.00	.02050	.12502	4.08574	-.01471

[순서 2] 분석 수법의 선택

메뉴에서 [분석]-[회귀분석]-[선형]을 선택한다.

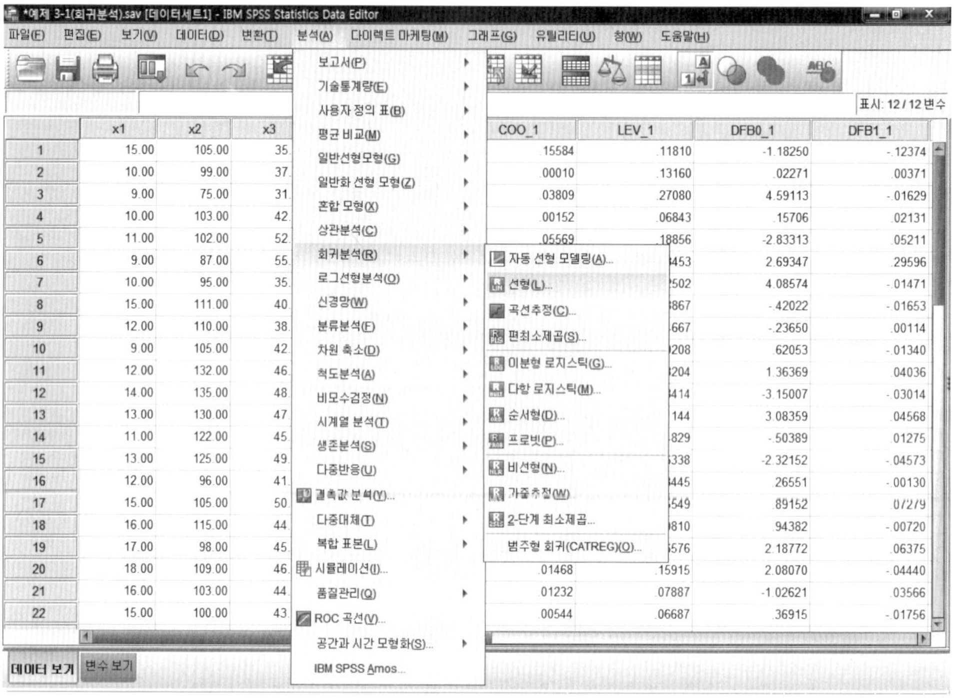

[순서 3] 변수의 설정

다음의 대화상자가 나타나면, [종속변수] 난에 'y', [독립변수] 난에 'x_1, x_2, x_3, x_4'를 설정한다.

[순서 4] 출력내용의 선택

[붓스트랩]을 클릭하면 다음과 같은 대화상자가 나타난다.

[붓스트랩 수행]에 체크, [신뢰구간]의 [수준(%)]을 [95]라고 설정하고, [백분위수]에 체크하고 [계속]을 클릭하면 앞의 화면으로 되돌아온다.

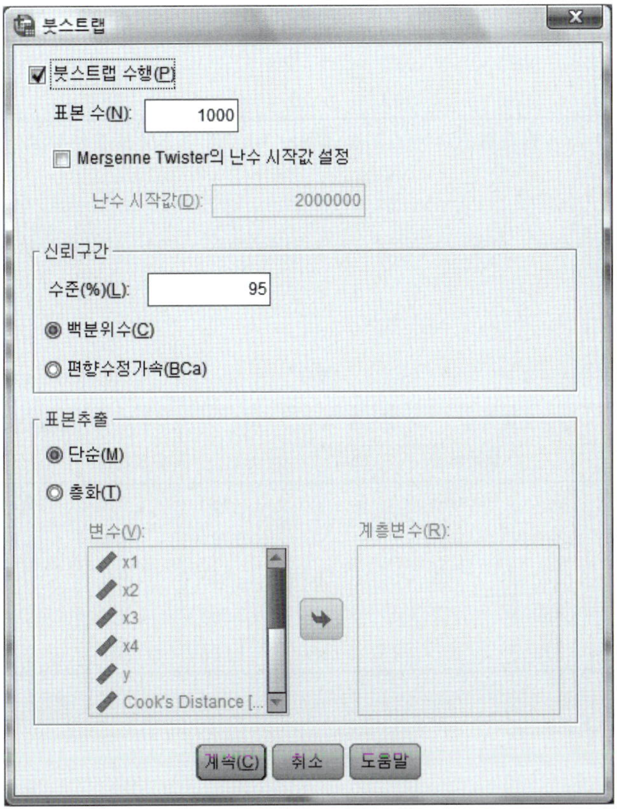

[확인]을 클릭하면 Bootstrap법이 실행되어 결과가 출력된다.

■ Bootstrap법 실행 결과

붓스트랩 지정 사항

표본추출 방법	단순
표본 수	1000
신뢰구간 수준	95.0%
신뢰구간 유형	백분위수

계수의 붓스트랩

모형		B	붓스트랩[a]				
			편향	표준오차	유의확률 (양측)	95% 신뢰구간 하한	95% 신뢰구간 상한
1	(상수)	-8.911	.083	13.028	.522	-37.772	13.628
	x1	3.348	-.048	.469	.001	2.213	4.111
	x2	.007	-.012	.117	.946	-.259	.201
	x3	.480	.062	.321	.149	.031	1.332
	x4	.038	-.003	.077	.653	-.120	.189

a. 특별한 표기가 되어 있지 않으면 붓스트랩 결과는 1000개 붓스트랩 표본을(를) 기반으로 합니다.

일반적인 중회귀분석의 결과는 다음과 같다. B에 대한 95% 신뢰구간에 다소 차이가 있음을 알 수 있다.

계수[a]

모형		비표준화 계수 B	비표준화 계수 표준오차	표준화 계수 베타	t	유의확률	B에 대한 95.0% 신뢰구간 하한	B에 대한 95.0% 신뢰구간 상한
1	(상수)	-8.911	14.891		-.598	.555	-39.579	21.758
	x1	3.348	.381	.797	8.781	.000	2.563	4.134
	x2	.007	.099	.007	.069	.946	-.197	.211
	x3	.480	.201	.218	2.383	.025	.065	.894
	x4	.038	.075	.047	.506	.617	-.116	.191

a. 종속변수: y

CHAPTER

4

질적 변수와 더미 변수

CHAPTER 4

질적 변수와 더미 변수

4.1 | 질적 변수를 포함한 회귀분석

[예제 4-1]

다음의 데이터는 예제 3-1에 설명변수 x_5를 추가한 것이다. x_5는 성형(成型)에 이용하는 금형의 종류로 A, B의 두 가지 타입이 있다.

표 4-1 데이터표

번호	x_1	x_2	x_3	x_4	x_5	y	번호	x_1	x_2	x_3	x_4	x_5	y
1	15	105	35	216	A	55	16	12	96	41	201	B	60
2	10	99	37	220	A	51	17	15	105	50	203	B	88
3	9	75	31	185	A	47	18	16	115	44	236	A	74
4	10	103	42	215	A	52	19	17	98	45	184	B	80
5	11	102	52	182	A	55	20	18	109	46	237	B	80
6	9	87	55	212	A	48	21	16	103	44	224	B	79
7	10	95	35	180	B	53	22	15	100	43	220	A	68
8	15	111	40	203	A	67	23	15	101	43	197	A	72
9	12	110	38	198	B	57	24	18	114	50	195	B	89
10	9	105	42	183	A	50	25	19	120	55	224	B	90
11	12	132	46	214	A	59	26	20	121	56	221	A	95
12	14	135	48	223	B	75	27	8	115	50	195	A	45
13	13	130	47	226	A	62	28	11	124	40	231	B	66
14	11	122	45	186	B	56	29	18	118	39	186	A	65
15	13	125	49	215	B	73	30	12	104	35	197	B	62

이 데이터를 사용해서 제품의 중량 y를 예측하는 식을 만들어 보자. 구체적으로는,

$$y = b_0 + b_1x_1 + b_2x_2 + b_3x_3 + b_4x_4 + b_5x_5$$

라고 하는 회귀식을 구하고 싶다. 예제 3-1과 다른 것은 x_5가 금형의 종류를 나타내는 질적 변수로 되어 있다고 하는 점이다. 이러한 변수를 설명변수로서 이용하려면 더미 변수라고 하는 것을 도입한다.

■ 데이터의 그래프화

중회귀분석을 실시하기 전에 x_5와 y의 관계를 시각화해 놓기로 한다. y가 양적 변수, x_5가 질적 변수일 때는 질적 변수의 범주로 층별한 히스토그램, 상자도표, 점도표를 작성하면 좋다.

이 예제에서는 데이터가 적으므로, 점도표로 시각화한다.

[SPSS의 처리 절차]

[순서 1] 데이터의 입력

예제 4-1의 데이터를 다음과 같이 입력한다.

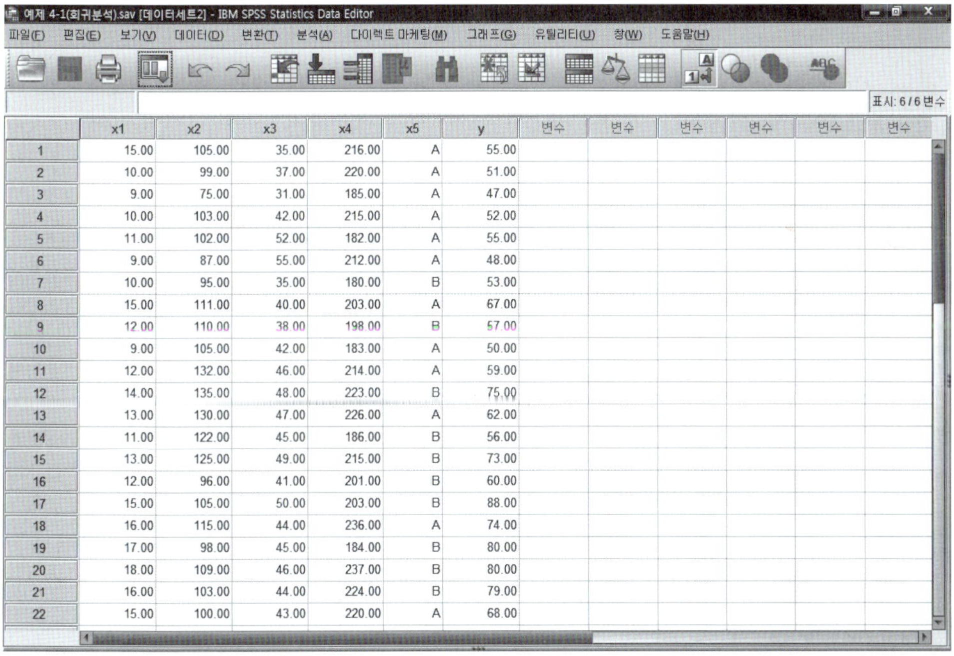

	x1	x2	x3	x4	x5	y	변수	변수	변수	변수	변수	변수
1	15.00	105.00	35.00	216.00	A	55.00						
2	10.00	99.00	37.00	220.00	A	51.00						
3	9.00	75.00	31.00	185.00	A	47.00						
4	10.00	103.00	42.00	215.00	A	52.00						
5	11.00	102.00	52.00	182.00	A	55.00						
6	9.00	87.00	55.00	212.00	A	48.00						
7	10.00	95.00	35.00	180.00	B	53.00						
8	15.00	111.00	40.00	203.00	A	67.00						
9	12.00	110.00	38.00	198.00	B	57.00						
10	9.00	105.00	42.00	183.00	A	50.00						
11	12.00	132.00	46.00	214.00	A	59.00						
12	14.00	135.00	48.00	223.00	B	75.00						
13	13.00	130.00	47.00	226.00	A	62.00						
14	11.00	122.00	45.00	186.00	B	56.00						
15	13.00	125.00	49.00	215.00	B	73.00						
16	12.00	96.00	41.00	201.00	B	60.00						
17	15.00	105.00	50.00	203.00	B	88.00						
18	16.00	115.00	44.00	236.00	A	74.00						
19	17.00	98.00	45.00	184.00	B	80.00						
20	18.00	109.00	46.00	237.00	B	80.00						
21	16.00	103.00	44.00	224.00	B	79.00						
22	15.00	100.00	43.00	220.00	A	68.00						

이때 변수 x_5는 질적 변수이므로 A일 때는 $x_5 = 1$, B일 때는 $x_5 = 0$으로 입력한다. 이것을 [변수 보기]에서 다음과 같이 [변수값 설명]에서 지정할 수 있다.

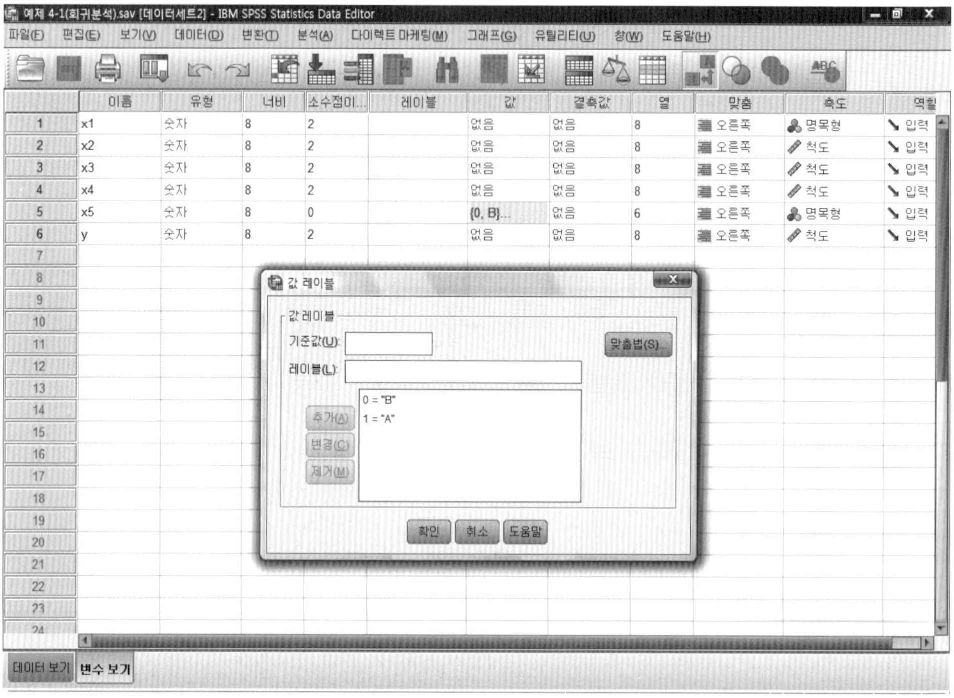

[순서 2] 분석 수법의 선택

메뉴에서 [그래프]-[레거시 대화상자]-[산점도/점도표]를 선택한다.

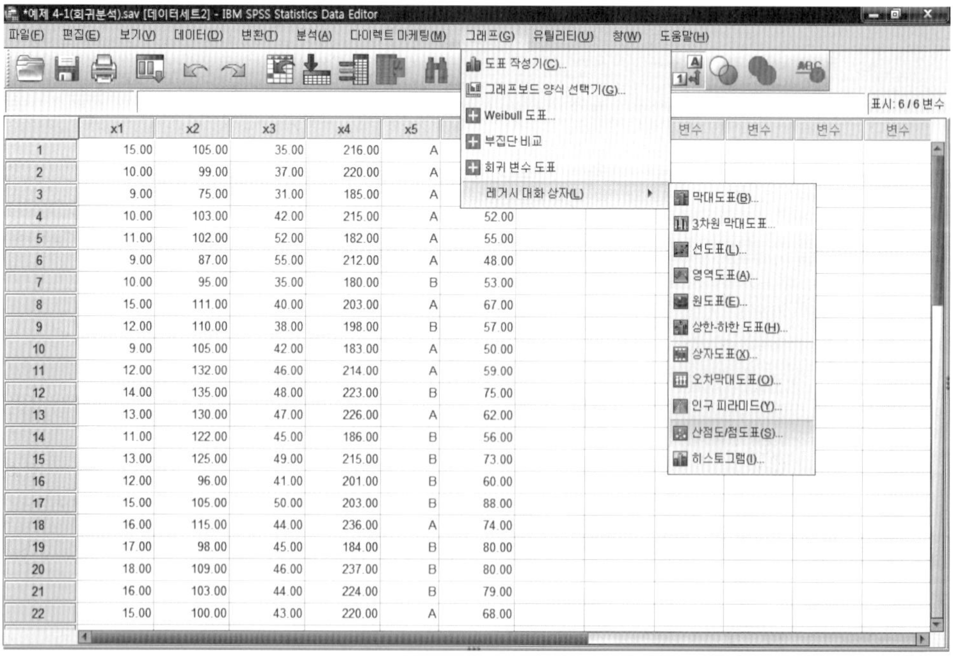

[순서 3] 종류의 선택

다음과 같은 대화상자가 나타나면, [단순 점도표]를 선택하고 [정의]를 클릭한다.

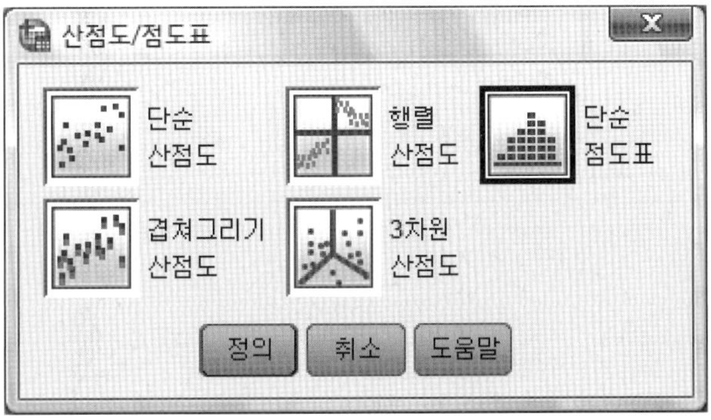

[순서 4] 정의의 설정

[X축 변수] 난에 'y', [행] 난에 'x_5'를 각각 설정한다.

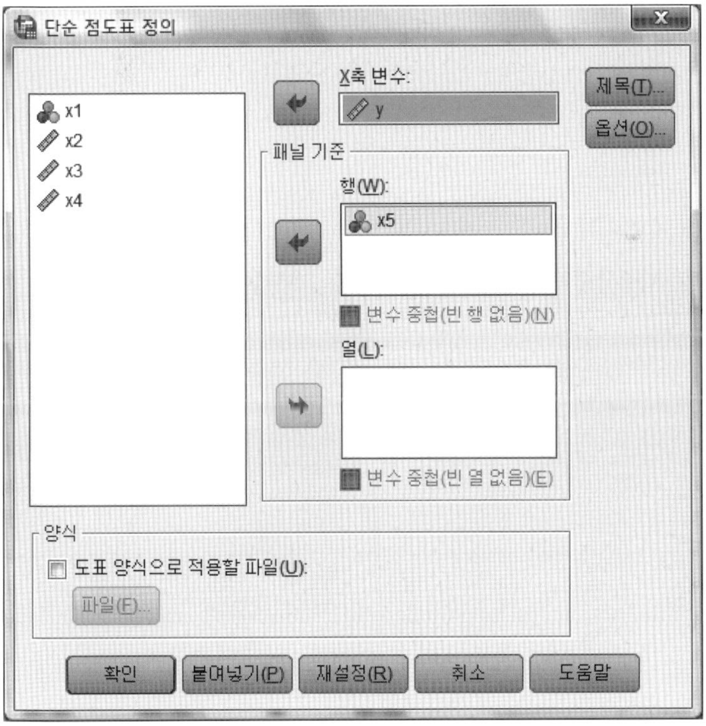

[확인]을 클릭하면 다음과 같은 점도표가 출력된다.

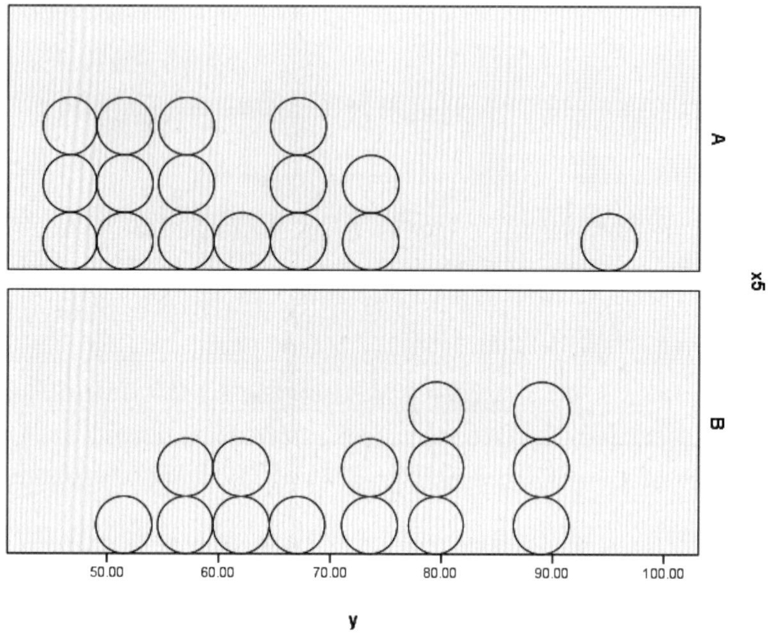

가령 데이터가 많을 때라면, 상자도표가 유효하다.

[SPSS의 처리 절차]

[순서 1] 데이터의 입력

[순서 2] 분석 수법의 선택

메뉴에서 [분석]-[기술통계량]-[데이터 탐색]을 선택한다.

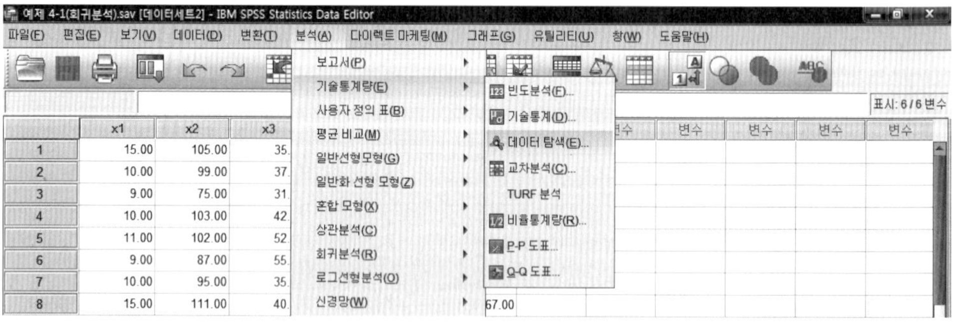

[순서 3] 변수의 설정

[종속변수]에 'y', [요인]에 'x_5'를 설정하고, [표시]의 [도표]를 체크한다.

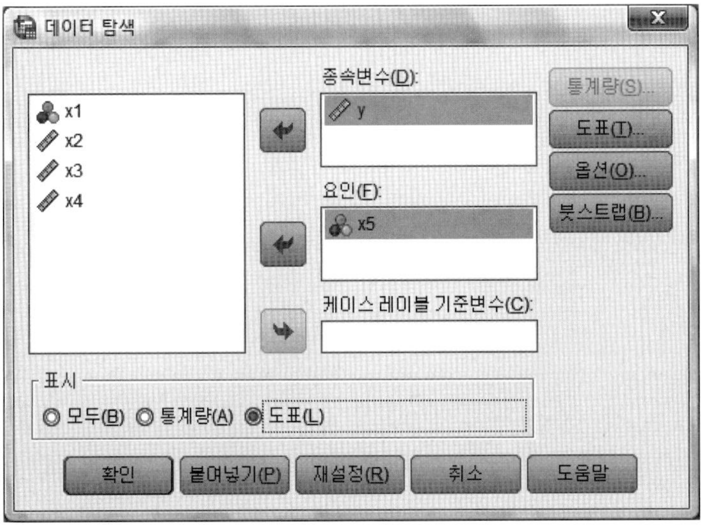

[순서 4] 출력내용의 설정

위에서 [도표]를 클릭한다. [상자도표]의 [요인수준들과 함께]에 체크하고 [계속]을 클릭하면, 앞의 화면으로 되돌아온다.

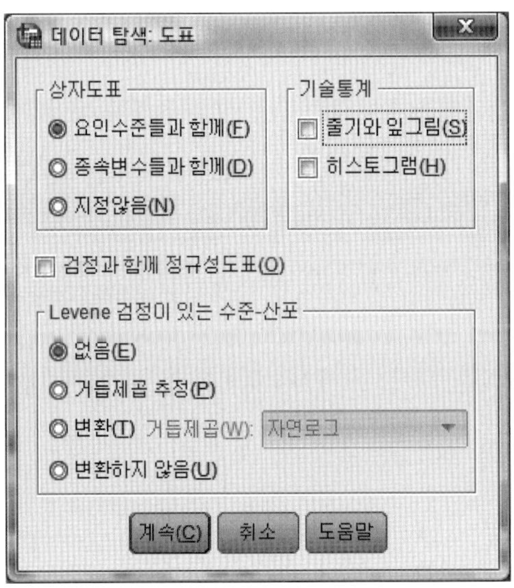

[확인]을 클릭하면 상자도표가 출력된다.

상자도표에서 케이스 26번은 이상치임을 알 수 있다. 실제로 26번의 y값은 95로 A의 평균(60.31)과 크게 차이가 나고 있다.

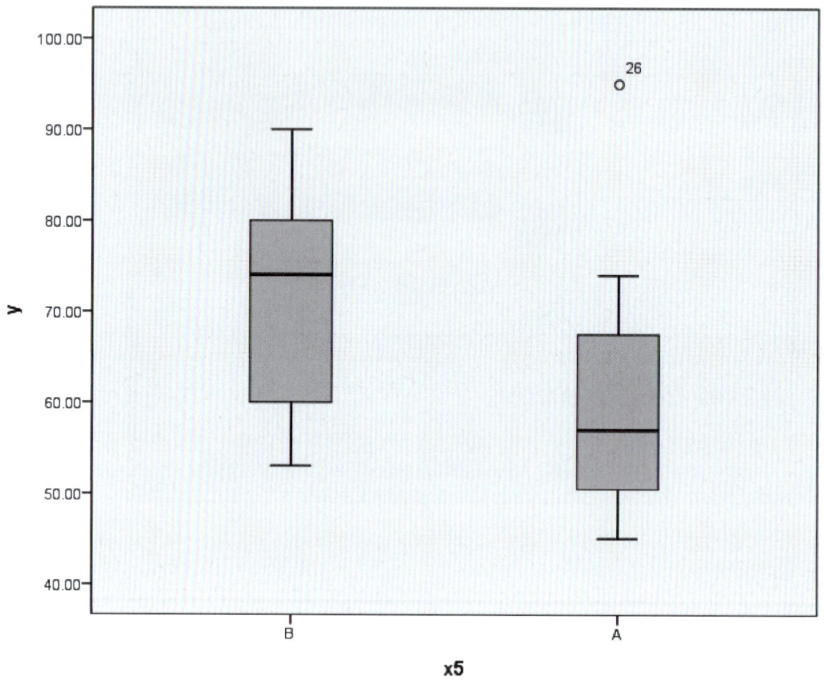

1. 질적 변수와 더미 변수

질적 변수를 설명변수로서 사용하는 경우에는, x_5의 문자형 데이터를 수치화할 필요가 있다. 이때에 사용하는 것이 더미 변수(dummy variable)라고 하는 것이다. 더미 변수는 0이나 1 어느 쪽인가의 값밖에 취할 수 없는 변수이다. 예를 들면, 성별과 같은 데이터라면 남자를 1, 여자를 1(혹은 남자를 0, 여자를 1)로 수치화하면 된다.

예제 4-1에서의 x_5도 두 종류(A, B)이므로, 다음과 같이 수치화해서 중회귀분석을 실시하게 된다.

금형의 종류 A일 때, $x_5 = 1$

금형의 종류 B일 때, $x_5 = 0$

이와 같이 수치화하고 나서 중회귀분석을 적용하면, 다음과 같은 결과를 얻을 수 있다.

모형 요약

모형	R	R 제곱	수정된 R 제곱	추정값의 표준오차
1	.948[a]	.899	.878	4.90640

a. 예측값: (상수), x5, x4, x3, x1, x2

ANOVA[a]

모형		제곱합	자유도	평균제곱	F	유의확률
1	회귀	5159.621	5	1031.924	42.867	.000[b]
	잔차	577.746	24	24.073		
	전체	5737.367	29			

a. 종속변수: y

b. 예측자: (상수), x5, x4, x3, x1, x2

계수[a]

모형		비표준화 계수		표준화 계수	t	유의확률
		B	표준오차	베타		
1	(상수)	-3.754	11.829		-.317	.754
	x1	3.110	.307	.741	10.132	.000
	x2	-.036	.079	-.035	-.457	.652
	x3	.516	.159	.235	3.240	.003
	x4	.062	.059	.077	1.056	.302
	x5	-7.442	1.855	-.268	-4.012	.001

a. 종속변수: y

$$y = -3.754 + 3.110x_1 - 0.036x_2 + 0.516x_3 + 0.062x_4 - 7.442x_5$$

라고 하는 회귀식이 얻어졌다.

x_5의 회귀계수로부터 A는 B에 비해서 y의 수치가 7.442 정도 작게 된다는 것을 알 수 있다. 이 회귀식은,

A일 때

$$y = -3.754 - 7.442 + 3.110x_1 - 0.036x_2 + 0.516x_3 + 0.062x_4$$

B일 때

$$y = -3.754 \qquad + 3.110x_1 - 0.036x_2 + 0.516x_3 + 0.062x_4$$

라고 하는 두 개의 회귀식으로 나누어서 나타낼 수 있다. 더미 변수를 사용함으로써 A와 B의 두 가지의 중회귀식을 하나의 식으로 나타낼 수 있게 된다.

2. 더미 변수의 사용방법

■ 수치예 4-1

다음에 보이는 데이터를 질적 변수에 의한 층별을 실시해서 작성한 산점도의 결과가 거의 평행으로 된 직선이 되는 경우를 생각해 보기로 한다.

x_1	x_2	y
1.1	A	4.1
2.1	A	4.8
3.2	A	5.3
4.4	A	5.4
5.2	A	6.5
1.3	B	1.7
2.3	B	1.8
3.6	B	2.9
4.5	B	2.7
5.1	B	3.3

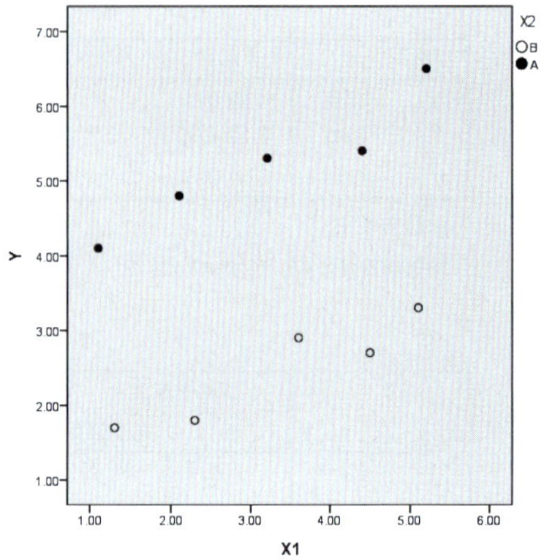

위와 같은 산점도를 작성하려면, [단순 산점도] 대화상자에서 다음과 같이 변수를 설정한 다음에 [확인]을 클릭하면 된다.

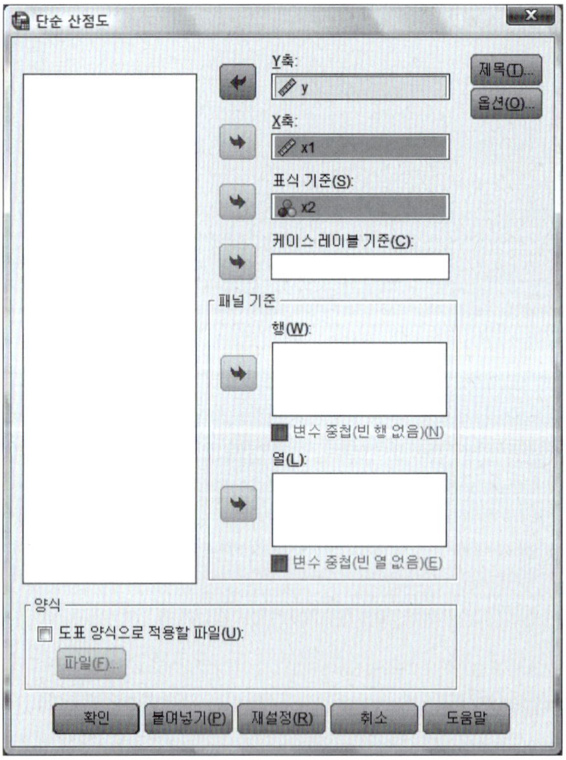

x_2에 대해서 A=1, B=0로 하여 회귀분석을 적용하면 다음과 같은 회귀식이 얻어진다.

모형 요약

모형	R	R 제곱	수정된 R 제곱	추정값의 표준오차
1	.988[a]	.977	.970	.28253

a. 예측값: (상수), X2, X1

계수[a]

모형		비표준화 계수		표준화 계수	t	유의확률
		B	표준오차	베타		
1	(상수)	.915	.243		3.757	.007
	X1	.466	.062	.436	7.523	.000
	X2	2.815	.179	.911	15.727	.000

a. 종속변수: Y

회귀식은

$$y = 0.915 + 0.466x_1 + 2.815x_2$$

이것에 비해서 x_2를 무시하고 회귀분석을 적용하면 다음과 같은 회귀식이 얻어진다.

모형 요약

모형	R	R 제곱	수정된 R 제곱	추정값의 표준오차
1	.385[a]	.149	.042	1.59304

a. 예측값: (상수), X1

계수[a]

모형		비표준화 계수		표준화 계수	t	유의확률
		B	표준오차	베타		
1	(상수)	2.499	1.250		2.000	.081
	X1	.412	.349	.385	1.182	.271

a. 종속변수: Y

회귀식은

$$y = 2.499 + 0.412x_1$$

x_2를 무시하면 R^2의 값이 0.977에서 0.149로 대폭 줄어드는 것을 알 수 있다. 한편, x_1의 회귀계수에 큰 변화는 없다. 실은 이와 같은 더미 변수의 도입은 A와 B에서 x_1과 y의 직선

에 대한 기울기가 같다(평행으로 되어 있다)라는 것을 전제로 하고 있는 것이다.

■ 수치예 4-2

다음에 보이는 데이터와 산점도의 예를 생각해 보자.

x_1	x_2	y
1.1	A	4.8
2.1	A	4.9
3.2	A	5.4
4.4	A	5.5
5.2	A	6.3
5.3	B	1.8
6.1	B	1.9
7.4	B	2.6
8.2	B	2.8
9.1	B	3.3

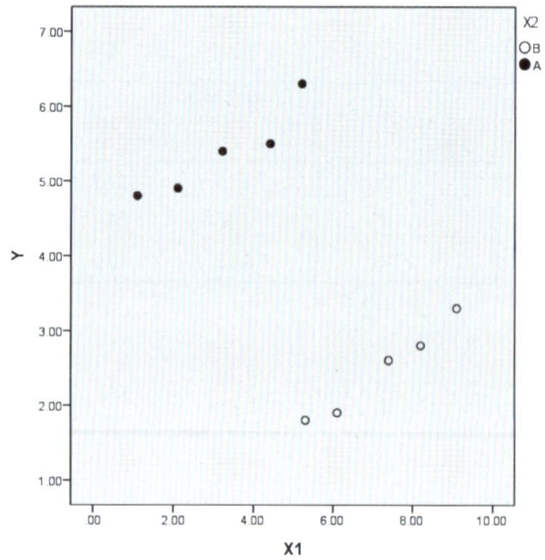

x_2에 대해서 A=1, B=0로 해서 회귀분석을 적용하면 다음과 같은 회귀식이 얻어진다.

모형 요약

모형	R	R 제곱	수정된 R 제곱	추정값의 표준오차
1	.995[a]	.990	.988	.18140

a. 예측값: (상수), X2, X1

계수[a]

모형		비표준화 계수		표준화 계수	t	유의확률
		B	표준오차	베타		
1	(상수)	-.180	.300		-.598	.568
	X1	.368	.040	.586	9.201	.000
	X2	4.381	.198	1.413	22.164	.000

a. 종속변수: Y

회귀식은

$$y = -0.180 + 0.368x_1 + 4.381x_2$$

한편, x_2를 무시하고 회귀분석을 적용하면, 다음과 같은 회귀식이 얻어진다.

모형 요약

모형	R	R 제곱	수정된 R 제곱	추정값의 표준오차
1	.564[a]	.318	.233	1.43159

a. 예측값: (상수), X1

계수[a]

모형		비표준화 계수		표준화 계수	t	유의확률
		B	표준오차	베타		
1	(상수)	5.776	1.057		5.462	.001
	X1	-.354	.183	-.564	-1.931	.090

a. 종속변수: Y

$$y = 5.776 - 0.354x_1$$

x_2를 무시하면 R^2의 값이 작아질 뿐만 아니라 x_1의 회귀계수 부호도 변화하고 있는 데 주목할 필요가 있다.

■ 수치예 4-3

다음에 보이는 데이터를 질적 변수에 의한 층별을 실시해서 작성한 산점도의 결과가 평행이 되지 않는 경우를 생각해 보기로 한다.

x_1	x_2	y
1.1	A	4.2
2.1	A	4.9
3.2	A	5.4
4.4	A	5.5
5.2	A	6.3
3.2	B	3.1
4.1	B	2.4
5.2	B	1.9
6.3	B	2.2
7.1	B	1.1

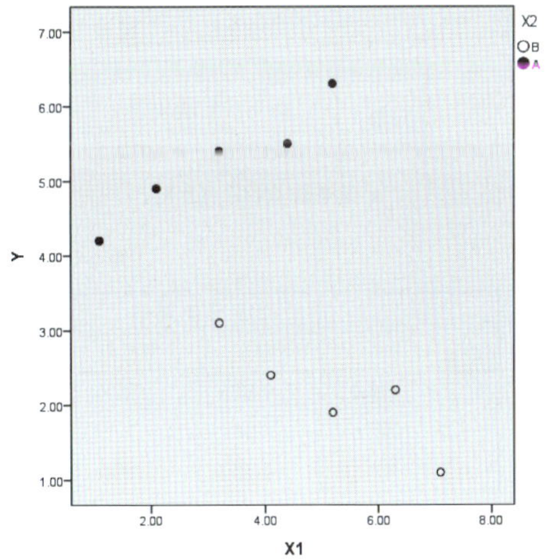

위와 같은 산점도를 작성하려면, [단순 산점도] 대화상자에서 다음과 같이 변수를 설정한 다음에 [확인]을 클릭하면 된다.

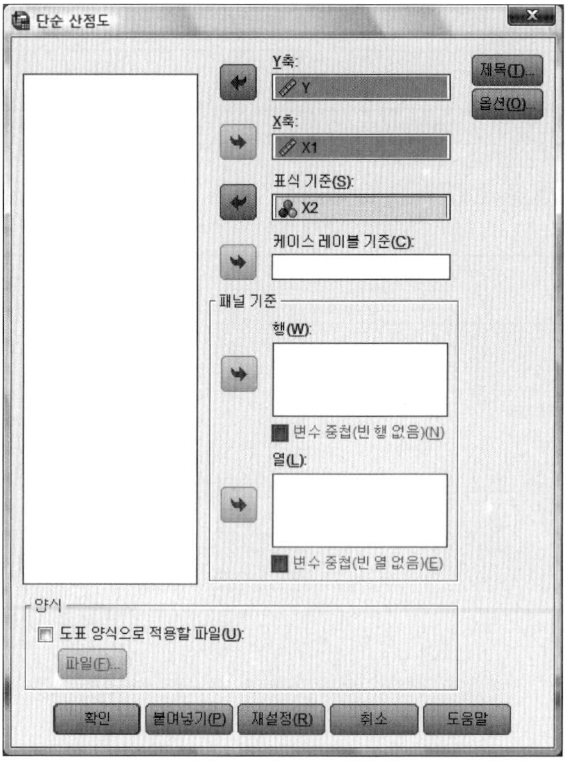

x_2에 대해서 A=1, B=0로 하여 회귀분석을 적용하면 다음과 같은 회귀식이 얻어진다.

모형 요약

모형	R	R 제곱	수정된 R 제곱	추정값의 표준오차
1	.919[a]	.844	.799	.80248

a. 예측값: (상수), X2, X1

계수[a]

모형		비표준화 계수		표준화 계수	t	유의확률
		B	표준오차	베타		
1	(상수)	1.925	.974		1.977	.089
	X1	.041	.175	.043	.237	.819
	X2	3.202	.614	.942	5.213	.001

a. 종속변수: Y

그러나 이 수치에에서는 A와 B는 평행이 되어 있지 않다. 이와 같은 경우에는 지금까지 기술해 온 더미 변수의 도입만으로는 불충분하고, x_1과 x_2의 곱 x_1x_2를 회귀식에 추가할 필요가 있다. x_1x_2는 교호작용항이라고 부르고 있다.

힌트

2원배치나 3원배치에 있어서 두 개의 인자 A, B가 서로 영향을 미치고 있을 때, A와 B사이에 교호작용(interaction)이 있다고 한다. A×B로 나타낸다. 즉, 인자가 두 개 있는 경우에는 인자 간에 어떠한 관련이 있는지 어떤지를 조사해 놓지 않으면 안 된다.
'교호작용 없음 = A와 B는 평행'이므로, A와 B의 교호작용에 대한 검정을 이용하면, A와 B의 **평행성의 검정**(test of parallelism)을 할 수 있다.

수치예 4-4

구체적으로는 다음과 같은 데이터표를 작성해서, 회귀분석을 적용하게 된다.

x_1	x_2	x_1x_2	y
1.1	A	1.1	4.2
2.1	A	2.1	4.9
3.2	A	3.2	5.4
4.4	A	4.4	5.5
5.2	A	5.2	6.3
3.2	B	0	3.1
4.1	B	0	2.4
5.2	B	0	1.9
6.3	B	0	2.2
7.1	B	0	1.1

회귀분석의 결과는 다음과 같다.

모형 요약

모형	R	R 제곱	수정된 R 제곱	추정값의 표준오차
1	.990[a]	.979	.969	.31708

a. 예측값: (상수), X1X2, X1, X2

계수[a]

모형		비표준화 계수		표준화 계수	t	유의확률
		B	표준오차	베타		
1	(상수)	4.266	.538		7.934	.000
	X1	-.410	.100	-.424	-4.099	.006
	X2	-.450	.634	-.132	-.709	.505
	X1X2	.862	.138	.971	6.232	.001

a. 종속변수: Y

$$y = 4.266 - 0.410x_1 - 0.450x_2 + 0.862x_1x_2$$

이 회귀식은,

A일 때에는($x_2 = 1$이 대입된다)

$$\begin{aligned} y &= 4.266 - 0.410x_1 - 0.450 + 0.862x_1 \\ &= (4.266 - 0.450) + (-0.410 + 0.862)x_1 \\ &= 3.816 + 0.452x_1 \end{aligned}$$

B일 때에는($x_2 = 0$이 대입된다)

$$y = 4.266 - 0.410x_1$$

상수항이나 x_1의 회귀계수나 A와 B에서 다르다는 것을 알 수 있다.

3. 범주의 수가 3 이상인 경우의 더미 변수

질적 변수에 대한 범주의 수가 3 이상일 때, 예를 들면, 혈액형과 같이 범주의 수가 네 개(A, B, O, AB) 있을 때에는 어떻게 하면 좋을까? 범주의 수가 두 개일 때의 방법을 확장해서, 다음과 같이 수치화해서는 안 된다.

A	$x_{11} = 0$
B	$x_{12} = 1$
O	$x_{13} = 2$
AB	$x_{14} = 3$

이와 같은 때에는 세 개의 더미 변수(x_{11}, x_{12}, x_{13})를 사용해서 다음과 같이 표현한다.

	x_{11}	x_{12}	x_{13}
A	1	0	0
B	0	1	0
O	0	0	1
AB	0	0	0

처음에 어느 것인가 기준이 되는 혈액형을 정해서(위의 예에서는 AB), 그것을 (0, 0, 0)로 하고, 그 밖의 혈액형은 어딘가 하나의 변수 값을 1, 나머지 변수 값을 0으로 한다. 일반적으로 m개의 범주가 있을 때에는 $(m-1)$개의 더미 변수를 이용해서 수치화한다. 기준이 되는 범주는 임의로 정하면 된다. 어느 범주를 기준으로 해도 전체로서의 결론은 변하지 않는다. 그리고 개개 더미 변수의 t값과 p값의 해석에는 주의가 필요하다. 이들 값은 어느 범주를 기준으로 하느냐로 달라지기 때문이다. 위의 예로 말하자면, 세 개의 변수를 사용해서 혈액형을 표현했으므로, 개개 더미 변수의 유의성이 아니라 혈액형으로서 유의성을 생각하는 것이 원칙이다. 한편, 개개 더미 변수의 t값이나 p값은 기준으로 하는 범주와의 차(差)가 유의한지 어떤지를 판정하는 데 사용할 수 있다.

그런데 SPSS에서는 다음에 보이는 바와 같이 기준이 되는 혈액형을 정하지 않고, 네 개의 더미 변수를 작성해서 입력해도 상관이 없다. SPSS 측이 자동적으로 네 개의 더미 변수 $(x_{11}, x_{12}, x_{13}, x_{14})$ 중 하나의 변수를 삭제하기 때문이다.

수치예 4-5

수치예로서 위와 같은 데이터에 회귀분석을 적용해 보자.

x	y
A	7
A	8
A	9
B	8
B	8
B	9
O	10
O	11
O	13
AB	13
AB	14
AB	16

➡

x_{11}	x_{12}	x_{13}	x_{14}	y
1	0	0	0	7
1	0	0	0	8
1	0	0	0	9
0	1	0	0	8
0	1	0	0	8
0	1	0	0	9
0	0	1	0	10
0	0	1	0	11
0	0	1	0	13
0	0	0	1	13
0	0	0	1	14
0	0	0	1	16

다음과 같은 결과가 얻어진다.

계수[a]

모형		비표준화 계수		표준화 계수	t	유의확률
		B	표준오차	베타		
1	(상수)	8.000	.707		11.314	.000
	X12	.333	1.000	.052	.333	.747
	X13	3.333	1.000	.524	3.333	.010
	X14	6.333	1.000	.996	6.333	.000

a. 종속변수: Y

제외된 변수[a]

모형		베타 입력	t	유의확률	편상관계수	공선성 통계량
						공차
1	X11	.[b]	.	.	.	.000

a. 종속변수: Y

b. 모형내의 예측값: (상수), X14, X13, X12

x_{11}이 자동적으로 제외되고 있음을 알 수 있다. 이것은 A를 기준으로 한 더미 변수를 작성한 것에 상당한다.

■ 수치예 4-6

수치예 4-5의 분석결과는 처음부터 다음과 같은 데이터를 분석한 결과와 동일하다.

x_{12}	x_{13}	x_{14}	y
0	0	0	7
0	0	0	8
0	0	0	9
1	0	0	8
1	0	0	8
1	0	0	9
0	1	0	10
0	1	0	11
0	1	0	13
0	0	1	13
0	0	1	14
0	0	1	16

즉, 혈액형 A를 (0, 0, 0)로 한 셈이다.

계수[a]

모형		비표준화 계수 B	비표준화 계수 표준오차	표준화 계수 베타	t	유의확률
1	(상수)	8.000	.707		11.314	.000
	X12	.333	1.000	.052	.333	.747
	X13	3.333	1.000	.524	3.333	.010
	X14	6.333	1.000	.996	6.333	.000

a. 종속변수: Y

4. 더미 변수의 작성

질적 변수를 더미 변수로 변환할 때, 케이스의 수가 많을 때나 범주의 수가 많을 때에는 수동으로 입력하는 것은 시간이 걸리고 번거롭다. 이와 같은 경우에는 SPSS의 [변수 계산] 기능을 활용하면 좋다.

■ 수치예 4-7

(1) 지금 다음과 같이 질적 변수 x가 입력되어 있다고 하자. AB를 기준으로 하는 더미 변수 x_{11}, x_{12}, x_{13}를 작성해 보자.

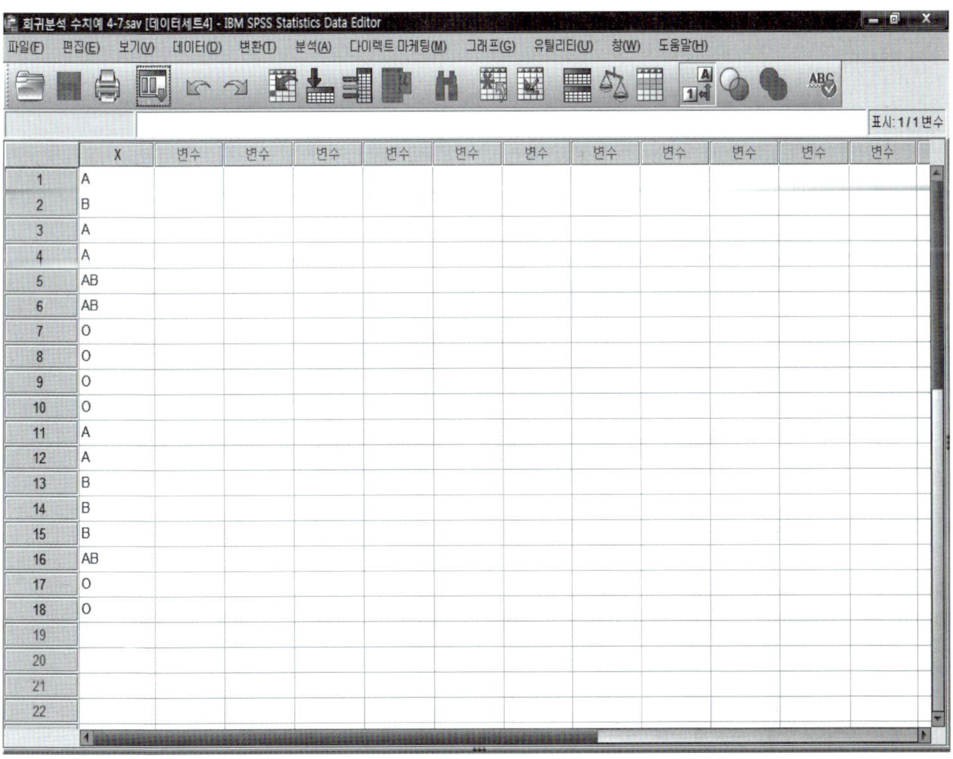

(2) 메뉴에서 [변환]-[변수 계산]을 선택한다.

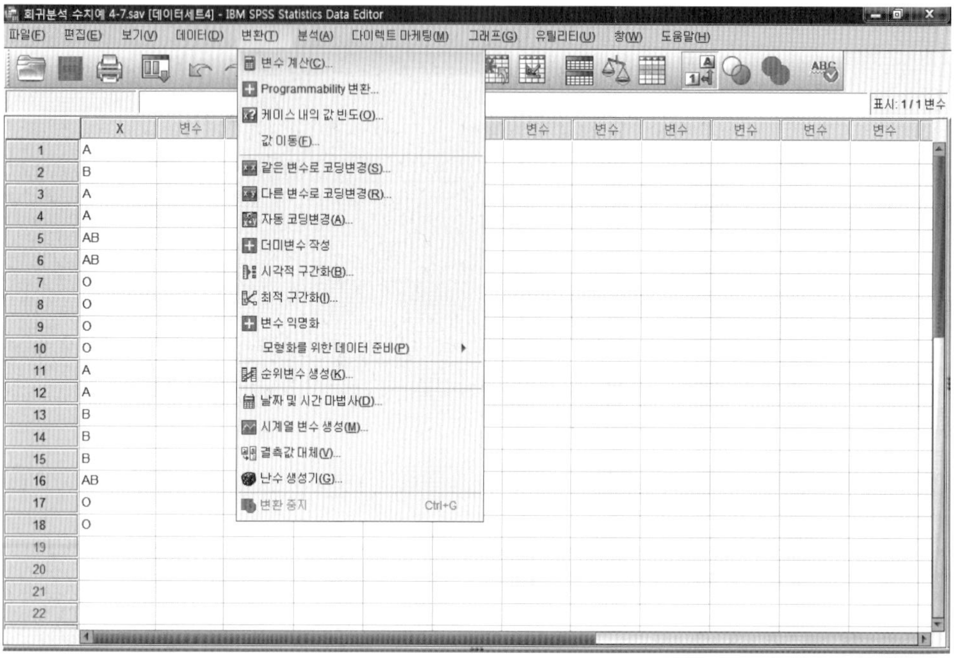

(3) 다음과 같은 대화상자가 나타나면, [목표변수]에 'X11', [숫자표현식]에 'X="A"'라고 입력한다.

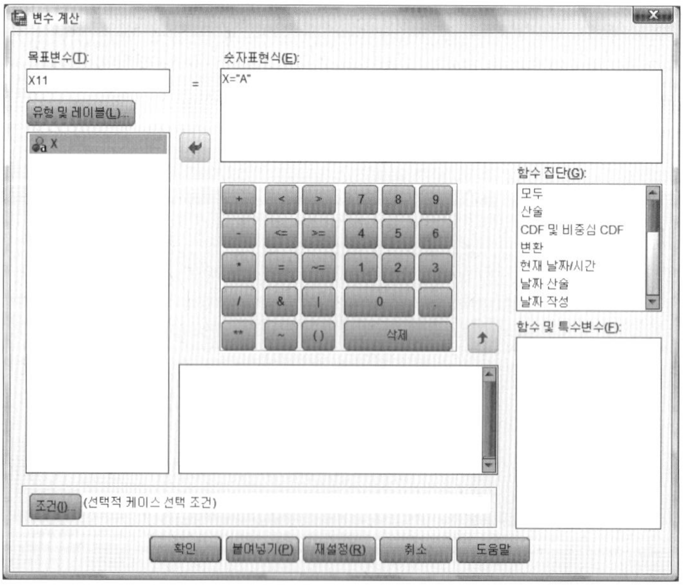

(4) [확인]을 클릭하면 데이터 시트에 A를 1로 하는 더미 변수 x_{11}이 작성된다.

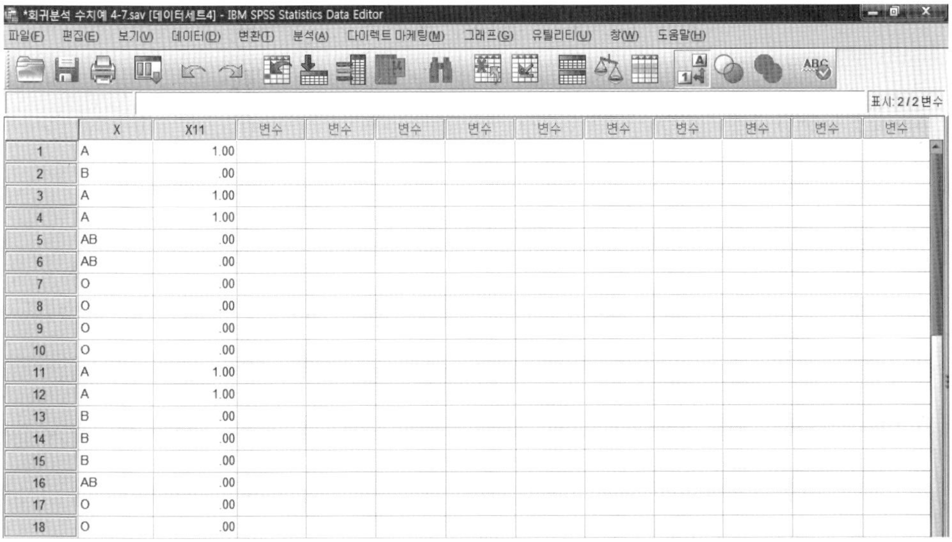

	X	X11
1	A	1.00
2	B	.00
3	A	1.00
4	A	1.00
5	AB	.00
6	AB	.00
7	O	.00
8	O	.00
9	O	.00
10	O	.00
11	A	1.00
12	A	1.00
13	B	.00
14	B	.00
15	B	.00
16	AB	.00
17	O	.00
18	O	.00

(5) 마찬가지로 [대상변수]에 ‘X12’, [숫자표현식]에 ‘X="B"’라고 입력하고, [대상변수]에 ‘X13’, [숫자표현식]에 ‘X="O"’라고 입력하면, 데이터 시트에 B를 1로 하는 더미 변수 x_{12}, O를 1로 하는 더미 변수 x_{13}이 작성된다.

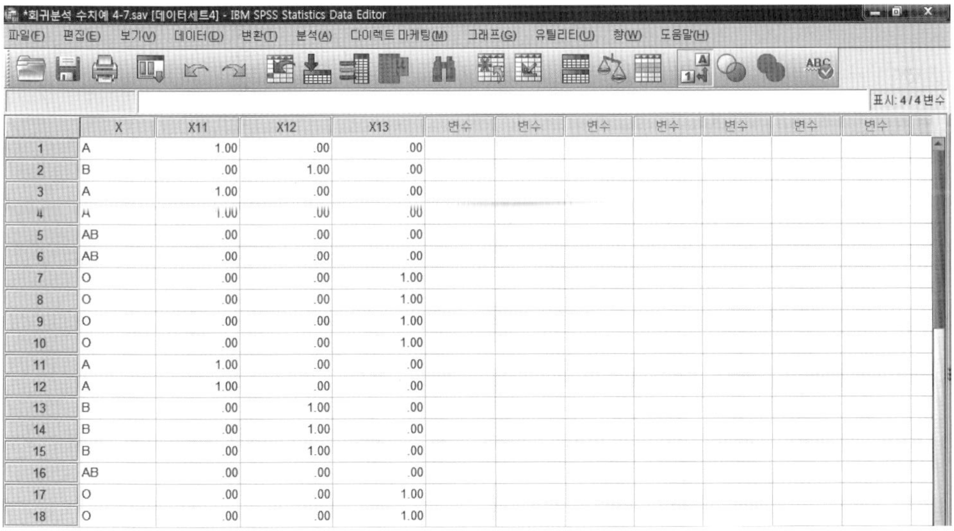

	X	X11	X12	X13
1	A	1.00	.00	.00
2	B	.00	1.00	.00
3	A	1.00	.00	.00
4	A	1.00	.00	.00
5	AB	.00	.00	.00
6	AB	.00	.00	.00
7	O	.00	.00	1.00
8	O	.00	.00	1.00
9	O	.00	.00	1.00
10	O	.00	.00	1.00
11	A	1.00	.00	.00
12	A	1.00	.00	.00
13	B	.00	1.00	.00
14	B	.00	1.00	.00
15	B	.00	1.00	.00
16	AB	.00	.00	.00
17	O	.00	.00	1.00
18	O	.00	.00	1.00

이 결과 $x_{11} = x_{12} = x_{13} = 0$일 때에는 AB가 되어, AB를 기준으로 하는 더미 변수가 완성된다.

4.2 | 수량화이론 I 류와 공분산분석

1. 수량화이론 I 류

설명변수 모두가 질적 변수일 때의 회귀분석을 수량화이론 I 류라고 한다. 수량화이론은 명목척도나 순서척도로 측정되는 질적 데이터를 다루기 위한 수법의 집합으로, 일본의 하야시 치키오(林知己夫) 박사가 중심으로 발전시켜온 이론이다. 유명한 것으로서는 수량화이론 I 류, II류, III류, IV류가 있다.

> **힌트**
>
> 수량화이론은 질적 데이터에 대한 다변량분석법으로, I 류부터 IV류까지 네 가지로 분류되고 있다. 이러한 분류에 대한 명명은 하야시 치키오의 후학들에 의해서 이루어졌다.
>
> 수량화이론 I 류 ↔ 중회귀분석
> 수량화이론 II 류 ↔ 판별분석
> 수량화이론 III 류 ↔ 주성분분석
> 수량화이론IV류 ↔ 다차원척도법

[예제 4-2]

영어 실력에 관한 요인을 찾기 위해서, 다음과 같은 조사를 실시하여 데이터를 수집했다고 하자.

(문 1) 성별
남자 · 여자

(문 2) 자택에서 가장 오래 걸리는 취미 시간
TV
음악
독서
영화

(문 3) 자신 있는 분야
문법
독해

단어

(문 4) 영어시험 점수

이 조사를 학생 24명에 대하여 실시해서 얻은 데이터를 정리한 것이 다음의 <표 4-2>와 같다.

표 4-2 데이터표

학생번호	성별	취미	분야	점수
1	남	TV	문법	56
2	여	독서	독해	66
3	여	TV	단어	59
4	여	TV	독해	57
5	남	TV	독해	55
6	여	독서	단어	69
7	남	음악	문법	62
8	여	음악	단어	63
9	남	영화	독해	59
10	여	영화	독해	77
11	남	음악	독해	54
12	남	음악	문법	60
13	남	영화	단어	71
14	남	독서	문법	79
15	여	영화	단어	83
16	여	독서	문법	90
17	여	영화	단어	80
18	여	독서	독해	61
19	남	음악	문법	69
20	남	TV	단어	50
21	남	TV	문법	42
22	여	음악	독해	50
23	남	독서	단어	80
23	여	영화	문법	60

여기에서 성별을 x_1, 취미를 x_2, 분야를 x_3, 점수를 y라고 한다. x_1, x_2, x_3를 설명변수, y를 목적변수로 해서 회귀분석을 적용하고자 한다. 그래서 각 설명변수에 대해서 다음과 같은 더미 변수를 도입하여 수치화한다.

	x_1
남	1
여	0

	x_{21}	x_{22}	x_{23}
TV	1	0	0
음악	0	1	0
독서	0	0	1
영화	0	0	0

	x_{31}	x_{32}
문법	1	0
독해	0	1
단어	0	0

이와 같은 더미 변수를 도입해서 원래의 데이터표를 변환한 것이 다음에 보이는 <표 4-3>이다.

표 4-3 더미 변수로 표현한 데이터표

학생번호	x_1	x_{21}	x_{22}	x_{23}	x_{31}	x_{32}	y
1	1	1	0	0	1	0	56
2	0	0	0	1	0	1	66
3	0	1	0	0	0	0	59
4	0	1	0	0	0	1	57
5	1	1	0	0	0	1	55
6	0	0	0	1	0	0	69
7	1	0	1	0	1	0	62
8	0	0	1	0	0	0	63
9	1	0	0	0	0	1	59
10	0	0	0	0	0	1	77
11	1	0	1	0	0	1	54
12	1	0	1	0	1	0	60
13	1	0	0	0	0	0	71
14	1	0	0	1	1	0	79
15	0	0	0	0	0	0	83
16	0	0	0	1	1	0	90
17	0	0	0	0	0	0	80
18	0	0	0	1	0	1	61
19	1	0	1	0	1	0	69
20	1	1	0	0	0	0	50
21	1	1	0	0	1	0	42
22	0	0	1	0	0	1	50
23	1	0	0	1	0	0	80
24	0	0	0	0	1	0	60

이 데이터표를 다음과 같이 입력한다.

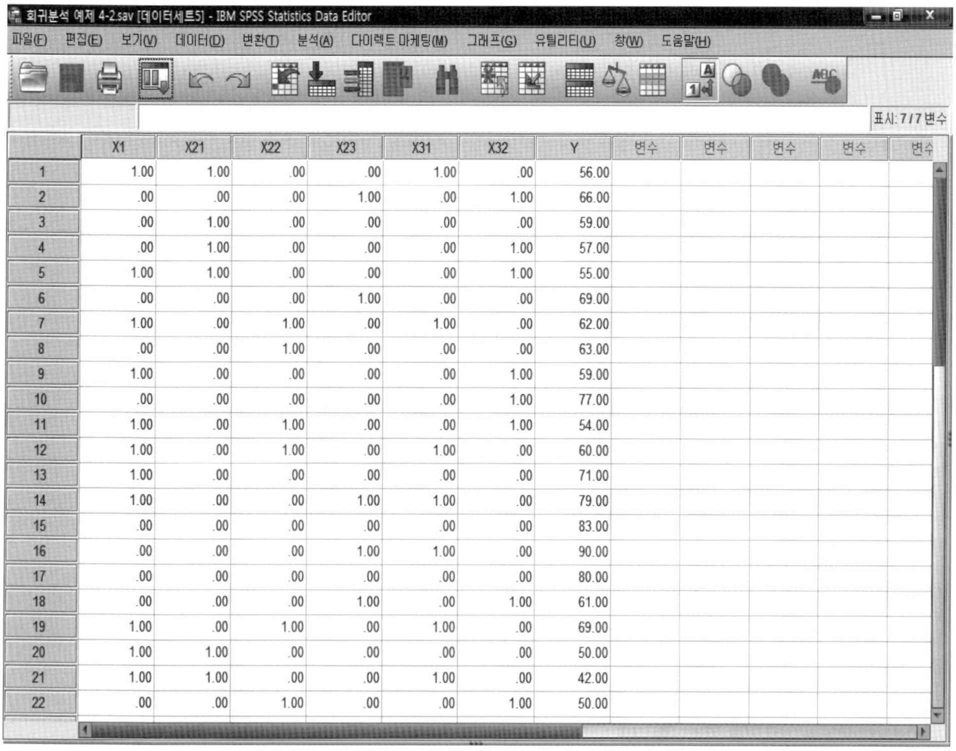

	X1	X21	X22	X23	X31	X32	Y	변수	변수	변수	변수	변수
1	1.00	1.00	.00	.00	1.00	.00	56.00					
2	.00	.00	.00	1.00	.00	1.00	66.00					
3	.00	1.00	.00	.00	.00	.00	59.00					
4	.00	1.00	.00	.00	.00	1.00	57.00					
5	1.00	1.00	.00	.00	.00	1.00	55.00					
6	.00	.00	.00	1.00	.00	.00	69.00					
7	1.00	.00	1.00	.00	1.00	.00	62.00					
8	.00	.00	1.00	.00	.00	.00	63.00					
9	1.00	.00	.00	.00	.00	1.00	59.00					
10	.00	.00	.00	.00	.00	1.00	77.00					
11	1.00	.00	1.00	.00	.00	1.00	54.00					
12	1.00	.00	1.00	.00	1.00	.00	60.00					
13	1.00	.00	.00	.00	.00	.00	71.00					
14	1.00	.00	.00	1.00	1.00	.00	79.00					
15	.00	.00	.00	.00	.00	.00	83.00					
16	.00	.00	.00	1.00	1.00	.00	90.00					
17	.00	.00	.00	.00	.00	.00	80.00					
18	.00	.00	.00	1.00	.00	1.00	61.00					
19	1.00	.00	1.00	.00	1.00	.00	69.00					
20	1.00	1.00	.00	.00	.00	.00	50.00					
21	1.00	1.00	.00	.00	1.00	.00	42.00					
22	.00	.00	1.00	.00	.00	1.00	50.00					

회귀분석을 적용하면, 다음과 같은 분석결과를 얻게 된다.

모형 요약

모형	R	R 제곱	수정된 R 제곱	추정값의 표준오차
1	.796[a]	.634	.504	8.43450

a. 예측값: (상수), X32, X23, X1, X22, X31, X21

ANOVA[a]

모형		제곱합	자유도	평균제곱	F	유의확률
1	회귀	2091.939	6	348.656	4.901	.004[b]
	잔차	1209.395	17	71.141		
	전체	3301.333	23			

a. 종속변수: Y

b. 예측자: (상수), X32, X23, X1, X22, X31, X21

계수[a]

모형		비표준화 계수 B	비표준화 계수 표준오차	표준화 계수 베타	t	유의확률	B에 대한 95.0% 신뢰구간 하한	B에 대한 95.0% 신뢰구간 상한
1	(상수)	75.328	4.092		18.408	.000	66.695	83.962
	X1	-2.329	3.860	-.099	-.603	.554	-10.473	5.815
	X21	-17.552	5.042	-.648	-3.481	.003	-28.190	-6.914
	X22	-10.880	5.161	-.402	-2.108	.050	-21.769	.010
	X23	2.672	4.929	.099	.542	.595	-7.727	13.071
	X31	-1.032	4.573	-.041	-.226	.824	-10.679	8.616
	X32	-8.140	4.266	-.327	-1.908	.073	-17.141	.861

a. 종속변수: Y

$$y = 75.328 - 2.329x_1 - 17.552x_{21} - 10.880x_{22} + 2.672x_{23} - 1.032x_{31} - 8.140x_{32}$$

라고 하는 회귀식이 얻어진다. 기여율 R^2은 0.634, 잔차표준편차는 8.4345로 되어 있다.

x_1의 계수가 −2.329라고 하는 사실로부터 남자는 여자에 비해서 영어 점수가 2.329점 낮다는 것을 간파할 수 있다.

x_{21}의 계수가 −17.552, x_{22}의 계수가 −10.880이라고 하는 사실로부터 취미가 TV인 학생은 영화에 비해서 영어 점수가 17.552점 낮고, 음악인 학생은 영화에 비해서 10.880점 낮다는 것을 간파할 수 있다. 한편, x_{23}의 계수가 2.672라고 하는 사실로부터 취미가 독서인 학생은 영화에 비해서 2.672점 높다고 하는 것을 간파할 수 있다.

x_{31}의 계수가 −1.032, x_{32}의 계수가 −8.140이라고 하는 사실로부터 문법에 자신이 있는 학생은 단어에 비해서 영어 점수가 1.032점 낮고, 독해에 자신이 있는 학생은 단어에 자신이 있는 학생에 비해서 8.140점 낮다는 것을 간파할 수 있다.

이상으로부터 성별에 의해서 2.329점의 차, 취미에 의해서 20.224(=2.672−(−17.552))점의 차, 자신이 있는 분야에 의해서 8.140점의 차가 생긴다는 사실을 알 수 있다. 이러한 사실로부터 영어 점수에는 취미가 가장 영향을 많이 미친다고 하는 견해를 가질 수 있어서, 이러한 회귀계수의 차를 레인지(range) 분포폭이라고 한다.

그런데 얻어진 회귀식을 이용해서, 영어 점수를 다음의 예에서 보이는 바와 같이 해서 예측할 수 있다.

(예) 성별이 여자이고, 독서가 취미이며, 문법에 자신이 있는 학생의 영어 점수

$$y = 75.328 - 2.329 \times 0$$

$$
\begin{aligned}
&-17.552\times 0-10.880\times 0+2.672\times 1\\
&-1.032\times 1-8.140\times 0\\
=&\ 76.968
\end{aligned}
$$

2. 일반선형모형

예제 4-2의 데이터를 회귀분석할 때에, 더미 변수를 이용하는 방법을 소개했는데, 일반선형모형을 이용하면, 더미 변수를 작성하지 않고 회귀분석을 실행할 수 있다.

일반선형모형은 회귀분석과 분산분석을 통일적으로 다루는 수법이라고 생각해도 좋다. 일반선형모형을 적용할 때에는, 질적 변수를 더미 변수로 표현하지 않고 다음과 같이 범주 번호로 입력한다.

(주) 범주 번호(수치)가 아니라 범주 이름(문자)인 채 입력해도 좋다. 여기에서는 범주 번호로 입력하여 다음과 같은 변수값 설명을 붙이고 있다.

		변수값 설명
성별	1	남
	2	여
취미	1	TV
	2	음악
	3	독서
	4	영화
분야	1	문법
	2	독해
	3	단어

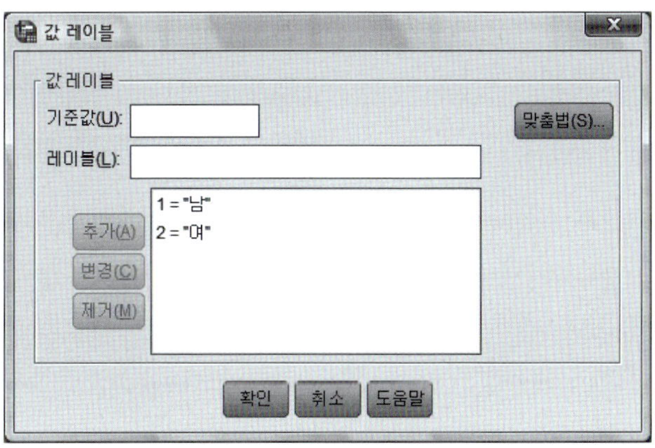

[SPSS의 처리 절차]

[순서 1] 데이터의 입력

예제 4-2의 데이터를 다음과 같이 입력한다.

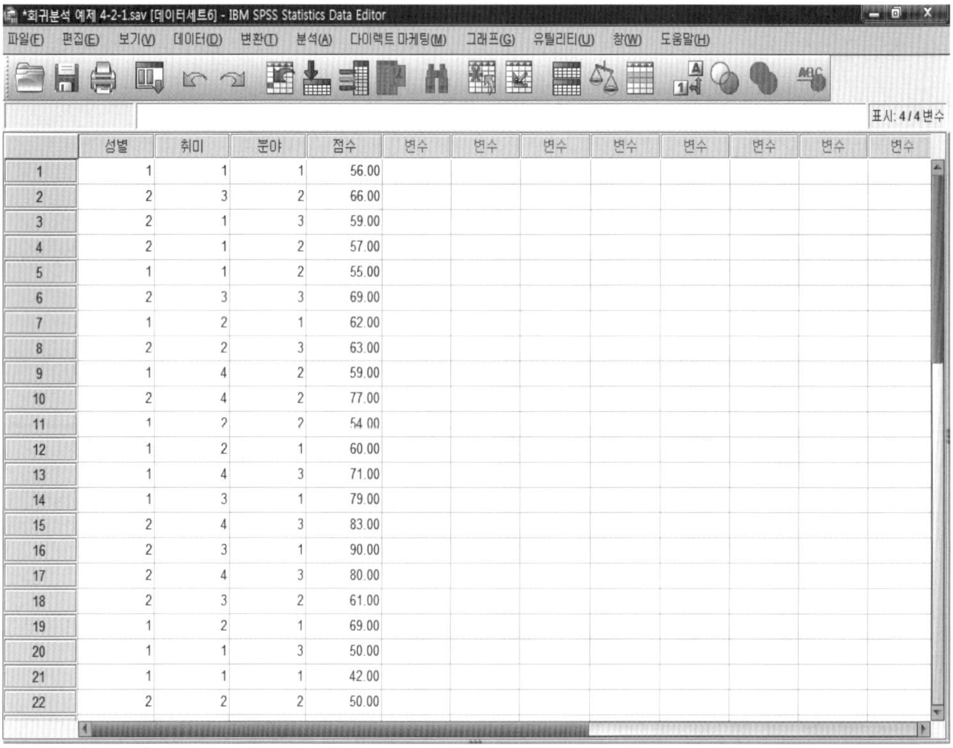

	성별	취미	분야	점수
1	1	1	1	56.00
2	2	3	2	66.00
3	2	1	3	59.00
4	2	1	2	57.00
5	1	1	2	55.00
6	2	3	3	69.00
7	1	2	1	62.00
8	2	2	3	63.00
9	1	4	2	59.00
10	2	4	2	77.00
11	1	2	2	54.00
12	1	2	1	60.00
13	1	4	3	71.00
14	1	3	1	79.00
15	2	4	3	83.00
16	2	3	1	90.00
17	2	4	3	80.00
18	2	3	2	61.00
19	1	2	1	69.00
20	1	1	3	50.00
21	1	1	1	42.00
22	2	2	2	50.00

[순서 2] 분석 수법의 선택

메뉴에서 [분석]-[일반선형모형]-[일변량]을 선택한다.

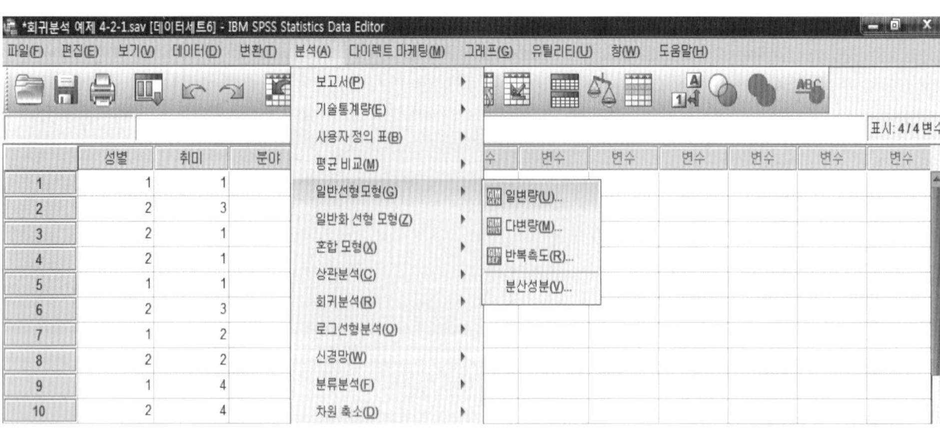

[순서 3] 변수의 설정

[종속변수]에 '점수', [모수요인]에 '성별', '취미', '분야'를 설정한다.

[순서 4] 출력내용의 설정

(1) 모형

[모형]을 클릭하면 다음과 같은 대화상자가 나타난다. [모형설정]의 [사용자 정의]에 체크하고, [요인 및 공변량]의 모든 변수를 오른쪽 [모형] 난에 이동하고 [주효과]를 설정한다.

[계속]을 클릭하면, 앞의 화면으로 되돌아온다.

(2) 옵션

[옵션]을 클릭하면 다음과 같은 대화상자가 나타난다. [표시]의 [모수 추정값]을 체크하고 [계속]을 클릭하면 앞의 화면으로 되돌아온다.

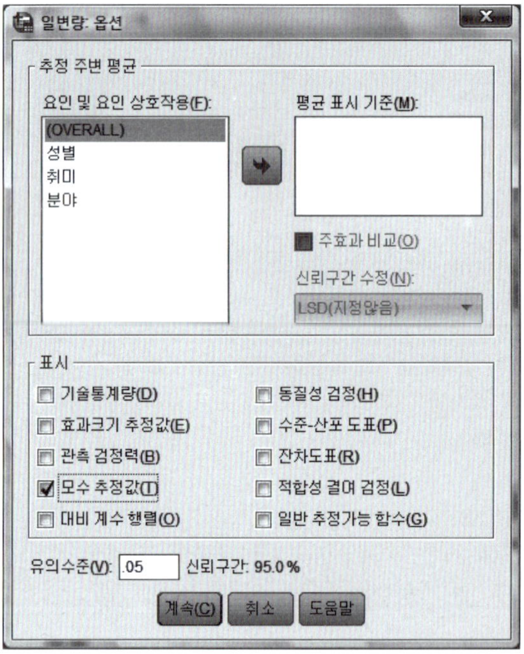

[확인]을 클릭하면 분산분석표의 검정결과와 모수 추정값이 출력된다.

■ 일반선형모형 분석결과

개체-간 효과 검정

종속변수: 점수

소스	제 III 유형 제곱합	자유도	평균제곱	F	유의확률
수정된 모형	2091.939[a]	6	348.656	4.901	.004
절편	100362.67	1	100362.667	1410.760	.000
성별	25.895	1	25.895	.364	.554
취미	1437.415	3	479.138	6.735	.003
분야	306.189	2	153.094	2.152	.147
오차	1209.395	17	71.141		
전체	103664.00	24			
수정된 합계	3301.333	23			

a. R 제곱 = .634 (수정된 R 제곱 = .504)

모수 추정값

종속변수: 점수

모수	B	표준오차	t	유의확률	95% 신뢰구간 하한	95% 신뢰구간 상한
절편	75.328	4.092	18.408	.000	66.695	83.962
[성별=1]	-2.329	3.860	-.603	.554	-10.473	5.815
[성별=2]	0[a]	.	.	.	.	.
[취미=1]	-17.552	5.042	-3.481	.003	-28.190	-6.914
[취미=2]	-10.880	5.161	-2.108	.050	-21.769	.010
[취미=3]	2.672	4.929	.542	.595	-7.727	13.071
[취미=4]	0[a]	.	.	.	.	.
[분야=1]	-1.032	4.573	-.226	.824	-10.679	8.616
[분야=2]	-8.140	4.266	-1.908	.073	-17.141	.861
[분야=3]	0[a]	.	.	.	.	.

a. 현재 모수는 중복되므로 0으로 설정됩니다.

분산분석표의 검정결과를 보면, 취미가 유의하다(유의확률 = 0.003 < 0.05)는 것을 알 수 있다. 또한 모수 추정값을 보면, 더미 변수에 의한 회귀분석의 결과와 일치하고 있는 것을 알 수 있다.

참고로 더미 변수에 의한 회귀분석의 결과는 다음과 같다.

계수[a]

모형		비표준화 계수 B	비표준화 계수 표준오차	표준화 계수 베타	t	유의확률	B에 대한 95.0% 신뢰구간 하한	B에 대한 95.0% 신뢰구간 상한
1	(상수)	75.328	4.092		18.408	.000	66.695	83.962
	X1	-2.329	3.860	-.099	-.603	.554	-10.473	5.815
	X21	-17.552	5.042	-.648	-3.481	.003	-28.190	-6.914
	X22	-10.880	5.161	-.402	-2.108	.050	-21.769	.010
	X23	2.672	4.929	.099	.542	.595	-7.727	13.071
	X31	-1.032	4.573	-.041	-.226	.824	-10.679	8.616
	X32	-8.140	4.266	-.327	-1.908	.073	-17.141	.861

a. 종속변수: Y

3. 공분산분석

[예제 4-3]

목재의 종류에 따라 휘어짐이 어느 정도 다른지를 조사하기 위하여 실험을 실시했다. 목재의 종류는 A, B, C의 세 종류 있고, 측정한 휘어짐의 정도를 y(mm)라 한다. 휘어짐은 목재의 함수율의 영향을 받으므로 사전에 측정하고 있다. 함수율을 z(%)라고 한다. 실험결과를 정리한 것이 다음의 <표 4-4>이다.

표 4-4 데이터표

목재의 종류 x	함수율 z	휘어짐 y
A	33	49
A	26	38
A	31	51
A	24	38
A	28	41
B	29	51
B	36	58
B	28	48
B	33	53
B	26	40
C	30	54
C	29	52
C	28	50
C	29	51
C	31	54

함수율 z를 고려해서 목재의 종류 x와 휘어짐 y의 관계를 조사하고자 한다.

■ 질적 변수를 포함한 중회귀분석

먼저 질적 변수인 목재의 종류를 다음과 같이 더미 변수로 표현한다.

목재의 종류	x_{11}	x_{12}
A	1	0
B	0	1
C	0	0

이와 같은 더미 변수를 도입한 다음에,

$$y = b_0 + b_1 x_{11} + b_2 x_{12} + b_3 z$$

라고 하는 회귀식을 상정한 중회귀분석을 실시하면 된다.

본 예제와 같이 설명변수가 질적 변수(더미 변수)와 양적 변수로 구성되어 있는 회귀분석을, 질적 변수를 포함한 회귀분석이라고 부른다. 설명변수에 질적 변수를 포함한 회귀분석은 공분산분석이라고도 부르고 있다. 단, 공분산분석은 질적 변수 쪽에 중점이 놓이고, 양적 변수는 보조 인자라고 부르고 있다.

■ 데이터의 그룹화

중회귀분석을 실시하기 전에 세 변수 간의 관계를 파악하기 위해서, 질적 변수에 의한 산점도를 작성해 보기로 한다.

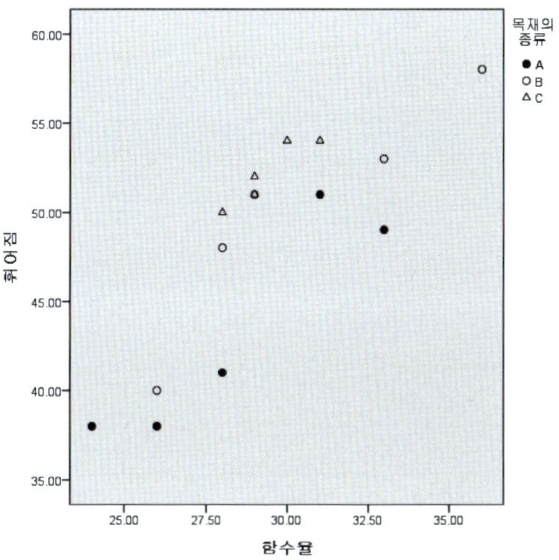

위와 같은 산점도를 작성하려면, [단순 산점도] 대화상자에서 다음과 같이 변수를 설정한 다음에 [확인]을 클릭하면 된다.

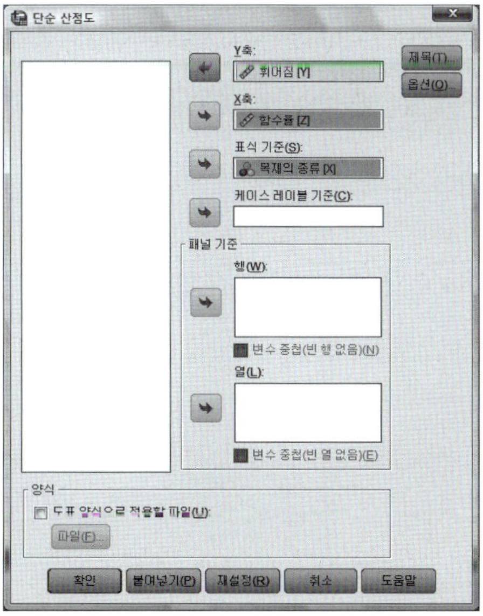

목재의 종류별로 각각 적합선을 추가하면 다음과 같다.

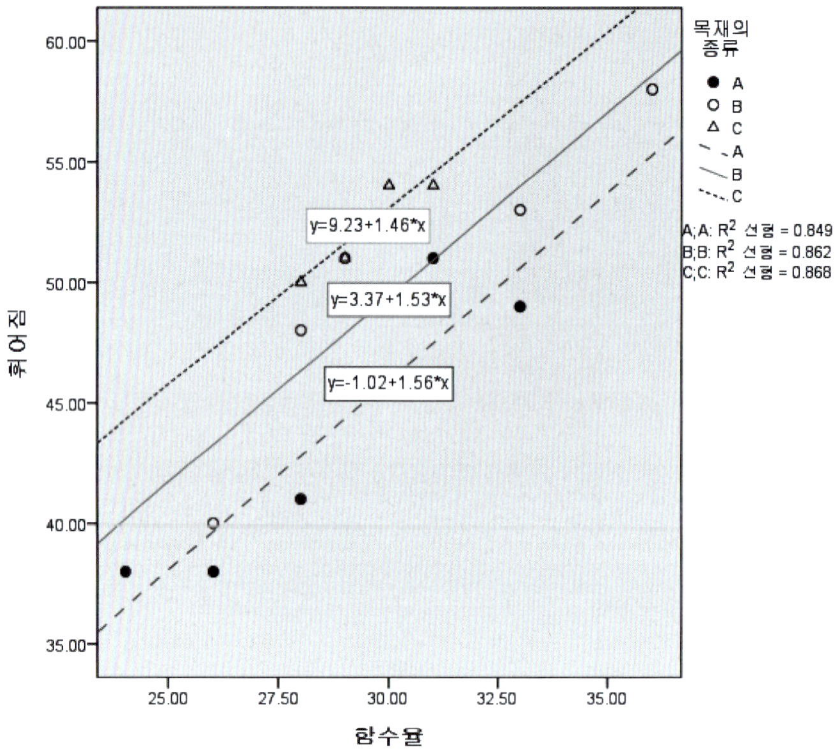

■ 더미 변수에 의한 중회귀분석의 결과

더미 변수를 도입해서 다음과 같이 데이터를 입력한다.

	X	Z	Y	X11	X12
1	A	33.00	49.00	1.00	.00
2	A	26.00	38.00	1.00	.00
3	A	31.00	51.00	1.00	.00
4	A	24.00	38.00	1.00	.00
5	A	28.00	41.00	1.00	.00
6	B	29.00	51.00	.00	1.00
7	B	36.00	58.00	.00	1.00
8	B	28.00	48.00	.00	1.00
9	B	33.00	53.00	.00	1.00
10	B	26.00	40.00	.00	1.00
11	C	30.00	54.00	.00	.00
12	C	29.00	52.00	.00	.00
13	C	28.00	50.00	.00	.00
14	C	29.00	51.00	.00	.00
15	C	31.00	54.00	.00	.00

더미 변수를 도입해서 회귀분석을 실시하면, 다음과 같은 결과가 얻어진다.

모형 요약

모형	R	R 제곱	수정된 R 제곱	추정값의 표준오차
1	.954[a]	.911	.886	2.12055

a. 예측값: (상수), X12, Z, X11

ANOVA[a]

모형		제곱합	자유도	평균제곱	F	유의확률
1	회귀	504.269	3	168.090	37.380	.000[b]
	잔차	49.464	11	4.497		
	전체	553.733	14			

a. 종속변수: Y

b. 예측자: (상수), X12, Z, X11

계수[a]

모형		비표준화 계수		표준화 계수	t	유의확률
		B	표준오차	베타		
1	(상수)	6.816	5.687		1.198	.256
	X11	-7.256	1.355	-.563	-5.357	.000
	X12	-3.744	1.355	-.290	-2.764	.018
	Z	1.544	.191	.758	8.093	.000

a. 종속변수: Y

$$y = 6.816 - 7.256x_{11} - 3.744x_{12} + 1.544z$$

라고 하는 회귀식이 얻어지고 있다.

x_{11}의 회귀계수가 -7.256이 되어 있는 사실로부터 목재 A가 가장 휘어짐이 작다는 것을 알 수 있다. 더욱이 함수율 z의 회귀계수가 1.544로 되어 있어, 함수율이 낮을수록 휘어짐이 크다는 것을 알 수 있다.

■ 공분산분석

공분산분석은 일반선형모형으로 실시할 수 있다. 구체적인 절차는 다음과 같다.

[SPSS의 처리 절차]

[순서 1] 데이터의 입력

예제 4-3의 데이터를 다음과 같이 입력한다.

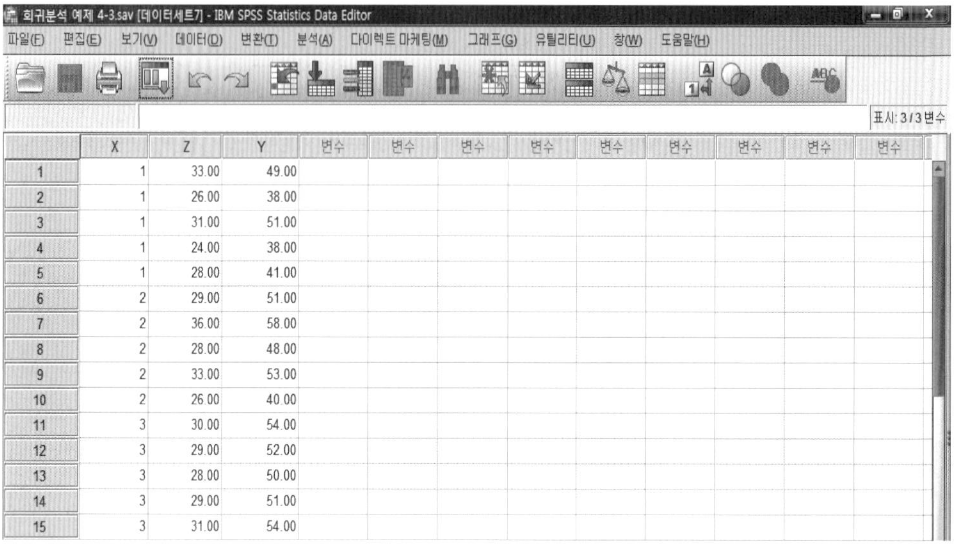

[순서 2] 분석 수법 및 변수의 선택

메뉴에서 [분석]-[일반선형모형]-[일변량]을 선택한다. 다음과 같은 대화상자가 나타난다. [종속변수]에 '휘어짐(y)', [고정요인]에 '목재의 종류(x)', [공변량]에 '함수율(z)'을 각각 투입한다.

[순서 3] 출력내용의 설정

(1) 모형

[모형]을 클릭하면 다음과 같은 대화상자가 나타난다. [사용자 정의]를 선택하고, [요인 및

공변량]에 있는 모든 변수를 [모형] 난에 이동한다. [항 설정]에 [주효과]를 선택하고 [계속]을 클릭한다. [옵션]을 클릭한다.

(2) 옵션

[옵션] 대화상자가 나타나면, [모수 추정값]을 선택하고 [계속]을 클릭한다.

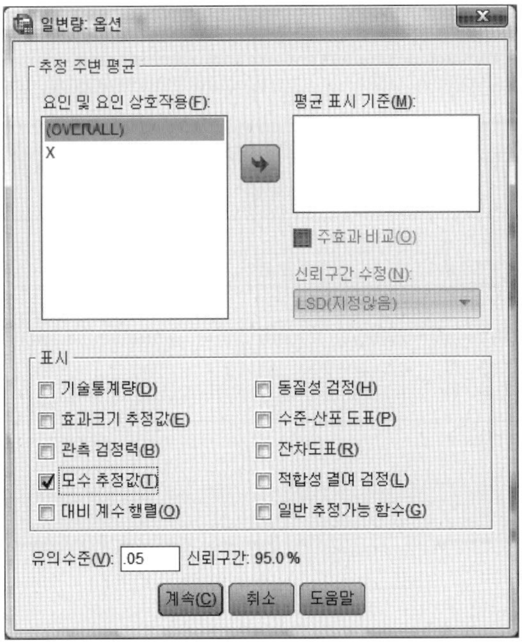

앞의 화면으로 되돌아오면 [확인]을 클릭한다.

■ 공분산분석의 결과

개체-간 효과 검정

종속변수: 취어짐

소스	제 III 유형 제곱합	자유도	평균제곱	F	유의확률
수정된 모형	504.269[a]	3	168.090	37.380	.000
절편	1.404	1	1.404	.312	.587
X	129.371	2	64.685	14.385	.001
Z	294.536	1	294.536	65.500	.000
오차	49.464	11	4.497		
전체	35886.000	15			
수정된 합계	553.733	14			

a. R 제곱 = .911 (수정된 R 제곱 = .886)

모수 추정값

종속변수: 취어짐

모수	B	표준오차	t	유의확률	95% 신뢰구간	
					하한	상한
절편	6.816	5.687	1.198	.256	-5.702	19.333
[X=1]	-7.256	1.355	-5.357	.000	-10.238	-4.275
[X=2]	-3.744	1.355	-2.764	.018	-6.725	-.762
[X=3]	0[a]	.	.	.	.	.
Z	1.544	.191	8.093	.000	1.124	1.964

a. 현재 모수는 중복되므로 0으로 설정됩니다.

위의 결과는 앞에서 실시한 더미 변수를 이용한 중회귀분석의 결과와 일치하고 있다. 참고로 더미 변수를 이용한 중회귀분석의 결과는 다음과 같다.

계수[a]

모형		비표준화 계수		표준화 계수	t	유의확률
		B	표준오차	베타		
1	(상수)	6.816	5.687		1.198	.256
	X11	-7.256	1.355	-.563	-5.357	.000
	X12	-3.744	1.355	-.290	-2.764	.018
	Z	1.544	.191	.758	8.093	.000

a. 종속변수: Y

CHAPTER

5

설명변수의 선택

CHAPTER 5 # 설명변수의 선택

5.1 | 변수선택의 방법

1. 변수선택의 필요성

■ 중요한 변수와 불필요한 변수

목적변수 y를 예측하기 위해서 중회귀분석의 적용을 생각했을 때에, 설명변수로 쓰고자 하고 있는 변수가 세 개(x_1, x_2, x_3) 있다고 한다. 이때 세 개의 변수를 모두 쓰지 않더라도 x_1과 x_2의 두 설명변수로 y를 예측할 수 있어, x_3는 불필요한 것은 아닌가 하는 것을 검토하는 것이 변수 선택의 문제이다.

불필요한 변수를 포함한 회귀식, 그것과는 역(逆)으로 유효한 변수를 포함하고 있지 않은 회귀식은 어느 쪽이라 하더라도 예측정밀도가 나빠진다. 따라서, 유효한 변수와 불필요한 변수를 선별하여, 최적의 회귀식을 탐색하는 것은 중회귀분석을 적용하는 데 있어서의 과제이다.

■ 좋은 회귀식

회귀식의 유효성을 나타내는 지표에 기여율이 있다. 그러나 기여율이 높은 회귀식일수록 좋은 회귀식이라고 말할 수는 없다. 그 이유는 세 개의 설명변수(x_1, x_2, x_3)를 사용한 회귀식의 기여율은 그 중 두 개의 설명변수(x_1, x_2)를 사용한 회귀식의 기여율보다도, x_3가 목적변수와는 본질적으로 무관하더라도 높아진다고 하는 성질을 갖고 있기 때문이다. 기여율을 높게 하고 싶으면 어떠한 변수라도 좋으니 설명변수의 수를 늘리면 되는 것이다. 도움이 되지 않는 변수의 수를 늘리면, 회귀식의 기여율은 외견상 높아지지만 예측정밀도가 나빠진다거나 회귀계수가 불안정(데이터를 바꾸어서 다시 중회귀분석을 실시하면 편회귀계수의 값이 크게 바뀐다)하게 된다거나 한다.

이와 같은 사정으로부터 기여율이 높아지는 회귀식을 찾는다고 하는 사고방식은 채택할 수 없다. 그래서 기여율이 아니라 자유도조정필(自由度調整畢) 기여율을 이용한다. 자유도조정필 기여율, 즉 수정된 R 제곱은 도움이 되지 않는 변수를 설명변수로 사용하면, 그 값이 저하한다고 하는 성질을 갖고 있기 때문이다. 자유도조정필 기여율이 높아지는 회귀식을 찾도록 하면 된다.

그리고 또한 자유도조정필 기여율을 한번 더 조정한 자유도이중조정필(自由度二重調整畢) 기여율이 높아지는 회귀식이 좋은 회귀식이라고 하는 사고방식이 있다.

유효한 변수를 가능한 한 간과하지 않도록 하면 불필요한 변수를 채택할 위험성이 증가하고, 한편 불필요한 변수를 가능한 한 채택하지 않도록 하면 유효한 변수를 간과할 위험성이 증가한다. 자유도이중조정필 기여율 쪽이 자유도조정필 기여율보다도 불필요한 변수로 간주할 기준이 엄해지고 있다.

설명변수의 선택방법

중회귀분석에 있어서 설명변수의 선택방법으로서 다음과 같은 것이 제창되고 있다.

1. 모든 가능한 회귀
2. 축차변수선택법
3. 대화형변수선택법

모든 가능한 회귀(all possible regression)라고 하는 것은 모든 설명변수의 편성에 대해서 회귀식을 작성하여 어느 회귀식이 좋은지를 검토하는 방법이다. 설명변수의 수를 m이라고 하면 2^{m-1}가지의 회귀식을 산출해서 검토한다.

이 방법은 설명변수의 수가 적을 때에 가장 좋은 방법이다. 그런데 설명변수의 수가 커지면 계산양은 방대해져 검토할 회귀식의 수도 많아져 버린다. 예를 들면, 설명변수의 수가 4일 때에는 회귀식은 15가지 산출된다. 5일 때에는 31가지나 된다. 설명변수의 수가 4에서 5까지가 한도일 것이다.

축차변수선택법(step-wise regression)은 각 편회귀계수의 유의성에 의거해서 유효한 변수와 불필요한 변수를 양분하는 방법이다.

이 방법에는 변수증가법, 변수감소법, 변수증감법, 변수감증법이라고 불리는 네 가지의 방법이 있다. 변수증가법과 변수감소법은 각각 결점을 갖고 있어 그 결점을 수정한 것이 변수증감법과 변수감증법이다.

변수증감법은 먼저 목적변수와 가장 관계가 강한 설명변수를 하나 선택한다. 다음에 그 변수와 짝을 지었을 때에 가장 기여율이 높아지는 변수를 선택한다. 이것을 순차 반복한다. 이 과정에서 일단 선택한 변수 중에 불필요한 변수가 나왔을 때에는 그 변수를 제거한다고 하는 방법이다.

변수감증법은 먼저 모든 설명변수를 이용한 회귀식을 작성한다. 다음에 목적변수와 가장 관계가 약한 설명변수를 하나 제거한다. 이것을 순차 반복한다. 이 과정에서 일단 제거한 변수 중에 유효한 변수가 나왔을 때에는 그 변수를 다시 선택한다고 하는 방법이다.

대화형변수선택법은 컴퓨터와 대화하면서 변수증감법(변수감증법)을 실시하는 방법이다.

이상의 어느 방법도 각각 장점과 단점이 있어 현재로서는, 분석자가 통계적인 변수선택의 기준에 기술적·이론적 지식을 더해서 컴퓨터와 대화하면서 변수선택을 실시하는 대화형변수선택법이 가장 좋은 방법이라고 할 수 있을 것이다.

■ 변수선택의 기준

설명변수가 목적변수 y의 예측(설명)에 도움이 되는지 어떤지는 F값이라고 하는 통계량을 이용한다. F값은 다음과 같이 구해진다.

$$F\text{값} = \left(\frac{\text{편회귀계수}}{\text{편회귀계수의 표준오차}}\right)^2$$
$$= (t\text{값})^2$$

이 F값(t값)에 대해서 유의성을 판정하여 유의하면 유효한 변수로 판정하고 유의하지 않으면 불필요한 변수로 판정한다. 유의한지 유의하지 않은지의 판정에는 p값이 자주 이용되지만 실무적으로는 일일이 검정을 실시하는 것이 아니라,

F값이 2 이상이면 유효한 변수, 2 미만이면 불필요한 변수

로서 변수의 선택을 실시하면 좋은 회귀식이 얻어진다고 일컬어지고 있다.

다만 이 기준은 어디까지나 경험적인 것이므로 유효한 변수를 간과할 위험성을 적게하고 싶다면 F값이 1 이상의 것은 선택한다고 하는 태도라도 상관없다. 그리고 유효한 변수를 간과할 위험성을 적게 하고자 하면, 불필요한 변수를 선택할 위험성이 높아진다고 하는 것에 유의해 둘 필요가 있다.

2. 단계선택법

[예제 5-1]

제3장의 예제 3-1을 다시 문제 삼아서 단계선택법에 의한 설명변수의 선택을 실시한다.

표 5-1 데이터표

번호	x_1	x_2	x_3	x_4	y	번호	x_1	x_2	x_3	x_4	y
1	15	105	35	216	55	16	12	96	41	201	60
2	10	99	37	220	51	17	15	105	50	203	88
3	9	75	31	185	47	18	16	115	44	236	74
4	10	103	42	215	52	19	17	98	45	184	80
5	11	102	52	182	55	20	18	109	46	237	80
6	9	87	55	212	48	21	16	103	44	224	79
7	10	95	35	180	53	22	15	100	43	220	68
8	15	111	40	203	67	23	15	101	43	197	72
9	12	110	38	198	57	24	18	114	50	195	89
10	9	105	42	183	50	25	19	120	55	224	90
11	12	132	46	214	59	26	20	121	56	221	95
12	14	135	48	223	75	27	8	115	50	195	45
13	13	130	47	226	62	28	11	124	40	231	66
14	11	122	45	186	56	29	18	118	39	186	65
15	13	125	49	215	73	30	12	104	35	197	62

이 데이터를 사용해서 단계선택법에 의하여 x_1, x_2, x_3, x_4 중 어느 변수를 사용하는 회귀식이 좋은지를 검토해 보기로 한다.

■ 변수선택 기준의 설정

설명변수를 선택하느냐 제거하느냐의 기준으로서, F값을 사용하는 경우와 p값을 사용하는 경우가 있다.

p값을 사용하는 경우, 가설검정에 있어서는 p값이 0.05보다 작을 때는 유의하다고 판정하는데, 회귀분석에 있어서의 설명변수 선택을 이 기준으로 실시하면, 너무 엄격해서 중요한 변수를 간과할 가능성이 높다고 일컬어지고 있다. 그래서 p값이라면 0.1에서 0.3 정도를 선택의 기준으로하면 좋을 것이다.[1]

p값을 얼마로 할 것인지는 변수선택의 사고방식에 따른다. 중요하다고 생각되는 변수를 가능한 한 많이 모으고 싶다고 하는 입장에서 분석할 것이냐, 확실히 중요하다고 생각되는

1 内田治, SPSSによる回歸分析, Ohmsha, 2013, p.111.

변수만을 선택하고 싶다고 하는 입장에서 분석할 것이냐 라고 하는 것이다.

가능한 한 많이 모으고 싶다고 하는 것이라면, 기준으로 할 p값은 0.3 정도가 좋을 것이다. 한편, 확실히 중요하다고 생각되는 변수만을 선택하고 싶다고 하는 입장이라면 0.05로 좋을 것이다.

F값은 일반적으로 2라고 하는 수치가 자주 쓰인다. 단, 반드시 2로 하지 않으면 안 된다라고 하는 것은 아니다. 전술한 바와 같이 많이 모으고 싶다고 하는 것이라면, 1로 하는 것도 괜찮다. 또한 확실히 중요하다고 생각되는 변수로 좁히는 것이 목적인 경우에는 4라고 하는 수치를 사용하는 것도 좋다고 생각된다.[2]

■ 단계선택법

[SPSS의 처리 절차]

[순서 1] 데이터의 입력

예제 5-1의 데이터를 다음과 같이 입력한다.

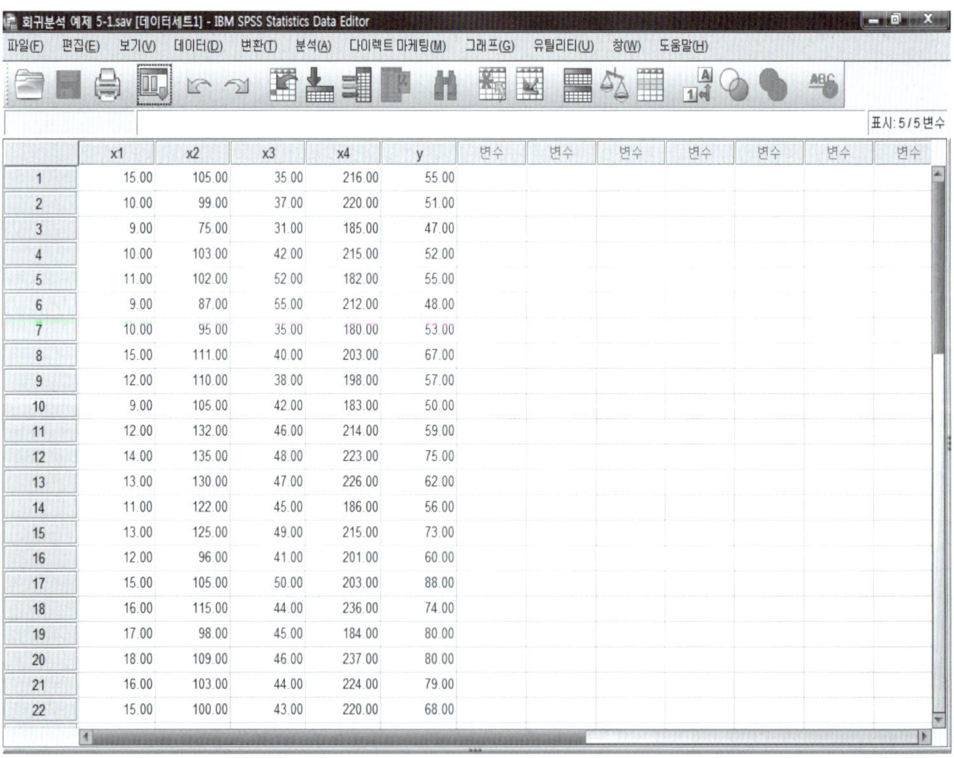

	x1	x2	x3	x4	y
1	15.00	105.00	35.00	216.00	55.00
2	10.00	99.00	37.00	220.00	51.00
3	9.00	75.00	31.00	185.00	47.00
4	10.00	103.00	42.00	215.00	52.00
5	11.00	102.00	52.00	182.00	55.00
6	9.00	87.00	55.00	212.00	48.00
7	10.00	95.00	35.00	180.00	53.00
8	15.00	111.00	40.00	203.00	67.00
9	12.00	110.00	38.00	198.00	57.00
10	9.00	105.00	42.00	183.00	50.00
11	12.00	132.00	46.00	214.00	59.00
12	14.00	135.00	48.00	223.00	75.00
13	13.00	130.00	47.00	226.00	62.00
14	11.00	122.00	45.00	186.00	56.00
15	13.00	125.00	49.00	215.00	73.00
16	12.00	96.00	41.00	201.00	60.00
17	15.00	105.00	50.00	203.00	88.00
18	16.00	115.00	44.00	236.00	74.00
19	17.00	98.00	45.00	184.00	80.00
20	18.00	109.00	46.00	237.00	80.00
21	16.00	103.00	44.00	224.00	79.00
22	15.00	100.00	43.00	220.00	68.00

2 內田治, 전게서, p.111.

[순서 2] 분석 수법의 선택

메뉴에서 [분석]-[회귀분석]-[선형]을 선택한다.

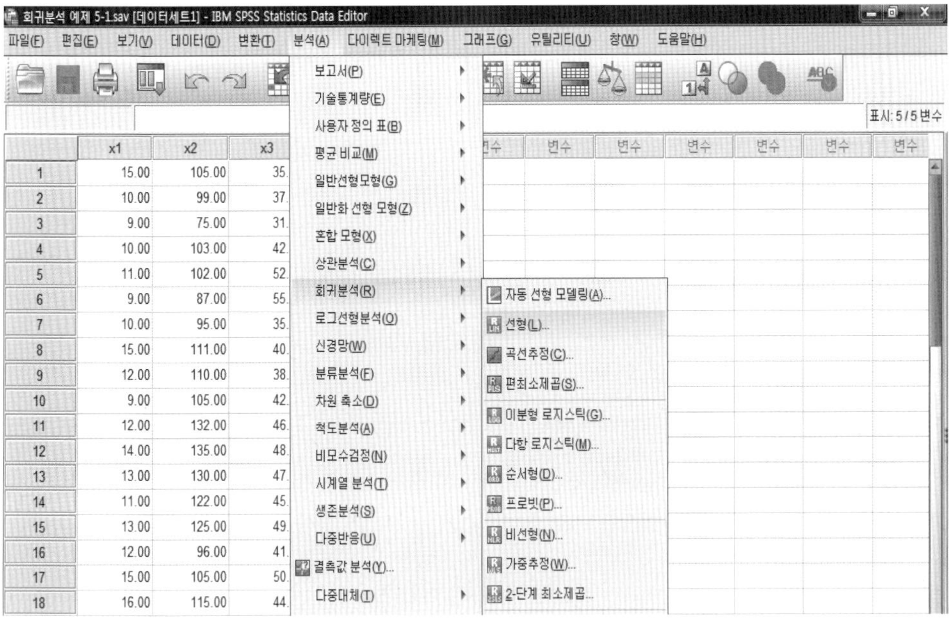

[순서 3] 변수의 설정

다음과 같은 대화상자에서 [종속변수]에 'y', [독립변수]에 'x_1, x_2, x_3, x_4'를 투입하고, [방법]에 [단계선택]을 설정한다.

[순서 4] 출력내용의 설정

(1) 통계량

[통계량]을 클릭하면 다음과 같은 대화상자가 나타난다. [회귀계수]의 [추정값], [모형 적합]에 체크하고 [계속]을 클릭하면 앞의 화면으로 되돌아온다.

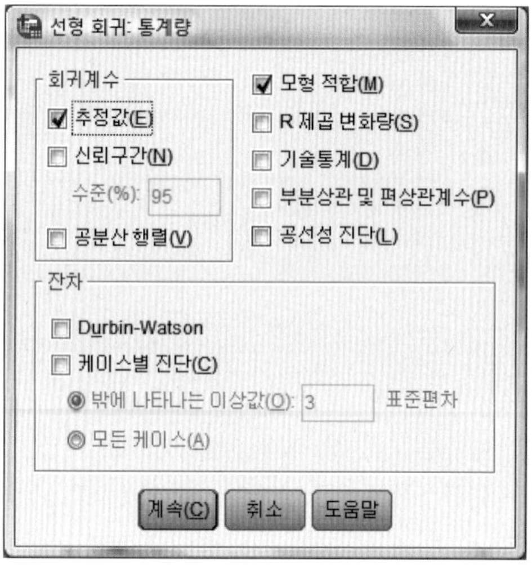

(2) 옵션

[옵션]을 클릭하면 다음과 같은 대화상자가 나타난다.

[F-값 사용]을 선택하고, [진입]에 '2', [제거]에 '1.99'을 입력한다. [방정식에 상수항 포함]에 체크하고 [계속]을 클릭하면 앞의 화면으로 되돌아온다.

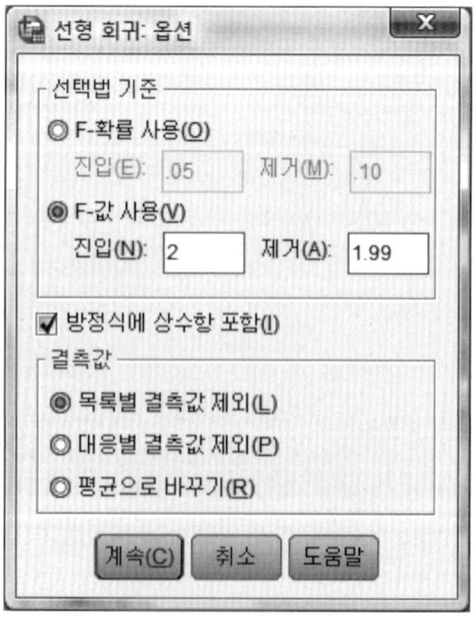

[확인]을 클릭하면 단계선택법으로 구해진 중회귀분석의 결과가 출력된다.

■ 단계선택법의 분석 결과

변수선택의 기준을 F값=2로 해서 단계선택을 실시하면, 다음과 같은 결과가 얻어진다.

모형 요약

모형	R	R 제곱	수정된 R 제곱	추정값의 표준오차
1	.885[a]	.783	.775	6.66737
2	.911[b]	.830	.817	6.01574

a. 예측값: (상수), x1

b. 예측값: (상수), x1, x3

ANOVA[a]

모형		제곱합	자유도	평균제곱	F	유의확률
1	회귀	4492.659	1	4492.659	101.063	.000[b]
	잔차	1244.707	28	44.454		
	전체	5737.367	29			
2	회귀	4760.260	2	2380.130	65.769	.000[c]
	잔차	977.107	27	36.189		
	전체	5737.367	29			

a. 종속변수: y

b. 예측자: (상수), x1

c. 예측자: (상수), x1, x3

계수[a]

모형		비표준화 계수		표준화 계수	t	유의확률
		B	표준오차	베타		
1	(상수)	15.850	5.112		3.100	.004
	x1	3.716	.370	.885	10.053	.000
2	(상수)	-2.097	8.052		-.260	.797
	x1	3.409	.352	.812	9.680	.000
	x3	.501	.184	.228	2.719	.011

a. 종속변수: y

변수선택을 했을 때에는 모형 번호의 숫자가 가장 큰 것이 최종 결론이다. x_1과 x_3가 선택되고, x_2와 x_4는 선택되지 않는다는 것을 알 수 있다.

기여율 R^2을 모든 변수를 사용한 경우와 비교해 본다. 위에서 모형 2의 기여율은 0.830이고, 모든 변수를 사용한 경우의 기여율은 0.832이다.

그런데 수정된 R^2은 변수선택을 했을 때(0.817)가 모든 변수를 사용했을 때(0.805)보다 커진 것을 알 수 있다.

참고로 모든 변수를 사용한 경우의 분석결과는 다음과 같다.

모형 요약

모형	R	R 제곱	수정된 R 제곱	추정값의 표준오차
1	.912[a]	.832	.805	6.21346

a. 예측값: (상수), x4, x3, x1, x2

3. 최량 서브세트 선택법

SPSS의 메뉴에서 [자동 선형 모델링]을 선택하여 최량 서브세트 선택법을 실행하는 절차는 다음과 같다.

[SPSS의 처리 절차]

[순서 1] 데이터의 입력

예제 5-1의 데이터를 다음과 같이 입력한다.

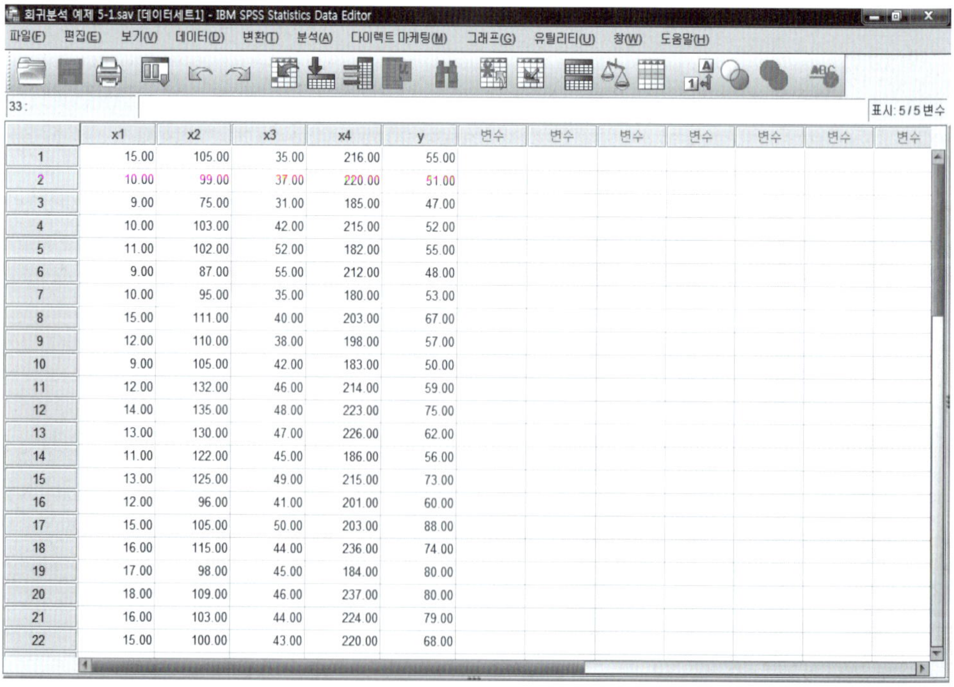

	x1	x2	x3	x4	y
1	15.00	105.00	35.00	216.00	55.00
2	10.00	99.00	37.00	220.00	51.00
3	9.00	75.00	31.00	185.00	47.00
4	10.00	103.00	42.00	215.00	52.00
5	11.00	102.00	52.00	182.00	55.00
6	9.00	87.00	55.00	212.00	48.00
7	10.00	95.00	35.00	180.00	53.00
8	15.00	111.00	40.00	203.00	67.00
9	12.00	110.00	38.00	198.00	57.00
10	9.00	105.00	42.00	183.00	50.00
11	12.00	132.00	46.00	214.00	59.00
12	14.00	135.00	48.00	223.00	75.00
13	13.00	130.00	47.00	226.00	62.00
14	11.00	122.00	45.00	186.00	56.00
15	13.00	125.00	49.00	215.00	73.00
16	12.00	96.00	41.00	201.00	60.00
17	15.00	105.00	50.00	203.00	88.00
18	16.00	115.00	44.00	236.00	74.00
19	17.00	98.00	45.00	184.00	80.00
20	18.00	109.00	46.00	237.00	80.00
21	16.00	103.00	44.00	224.00	79.00
22	15.00	100.00	43.00	220.00	68.00

[순서 2] 분석 수법의 선택

메뉴에서 [분석]-[회귀분석]-[자동 선형 모델링]을 선택한다.

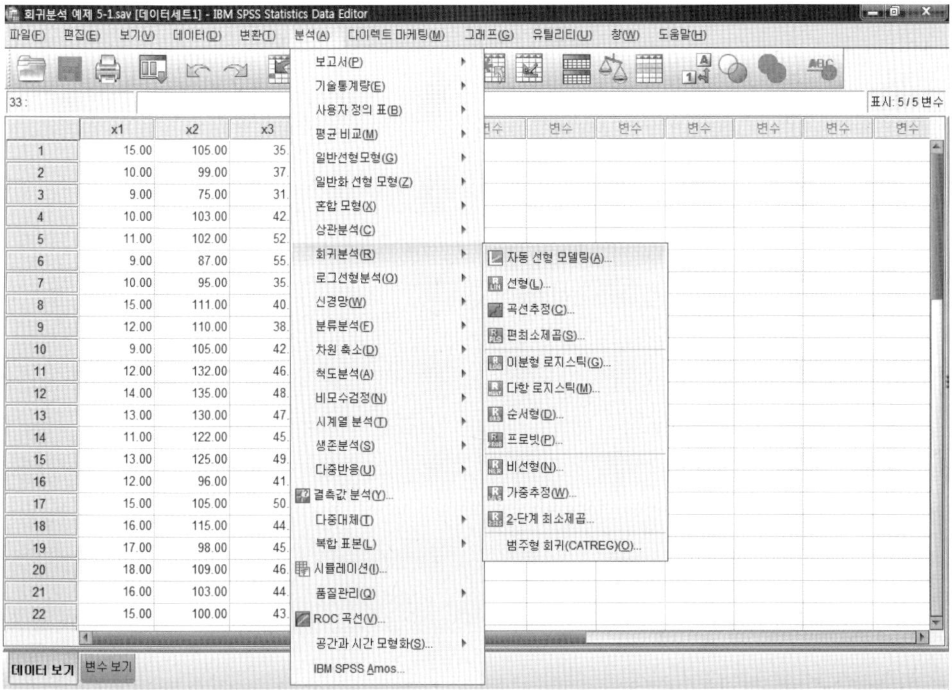

다음과 같은 대화상자가 나타난다.

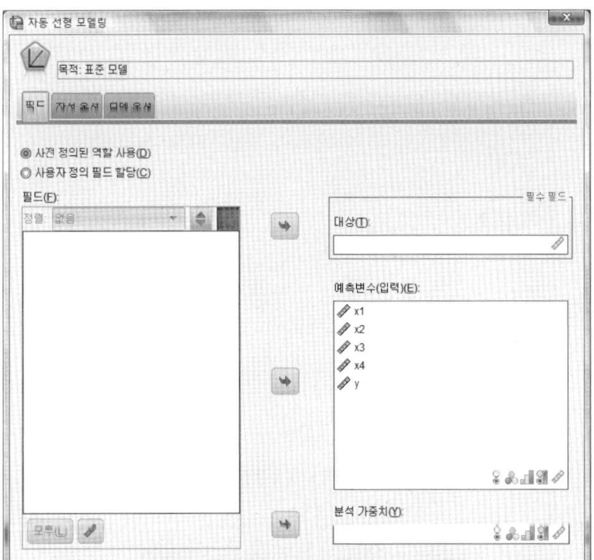

[순서 3] 변수의 설정

(1) 필드 탭의 설정

[사용자 정의 필드 할당]에 체크하고, [대상]에 'y', [예측변수]에 'x_1, x_2, x_3, x_4'를 설정한다.

(2) 작성 옵션의 설정

[작성 옵션]을 클릭한다. [모델 선택]을 클릭한다. [모델 선택 방법]으로 [최량 서브세트]를 선택한다.

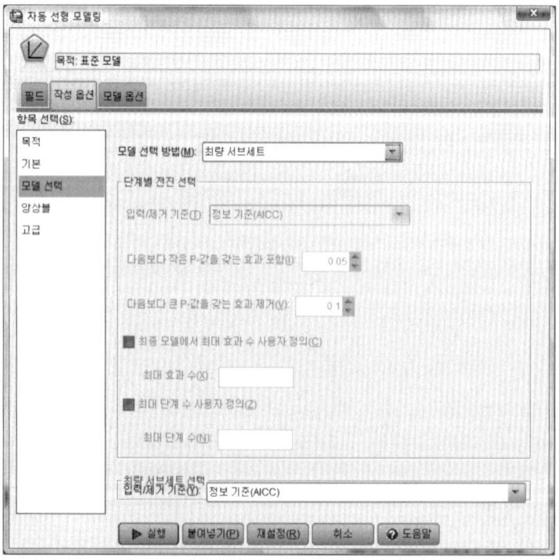

[실행]을 클릭하면 최량 서브세트 선택법의 분석결과가 출력된다.

■ 최량 서브세트 선택법의 분석결과

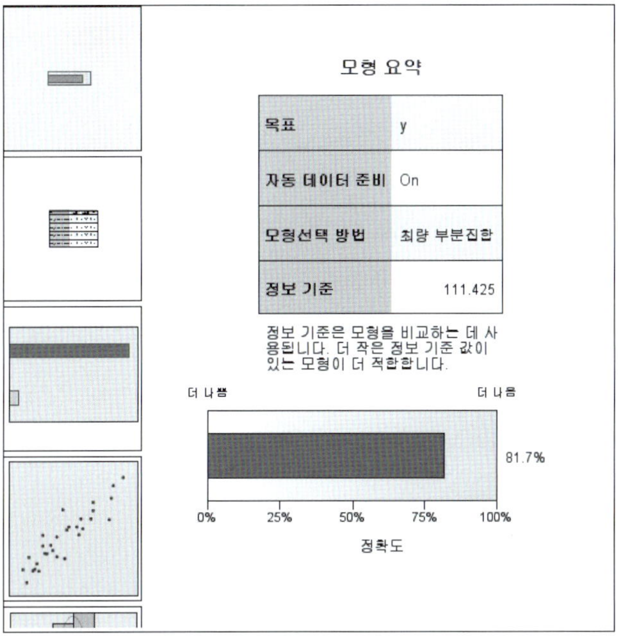

이 화면을 더블클릭하면 몇 개의 결과와 마지막으로 다음과 같은 최량 서브세트 선택법의 결과가 표시된다.

모형 작성 요약

목표 y

		모형									
		1	2	3	4	5	6	7	8	9	10
정보 기준		111.425	113.739	114.039	116.208	116.633	117.608	117.806	119.874	153.701	153.873
효과	x1_transformed	✓	✓	✓	✓	✓	✓	✓	✓		
	x3_transformed	✓	✓	✓		✓				✓	✓
	x4_transformed		✓			✓		✓	✓	✓	
	x2_transformed			✓		✓	✓		✓		

모형 작성 방법은 정보 기준을 사용하는 최량 부분집합입니다.
체크 표시는 효과가 모형에 있음을 의미합니다.

정보량기준(AIC)의 값이 가장 작은 모형이 최량(最良)의 모형이라고 생각하면, x_1과 x_3가

쓰이고 있는 모형이 가장 좋다는 것을 알 수 있다.

5.2 | 설명변수의 편성으로 생기는 문제

1. 다중공선성

■ 다중공선성이란

중회귀분석에서는 설명변수끼리는 서로 독립일 것이 요구되고 있다. 서로 독립이란 서로 무관하다고 하는 것이다. 그러나 계획적으로 수집한 데이터라면 모를까 과거의 기록 등을 데이터로서 활용할 경우에는 설명변수끼리 무관하다고 하는 상태로는 되지 않는 쪽이 압도적으로 많다.

그래서 설명변수끼리의 상관관계를 잘 검토해 놓는 것이 중요하다. 이를 위해서는 다음과 같은 것을 실시하면 된다.

1. 설명변수끼리의 산점도 작성과 관찰
2. 설명변수끼리의 상관행렬 산출과 관찰
3. 설명변수끼리의 상관행렬에 대한 행렬식의 산출

중회귀분석의 계산은 상관행렬의 역행렬을 구한다고 하는 행렬연산이 된다. 설명변수끼리의 상관계수가 ±1이 되면, 상관행렬의 역행렬이 구해지지 않아 회귀계수가 구해지지 않는다고 하는 사태가 생기고 만다. 또, 상관계수가 ±1은 아니더라도 극히 ±1에 가까우면, 신용할 수 없는 불가해한 회귀계수가 산출된다. 이와 같은 사실로부터 설명변수끼리는 독립이 바람직하다고 되어 있는 것이다.

그런데 상관행렬의 역행렬이 구해지지 않거나 혹은 해가 불안정하다고 하는 것은, 상관행렬의 행렬식 값이 0 또는 극히 0에 가까워진다는 것을 의미한다. 그래서 상관행렬이 산출되었다고 하면 상관행렬의 행렬식을 계산해 놓으면 좋다.

설명변수끼리 다음과 같은 관계가 존재하는 상태를 다중공선성(multicollinearity)이 존재한다고 한다.

1. 어떤 두 개의 설명변수끼리의 상관계수가 1 또는 −1이다.
2. 어떤 두 개의 설명변수끼리의 상관계수가 1 또는 −1에 가깝다.

3. 어떤 세 개 이상의 설명변수끼리의 관계를 1차식으로 나타낼 수 있다.

$$c_1x_1 + c_2x_2 + \cdots + c_px_p = \text{상수 (일정)}$$

4. 어떤 세 개 이상의 설명변수끼리의 관계를 1차식의 근사식으로 나타낼 수 있다.

$$c_1x_1 + c_2x_2 + \cdots + c_px_p \fallingdotseq \text{상수 (일정)}$$

상기 **1.** 또는 **3.**의 상태에 있는 데이터에 중회귀분석을 적용하면,

"편회귀계수가 구해지지 않는다."

고 하는 현상을 일으킨다.

상기 **2.** 또는 **4.**의 상태에 있는 데이터에 중회귀분석을 적용하면,

"편회귀계수의 부호가 단상관계수의 부호나 단회귀분석에 있어서의 회귀계수의 부호와 일치하지 않는다." (부호역전)

"데이터의 추가나 제거에 의해 회귀계수의 값이 크게 변화한다."

"기여율은 높은데 개개의 회귀계수는 통계적으로 유의하지 않다."

라고 하는 불가해(不可解)한 현상을 일으킨다.

중회귀분석에 있어서는 **1.**에서 **4.**까지의 상태가 일어나지 않도록 설명변수의 편성을 생각해서 적용하지 않으면 안 된다.

다중공선성이 일어나고 있는지 어떤지의 기준으로서 전술한 상관행렬의 행렬식 값이 이용된다. 이 값이 0에 가까울 때는 다중공선성의 상태에 있다.

다중공선성의 문제에 대처하려면,

(A) 서로 관계를 가진 설명변수의 일부를 제거한다.

(B) 다중공선성을 약하게 하는 데이터를 추가한다.

라고 하는 조치를 취하는 것을 생각할 수 있다.

그리고 중회귀분석용의 통계 패키지를 평가할 때에는 이 다중공선성에 대한 배려가 어떻게 되어 있는지를 평가 요점의 하나로서 받아들일 필요가 있다. 단지, 에러 메시지를 출력하는 것이 아니라(조작 미스인지, 다중공선성에 의한 것인지는 초심자에게는 이해할 수 없다.), 다중공선성을 의심해 보는 주의(主意) 메시지가 나오는 소프트웨어가 바람직하다.

다중공선성이 일어나고 있는지 어떤지를 검토하기 위한 유효한 통계량으로서 공차와 VIF가 있다.

■ 공차

설명변수 x_j와 그 밖의 설명변수와의 관계를 보기 위해서, x_j를 목적변수, 다른 나머지의 설명변수를 설명변수로 해서 회귀분석을 실시했을 때의 기여율 R_j^2를 생각한다. R_j^2가 1에 가깝다고 하는 것은 설명변수 간에 선형상관이 성립하고 있다는 것이 되므로, 이 기여율이 1에 가까운지 어떤지는 다중공선성의 기준이 된다.

그리고 실제로는 R_j^2가 1에 가까운지 어떤지를 보는 것이 아니라, 1에서 뺀 수치, 즉 $1-R_j^2$가 0에 가까운지 어떤지를 본다. 이 $1-R_j^2$를 공차 또는 허용도(許容度)라고 부르고 있다.

■ VIF

공차의 역수를 VIF(Variance Inflation Factor ; 분산확대요인)라고 한다. 다중공선성이 있을 때에는 VIF의 값이 커지는데, 기준으로서는 VIF의 값이 5~10 이상이라면 주의를 요한다. 설명변수 x_j의 VIF가 5~10 이상일 때, 편회귀계수 b_j의 표준오차는 커진다.

예제 5-1의 데이터에 대한 공차와 VIF의 값을 구해 보자. SPSS에 의해서 다중공선성을 검정하려면, 메뉴에서 [분석]-[회귀분석]-[선형]을 선택하고 [종속변수]와 [독립변수]를 선택한 다음에 필요한 통계량을 지정하면 된다.

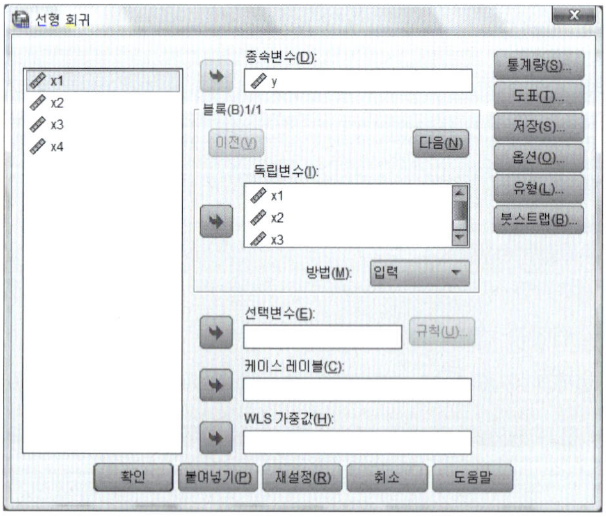

위의 [회귀분석] 대화상자에서 [통계량] 버튼을 클릭하면 다음과 같은 대화상자가 나타난다.

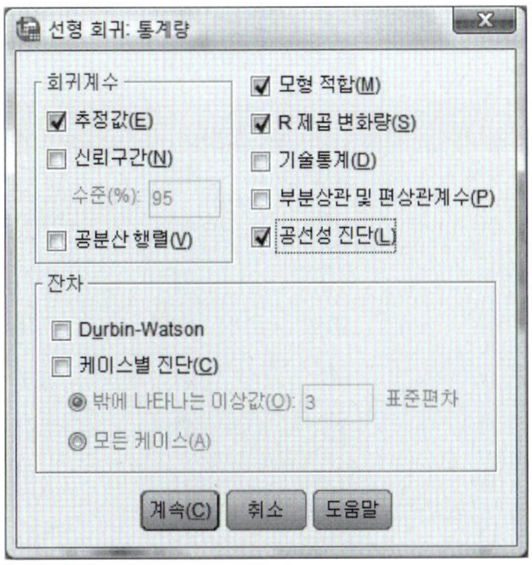

[선형 회귀분석 : 통계량] 대화상자에서 위와 같은 항목을 지정한 다음에 [계속] 버튼을 클릭한다. 앞의 화면으로 되돌아가서 [확인] 버튼을 클릭하면, 다음과 같은 분석결과를 얻게 된다.

계수[a]

모형		비표준화 계수		표준화 계수	t	유의확률	공선성 통계량	
		B	표준오차	베타			공차	VIF
1	(상수)	-8.911	14.891		-.598	.555		
	x1	3.348	.381	.797	8.781	.000	.816	1.225
	x2	.007	.099	.007	.069	.946	.740	1.352
	x3	.480	.201	.218	2.383	.025	.801	1.249
	x4	.038	.075	.047	.506	.617	.791	1.264

a. 종속변수: y

공선성의 통계량을 보면 VIF에서 5 이상인 것은 없으므로, 이 데이터에 관해서는 다중공선성의 문제는 없다고 생각된다.[3]

힌트

x_j의 공차 $1-R_j^2$가 작을 때는, 중상관계수 R_j가 1에 가까우므로 x_j는 다른 설명변수의 선형결합으로 표현할 수 있다. 즉, 다중공선성이 있다고 하는 셈이 된다.

3 内田治, 전게서, p.115.

[예제 5-2]

다음의 데이터에 대해서 설명변수 x_1, x_2, x_3, x_4, 목적변수 y로 하는 회귀분석을 적용해 보자.

표 5-2 데이터표

번호	x_1	x_2	x_3	x_4	y
1	15	105	45	212	55
2	10	99	41	203	51
3	9	75	41	201	47
4	15	105	45	216	55
5	10	99	41	220	51
6	9	75	41	185	47
7	10	103	41	215	52
8	11	102	42	182	55
9	9	87	41	212	48
10	10	95	42	180	53
11	15	111	46	203	67
12	12	110	43	198	57
13	9	105	42	183	50
14	12	132	44	214	59
15	14	135	44	223	75
16	13	130	44	226	62
17	11	122	43	186	56
18	13	125	44	215	73
19	12	96	43	201	60
20	15	105	45	203	88
21	16	115	45	236	74
22	17	98	45	184	80
23	18	109	46	237	80
24	16	103	45	224	79
25	15	100	45	220	68
26	15	101	44	197	72
27	18	114	46	195	89
28	19	120	46	224	90
29	20	121	48	221	95
30	8	115	40	195	45
31	11	124	42	231	66
32	18	118	46	186	65
33	12	104	43	197	62

회귀분석에서 공선성 진단을 위하여 통계량의 항목 선택은 다음과 같이 한다.

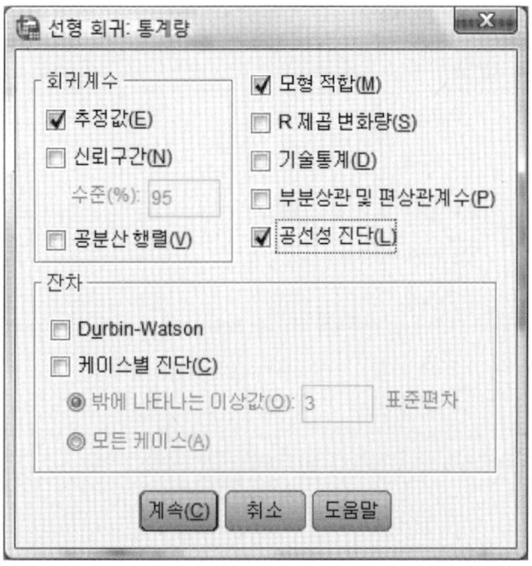

회귀분석의 결과는 다음과 같이 된다.

모형 요약

모형	R	R 제곱	수정된 R 제곱	추정값의 표준오차
1	.882[a]	.778	.746	7.10926

a. 예측값: (상수), X4, X3, X2, X1

ANOVA[a]

모형		제곱합	자유도	평균제곱	F	유의확률
1	회귀	4948.896	4	1237.224	24.479	.000[b]
	잔차	1415.164	28	50.542		
	전체	6364.061	32			

a. 종속변수: Y

b. 예측자: (상수), X4, X3, X2, X1

계수[a]

모형		비표준화 계수		표준화 계수	t	유의확률	공선성 통계량	
		B	표준오차	베타			공차	VIF
1	(상수)	54.837	85.239		.643	.525		
	X1	4.312	1.373	1.023	3.141	.004	.075	13.352
	X2	.120	.105	.122	1.140	.264	.698	1.432
	X3	-1.529	2.344	-.217	-.652	.520	.072	13.908
	X4	.030	.085	.035	.354	.726	.791	1.265

a. 종속변수: Y

공선성 진단[a]

모형	차원	고유값	상태지수	분산비율				
				(상수)	X1	X2	X3	X4
1	1	4.947	1.000	.00	.00	.00	.00	.00
	2	.039	11.326	.00	.09	.01	.00	.01
	3	.010	21.992	.00	.00	.87	.00	.02
	4	.004	36.551	.01	.00	.02	.01	.93
	5	8.543E-005	240.649	.99	.91	.10	.99	.04

a. 종속변수: Y

VIF를 보면 x_1과 x_3의 VIF가 10 이상의 값으로 되어 있다. 이 사실로부터 다중공선성의 존재가 의심스럽다. 또한 [공선성 진단]에서 고유값이 작은 곳(차원 5)의 분산비율을 보면, x_1과 x_3의 값이 커져 있다.

다중공선성의 존재에 의해 어떠한 것이 일어나고 있는지를 조사하기 위해서, 설명변수끼리의 상관계수를 보이는 동시에 설명변수마다의 단회귀분석을 실시해 보기로 한다.

■ 설명변수끼리의 상관계수

상관관계

		X1	X2	X3	X4
X1	Pearson 상관	1	.376*	.959**	.340
	유의확률 (양측)		.031	.000	.053
	N	33	33	33	33
X2	Pearson 상관	.376*	1	.440*	.385*
	유의확률 (양측)	.031		.010	.027
	N	33	33	33	33
X3	Pearson 상관	.959**	.440*	1	.315
	유의확률 (양측)	.000	.010		.074
	N	33	33	33	33
X4	Pearson 상관	.340	.385*	.315	1
	유의확률 (양측)	.053	.027	.074	
	N	33	33	33	33

*. 상관관계가 0.05 수준에서 유의합니다(양측).

**. 상관관계가 0.01 수준에서 유의합니다(양측).

역시 x_1과 x_3의 상관계수가 0.959로 높은 값이 되어 있음을 알 수 있다.

설명변수마다의 단회귀분석

(1) x_1에 대해서

계수[a]

모형		비표준화 계수		표준화 계수	t	유의확률
		B	표준오차	베타		
1	(상수)	15.694	5.042		3.113	.004
	X1	3.680	.370	.873	9.959	.000

a. 종속변수: Y

(2) x_2에 대해서

계수[a]

모형		비표준화 계수		표준화 계수	t	유의확률
		B	표준오차	베타		
1	(상수)	19.258	17.449		1.104	.278
	X2	.419	.160	.424	2.610	.014

a. 종속변수: Y

(3) x_3에 대해서

계수[a]

모형		비표준화 계수		표준화 계수	t	유의확률
		B	표준오차	베타		
1	(상수)	-190.475	30.961		-6.152	.000
	X3	5.845	.709	.829	8.241	.000

a. 종속변수: Y

(4) x_4에 대해서

계수[a]

모형		비표준화 계수		표준화 계수	t	유의확률
		B	표준오차	베타		
1	(상수)	.992	29.427		.034	.973
	X4	.307	.142	.362	2.162	.038

a. 종속변수: Y

중회귀분석과 단회귀분석의 결과 설명변수의 부호를 비교해 보면, x_3에 부호역전(符號逆轉)이 일어나고 있다는 것을 알 수 있다. 이것은 x_1과 x_3 사이에 매우 강한 상관(상관계수

=0.959)이 존재하고 있는 다중공선성에 의한 것이다.

이것에 대처하려면 x_1과 x_3를 동시에 사용하지 않는 것인데, 어느 쪽을 채택할 것인지는 일률적으로는 말할 수 없다. x_1과 x_3의 측정비용이나 측정시간 등을 고려해서 정할 필요가 있다. 또한 단계선택법에 의해 변수선택을 실시하면, 부호역전의 문제가 해소될 수도 있다.

예제 5-2의 데이터에서 x_3를 제외하고 나머지 설명변수만을 사용해서 회귀분석을 실시해 보자. 회귀분석의 결과는 다음과 같다.

모형 요약

모형	R	R 제곱	수정된 R 제곱	추정값의 표준오차
1	.880[a]	.774	.751	7.03843

a. 예측값: (상수), X4, X1, X2

계수[a]

모형		비표준화 계수		표준화 계수		
		B	표준오차	베타	t	유의확률
1	(상수)	.275	16.016		.017	.986
	X1	3.459	.412	.821	8.388	.000
	X2	.097	.098	.099	.989	.331
	X4	.038	.083	.045	.456	.651

a. 종속변수: Y

모든 변수를 설명변수로 사용했을 때보다 수정된 R^2이 증가하고 있음(0.746 → 0.751)을 알 수 있다. 이 사실은 x_3를 제외한 경우의 모형 적합도가 더 높다는 것을 의미한다.

2. 해의 일의성

[예제 5-3]

다음의 데이터에 대해서 설명변수 x_1, x_2, x_3, x_4, 목적변수 y로 하는 회귀분석을 적용해 보자.

표 5-3 데이터표

번호	x_1	x_2	x_3	x_4	y
1	33	43	31	77	91
2	36	46	39	100	107
3	34	44	34	87	91
4	30	39	35	83	89
5	33	43	37	92	105
6	35	45	32	82	97
7	33	43	29	69	84
8	33	42	30	67	79
9	33	44	29	71	91
10	37	48	37	92	113
11	35	44	34	86	100
12	33	43	29	69	84
13	36	45	31	77	96
14	30	39	31	78	78
15	35	45	36	87	94
16	36	45	34	87	99
17	34	46	35	88	107
18	37	47	36	85	109
19	31	41	35	89	94
20	37	46	37	94	112

단계선택법에 의한 회귀분석을 실시하기 위해서 다음과 같이 준비한다.

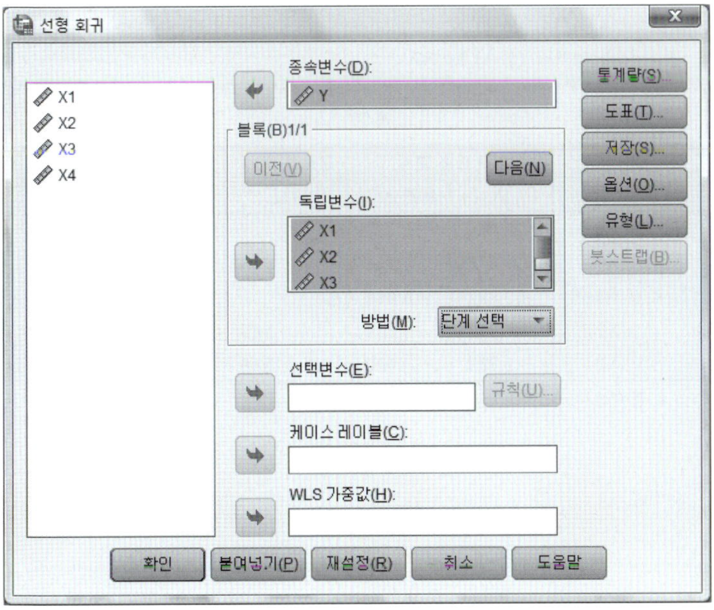

[옵션]의 설정은 다음과 같이 해 놓는다.

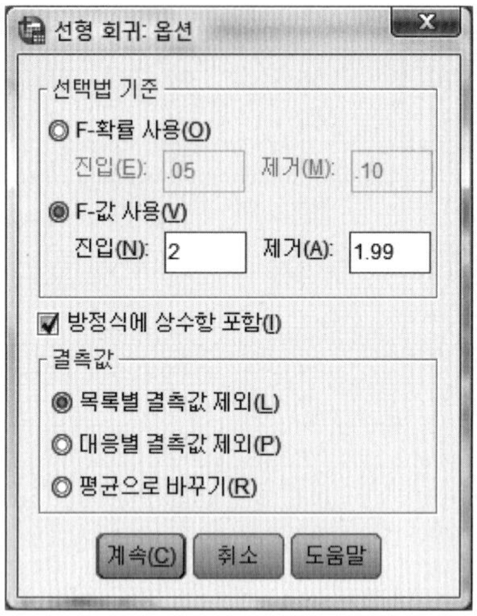

회귀분석의 결과는 다음과 같이 된다.

모형 요약

모형	R	R 제곱	수정된 R 제곱	추정값의 표준오차
1	.795[a]	.632	.612	6.54257
2	.934[b]	.873	.858	3.95703

a. 예측값: (상수), X4

b. 예측값: (상수), X4, X2

계수[a]

모형		비표준화 계수		표준화 계수		
		B	표준오차	베타	t	유의확률
1	(상수)	20.074	13.722		1.463	.161
	X4	.915	.164	.795	5.565	.000
2	(상수)	-62.892	16.811		-3.741	.002
	X4	.655	.109	.569	5.980	.000
	X2	2.382	.420	.540	5.675	.000

a. 종속변수: Y

x_2와 x_4가 선택되고, x_1과 x_3는 선택되지 않고 있다. 얻어진 회귀식은 다음과 같이 되어 있다.

$$y = -62.892 + 2.382x_2 + 0.655x_4$$

이 회귀식의 수정된 R^2은 0.858이다.

그런데 이 회귀식이 유일의 올바른 회귀식이라고 생각하는 것은 잘못된 생각이다.

여기에서 선택되지 않았던 x_1과 x_3를 이용해서 회귀분석을 실시해 보면, 다음과 같은 결과가 얻어진다.

모형 요약

모형	R	R 제곱	수정된 R 제곱	추정값의 표준오차
1	.906[a]	.822	.801	4.69057

a. 예측값: (상수), X3, X1

계수[a]

모형		비표준화 계수		표준화 계수	t	유의확률
		B	표준오차	베타		
1	(상수)	-52.115	17.734		-2.939	.009
	X1	2.392	.546	.493	4.380	.000
	X3	1.987	.383	.584	5.188	.000

a. 종속변수: Y

얻어진 회귀식은 다음과 같이 되어 있다.

$$y = -52.155 + 2.392x_1 + 1.987x_3$$

이 회귀식의 수정된 R^2은 0.801이다. 수정된 R^2의 이 정도의 차는, 데이터를 소수 추가한 것만으로 역전할 가능성을 가지고 있다.

이상의 결과는 단계선택법에 의한 변수선택을 요인해석에 이용할 때의 위험성도 시사하고 있다.

x_2와 x_4에 대한 회귀분석의 결과에서는 어느 쪽의 변수도 유의하다. 한편, x_1과 x_3에 대한 회귀분석에 있어서도 어느 쪽 변수도 유의하다. 따라서 변수선택에 의해 선택되지 않았던 변수를 목적변수 y의 변동요인이 아니라고 즉석에서 결단을 내리는 것은 잘못된 결론을 이끌어낼 가능성이 있다는 데 유의할 필요가 있다.

3. 결측값의 취급

[예제 5-4]

다음의 데이터는 설명변수 x_1, x_2, x_3, x_4에 결측값(missing data)이 있는 데이터이다.

표 5-4 데이터표

번호	x_1	x_2	x_3	x_4	y
1	15	105	35	216	55
2	10		37	220	51
3	9	75	31	185	47
4	10	103	42	215	52
5		102	52	182	55
6	9	87		212	48
7	10	95	35		53
8	15	111	40	203	67
9	12			198	57
10	9	105	42	183	50
11	12	132	46	214	59
12	14	135	48	223	75
13	13	130	47	226	62
14	11	122	45	186	56
15	13	125	49	215	73
16	12	96	41	201	60
17	15	105	50	203	88
18	16	115	44	236	74
19	17	98	45	184	80
20	18	109	46	237	80
21	16	103	44	224	79
22	15	100	43	220	68
23	15	101	43	197	72
24	18	114	50	195	89
25	19	120	55	224	90
26	20	121	56	221	95
27	8	115	50	195	45
28	11	124	40	231	66
29		118	39		65
30	12	104	35	197	@62

케이스 번호 2, 5, 6, 7, 9, 29에 결측값이 보인다. 통상 이들 데이터(행)는 삭제하고 회귀분석을 적용하는 것이 일반적이다. 이와 같은 방법을 '목록별 결측값 제외'에 의한 취급이라고 부른다.

한편, SPSS에서는 결측값에 대해서 세 가지의 대처방법이 준비되어 있다.

1. 목록별 결측값 제외
2. 대응별 결측값 제외
3. 평균으로 바꾸기

'대응별 결측값 제외'는, 예를 들면, 두 번째의 데이터는 x_2에 결측값이 있지만, x_1과 x_3, x_1과 x_4, x_3와 x_4의 상관계수를 계산할 때에는 이용할 수가 있다. 그래서 두 번째의 데이터를 완전히 삭제하는 것이 아니라, 사용할 수 있는 곳은 삭제하지 않고 사용하고자 하는 방법이다.

'평균으로 바꾸기'란 결측값을 각 변수의 평균치로 치환해서, 결측값을 채우고 나서 회귀분석을 적용하는 방법이다.

각각의 방법에 의해 결과가 어떻게 변하는지를 살펴보도록 하자.

▪ 목록별 결측값 제외에 의한 분석결과

예제 5-4의 데이터를 입력하고, 독립변수와 종속변수를 각각 설정한 다음에 [옵션] 대화상자에서 [결측값]의 [목록별 결측값 제외]에 체크하고 [계속]을 클릭한다. 이어서 [확인]을 클릭하여 회귀분석을 실행한다.

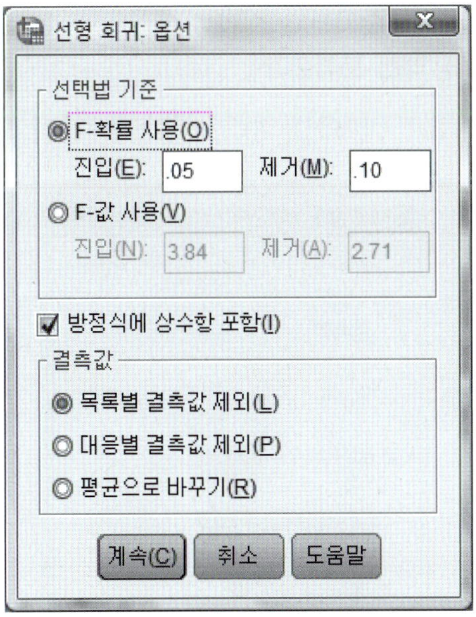

분석결과는 다음과 같이 된다.

모형 요약

모형	R	R 제곱	수정된 R 제곱	추정값의 표준오차
1	.931[a]	.867	.839	5.72203

a. 예측값: (상수), X4, X3, X1, X2

ANOVA[a]

모형		제곱합	자유도	평균제곱	F	유의확률
1	회귀	4045.909	4	1011.477	30.893	.000[b]
	잔차	622.091	19	32.742		
	전체	4668.000	23			

a. 종속변수: Y

b. 예측자: (상수), X4, X3, X1, X2

계수[a]

모형		비표준화 계수		표준화 계수	t	유의확률
		B	표준오차	베타		
1	(상수)	-1.850	16.266		-.114	.911
	X1	3.324	.487	.767	6.829	.000
	X2	-.046	.130	-.044	-.353	.728
	X3	.705	.305	.294	2.312	.032
	X4	-.010	.091	-.011	-.106	.917

a. 종속변수: Y

■ 대응별 결측값 제외에 의한 분석결과

[옵션] 대화상자에서 [결측값]의 [대응별 결측값 제외]에 체크하고 회귀분석을 실행한다.

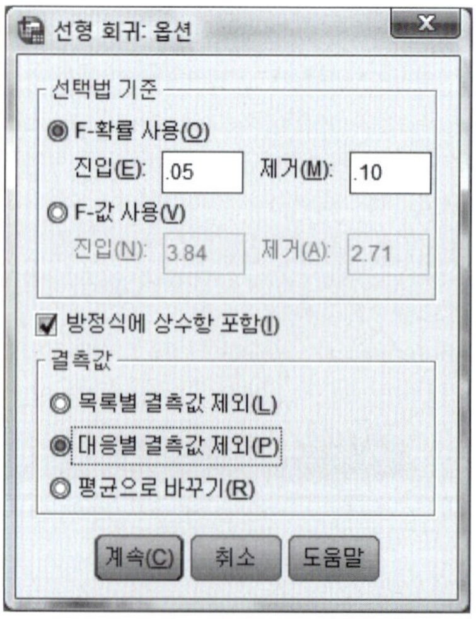

분석결과는 다음과 같이 된다.

모형 요약

모형	R	R 제곱	수정된 R 제곱	추정값의 표준오차
1	.926[a]	.858	.831	5.78343

a. 예측값: (상수), X4, X3, X1, X2

ANOVA[a]

모형		제곱합	자유도	평균제곱	F	유의확률
1	회귀	4243.595	4	1060.899	31.718	.000[b]
	잔차	702.410	21	33.448		
	전체	4946.006	25			

a. 종속변수: Y

b. 예측자: (상수), X4, X3, X1, X2

계수[a]

모형		비표준화 계수		표준화 계수	t	유의확률
		B	표준오차	베타		
1	(상수)	.194	16.691		.012	.991
	X1	3.560	.460	.841	7.734	.000
	X2	.066	.114	.065	.580	.568
	X3	.238	.275	.105	.868	.395
	X4	.001	.086	.002	.017	.986

a. 종속변수: Y

힌트

일반적으로 결측값이 있는 경우의 처리방법으로서는 다음의 세 가지를 생각할 수 있다.

① 결측값이 있는 케이스(대상)를 삭제한다.
② 결측값이 있는 변수(질문)를 삭제한다.
③ 결측값을 보충한다.

■ 평균으로 바꾸기에 의한 분석결과

[옵션] 대화상자에서 [결측값]의 [평균으로 바꾸기]에 체크하고 회귀분석을 실행한다.

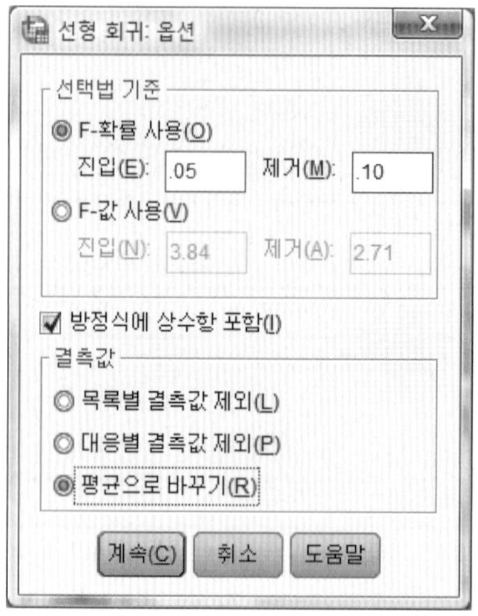

분석결과는 다음과 같이 된다.

모형 요약

모형	R	R 제곱	수정된 R 제곱	추정값의 표준오차
1	.920[a]	.847	.822	5.93213

a. 예측값: (상수), X4, X3, X1, X2

ANOVA[a]

모형		제곱합	자유도	평균제곱	F	유의확률
1	회귀	4857.614	4	1214.403	34.510	.000[b]
	잔차	879.753	25	35.190		
	전체	5737.367	29			

a. 종속변수: Y

b. 예측자: (상수), X4, X3, X1, X2

계수[a]

모형		비표준화 계수		표준화 계수	t	유의확률
		B	표준오차	베타		
1	(상수)	-7.628	16.191		-.471	.642
	X1	3.558	.427	.811	8.341	.000
	X2	.043	.106	.041	.408	.687
	X3	.346	.249	.147	1.392	.176
	X4	.028	.081	.032	.350	.729

a. 종속변수: Y

세 가지의 방법을 비교하면, 수정된 R^2은 큰 차가 없지만, 회귀계수나 p값은 어느 방법을 이용하느냐에 따라서 크게 다르다는 것을 알 수 있다.

힌트

결측값의 취급방법에는 여러 가지가 있는데, 대별하면 다음의 두 가지이다.

① 결측값을 어떤 방식으로 추정한 다음에 모수의 추정을 실시한다.
② 먼저 모수를 추정한 다음에 결측값의 추정을 실시한다.

CHAPTER

6

로지스틱 회귀분석의 입문

CHAPTER 6

로지스틱 회귀분석의 입문

6.1 | 로지스틱 회귀분석의 기본

1. 목적변수가 비율 데이터일 때

[예제 6-1]

제조공정에 있어서의 열처리시간을 x라고 한다. x를 1에서 7(초)까지 변화시켜 각 조건에서 100개의 제품을 제조한 결과, 다음과 같은 데이터가 얻어졌다.

표 6-1 데이터표

x	양품수	불량수	합계	불량률
1	97	3	100	0.03
2	94	6	100	0.06
3	79	21	100	0.21
4	54	46	100	0.46
5	23	77	100	0.77
6	9	91	100	0.91
7	3	97	100	0.97

x로부터 불량률 y를 예측하는 식을 생각해 보자.

힌트

목적변수가 비율 $p(0 < p < 1)$로 되어 있을 때, 목적변수 p를 일단 로지스틱 변환 $p \rightarrow \log\frac{p}{1-p}$을 하고 나서, 선형 모형 $\log\frac{p}{1-p} = \beta_1 x_1 + \beta_2 x_2 + \cdots + \beta_p x_p + \beta_0$로 나타냈을 때, 이 모형을 로지스틱 회귀모형이라고 한다. 로짓 모형이라고도 한다.

산점도

x와 y의 산점도를 작성한다. 곡선적으로 오른쪽으로 상승해 가는 모양을 보이고 있다.

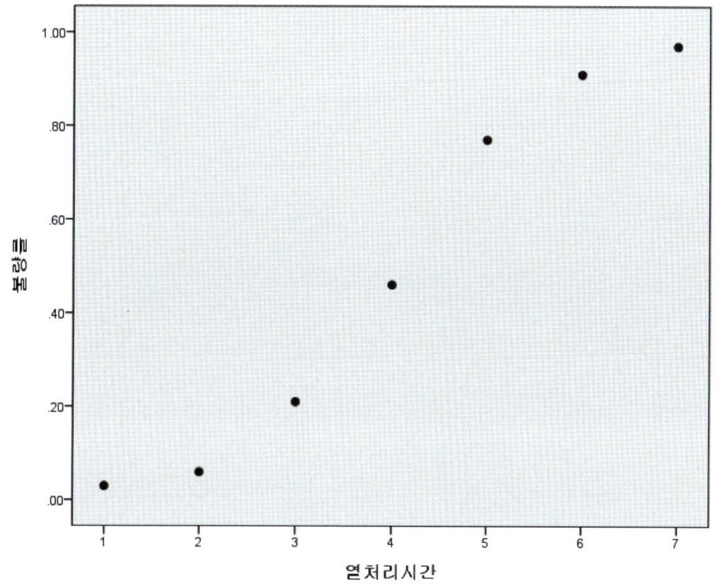

단회귀분석의 적용

불량률 y를 목적변수, 열처리시간 x를 설명변수로 하는 단회귀분석을 실시하면 다음과 같은 분석결과가 얻어진다.

모형 요약

모형	R	R 제곱	수정된 R 제곱	추정값의 표준오차
1	.979[a]	.959	.951	.08864

a. 예측값: (상수), 열처리시간

계수[a]

모형		비표준화 계수		표준화 계수	t	유의확률
		B	표준오차	베타		
1	(상수)	-.239	.075		-3.185	.024
	열처리시간	.181	.017	.979	10.831	.000

a. 종속변수: 불량률

회귀식은 다음과 같다.

$$y = -0.239 + 0.181x$$

이 회귀식의 기여율은 0.959로 1에 가깝고, 직선에 잘 적합하다고 생각해도 좋을 것 같다.

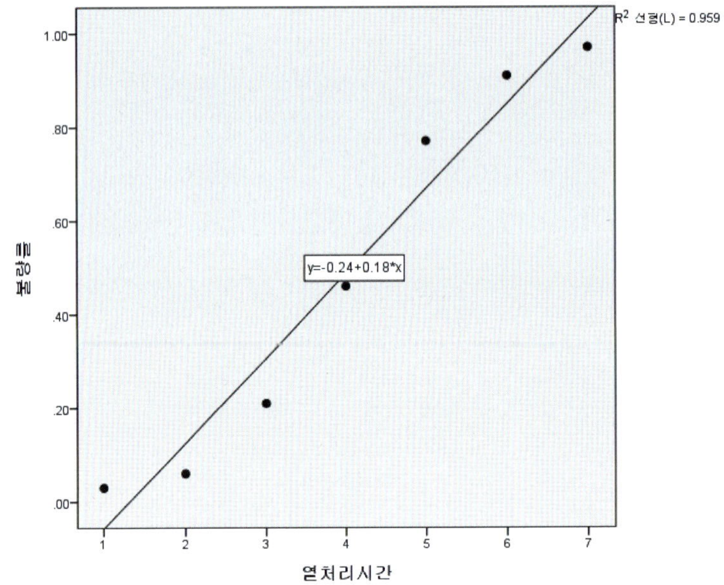

그러나 이 회귀식으로 불량률 y를 예측하고자 하면, x의 값이 작은 곳, 혹은 큰 곳에서의 예측이 잘 맞지 않는다.

$x = 1$일 때의 y의 예측값 = -0.058

$x = 7$일 때의 y의 예측값 = 1.028

이 되어, y는 불량률이기 때문에 0 이상 1 이하의 값이 아니면 안 되는데도 불구하고, 마이너스의 값을 취하는 불량률이나 100%를 넘는 불량률이 얻어지고 만다.

이와 같이 비율이 목적변수로 되는 예측식을 작성할 때에는, 통상의 회귀분석이 아니라 로지스틱 회귀분석을 적용하면 된다.

■ 로지스틱 회귀분석이란

로지스틱 회귀분석에서는 비율 y와 설명변수 x의 사이에 다음과 같은 관계를 상정한다.

$$y = \frac{1}{1 + e^{\{-(b_0 + b_1 x)\}}} = \frac{1}{1 + \mathrm{Exp}\{-(b_0 + b_1 x)\}}$$

이것은,

$$\ln\left(\frac{y}{1-y}\right) = b_0 + b_1 x$$

라고 하는 회귀식을 구하는 것과 같다.

y에 대해서,

$$\ln\left(\frac{y}{1-y}\right)$$

로 되는 변환을 가하는 것을 로짓 변환이라 하고, logit(y)라고도 표현한다.

또한 $\frac{y}{1-y}$를 오즈(odds)라고 부르고 있다.

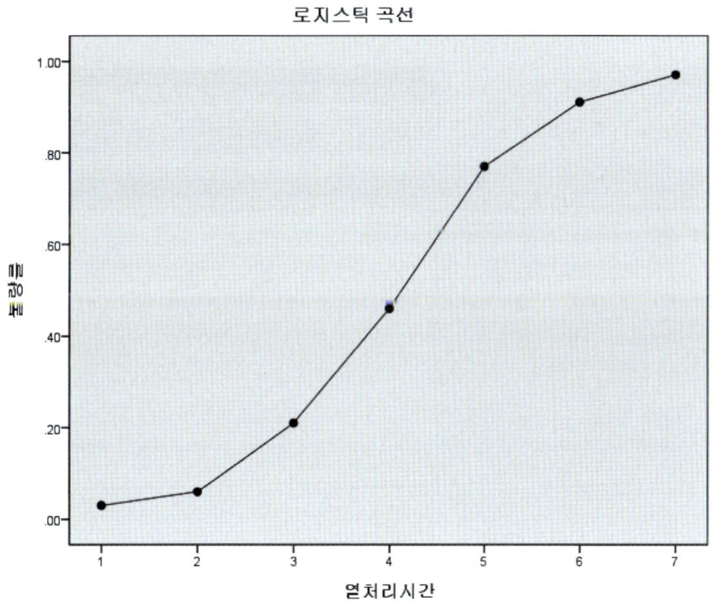

■ 로지스틱 회귀분석의 실제

예제 6-1의 데이터에 로지스틱 회귀분석을 적용해 보자.

[SPSS의 처리 절차]

[순서 1] 데이터의 입력

예제 6-1의 데이터를 다음과 같이 입력한다.

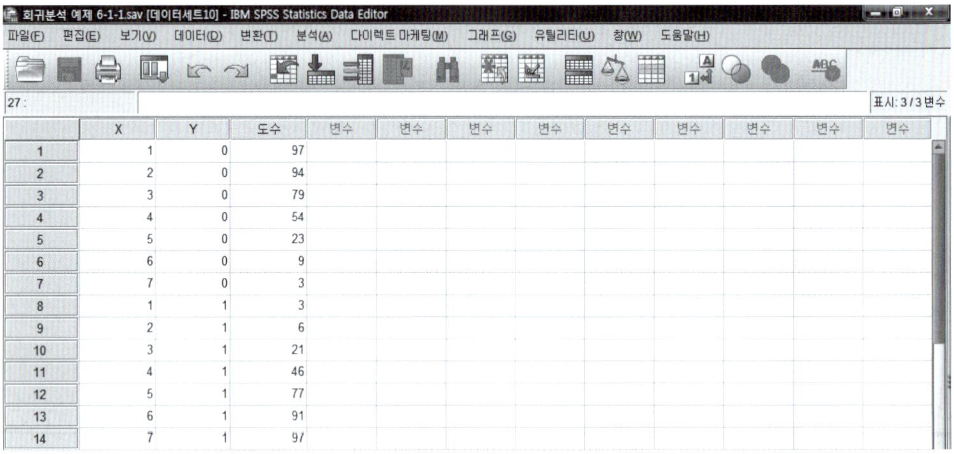

	X	Y	도수
1	1	0	97
2	2	0	94
3	3	0	79
4	4	0	54
5	5	0	23
6	6	0	9
7	7	0	3
8	1	1	3
9	2	1	6
10	3	1	21
11	4	1	46
12	5	1	77
13	6	1	91
14	7	1	97

[순서 2] 빈도변수 선언

(1) 메뉴에서 [데이터]-[가중 케이스]를 선택한다.

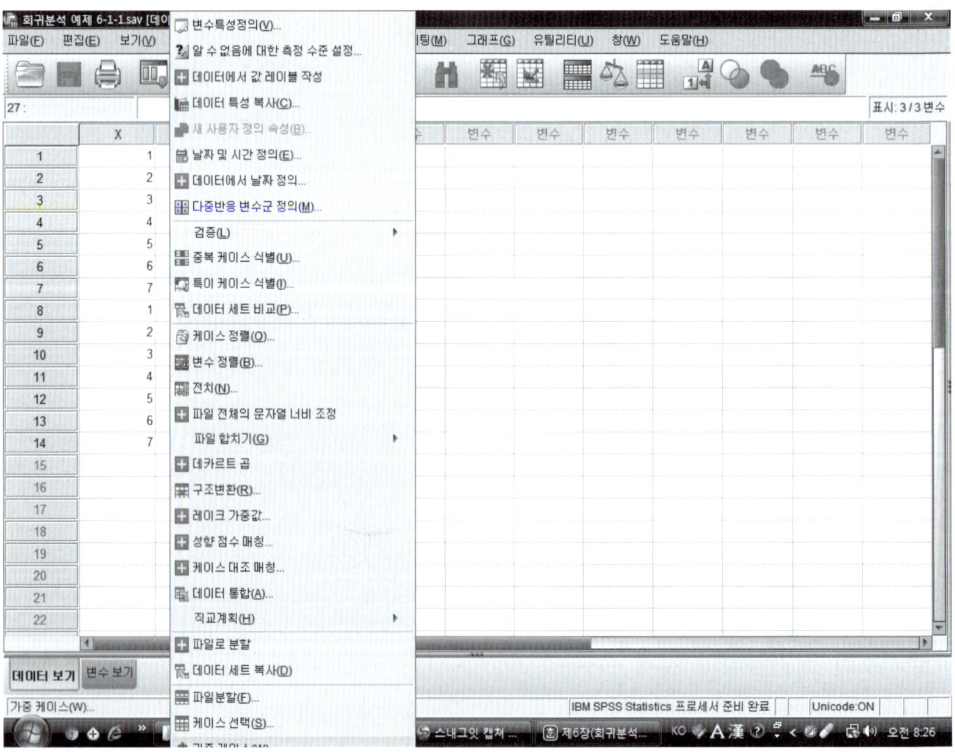

(2) 다음의 대화상자에서 [빈도변수]에 '도수'를 투입하고, [확인]을 클릭한다.

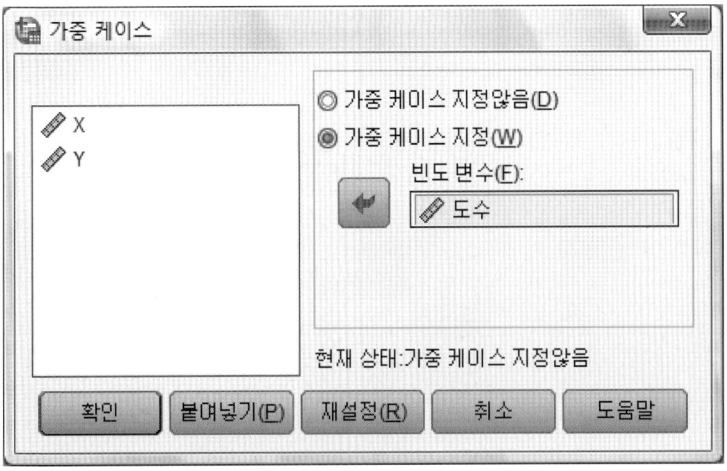

[순서 3] 로지스틱 회귀분석의 선택

메뉴에서 [분석]-[회귀분석]-[이분형 로지스틱]을 선택한다.

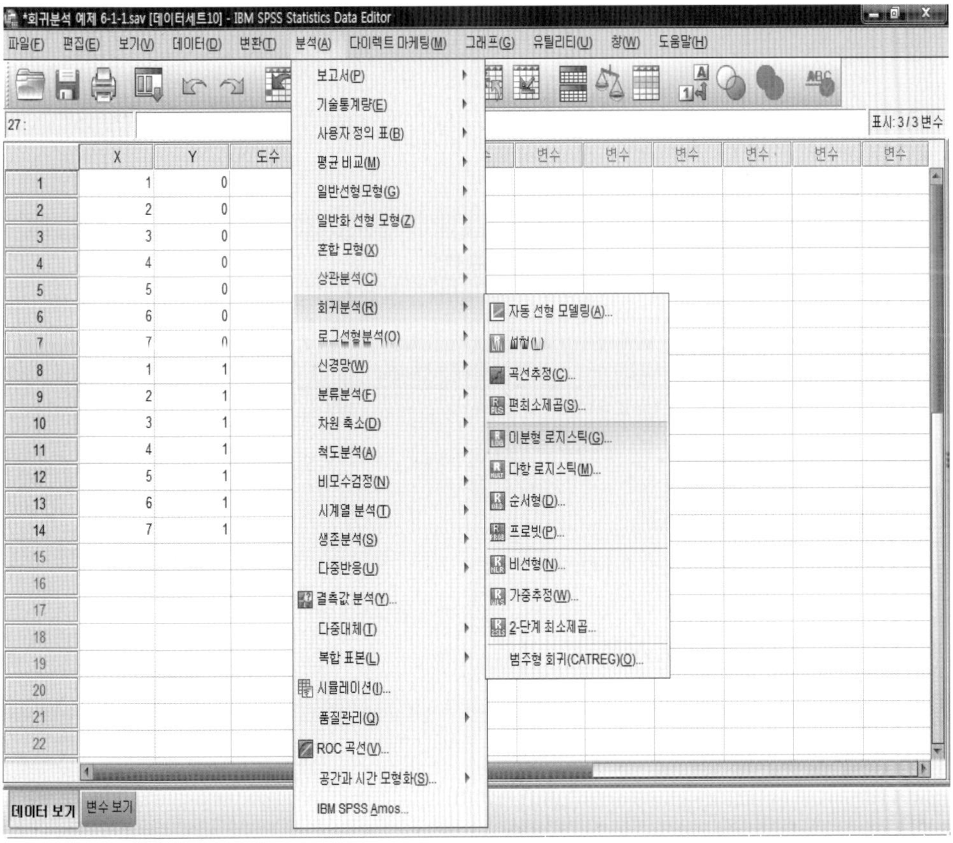

[순서 4] 변수의 설정

[종속변수]에 목적변수가 될 'y', [공변량]에 설명변수가 될 'x'를 투입한다.

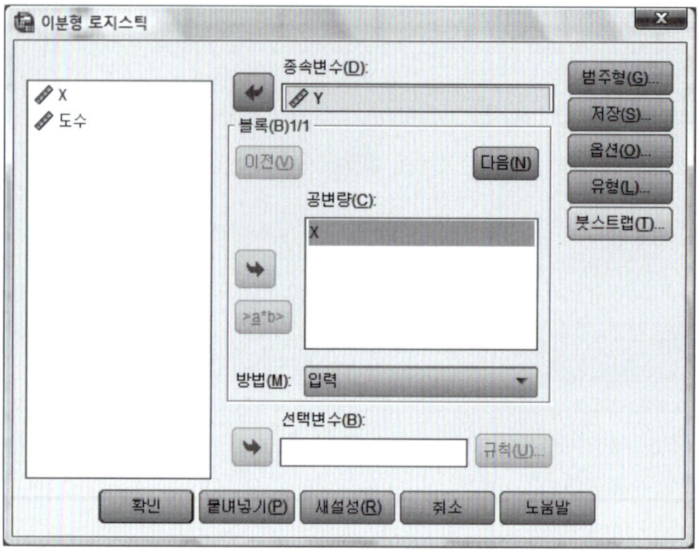

[확인]을 클릭한다.

■ 로지스틱 회귀분석 결과

(1) 회귀식

방정식의 변수

		B	S.E.	Wald	자유도	유의확률	Exp(B)
1 단계[a]	X	1.228	.086	205.370	1	.000	3.414
	상수항	-5.025	.367	187.149	1	.000	.007

a. 변수가 1: X 단계에 입력되었습니다.

회귀식은

$$Z = \text{logit}(y)$$

$$= -5.025 + 1.228x$$

$$y = \frac{1}{(1 + \text{Exp}(-Z))}$$

로 구해지고 있다. x의 계수가 플러스이므로, x의 값이 증가하면 불량률도 높아진다는 것을 알 수 있다.

(2) 회귀식의 유의성

모형 계수의 총괄 검정

		카이제곱	자유도	유의확률
1 단계	단계	460.791	1	.000
	블록	460.791	1	.000
	모형	460.791	1	.000

이 식의 p값은 [모형]의 [유의확률]의 수치로부터 0.000으로 되어 있다. 통상 이용되는 유의수준 0.05보다 작으므로, 이 회귀식에는 의미가 있다고 판단할 수 있다. [단계] 및 [블록]의 값도 마찬가지인데, 몇 단계로 나누어서 분석할 때나 변수선택을 실시할 때에는 다른 값이 된다.

(3) 대수(로그)우도와 기여율

모형 요약

단계	-2 로그 우도	Cox와 Snell의 R-제곱	Nagelkerke R-제곱
1	509.152[a]	.482	.643

a. 모수 추정값이 .001보다 작게 변경되어 계산반복수 6에서 추정을 종료하였습니다.

통상의 회귀분석에 있어서의 총 제곱합에 상당하는 우도(尤度)는 n개 중에 r개의 불량이 있을 때, 불량률 $\frac{r}{n}$을 y로 하면,

$$\text{우도} = y^r(1-y)^{n-r}$$

로 해서 구할 수가 있다. 이 예제에서는 불량률 $y=\frac{341}{700}$으로부터,

$$\text{우도} = \left(\frac{341}{700}\right)^{341} \times \left(1-\frac{341}{700}\right)^{700-341}$$

따라서

$$\begin{aligned}(-2\times\text{대수우도}) &= -2\times\{341\ln(y)+(700-341)\ln(1-y)\}\\ &= 969.943\end{aligned}$$

이 된다. 모형이 완전히 적합할 때, 우도는 1, 대수우도는 0이 된다.

이 값을 SPSS로 출력시키려면, [이분형 로지스틱]에 대한 대화상자의 [옵션]에 있는 [반복계산과정]에 체크하면 이와 같은 결과가 얻어진다.

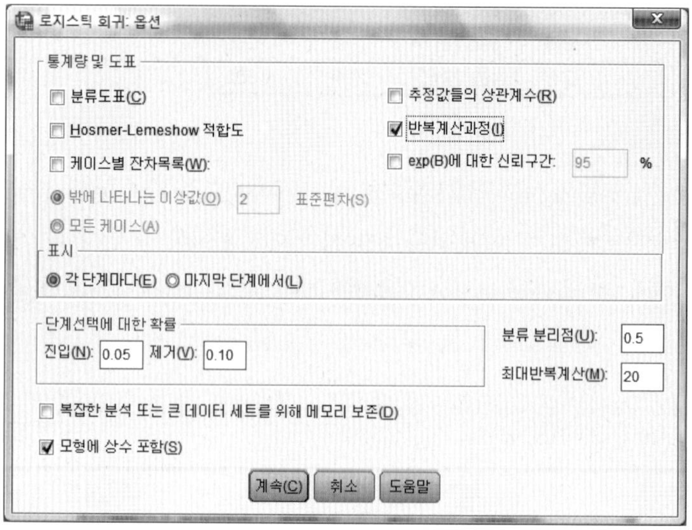

반복계산과정[a,b,c]

반복		-2 로그 우도	계수 상수항
0 단계	1	969.943	-.051
	2	969.943	-.051

a. 모형에 상수항이 있습니다.

b. 초기 -2 로그 우도: 969.943

c. 모수 추정값이 .001보다 작게 변경되어 계산반복수 2에서 추정을 종료하였습니다.

회귀 제곱합에 상당하는 ($-2\times$대수우도)는 모형의 [카이제곱]의 값으로서 얻어지고 있는 460.791이다.

잔차 제곱합에 상당하는 ($-2\times$대수우도)는 969.943−460.791로서 구해진다. 이 값이 [모형 요약]에 있는 [$-2\times$대수우도]의 값으로서 얻어지는 509.152이다.

기여율은 회귀 제곱합에 상당하는 대수우도와 총 제곱합에 상당하는 대수우도의 비(比)로서 정의되어,

$$R^2 = \frac{460.791}{969.943} = 0.475$$

로서 구해진다.

이 R^2은 SPSS의 이분형 로지스틱에서는 출력되지 않으므로, 출력결과를 이용해서 필산(筆算)에 의해 구한다면, 다음과 같이 된다.

$$R^2 = \frac{460.791}{(460.791 + 509.152)} = \frac{460.791}{969.943} = 0.475$$

이 값을 필산이 아니라 SPSS를 이용해서 출력시키려면, 다항 로지스틱 회귀분석의 메뉴에서 이항 로지스틱을 실시한다.

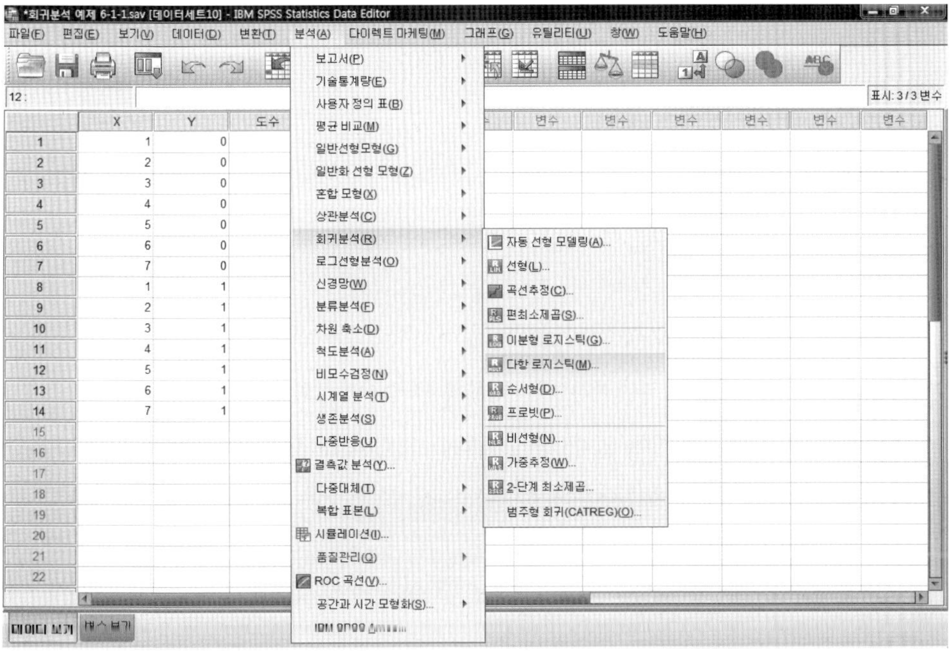

McFadden의 유사 R^2으로서 아래와 같이 얻어진다.

유사 R-제곱

Cox 및 Snell	.482
Nagelkerke	.643
McFadden	.475

(4) 그 밖의 기여율

SPSS에서는 다음의 두 종류의 기여율이 제창되고 있다.

$$\text{Cox \& Snell의 기여율} = 1 - \left[\frac{L(0)}{L(B)}\right]^{2/n}$$

$$\text{Nagelkerke의 기여율} = \frac{\left(1 - \left[\frac{L(0)}{L(B)}\right]^{2/n}\right)}{\left(1 - [L(0)]^{2/n}\right)}$$

여기에서,

$L(0) = \text{Exp}$(총 제곱합에 상당하는 우도)

$L(B) = \text{Exp}$(잔차 제곱합에 상당하는 우도)

n = 데이터의 총수(=700)

Nagelkerke의 기여율은 최대치가 1이 되로록 조정되어 있다.

그런데 로지스틱 회귀분석에 있어서의 기여율(R^2, Cox & Snell의 기여율, Nagelkerke의 기여율)은 통상의 회귀분석에 있어서의 기여율보다도 조금 작은 값이 되는 경우가 있어, 이미지와 맞지 않는 경우가 있다. 그래서 비율 데이터를 목적변수로 하는 로지스틱 회귀분석일 때에는, 회귀식에 의해 y의 예측치를 계산해서 (실제의 비율)과 (예측한 비율)의 상관계수를 계산하여, 그 값을 제곱한 값을 기여율의 대신으로서 보는 것도 하나의 방법이다. 이 예제에서는 다음과 같이 계산된다.

실제의 비율	예측한 비율
0.03	0.0219
0.06	0.0712
0.21	0.2073
0.46	0.4718
0.77	0.7531
0.91	0.9124
0.97	0.9726

(실제의 비율)과 (예측한 비율)의 상관계수 = 0.9997

(기여율의 대용) = 0.99972 = 0.9993

(5) 회귀계수의 유의성

회귀계수의 유의성을 보려면,

$$귀무가설\ H_0 : \beta = 0$$

의 검정에는 Wald의 통계량이 이용된다. 이것은 통상 회귀분석에 대한 F값에 상당하고, 자유도 1인 χ^2분포에 따른다. 유의성을 평가하기 위한 값이 [유의확률] 열에 표시된다. 이 값은 p값이라고 한다. 사전에 정해진 유의수준 α(통상 0.05) 이하일 때에 유의하다고 판정한다. 이 예제에서는 0.000이기 때문에 유의하다.

방정식의 변수

		B	S.E.	Wald	자유도	유의확률	Exp(B)
1 단계[a]	X	1.228	.086	205.370	1	.000	3.414
	상수항	-5.025	.367	187.149	1	.000	.007

a. 변수가 1: X 단계에 입력되었습니다.

(6) 적중률

로지스틱 회귀식을 이용한 적중률(이 예제에서는 양품인지 불량품인지를 맞추는 확률)을 보려면, 다음의 분류표를 보면 된다.

분류표[a]

관측됨			예측 Y 0	예측 Y 1	분류정확 %
1 단계	Y	0	324	35	90.3
		1	76	265	77.7
	전체 퍼센트				84.1

a. 절단값은 .500입니다.

단, 비율 데이터에 적용할 때에는, 이 표를 음미하는 데에 주의가 필요하다. 예를 들면, 항상 0.5 이하의 불량률인 다음과 같은 데이터의 경우이다(파일 예제 6-1-2).

x	양품수	불량수	합계	불량률
1	97	3	100	0.03
2	94	6	100	0.06
3	89	11	100	0.11
4	79	21	100	0.21
5	72	28	100	0.28
6	65	35	100	0.35
7	59	41	100	0.41

불량률이 0.5 미만이라면 양품의 확률 쪽이 높으므로, 항상 양품이라고 판정하면 괜찮게 되어 다음과 같은 분류표가 된다.

분류표[a,b]

관측됨			예측		
			Y		분류정확 %
			0	1	
0 단계	Y	0	555	0	100.0
		1	145	0	.0
	전체 퍼센트				79.3

a. 모형에 상수항이 있습니다.

b. 절단값은 .500입니다.

분류표는 판별의 문제를 푸는 데에 로지스틱 회귀분석을 이용할 때에 중요한 표가 된다.

힌트

로지스틱 회귀분석은 분석하고자 하는 대상들이 두 집단 혹은 그 이상의 집단(다변수 데이터)으로 나누어진 경우에 개별 관측치들이 어느 집단으로 분류될 수 있는가를 분석하고 이를 예측하는 모형을 개발하는 데 사용되는 대표적인 통계 알고리즘이다.

로지스틱 회귀분석은 분석 목적이나 절차에 있어서는 일반 회귀분석과 유사하나 종속 변수가 명목척도로 측정된 범주형 질적 변수인 경우에 사용한다는 점에서 일반 회귀분석과 차이가 있다. 로지스틱 회귀분석은 판별분석과는 달리 예측변수에 범주형 변수를 투입할 수 있는 장점이 있다. 가장 일반적인 예로 로지스틱 회귀에서는 성별을 매우 자연스럽게 예측 변수로 포함할 수 있다.

2. 목적변수가 범주형 변수일 때

[예제 6-2]

다음의 데이터는 열처리시간(초)과 제품의 품질에 관한 기록을 정리한 것이다.

표 6-2 데이터표

번호	열처리시간 x	품질 y
1	51	불량
2	58	양호
3	31	불량
4	52	양호
5	42	불량
6	55	양호
7	35	불량
8	49	불량
9	38	불량
10	36	불량
11	54	양호
12	56	양호
13	59	양호
14	45	양호
15	52	양호
16	44	불량
17	40	불량
18	65	양호
19	33	불량
20	63	양호

열처리시간을 설명변수 x, 품질을 목적변수 y로 해서, x의 값으로 y를 예측하는 식을 만들고 싶다고 한다.

이와 같은 경우에 목적변수 y가 질적 변수(범주형 변수)가 되므로, 통상의 회귀분석을 적용할 수 없어 적절한 분석방법은 로지스틱 회귀분석이라고 하는 방법을 사용하게 된다.

예제 6-1은 목적변수가 비율 데이터였었다. 비율을 내려면 분모와 분자의 수치가 필요한데, 그것들의 값은 집계가 끝난 데이터가 된다. 예제 6-2는 20개분의 데이터로 집계 전의 데이터인데, 예제 6-1과는 다른 점이 있다. 그러나 본질적인 면에서는 같다고 볼 수 있다. 데이터의 입력방법은 다르지만, 분석의 조작방법은 같다.

■ **데이터의 그래프화**

예제 6-2의 데이터에 로지스틱 회귀분석을 적용하기 전에 점도표를 작성해서 이상치의 유무나 양품과 불량품의 차이를 시각적으로 검토하면 좋다.

[SPSS의 처리 절차]

[순서 1] 데이터의 입력

예제 6-2의 데이터를 다음과 같이 입력한다(양호일 때는 $y=1$, 불량일 때는 $y=0$).

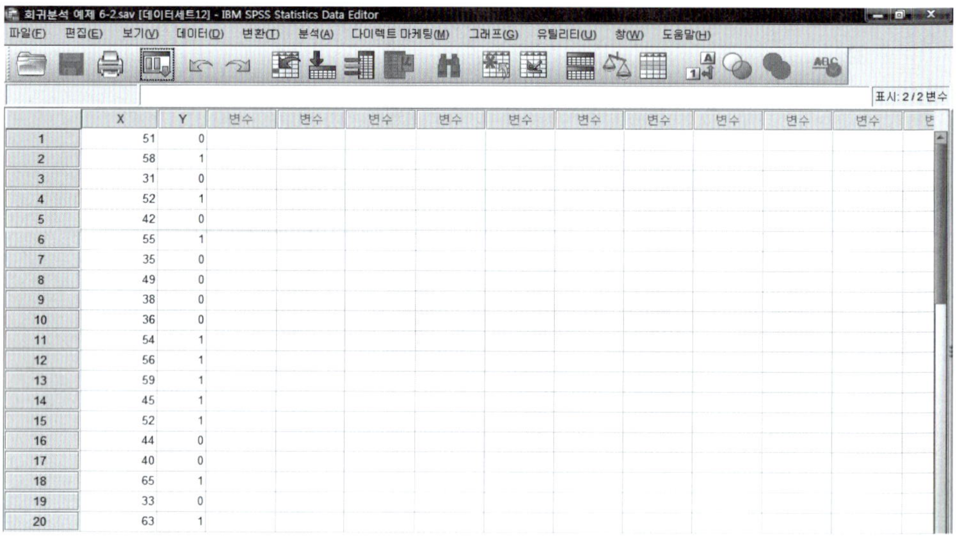

[순서 2] 분석 수법의 선택

메뉴에서 [그래프]-[레거시 대화상자]-[산점도/점도표]를 선택한다.

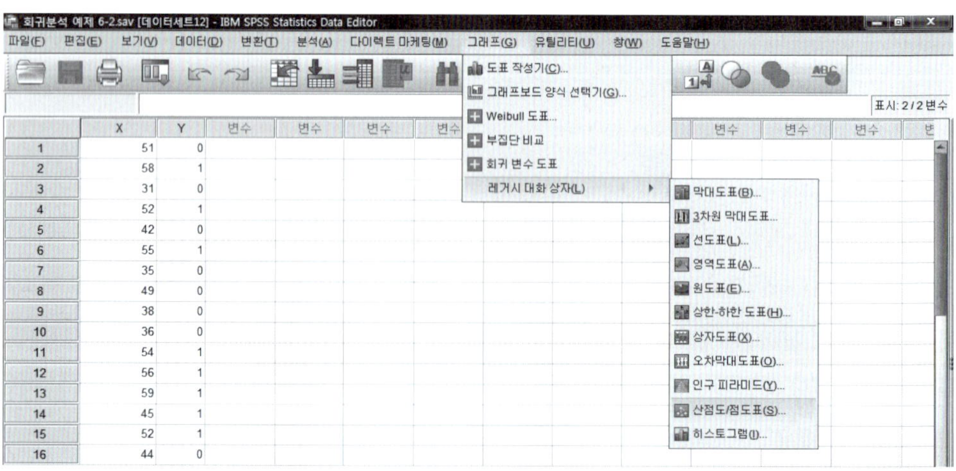

[순서 3] 종류의 선택

다음과 같은 대화상자가 나타나면, [단순 점도표]를 선택하고 [정의]를 클릭한다.

[순서 4] 정의의 설정

[X축 변수] 난에 'x', [행] 난에 'y'를 각각 설정한다.

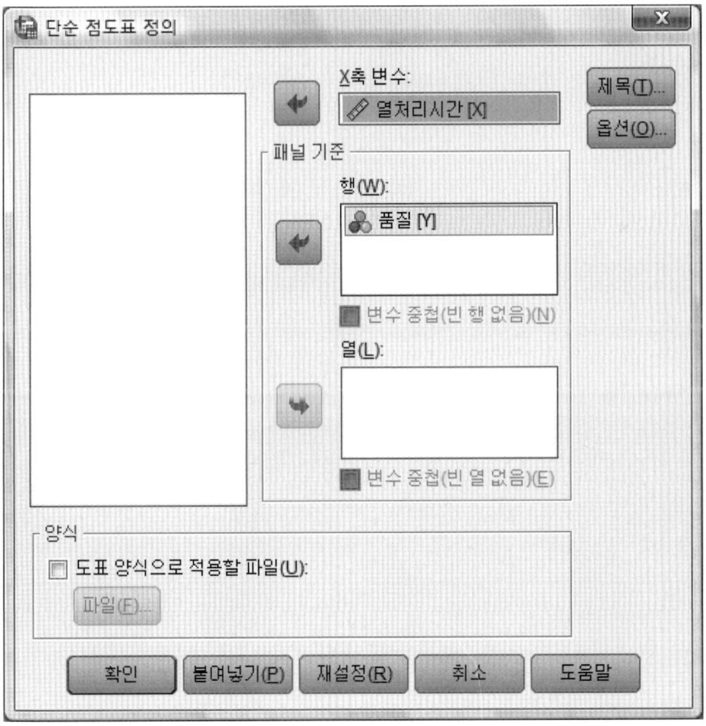

[확인]을 클릭하면 다음과 같은 점도표가 출력된다. 층별 점도표에 의한 그래프화이다.

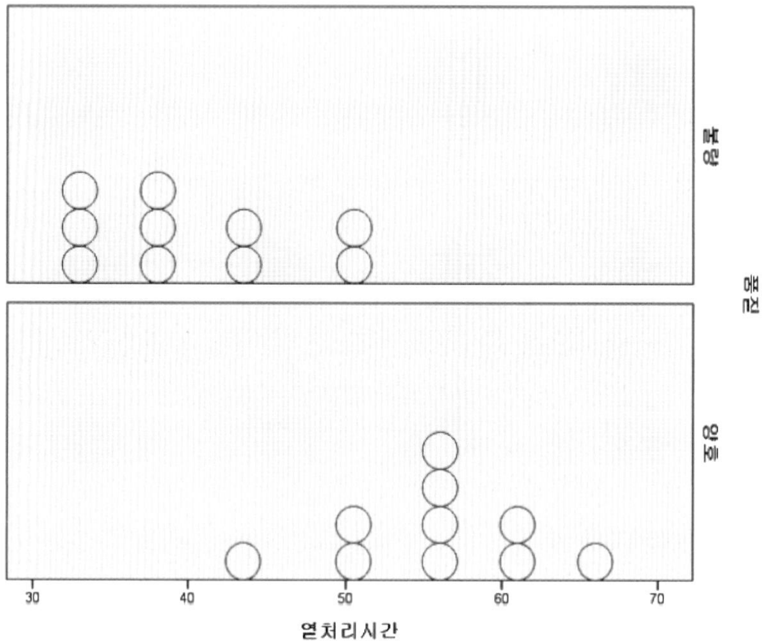

이 데이터를 산점도에 의해 그래프화하면 다음과 같다.

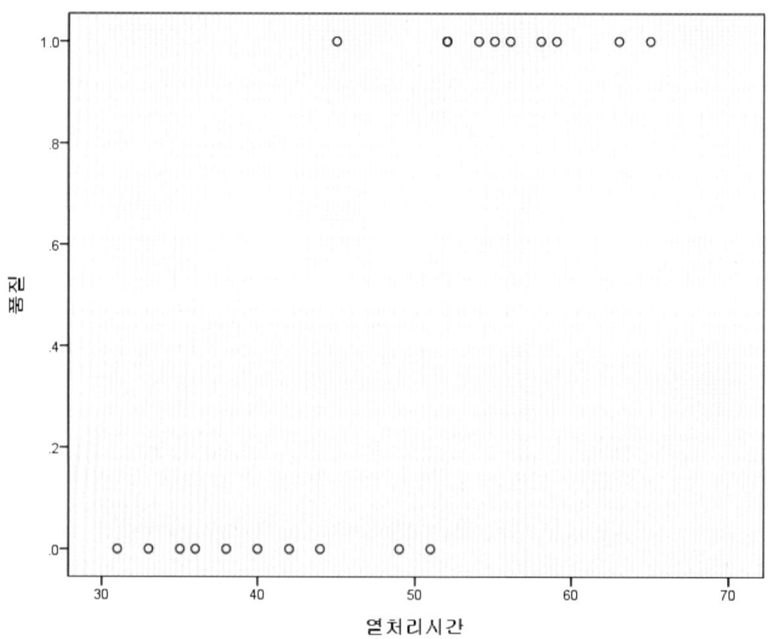

■ 로지스틱 회귀분석의 절차

[SPSS의 처리 절차]

[순서 1] 데이터의 입력

[순서 2] 분석 수법의 선택

메뉴에서 [분석]-[회귀분석]-[이분형 로지스틱]을 선택한다.

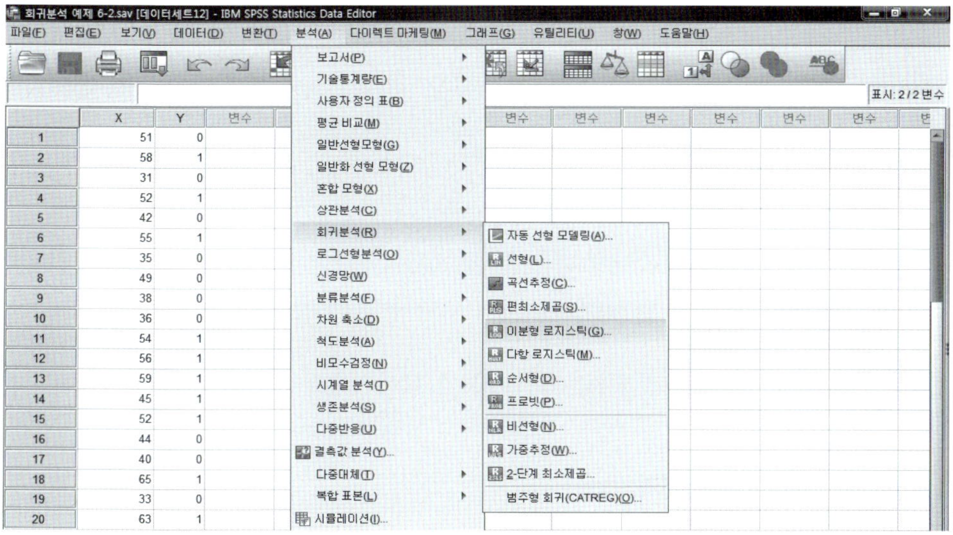

[순서 3] 변수의 설정

다음 대화상자가 나타나면, 아래와 같이 변수를 설정한다.

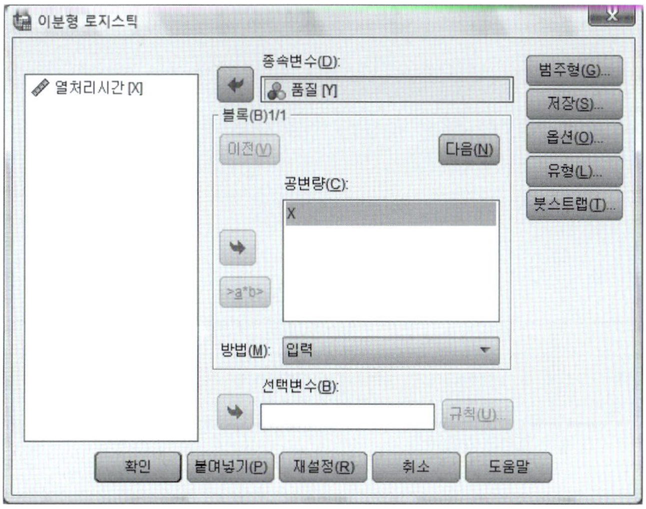

[순서 4] 출력내용의 설정

[옵션]을 클릭하면 다음과 같은 대화상자가 나타난다. [분류도표]에 체크하고 [계속]을 클릭하면 앞의 화면으로 되돌아온다.

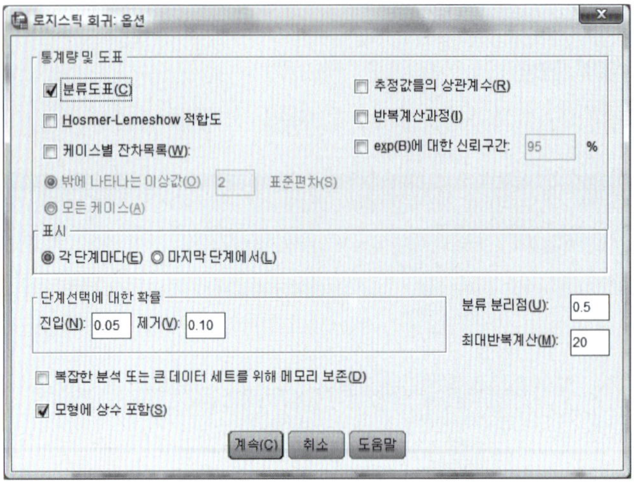

[확인]을 클릭하면 로지스틱 회귀분석의 결과가 출력된다.

로지스틱 회귀분석의 결과

로지스틱 회귀분석을 적용하면 다음과 같은 결과가 얻어진다.

종속변수 인코딩

원래 값	내부 값
불량	0
양호	1

이 표는 불량이라면 $y=0$, 양호라면 $y=1$로 해서 내부에서 처리하고 있다는 것을 나타내고 있다. 이것은 식을 해석할 때에 중요한 정보가 된다.

(1) 회귀식

방정식의 변수

		B	S.E.	Wald	자유도	유의확률	Exp(B)
1 단계[a]	X	.402	.184	4.755	1	.029	1.495
	상수항	-19.577	9.186	4.542	1	.033	.000

a. 변수가 1: X 단계에 입력되었습니다.

회귀식은

$$
\begin{aligned}
Z &= \operatorname{logit}(y) \\
&= -19.577 + 0.402x
\end{aligned}
$$

$$y = \frac{1}{(1 + \mathrm{Exp}(-Z))}$$

로 구해지고 있다. x의 계수는 플러스이므로 x값이 커지면(열처리시간이 길어지면), 품질이 좋아질 확률이 높아진다는 것을 나타내고 있다.

(2) 회귀식의 유의성

모형 계수의 총괄 검정

		카이제곱	자유도	유의확률
1 단계	단계	18.281	1	.000
	블록	18.281	1	.000
	모형	18.281	1	.000

이 회귀식의 p값은 [모형]의 [유의확률] 수치로부터 0.000으로 되어 있다. 통상 이용되는 유의수준 0.05 이하이므로, 회귀식에는 의미가 있다고 판정된다.

(3) 기여율 R^2

모형 요약

단계	-2 로그 우도	Cox와 Snell의 R-제곱	Nagelkerke R-제곱
1	9.445[a]	.599	.799

a. 모수 추정값이 .001보다 작게 변경되어 계산반복수 7에서 추정을 종료하였습니다.

Cox와 Snell의 R^2과 Nagelkerke의 R^2으로부터 이 회귀모형의 기여율 R^2은 0.599~0.799로 생각된다.

(4) 적중률

분류표[a]

관측됨			예측 품질 불량	예측 품질 양호	분류정확 %
1 단계	품질	불량	8	2	80.0
		양호	1	9	90.0
	전체 퍼센트				85.0

a. 절단값은 .500입니다.

이 분류표는 로지스틱 회귀분석에 의한 판별의 적중률을 나타내고 있다. 양호인지 불량인지의 판별은 다음의 원칙에 기초하고 있다.

양호가 될 확률 > 0.5일 때, 그 제품은 양호라고 판별

불량이 될 확률 < 0.5일 때, 그 제품은 불량이라고 판별

불량의 80%, 양호의 90%, 전체의 85%를 올바르게 판별하고 있다는 것을 알 수 있다.

(5) 회귀계수의 유의성

방정식의 변수

		B	S.E.	Wald	자유도	유의확률	Exp(B)
1 단계[a]	X	.402	.184	4.755	1	.029	1.495
	상수항	-19.577	9.186	4.542	1	.033	.000

a. 변수가 1: X 단계에 입력되었습니다.

열처리시간 x의 p값은 0.029로 0.05보다 작으므로 유의하다.

(6) 오즈비

방정식의 변수

		B	S.E.	Wald	자유도	유의확률	Exp(B)
1 단계[a]	X	.402	.184	4.755	1	.029	1.495
	상수항	-19.577	9.186	4.542	1	.033	.000

a. 변수가 1: X 단계에 입력되었습니다.

Exp(B)는 오즈비(odds ratio)를 나타내고 있는데, 설명변수 x의 값이 1단위 증가하면(열

처리시간이 1초 길어지면) 양호가 될 오즈가 1.495배가 된다는 것을 의미한다. 오즈비가 구해지는 것이 로지스틱 회귀분석의 특징이며, 이 수법을 사용하는 이점이기도 하다.

(주) 설명변수가 질적 변수일 때에는 기준이 되는 범주에 비해서 오즈비가 몇 배가 되는지를 나타내고 있다.

(7) 분류 도표

```
             Step number: 1

             Observed Groups and Predicted Probabilities

       4 +0                                                                                                    +
         I0                                                                                                    I
         I0                                                                                                    I
F        I0                                                                                                    I
R      3 +0                                                                                                    +
E        I0                                                                                                    I
Q        I0                                                                                                    I
U        I0                                                                                                    I
E      2 +0                                                                               1                   1+
N        I0                                                                               1                   1I
C        I0                                                                               1                   1I
Y        I0                                                                               1                   1I
       1 +000    0      0    1                                  0                 0       1         1  1  1 111+
         I000    0      0    1                                  0                 0       1         1  1  1 111I
         I000    0      0    1                                  0                 0       1         1  1  1 111I
         I000    0      0    1                                  0                 0       1         1  1  1 111I
Predicted ---------+---------+---------+---------+---------+---------+---------+---------+---------+----------
  Prob:   0        .1        .2        .3        .4        .5        .6        .7        .8        .9         1
  Group:  0000000000000000000000000000000000000000000000000011111111111111111111111111111111111111111111111111

          Predicted Probability is of Membership for 양호
          The Cut Value is .50
          Symbols: 0 - 불량
                   1 - 양호
          Each Symbol Represents .25 Cases.
```

이 그래프는 가로축에 확률, 세로축에 도수를 취한 막대그래프라고 생각하면 좋다. 어느 그룹에 어느 정도의 확률의 도수가 많은가라고 하는 것을 간파할 수 있다. 가로축의 제일 밑에는 그룹 번호가 기입되어 있는데, 0.5를 경계선으로 바뀌고 있다.

(8) 예측확률과 그래프화

각 제품이 양호가 될 확률은 다음과 같은 절차로 구해진다.

[SPSS의 처리 절차]

[순서 1] 데이터의 입력

[순서 2] 분석 수법의 선택

메뉴에서 [분석]-[회귀분석]-[이분형 로지스틱]을 선택한다.

[순서 3] 변수의 설정

[순서 4] 저장 설정

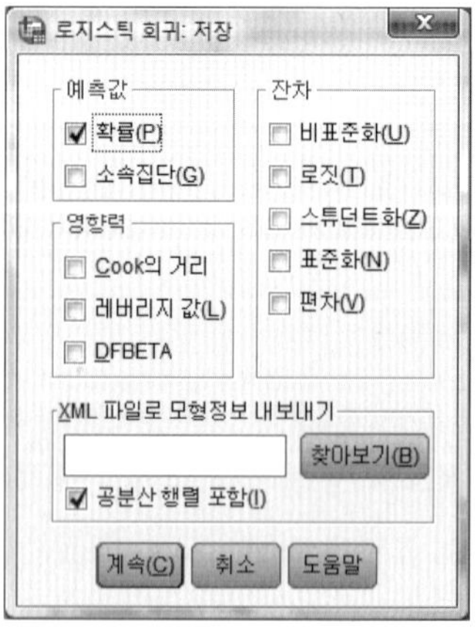

[저장] 대화상자에서 [예측값]의 [확률]에 체크하고 [계속]을 클릭한다. 앞의 화면으로 되돌아오면 [확인]을 클릭한다. 분석결과는 데이터 시트에 출력된다.

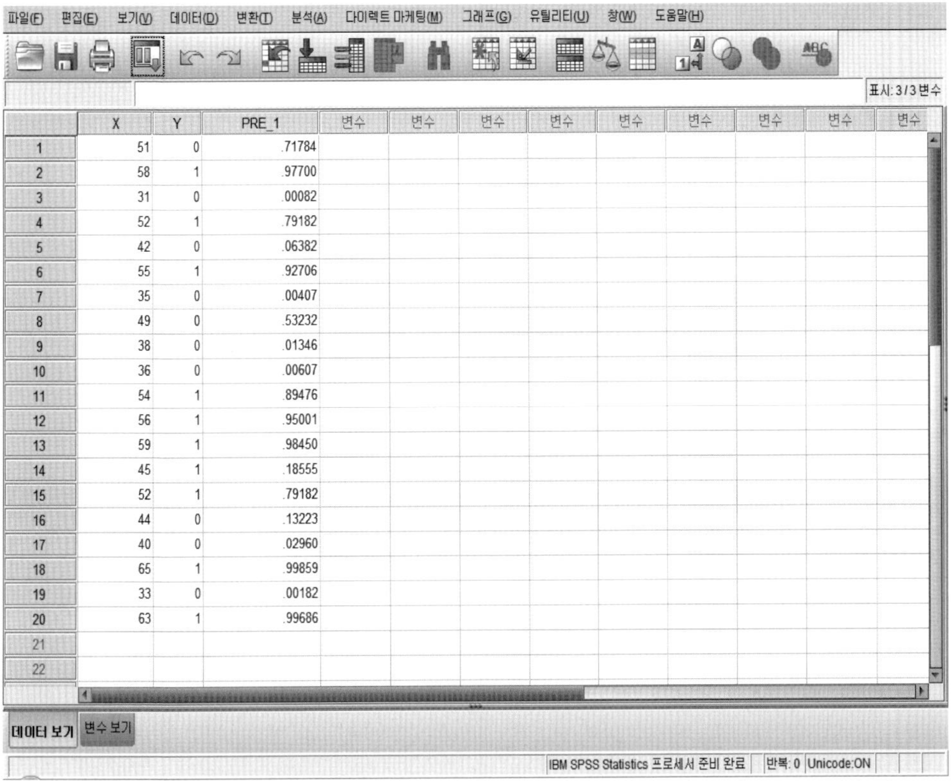

	X	Y	PRE_1	변수	변수	변수	변수	변수	변수	변수	변수	변수
1	51	0	.71784									
2	58	1	.97700									
3	31	0	.00082									
4	52	1	.79182									
5	42	0	.06382									
6	55	1	.92706									
7	35	0	.00407									
8	49	0	.53232									
9	38	0	.01346									
10	36	0	.00607									
11	54	1	.89476									
12	56	1	.95001									
13	59	1	.98450									
14	45	1	.18555									
15	52	1	.79182									
16	44	0	.13223									
17	40	0	.02960									
18	65	1	.99859									
19	33	0	.00182									
20	63	1	.99686									
21												
22												

이 확률값과 설명변수인 열처리시간과의 관계는 산점도로 표현할 수 있다.

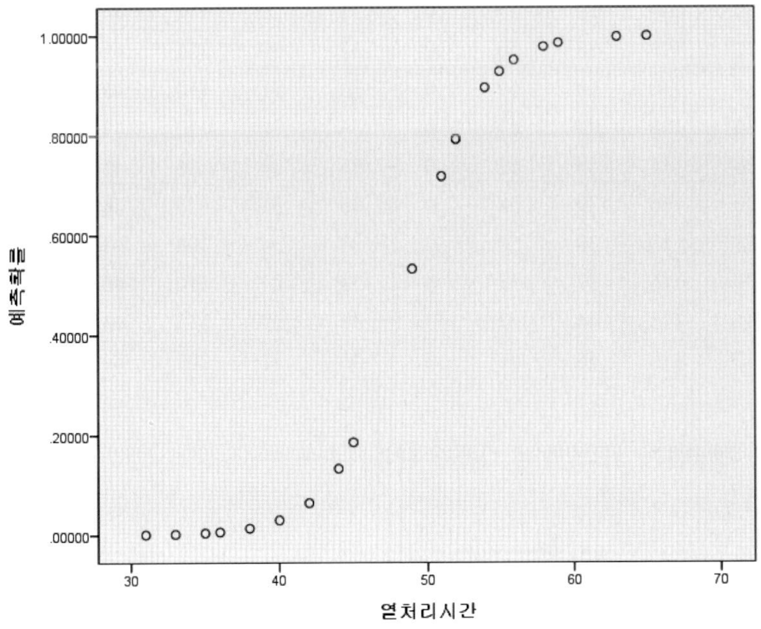

6.2 | 로지스틱 회귀분석의 실제

1. 기초적 분석

[예제 6-3]

다음의 <표 6-3>은 어떤 제품의 내부에 이물질 혼입의 유무에 관해서 조사한 결과이다. 이물질 혼입에 관련된 제조공정에 있어서의 제조건을 설명변수, 이물질 혼입의 유무를 목적변수로 하는 로지스틱 회귀분석을 실시한다.

표 6-3 데이터표

번호	x_1	x_2	x_3	x_4	y	번호	x_1	x_2	x_3	x_4	y
1	34	114	40	61	0	21	31	108	41	66	1
2	30	110	41	60	0	22	25	111	45	61	1
3	26	114	43	62	0	23	32	110	41	59	1
4	33	111	42	58	0	24	33	110	47	61	1
5	32	113	40	59	0	25	31	114	43	61	1
6	33	116	42	56	0	26	34	108	40	64	1
7	36	116	41	54	0	27	24	109	40	64	1
8	33	119	39	60	0	28	31	109	38	61	1
9	39	107	39	55	0	29	29	114	46	56	1
10	32	112	44	62	0	30	28	106	43	60	1
11	32	110	39	59	0	31	29	111	46	58	1
12	31	119	38	56	0	32	30	111	41	58	1
13	34	110	40	59	0	33	31	114	45	60	1
14	34	118	43	61	0	34	31	112	47	53	1
15	26	112	43	62	0	35	34	106	41	61	1
16	30	116	39	58	0	36	31	115	48	60	1
17	33	113	39	56	0	37	34	108	48	60	1
18	31	116	37	57	0	38	24	110	46	58	1
19	31	113	44	63	0	39	29	113	43	63	1
20	32	115	36	66	0	40	31	107	44	65	1

구체적인 설명변수, 목적변수는 다음과 같다.

x_1 : 건조시간(초)

x_2 : 세정제 투입량(g)

x_3 : 세정시간(초)

x_4 : 세정압력(mmHg)

y : 이물질 혼입의 유무

데이터표에는 목적변수 y에 대해서,

이물질 혼입 있음 = 1

이물질 혼입 없음 = 0

으로 표시하고 있다.

이물질 혼입 있음의 확률을 Pr(y)로 할 때, 다음과 같은 회귀식을 상정해서 회귀계수를 구하는 것이 목적이다.

$$\ln\left(\frac{\Pr(y)}{1-\Pr(y)}\right)=b_0+b_1x_1+b_2x_2+b_3x_3+b_4x_4$$

혹은

$$\text{logit}(\Pr(y))=b_0+b_1x_1+b_2x_2+b_3x_3+b_4x_4$$

이 예는 개개의 데이터 대한, 즉 목적변수가 범주형 데이터일 때의 로지스틱 회귀분석을 적용하는 것이 된다. 또한 설명변수가 두 개 이상 있는 경우가 된다.

가. 그래프에 의한 시각적 분석

■ 1변수마다의 점도표

앞에서 했던 방법에 의해 각 변수의 점도표를 작성한다.

[SPSS의 처리 절차]

[순서 1] 데이터의 입력

예제 6-3의 데이터를 입력한다.

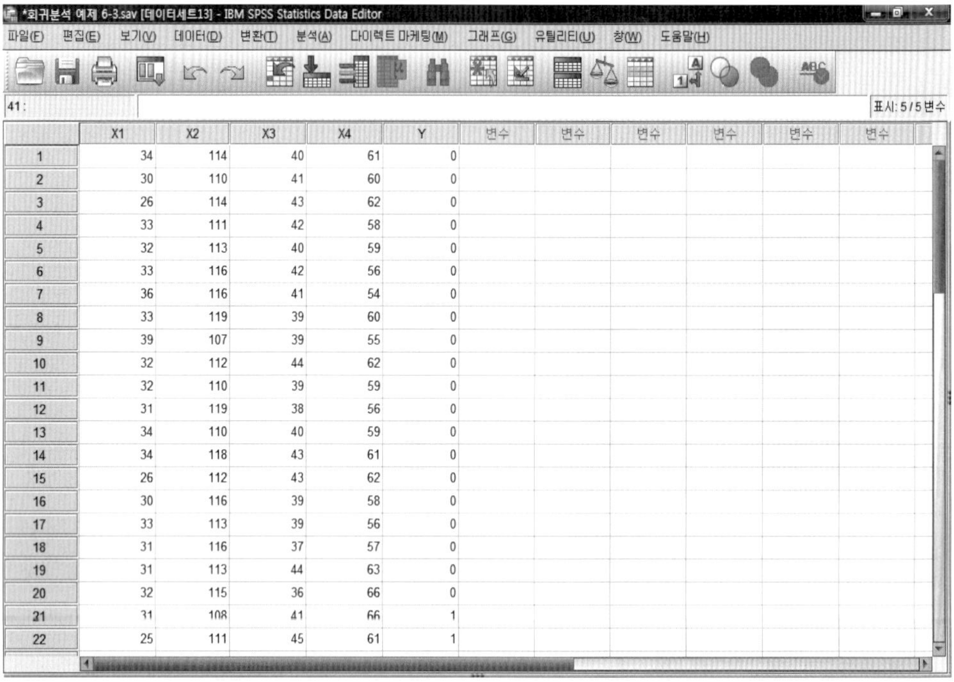

	X1	X2	X3	X4	Y
1	34	114	40	61	0
2	30	110	41	60	0
3	26	114	43	62	0
4	33	111	42	58	0
5	32	113	40	59	0
6	33	116	42	56	0
7	36	116	41	54	0
8	33	119	39	60	0
9	39	107	39	55	0
10	32	112	44	62	0
11	32	110	39	59	0
12	31	119	38	56	0
13	34	110	40	59	0
14	34	118	43	61	0
15	26	112	43	62	0
16	30	116	39	58	0
17	33	113	39	56	0
18	31	116	37	57	0
19	31	113	44	63	0
20	32	115	36	66	0
21	31	108	41	66	1
22	25	111	45	61	1

[순서 2] 분석 수법의 선택

메뉴에서 [그래프]-[레거시 대화상자]-[산점도/점도표]를 선택한다.

[순서 3] 변수의 설정

[확인]을 클릭하면 다음과 같은 점도표가 출력된다.

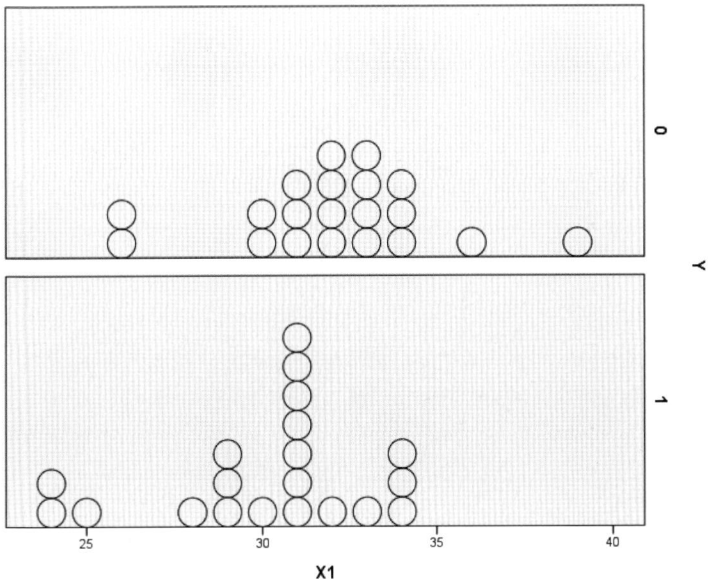

같은 방법으로 x_2, x_3, x_4에 대해서도 점도표를 작성한다.

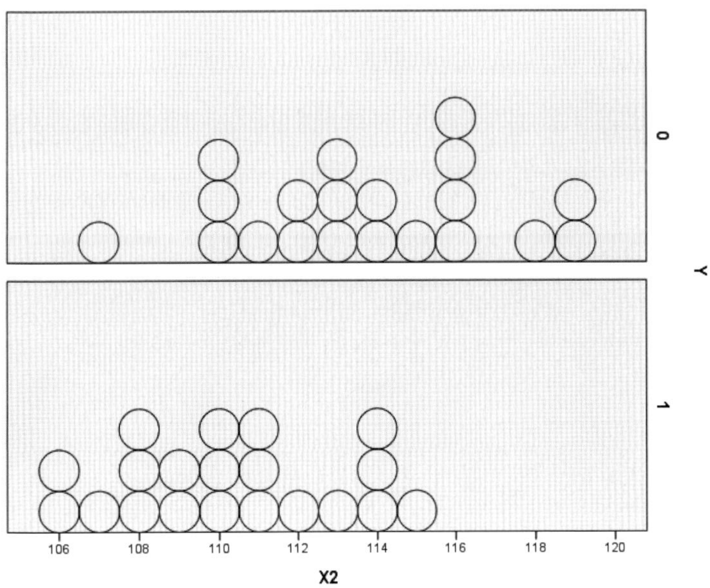

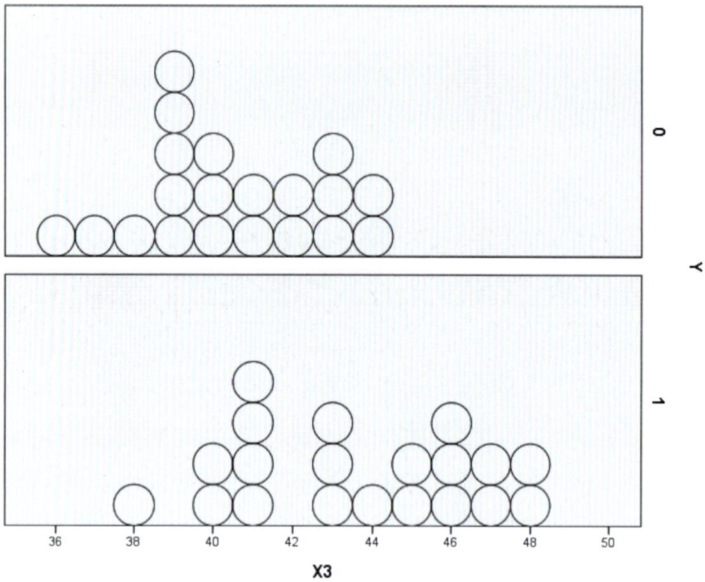

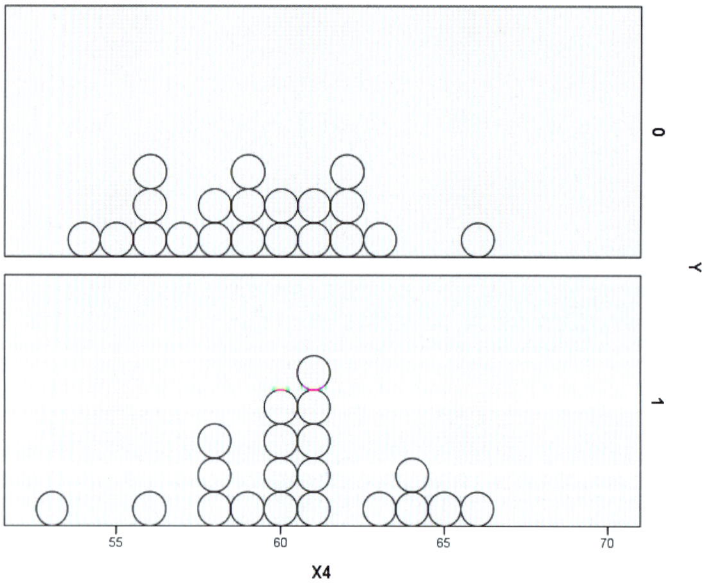

x_4에 대해서는 1과 0의 각 그룹에 큰 차이는 보이지 않는다.

■ 1변수마다의 상자도표

앞에서 했던 방법에 의해 각 변수의 상자도표를 작성한다. 표본의 크기 n이 클 때에는 1변수마다 상자도표를 작성하면 좋다.

[SPSS의 처리 절차]

[순서 1] 데이터의 입력

[순서 2] 분석 수법의 선택

메뉴에서 [분석]-[기술통계량]-[데이터 탐색]을 선택한다.

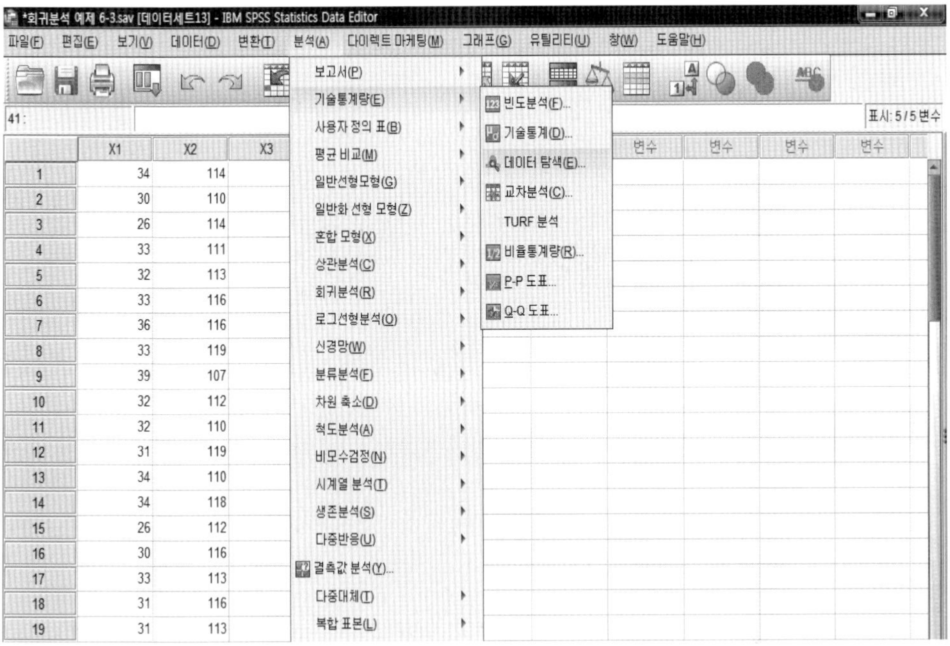

[순서 3] 변수의 설정

[종속변수]에 'x_1, x_2, x_3, x_4', [요인]에 'y'를 설정하고, [도표]에 체크한다.

[순서 4] 출력내용의 설정

[도표(T)]를 클릭하면 다음과 같은 대화상자가 나타난다.

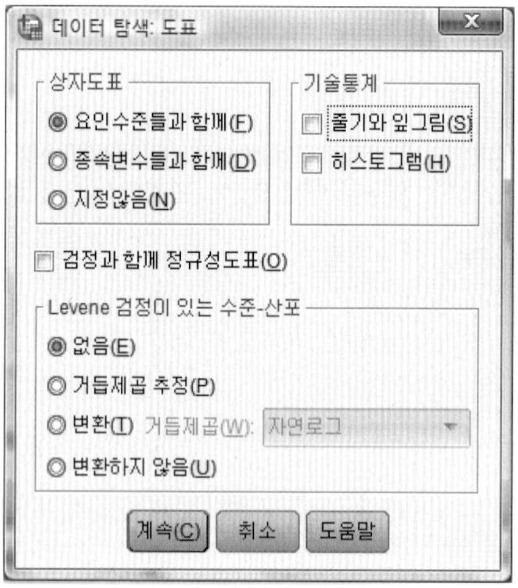

위의 대화상자에서 [상자도표]의 [요인수준들과 함께]에 체크하고 [계속]을 클릭한다. 앞의 화면으로 되돌아오면 [확인]을 클릭한다.

x_1에 대한 상자도표는 다음과 같다.

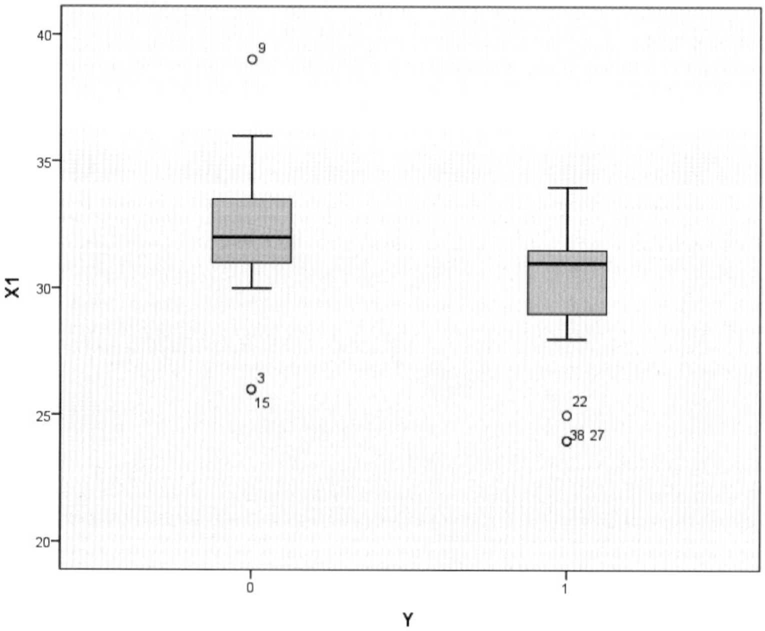

x_2에 대한 상자도표는 다음과 같다.

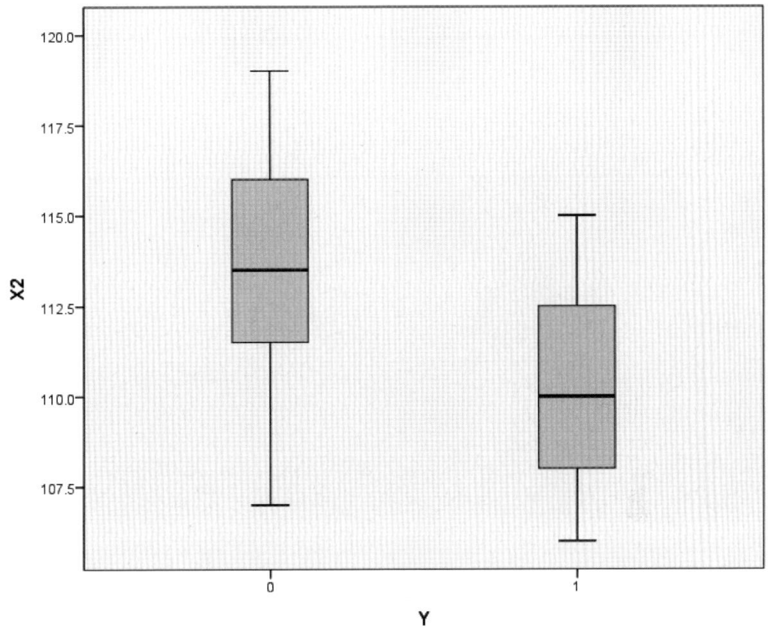

x_3에 대한 상자도표는 다음과 같다.

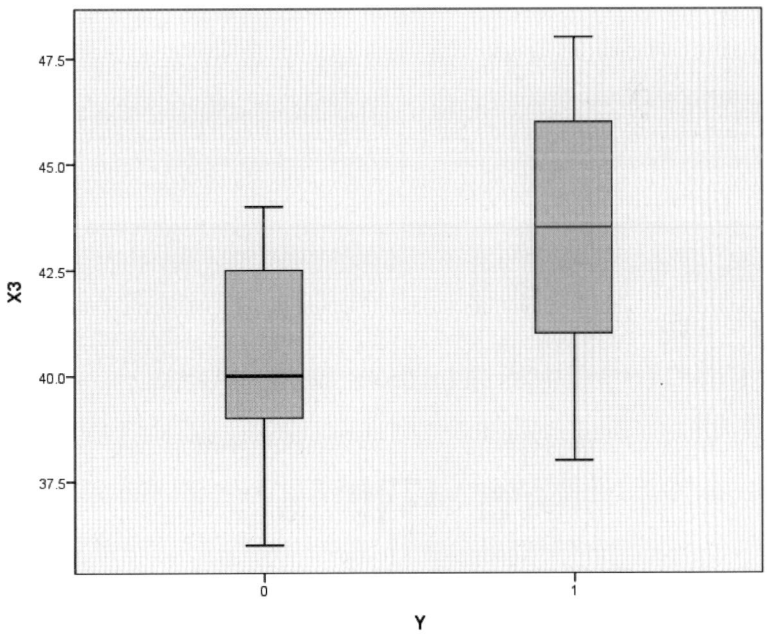

x_4에 대한 상자도표는 다음과 같다.

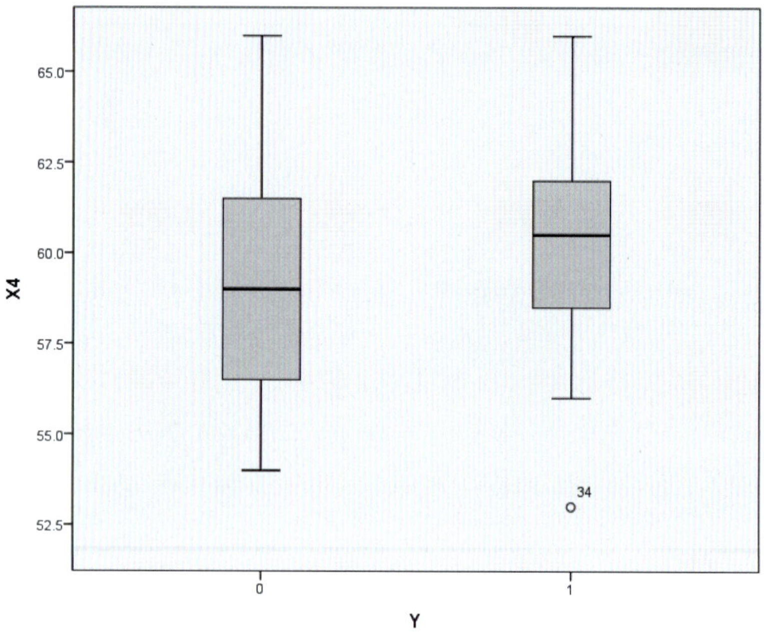

■ 2변수마다의 산점도

설명변수를 두 개씩 편성해서 산점도를 작성한다. 복수의 산점도를 편성해서 표시한 것을 행렬 산점도라고 한다. 이때에 1과 0의 그룹 간 차이를 알 수 있도록 타점할 마크를 바꾸면 된다.

[SPSS의 처리 절차]

[순서 1] 데이터의 입력

[순서 2] 분석 수법의 선택

메뉴에서 [그래프]-[레거시 대화상자]-[산점도/점도표]를 선택한다.

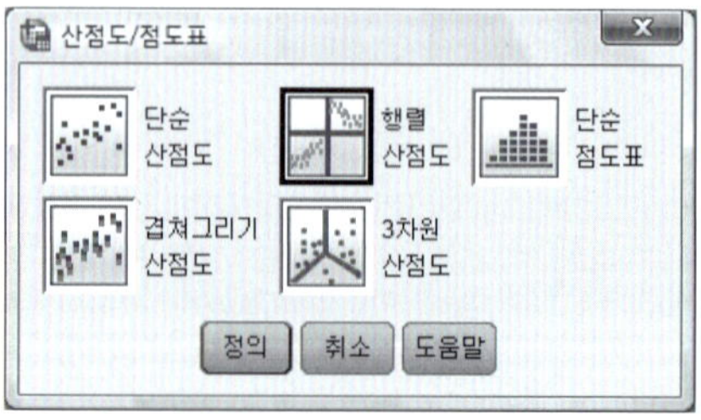

여기에서 [행렬 산점도]를 선택하고 [정의]를 클릭한다.

[순서 3] 변수의 설정

다음의 대화상자에서 [행렬변수]에 'x_1, x_2, x_3, x_4', [표식기준]에 'y'를 설정한다.

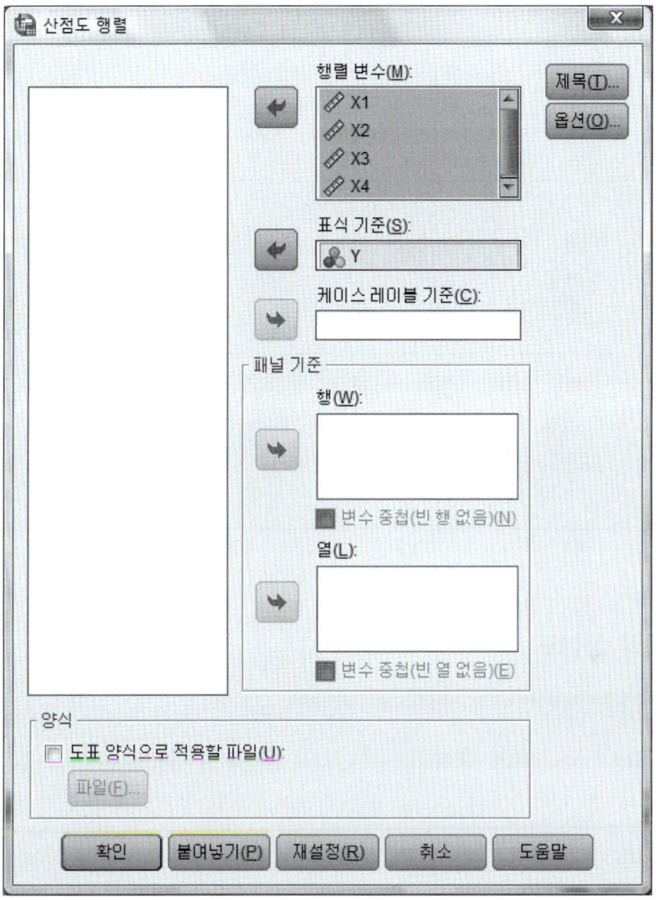

[확인]을 클릭하면 행렬 산점도가 출력된다.

■ 그래프의 수정

출력된 그래프를 더블클릭하면 [도표 편집기]가 나타난다. y의 값 1과 0의 그룹 간 차이를 알 수 있도록 타점할 마크를 바꾼다.

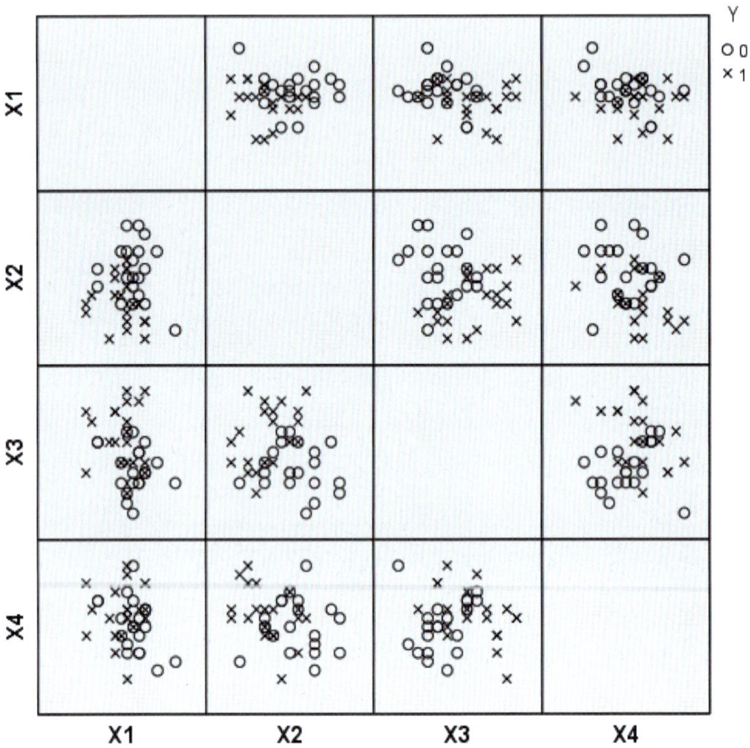

■ **주성분점수의 산점도**

세 개의 변수의 관계라면 3차원 산점도를 작성해서 시각적으로 분석하는 것이 가능한데, 3차원 산점도는 반드시 보기 쉬운 것은 아니다. 또한 네 개 이상의 변수가 등장하면, 1매의 산점도로 관계를 파악하는 것은 불가능하다. 변수가 세 개 이상 있을 때에는 설명변수를 주성분분석으로 처리해서, 그 결과로서 얻어지는 주성분점수를 산점도로 표현하는 것도 하나의 방법이다. 주성분분석(principle component analysis)은 복수의 변수를 통합해서 새로운 소수의 변수를 작성하는 수법으로 통합한 변수를 주성분이라 부르고, 주성분의 구체적인 수치를 주성분점수(principle score)라고 부른다.

[SPSS의 처리 절차]

[순서 1] 데이터의 입력

[순서 2] 분석 수법의 선택

메뉴에서 [분석]-[차원축소]-[요인분석]을 선택한다.

[순서 3] 변수의 설정

다음의 대화상자에서 [변수]에 'x_1, x_2, x_3, x_4'를 설정한다. [점수]를 클릭한다.

[순서 4] 요인점수 설정

[요인점수] 대화상자에서 다음과 같이 설정하고 [계속]을 클릭한다.

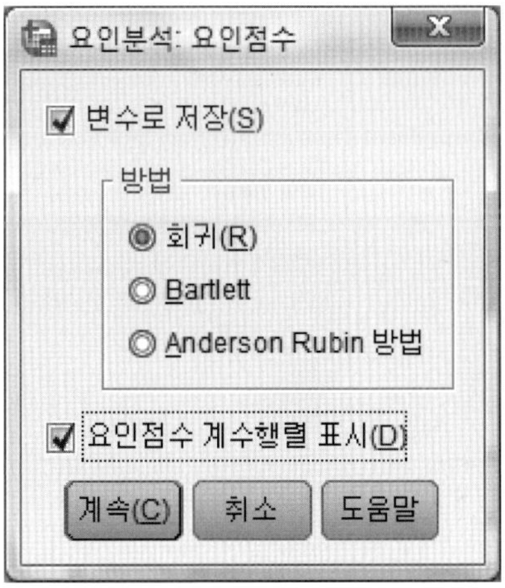

앞의 화면으로 되돌아오는데, 나머지 다른 탭은 초기설정 상태를 그대로 유지한다.

여기에서 [확인]을 클릭한다.

데이터 시트에 주성분점수가 출력된 것을 확인할 수 있다.

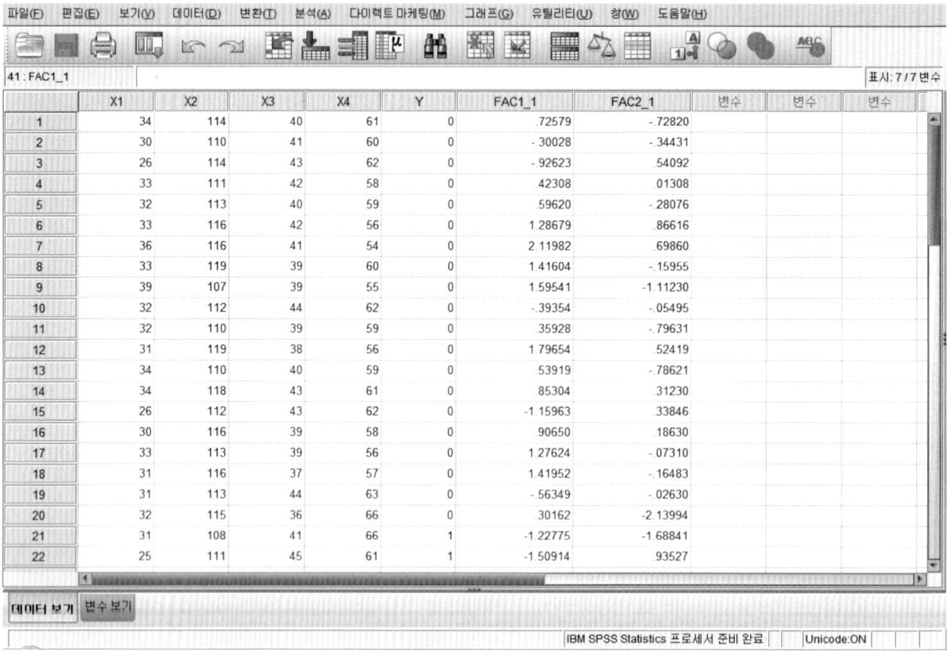

	X1	X2	X3	X4	Y	FAC1_1	FAC2_1	변수	변수	변수
1	34	114	40	61	0	.72579	-.72820			
2	30	110	41	60	0	-.30028	-.34431			
3	26	114	43	62	0	-.92623	.54092			
4	33	111	42	58	0	.42308	.01308			
5	32	113	40	59	0	.59620	-.28076			
6	33	116	42	56	0	1.28679	.86616			
7	36	116	41	54	0	2.11982	.69860			
8	33	119	39	60	0	1.41604	-.15955			
9	39	107	39	55	0	1.59541	-1.11230			
10	32	112	44	62	0	-.39354	-.05495			
11	32	110	39	59	0	.35928	-.79631			
12	31	119	38	56	0	1.79654	.52419			
13	34	110	40	59	0	.53919	-.78621			
14	34	118	43	61	0	.85304	.31230			
15	26	112	43	62	0	-1.15963	.33846			
16	30	116	39	58	0	.90650	.18630			
17	33	113	39	56	0	1.27624	-.07310			
18	31	116	37	57	0	1.41952	-.16483			
19	31	113	44	63	0	-.56349	-.02630			
20	32	115	36	66	0	.30162	-2.13994			
21	31	108	41	66	1	-1.22775	-1.68841			
22	25	111	45	61	1	-1.50914	.93527			

[순서 5] 산점도 작성

(1) 변수의 설정

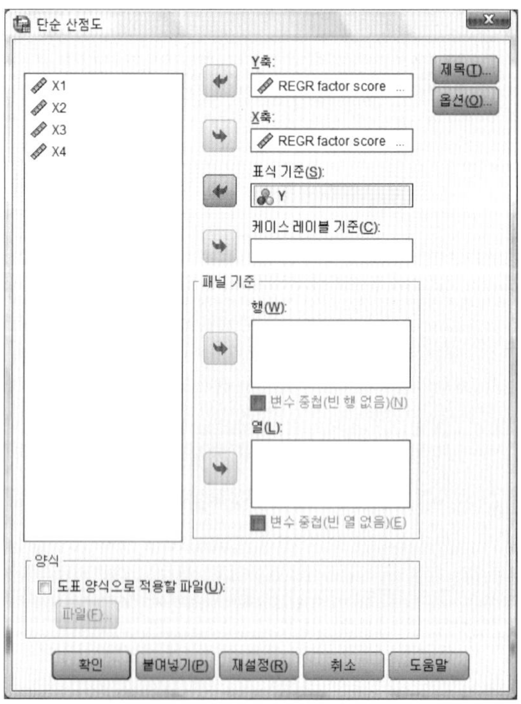

(2) 산점도 출력 및 수정

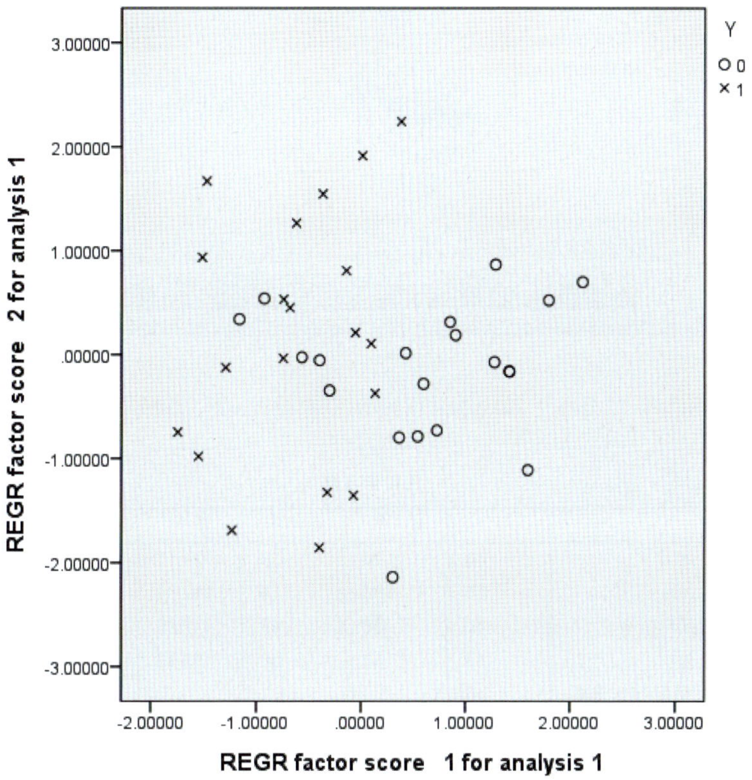

제1주성분의 큰 쪽에 0 그룹, 작은 쪽에 1 그룹이 배치되어 있는 것을 알 수 있다. 제2주성분은 0과 1의 차이에는 관련이 없어 보인다.

나. 기본통계량과 검정에 의한 수치적 분석

■ 평균치와 표준편차

예제 6-3의 데이터에 대해서 1변수마다 평균치와 표준편차를 파악해 놓는다.

[SPSS의 처리 절차]

[순서 1] 데이터의 입력

[순서 2] 분석 수법의 선택

메뉴에서 [분석]-[기술통계량]-[기술통계]를 선택한다.

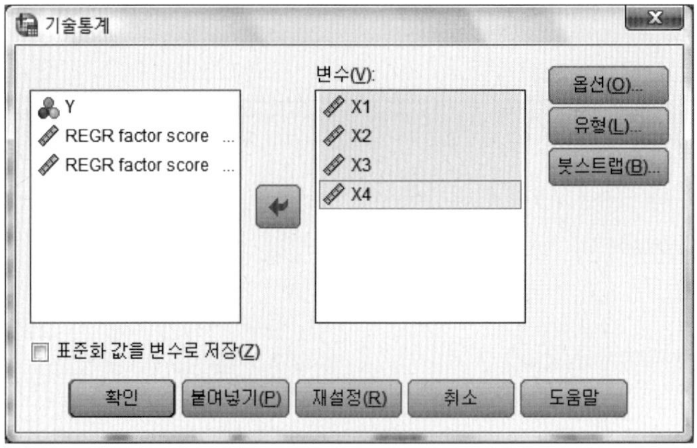

위와 같이 변수를 설정하고 [확인]을 클릭하면 분석결과가 출력된다.

기술통계량

	N	최소값	최대값	평균	표준편차
X1	40	24	39	31.10	3.103
X2	40	106	119	112.00	3.419
X3	40	36	48	42.05	3.080
X4	40	53	66	59.82	3.088
유효 N(목록별)	40				

그리고 목적변수의 그룹으로 나누어서 평균치와 표준편차를 구한다.

기술통계량

Y		N	최소값	최대값	평균	표준편차
0	X1	20	26	39	32.10	2.936
	X2	20	107	119	113.70	3.230
	X3	20	36	44	40.45	2.282
	X4	20	54	66	59.20	3.037
	유효 N(목록별)	20				
1	X1	20	24	34	30.10	3.007
	X2	20	106	115	110.30	2.736
	X3	20	38	48	43.65	2.978
	X4	20	53	66	60.45	3.086
	유효 N(목록별)	20				

목적변수 y값이 0과 1 사이에서 평균치의 차가 큰 변수는 어느 것인지를 파악해 놓으면 좋다.

[순서 3] 파일분할

(1) 위와 같이 목적변수의 그룹으로 나누어서 기술통계량을 구하려면, 먼저 메뉴에서 [데이터]-[파일분할]을 선택한다.

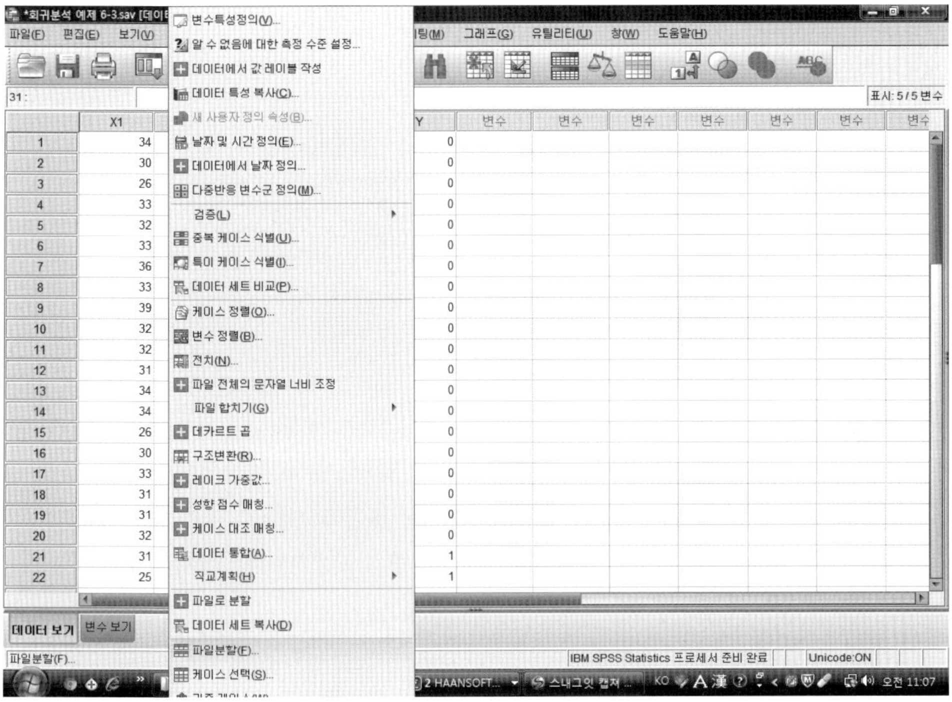

(2) [파일분할] 대화상자에서 다음과 같이 설정하고 [확인]을 클릭한다.

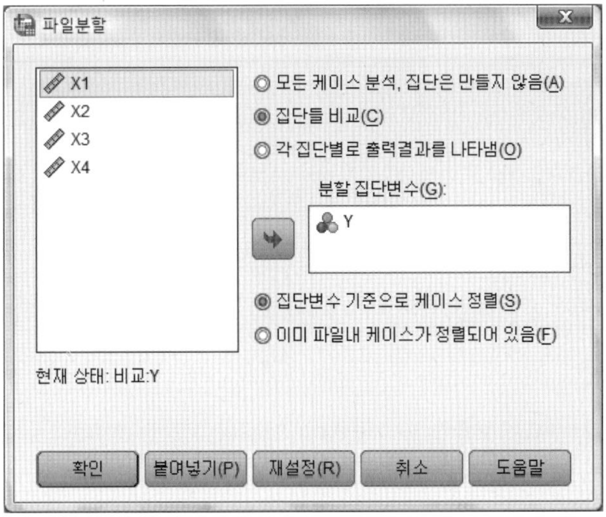

그런 다음에 [순서 2]에 따라 기술통계량을 구하면 된다.

그리고 평균치의 차에 통계적인 유의차가 있는지 어떤지를 보려면, 다음과 같은 검정 수법을 활용할 수 있다.

1. t검정(또는 분산분석)
2. Mann-Whitney 검정

단, 이 수법에서는 y가 설명변수(독립변수)의 역할을 한다.

■ 평균치의 차에 대한 검정

t검정과 Mann-Whitney 검정을 실시한다.

① t검정

t검정을 위해서는 먼저 위에서 실시한 [파일분할]을 원래대로 [모든 케이스 분석, 집단은 만들지 않음]을 선택하여 원상복구를 해 놓아야 한다.

그런 다음에 메뉴에서 [분석]-[평균 비교]-[독립표본 T검정]을 선택한다.

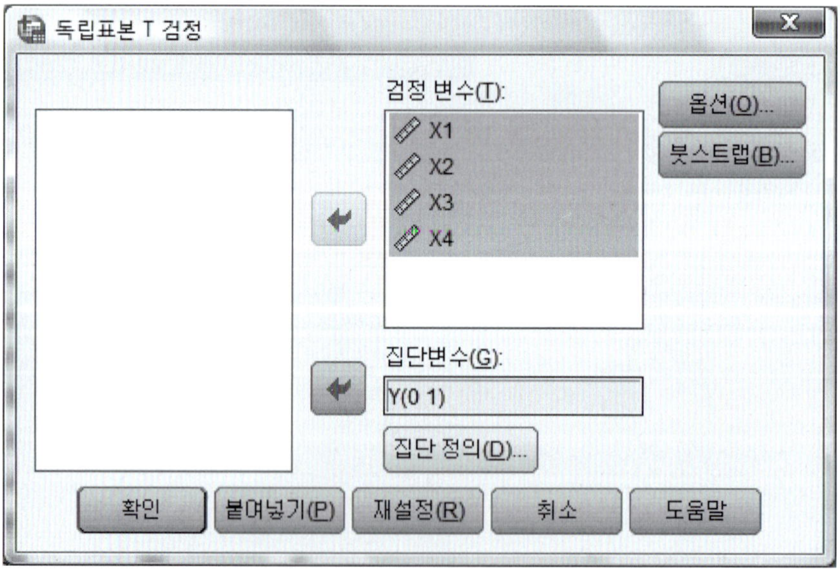

위와 같이 설정하고 [확인]을 클릭하면 분석결과가 출력된다.

독립표본검정

		Levene의 등분산 검정		평균의 동일성에 대한 T 검정						
									차이의 95% 신뢰구간	
		F	유의확률	t	자유도	유의확률 (양측)	평균차이	차이의 표준오차	하한	상한
X1	등분산을 가정함	.184	.671	2.128	38	.040	2.000	.940	.098	3.902
	등분산을 가정하지 않음			2.128	37.978	.040	2.000	.940	.098	3.902
X2	등분산을 가정함	.492	.487	3.592	38	.001	3.400	.946	1.484	5.316
	등분산을 가정하지 않음			3.592	36.999	.001	3.400	.946	1.482	5.318
X3	등분산을 가정함	2.484	.123	-3.814	38	.000	-3.200	.839	-4.898	-1.502
	등분산을 가정하지 않음			-3.814	35.591	.001	-3.200	.839	-4.902	-1.498
X4	등분산을 가정함	.080	.779	-1.291	38	.204	-1.250	.968	-3.210	.710
	등분산을 가정하지 않음			-1.291	37.990	.204	-1.250	.968	-3.210	.710

② Mann-Whitney 검정

Mann-Whitney 검정은 2표본 t검정에 대응시킨 비모수적 수법이다. A군과 B군의 비교를 한다고 하면,

귀무가설 H_0 : A군의 중심 = B군의 중심

대립가설 H_1 : A군의 중심 ≠ B군의 중심

이라고 하는 가설을 설정해서 검정한다.

Mann-Whitney의 검정통계량 U, Wilcoxon의 순위합검정통계량을 W라 하면

$$U = W - \frac{N(N+1)}{2}$$

가 성립한다.

단, W는 두 그룹의 순위합이 작은 쪽
N은 그 그룹의 데이터 수

Mann-Whitney 검정을 위해서는, 먼저 메뉴에서 [분석]-[비모수검정]-[레거시 대화상자]-[2-독립표본]을 선택한다.

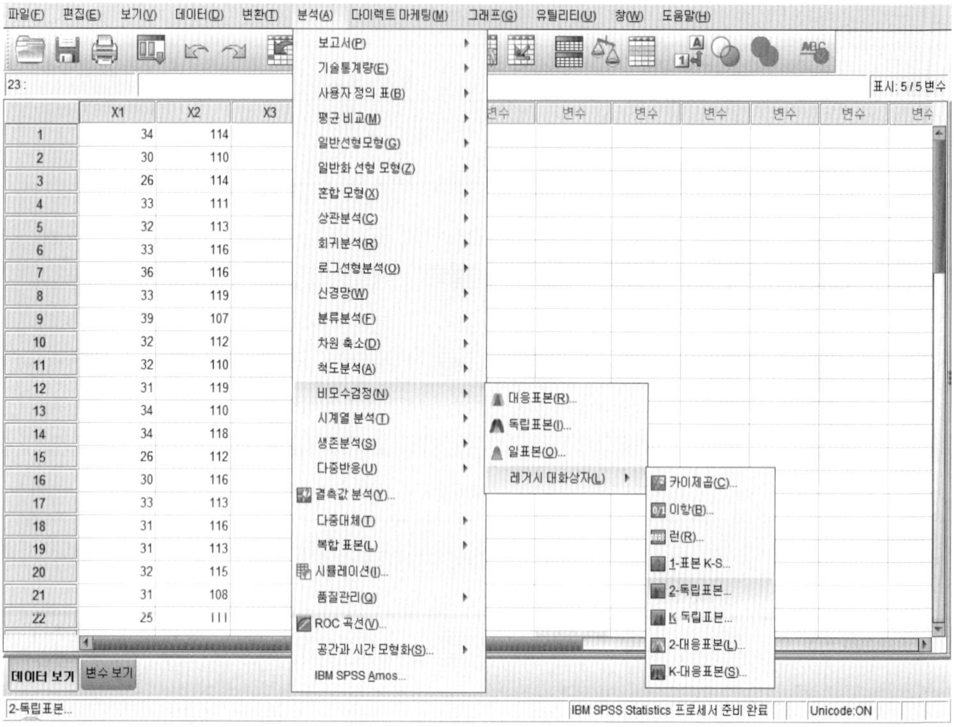

[2-독립표본 비모수검정] 대화상자에서 다음과 같이 설정하고 [확인]을 클릭하면 분석결과가 출력된다.

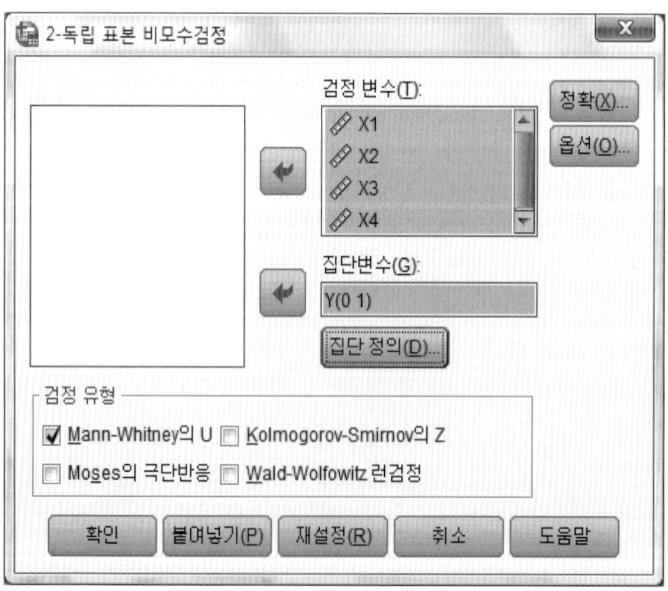

검정 통계량[a]

	X1	X2	X3	X4
Mann-Whitney의 U	121.000	86.500	82.000	153.000
Wilcoxon의 W	331.000	296.500	292.000	363.000
Z	-2.162	-3.084	-3.210	-1.280
근사 유의확률(양측)	.031	.002	.001	.201
정확 유의확률[2*(단측 유의확률)]	.033[b]	.002[b]	.001[b]	.211[b]

a. 집단변수: Y

b. 동순위에 대해 수정된 사항이 없습니다.

t검정이나 Mann-Whitney 검정 어느 쪽에 있어서도 x_4만이 1과 0의 각 그룹의 평균치에 대한 차에 유의성이 보이지 않는다.

■ 상관행렬

설명변수 간의 직선관계의 강도는 상관계수에 의해서 파악할 수 있다. 변수가 세 개 이상일 때에는, 이 상관계수를 요소로 하는 행렬의 형태로 정리하면 보기 쉽게 된다. 이와 같은 행렬을 상관행렬이라고 한다.

상관관계

		X1	X2	X3	X4
X1	Pearson 상관	1	.043	-.266	-.252
	유의확률 (양측)		.790	.097	.116
	N	40	40	40	40
X2	Pearson 상관	.043	1	-.161	-.270
	유의확률 (양측)	.790		.322	.093
	N	40	40	40	40
X3	Pearson 상관	-.266	-.161	1	-.040
	유의확률 (양측)	.097	.322		.809
	N	40	40	40	40
X4	Pearson 상관	-.252	-.270	-.040	1
	유의확률 (양측)	.116	.093	.809	
	N	40	40	40	40

상관계수는 모두 0.3 이하이며, 1 또는 −1에 가까운 것은 없다. 또한 모두 유의하지 않아서 상관관계는 인정되지 않는다. 이 사실은 로지스틱 회귀분석을 실시하는 데 있어서 좋은 상황에 있다고 할 수 있다. 왜냐하면, 로지스틱 회귀분석에 있어서 설명변수끼리는 무관계하

다는 것이 안정된 결과를 얻는 데 이상적인 상황이 되기 때문이다.

■ 다중공선성의 진단

설명변수끼리에 강한 상관관계가 있거나 혹은 선형관계가 성립하고 있는 상태를 다중공선성이 있다고 한다. 다중공선성이 있으면, 회귀식이 불안정한 것이 되어 불가해한 결과가 얻어지는 원인이 된다. 불가해한 결과란 다음과 같은 현상이다.

- 소수의 데이터를 추가 또는 삭제한 것만으로 회귀식이 크게 변화한다.
- 다른 데이터에 적용하면, 회귀식이 크게 다른 것으로 된다.
- 회귀계수의 부호가 전문분야의 상식과 거꾸로 된다.
- 회귀식의 기여율은 높고 모형의 적합도도 양호한데, 개개의 회귀계수는 유의하게 되지 않는다.
- 회귀식이 구해지지 않는다.

이와 같은 현상이 일어날 때에는 다중공선성의 존재를 의심할 필요가 있다. 다중공선성의 체크는 앞의 상관행렬을 음미하는 것만으로는 불충분하다. 왜냐하면, 상관계수는 두 개의 설명변수 간의 상관관계밖에 볼 수 없기 때문이다. 세 개 이상이 서로 얽혀 있는 경우에는 상관계수만으로는 판단하기 어려운 점이 있다. 그래서 다중공선성의 체크에 유효한 것이 공차 및 VIF라고 하는 수치이다.

이 수치를 구하는 기능은 SPSS의 로지스틱 회귀분석 기능에는 갖추어져 있지 않은데, 통상의 회귀분석(선형 회귀분석)의 기능 중에서 사용하여 구할 수 있다.

중회귀분석

$$y \Leftrightarrow Y = b_1x_1 + b_2x_2 + \cdots + b_px_p + b_0$$

에서 $x_1, x_2, \cdots, x_p$ 중 몇 개의 독립변수 사이에 선형관계가 있을 때, 예를 들면,

$$3x_1 - 2x_2 + x_3 = 0$$

와 같은 관계식이 있을 때, "x_1, x_2, x_3 사이에 공선성이 있다"고 한다.
이와 같은 선형관계가 두 개 이상 있을 때, "다중공선성이 있다"고 한다.

SPSS 메뉴에서 먼저 [분석]-[회귀분석]-[선형]을 선택하고, 다음과 같이 변수를 설정한다.

대화상자의 [통계량]-[공선성 진단]에 체크하고 회귀분석을 실행하면 된다.

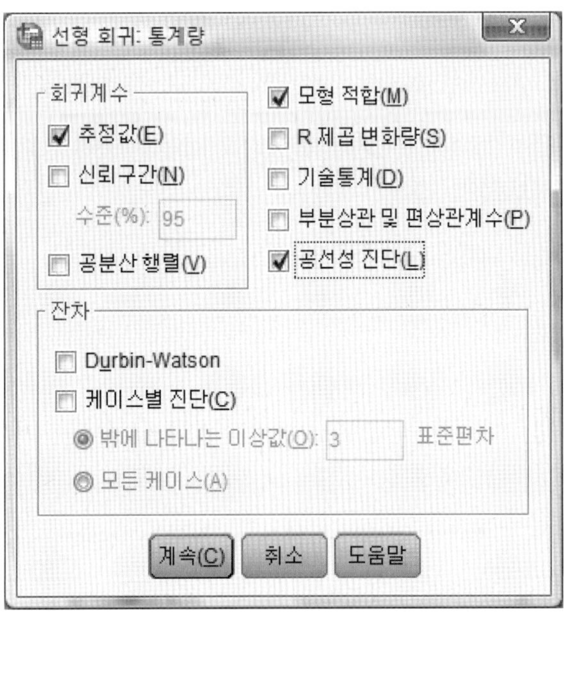

공선성 통계량으로 공차와 VIF를 구할 수 있다.

계수[a]

모형		비표준화 계수		표준화 계수	t	유의확률	공선성 통계량	
		B	표준오차	베타			공차	VIF
1	(상수)	4.755	3.312		1.436	.160		
	X1	-.030	.021	-.182	-1.404	.169	.854	1.171
	X2	-.061	.019	-.412	-3.245	.003	.892	1.121
	X3	.068	.021	.414	3.248	.003	.883	1.133
	X4	.011	.021	.064	.495	.624	.846	1.182

a. 종속변수: Y

VIF의 수치가 10 이상일 때에는 다중공선성에 의한 폐해가 일어나기 쉽다고 일컬어지고 있다.

그리고 공차와 VIF에는,

$$공차 = 1 / VIF$$

라고 하는 관계가 있으므로, 양쪽을 음미할 필요는 없다.

이 예제에서는 어느 변수의 VIF도 10 이하로 문제는 없다고 할 수 있다.

독립변수 x_i의

$$VIF = \frac{1}{공차} = \frac{1}{1 - R_i^2}$$

VIF가 5보다 클 때 공선성의 가능성이 크다.

2. 로지스틱 회귀분석의 적용

<표 6.3>의 데이터에 대해서 로지스틱 회귀분석을 실시한다.

[SPSS의 처리 절차]

[순서 1] 데이터의 입력

<표 6.3>의 데이터를 입력한다.

[순서 2] 분석 수법의 선택

메뉴에서 [분석]-[회귀분석]-[이분형 로지스틱]을 선택한다.

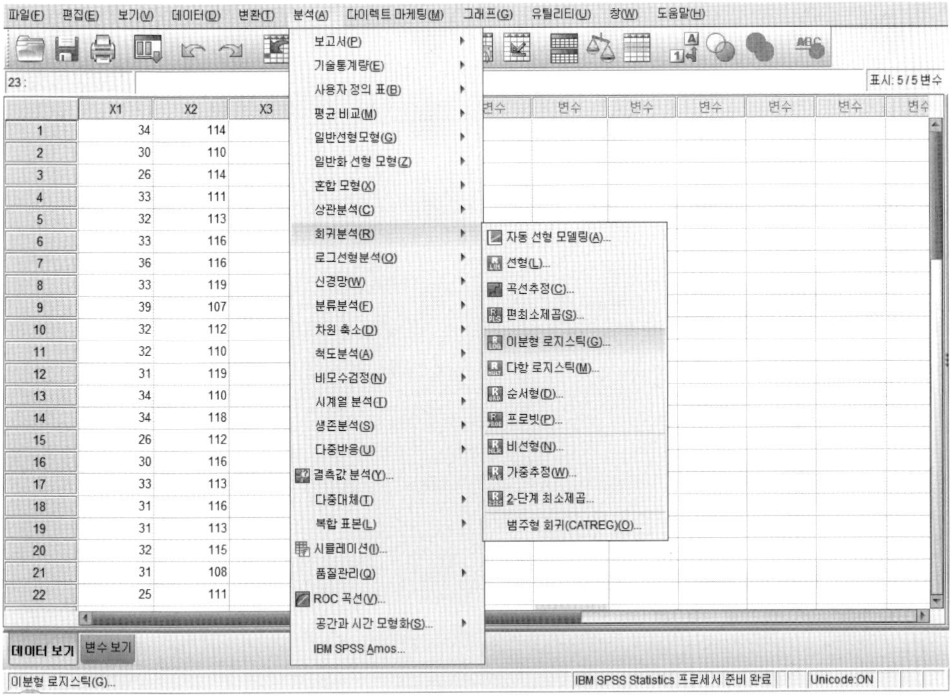

[순서 3] 변수의 설정

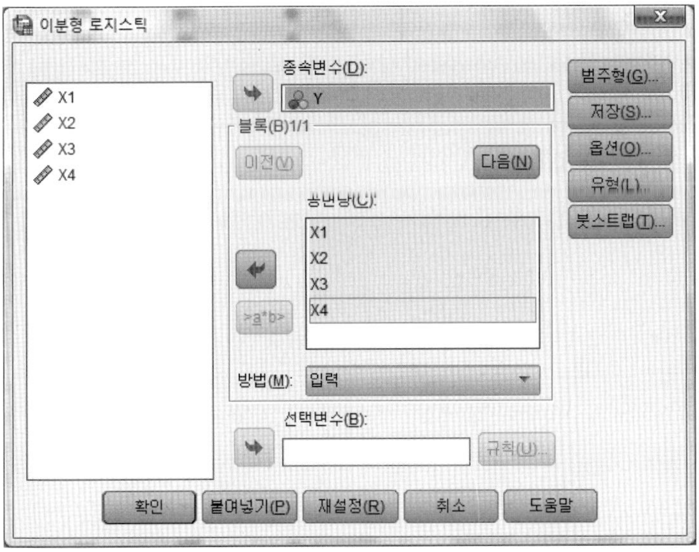

위와 같이 변수를 설정하고 [옵션]을 클릭한다.

[순서 4] 출력내용의 설정

다음의 대화상자에서 [통계량 및 도표]의 [분류도표]에 체크하고 [계속]을 클릭하면, 앞의 화면으로 되돌아온다.

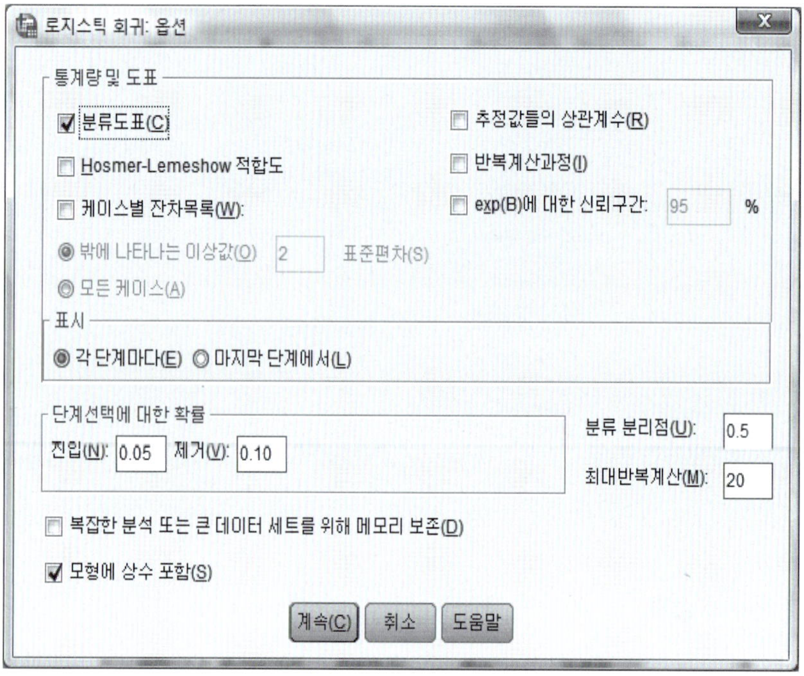

[확인]을 클릭하면 로지스틱 회귀분석의 결과가 출력된다.

로지스틱 회귀분석 결과

로지스틱 회귀분석을 적용하면 다음과 같은 결과가 얻어진다.

종속변수 인코딩

원래 값	내부 값
0	0
1	1

이 표로부터 목적변수(종속변수)에 대해서는 원래의 값을 그대로 SPSS가 처리하고 있다는 것을 알 수 있다. 1이라면 이물질 혼입이 있는 것으로 하고 있다.

(1) 회귀식

회귀식은 다음과 같다.

$$\text{logit}(\Pr(y)) = 53.463 - 0.201x_1 - 0.691x_2 + 0.646x_3 + 0.045x_4$$

방정식의 변수

		B	S.E.	Wald	자유도	유의확률	Exp(B)
1 단계[a]	X1	-.201	.199	1.026	1	.311	.818
	X2	-.691	.304	5.156	1	.023	.501
	X3	.646	.274	5.577	1	.018	1.908
	X4	.045	.196	.052	1	.820	1.046
	상수항	53.463	35.706	2.242	1	.134	1.654E+23

a. 변수가 1: X1, X2, X3, X4 단계에 입력되었습니다.

x_1과 x_2의 계수는 마이너스이기 때문에 x_1과 x_2의 수치가 늘어나면 이물질 혼입의 확률은 작아지고, x_3과 x_4의 계수는 플러스이기 때문에 x_3과 x_4의 수치가 늘어나면 물질 혼입의 확률은 커진다는 것을 알 수 있다.

(2) 회귀식의 유의성

모형 계수의 총괄 검정

		카이제곱	자유도	유의확률
1 단계	단계	27.755	4	.000
	블록	27.755	4	.000
	모형	27.755	4	.000

(3) 대수우도와 기여율

이 식의 p값은 [모형]의 [유의확률]의 수치로부터 0.000으로 되어 있다. 통상 이용되는 유의수준 0.05 이하이므로, 이 회귀식에는 의미가 있다고 판단된다.

모형 요약

단계	-2 로그 우도	Cox와 Snell의 R-제곱	Nagelkerke R-제곱
1	27.697[a]	.500	.667

a. 모수 추정값이 .001보다 작게 변경되어 계산반복수 7에서 추정을 종료하였습니다.

Cox와 Snell의 기여율과 Nagelkerke의 기여율로부터 이 회귀식의 기여율은 0.500~0.667로 생각된다.

(4) 회귀계수의 유의성

방정식의 변수

		B	S.E.	Wald	자유도	유의확률	Exp(B)
1 단계[a]	X1	-.201	.199	1.026	1	.311	.818
	X2	-.691	.304	5.156	1	.023	.501
	X3	.646	.274	5.577	1	.018	1.908
	X4	.045	.196	.052	1	.820	1.046
	상수항	53.463	35.706	2.242	1	.134	1.654E+23

a. 변수가 1: X1, X2, X3, X4 단계에 입력되었습니다.

설명변수마다의 p값은 다음과 같이 되어 있다.

$$x_1\text{의 } p\text{값} = 0.311 > 0.05$$

$$x_2\text{의 } p\text{값} = 0.023 < 0.05$$

$$x_3\text{의 } p\text{값} = 0.018 < 0.05$$

$$x_4\text{의 } p\text{값} = 0.820 > 0.05$$

유의수준을 0.05로 한다면, x_2와 x_3가 유의하고, x_1과 x_4는 유의하지 않다고 하는 결론이 얻어진다. 유의하지 않은 설명변수를 제거하고 다시 로지스틱 회귀분석을 실행해 봐야 할 것이다. 단, 유의하지 않은 설명변수를 동시에 두 개 이상 제거하는 것이 아니라, 하나씩 제거하지 않으면 안 된다.

(5) 적중률

분류표[a]

관측됨			예측 Y 0	예측 Y 1	분류정확 %
1 단계	Y	0	16	4	80.0
		1	3	17	85.0
	전체 퍼센트				82.5

a. 절단값은 .500입니다.

이물질 혼입 없음의 80%, 이물질 혼입 있음의 85%를 적중시키고 있다는 것을 알 수 있다.

(6) 분류도표

```
            Step number: 1

            Observed Groups and Predicted Probabilities

       8 +                                                                                                    +
         I                                                                                                    I
         I                                                                                                    I
F        I                                                                                                    I
R      6 +0                                                                                                   +
E        I0                                                                                                   I
Q        I0                                                                                                   I
U        I0                                                                                                   I
E      4 +0                                                                                                   +
N        I0                                                                                                   I
C        I0 0                                                                                                1I
Y        I0 0                                                                                                1I
       2 +0 0                                                 1                                       1    1 1+
         I0 0                                                 1                                       1    1 1I
         I000   0                0 1  0 1  0          10   0  1 1   0    0  1  0    1    01      11   1   1111I
         I000   0                0 1  0 1  0          10   0  1 1   0    0  1  0    1    01      11   1   1111I
Predicted ---------+---------+---------+---------+---------+---------+---------+---------+---------+----------
  Prob:   0        .1        .2        .3        .4        .5        .6        .7        .8        .9         1
  Group:  0000000000000000000000000000000000000000000000000011111111111111111111111111111111111111111111111111

          Predicted Probability is of Membership for 1
          The Cut Value is .50
          Symbols: 0 - 0
                   1 - 1
          Each Symbol Represents .5 Cases.
```

(7) 확률의 산출과 판정

각 제품에 이물질이 혼입해 있을 확률과 판별결과(예측 그룹)는 다음과 같이 얻을 수 있다.

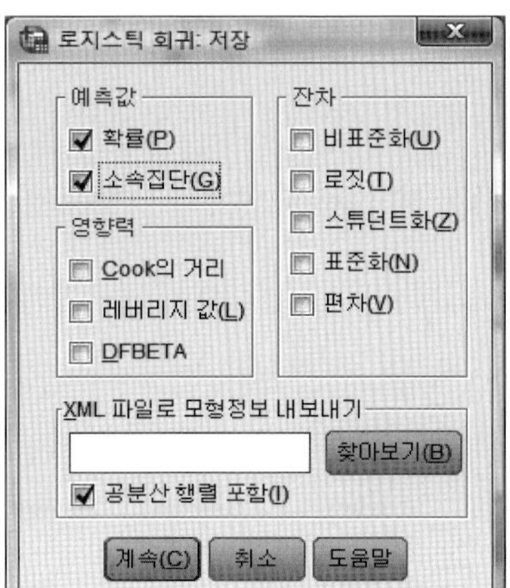

[로지스틱 회귀모형] 대화상자에서 [저장]을 클릭하여 [저장] 대화상자가 나타나면, [예측값]으로 [확률], [소속집단]에 체크한다. [계속]을 클릭한 다음에 [확인]을 클릭하면 데이터 시트에 다음과 같이 확률과 예측 그룹이 산출된다.

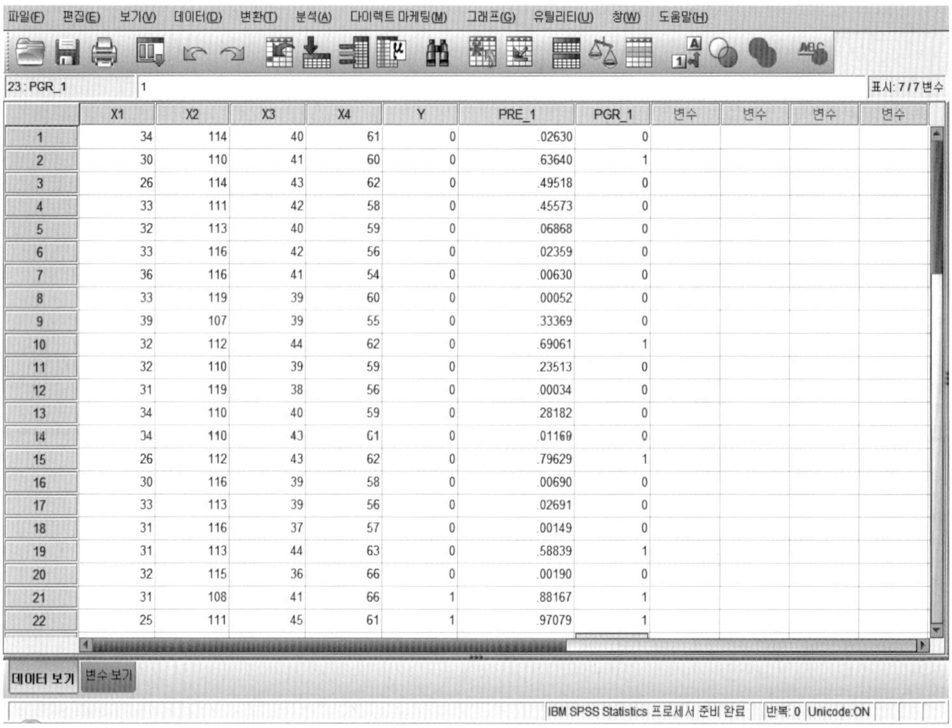

	X1	X2	X3	X4	Y	PRE_1	PGR_1
1	34	114	40	61	0	.02630	0
2	30	110	41	60	0	.63640	1
3	26	114	43	62	0	.49518	0
4	33	111	42	58	0	.45573	0
5	32	113	40	59	0	.06868	0
6	33	116	42	56	0	.02359	0
7	36	116	41	54	0	.00630	0
8	33	119	39	60	0	.00052	0
9	39	107	39	55	0	.33369	0
10	32	112	44	62	0	.69061	1
11	32	110	39	59	0	.23513	0
12	31	119	38	56	0	.00034	0
13	34	110	40	59	0	.28182	0
14	34	110	43	61	0	.01169	0
15	26	112	43	62	0	.79629	1
16	30	116	39	58	0	.00690	0
17	33	113	39	56	0	.02691	0
18	31	116	37	57	0	.00149	0
19	31	113	44	63	0	.58839	1
20	32	115	36	66	0	.00190	0
21	31	108	41	66	1	.88167	1
22	25	111	45	61	1	.97079	1

확률이

0.5보다 크다면, 1 그룹(이물질 혼입 있음)

0.5보다 작다면, 0 그룹(이물질 혼입 없음)

으로 판정한다.

판정결과 번호 2, 10, 15, 19, 25, 28, 32번 등은 오판별로 밝혀졌다.

(8) 확률의 활용

앞의 확률은

$$\text{logit}(\Pr(y)) = 53.463 - 0.201x_1 - 0.691x_2 + 0.646x_3 + 0.045x_4$$

로부터

$$\Pr(y) = 1/(1 + \mathrm{Exp}(-53.463 + 0.201x_1 + 0.691x_2 - 0.646x_3 - 0.045x_4))$$

로 계산되고 있다. 이 사실을 이용해서 x_2, x_3, x_4를 각 변수의 평균치로 고정했을 때, x_1이 변화했을 때의 확률의 변화를 조사해 본다. 그래서 다음의 계산을 실시한다.

기술통계량

	N	최소값	최대값	평균	표준편차
X1	40	24	39	31.10	3.103
X2	40	106	119	112.00	3.419
X3	40	36	48	42.05	3.080
X4	40	53	66	59.83	3.088
유효수 (목록별)	40				

$$\Pr(y) = 1/(1 + \mathrm{Exp}(-53.463 + 0.201x_1 + 0.691 \times 112 - 0.646 \times 42.05 - 0.045 \times 59.83))$$

이를 위해서는 SPSS의 계산기능을 이용한다. 메뉴에서 [변환]-[변수 계산]을 선택한다. 계산결과는 px1으로 해서 [목표변수]에 투입하고, [숫자표현식]에 위의 계산식을 입력한다.

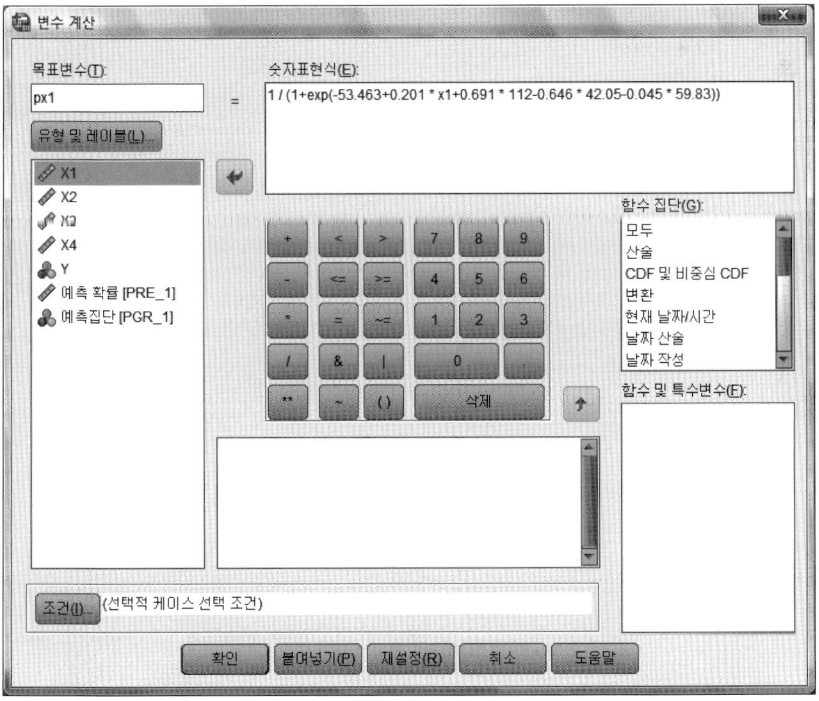

[확인]을 클릭하면 x_1이 변화했을 때의 확률의 값을 px1이라고 하는 변수로서 얻을 수 있다. 같은 계산을 설명변수마다 반복함으로써 px2, px3, px4를 얻을 수 있다.

x_2가 변화했을 때의 확률의 값(x_1, x_3, x_4를 고정)을 px2,

x_3가 변화했을 때의 확률의 값(x_1, x_2, x_4를 고정)을 px3,

x_4가 변화했을 때의 확률의 값(x_1, x_2, x_3를 고정)을 px4

라고 하는 변수로서 얻을 수 있다.

px1, px2, px3, px4의 각각을 사용해서 x_1, x_2, x_3, x_4의 설명변수마다 확률의 평균치를 계산할 수 있다. 이 수치가 어떻게 변화하는지를 봄으로써 설명변수의 변화에 따르는 확률의 변화를 파악할 수 있다.

SPSS에서는 메뉴에서 [분석]-[평균 비교]-[평균분석]을 선택한다. x_1에 대해서 검토한다면, [종속변수]에 'px1', [독립변수]에 'x_1'을 투입한다.

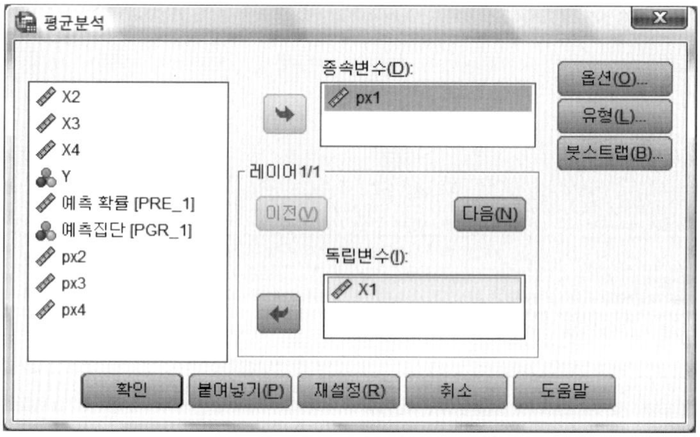

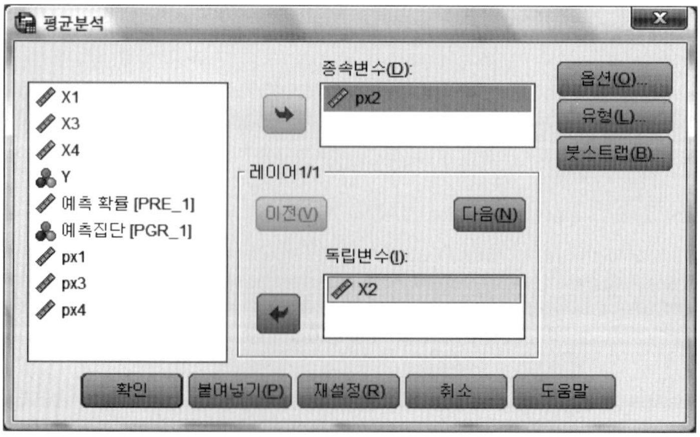

모든 변수에 대해서 이 조작을 반복함으로써 다음과 같은 결과를 얻을 수 있다.

보고서

px1

X1	평균	N
24	.7509	2
25	.7115	1
26	.6686	2
28	.5744	1
29	.5246	3
30	.4744	3
31	.4247	10
32	.3765	5
33	.3306	5
34	.2877	6
36	.2128	1
39	.1288	1
전체	.4243	40

보고서

px2

X2	평균	N
106	.9786	2
107	.9582	2
108	.9199	3
109	.8519	2
110	.7424	6
111	.5909	4
112	.4198	3
113	.2661	4
114	.1538	5
115	.0834	2
116	.0436	4
118	.0113	1
119	.0057	2
전체	.4653	40

보고서

px3

X3	평균	N
36	.0143	1
37	.0270	1
38	.0502	2
39	.0916	5
40	.1614	5
41	.2686	6
42	.4120	2
43	.5721	6
44	.7183	3
45	.8295	2
46	.9028	3
47	.9466	2
48	.9713	2
전체	.4408	40

보고서

px4

X4	평균	N
53	.3473	1
54	.3576	1
55	.3680	1
56	.3785	4
57	.3892	1
58	.3999	5
59	.4108	4
60	.4217	6
61	.4327	7
62	.4438	3
63	.4549	2
64	.4661	2
65	.4773	1
66	.4886	2
전체	.4201	40

데이터 시트에는 px1, px2, px3, px4의 확률 값이 새로운 변수로서 생성되어 있다.

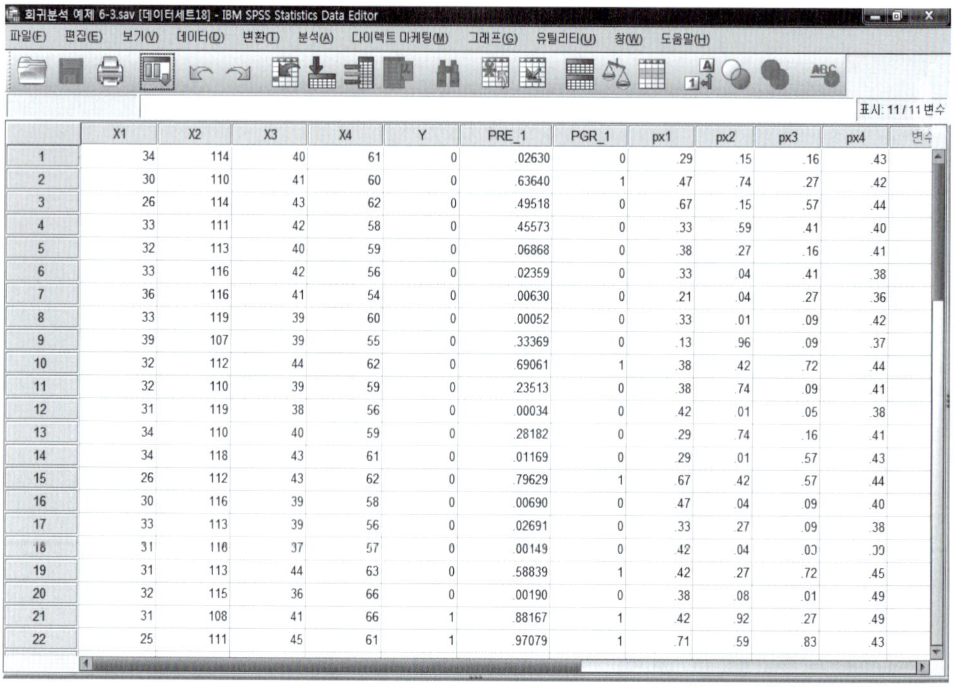

	X1	X2	X3	X4	Y	PRE_1	PGR_1	px1	px2	px3	px4	변수
1	34	114	40	61	0	.02630	0	.29	.15	.16	.43	
2	30	110	41	60	0	.63640	1	.47	.74	.27	.42	
3	26	114	43	62	0	.49518	0	.67	.15	.57	.44	
4	33	111	42	58	0	.45573	0	.33	.59	.41	.40	
5	32	113	40	59	0	.06868	0	.38	.27	.16	.41	
6	33	116	42	56	0	.02359	0	.33	.04	.41	.38	
7	36	116	41	54	0	.00630	0	.21	.04	.27	.36	
8	33	119	39	60	0	.00052	0	.33	.01	.09	.42	
9	39	107	39	55	0	.33369	0	.13	.96	.09	.37	
10	32	112	44	62	0	.69061	1	.38	.42	.72	.44	
11	32	110	39	59	0	.23513	0	.38	.74	.09	.41	
12	31	119	38	56	0	.00034	0	.42	.01	.05	.38	
13	34	110	40	59	0	.28182	0	.29	.74	.16	.41	
14	34	118	43	61	0	.01169	0	.29	.01	.57	.43	
15	26	112	43	62	0	.79629	1	.67	.42	.57	.44	
16	30	116	39	58	0	.00690	0	.47	.04	.09	.40	
17	33	113	39	56	0	.02691	0	.33	.27	.09	.38	
18	31	118	37	57	0	.00149	0	.42	.04	.03	.39	
19	31	113	44	63	0	.58839	1	.42	.27	.72	.45	
20	32	115	36	66	0	.00190	0	.38	.08	.01	.49	
21	31	108	41	66	1	.88167	1	.42	.92	.27	.49	
22	25	111	45	61	1	.97079	1	.71	.59	.83	.43	

위의 분석결과로부터

x_1이 24에서 39로 변했을 때, 확률은 0.7509에서 0.1288로,

x_2이 106에서 119로 변했을 때, 확률은 0.9786에서 0.0057로,

x_3이 36에서 48로 변했을 때, 확률은 0.0143에서 0.9713으로,

x_4이 53에서 66으로 변했을 때, 확률은 0.3473에서 0.4886으로

변화하는 것을 알 수 있다.

x_1에 대해서 범위 = 0.7509 − 0.1288 = 0.6221

x_2에 대해서 범위 = 0.9786 − 0.0057 = 0.9729

x_3에 대해서 범위 = 0.9713 − 0.0143 = 0.9570

x_4에 대해서 범위 = 0.4886 − 0.3473 = 0.1413

이 된다.

이상의 결과로부터 x_2와 x_3가 이물질 혼입의 확률에 큰 영향을 미치고 있다고 하는 사실을 알 수 있다. 또한 어느 정도의 확률의 변화를 가져오는지를 확인할 수 있다.

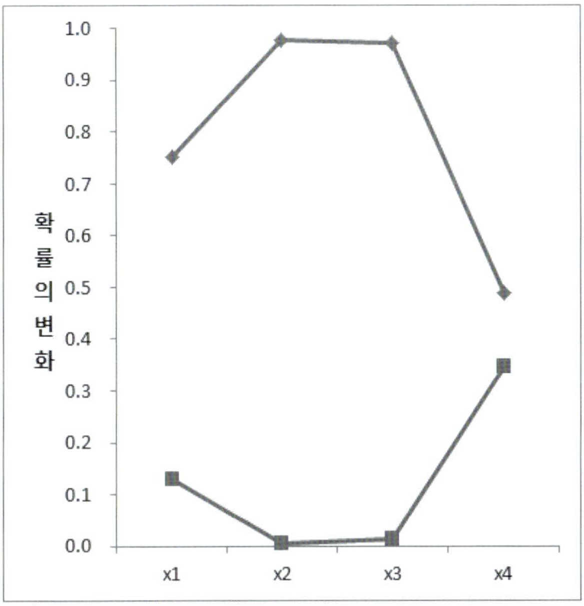

3. 단변량의 로지스틱 회귀분석

<표 6.3>은 설명변수가 4개 있고, 이것들 모두를 이용한 로지스틱 회귀분석의 결과를 살펴보았는데, 1변수씩 문제 삼은 로지스틱 회귀분석도 실시하면 새로운 견해를 얻는 경우도 있다. 그래서 설명변수로서 1변수를 이용해서 로지스틱 회귀분석을 실시한 결과를 보이면 다음과 같다.

■ x_1을 설명변수로 하는 로지스틱 회귀분석

(1) 회귀식

방정식의 변수

		B	S.E.	Wald	자유도	유의확률	Exp(B)
1 단계[a]	X1	-.247	.129	3.687	1	.055	.781
	상수항	7.698	4.036	3.639	1	.056	2204.473

a. 변수가 1. X1 단계에 입력되었습니다.

(2) 대수우도와 기여율

모형 요약

단계	-2 로그 우도	Cox와 Snell의 R-제곱	Nagelkerke R-제곱
1	50.875[a]	.108	.144

a. 모수 추정값이 .001보다 작게 변경되어 계산반복수 4에서 추정을 종료하였습니다.

(3) 적중률

분류표[a]

관측됨			예측 Y 0	예측 Y 1	분류정확 %
1 단계	Y	0	13	7	65.0
		1	5	15	75.0
	전체 퍼센트				70.0

a. 절단값은 .500입니다.

■ x_2를 설명변수로 하는 로지스틱 회귀분석

(1) 회귀식

방정식의 변수

		B	S.E.	Wald	자유도	유의확률	Exp(B)
1 단계[a]	X2	-.382	.135	8.008	1	.005	.683
	상수항	42.728	15.095	8.012	1	.005	3.601E+18

a. 변수가 1: X2 단계에 입력되었습니다.

(2) 대수우도와 기여율

모형 요약

단계	-2 로그 우도	Cox와 Snell의 R-제곱	Nagelkerke R-제곱
1	44.056[a]	.248	.331

a. 모수 추정값이 .001보다 작게 변경되어 계산반복수 5에서 추정을 종료하였습니다.

(3) 적중률

분류표[a]

관측됨			예측 Y 0	예측 Y 1	분류정확 %
1 단계	Y	0	15	5	75.0
		1	6	14	70.0
	전체 퍼센트				72.5

a. 절단값은 .500입니다.

■ x_3를 설명변수로 하는 로지스틱 회귀분석

(1) 회귀식

방정식의 변수

		B	S.E.	Wald	자유도	유의확률	Exp(B)
1 단계[a]	X3	.451	.154	8.540	1	.003	1.570
	상수항	-18.922	6.467	8.562	1	.003	.000

a. 변수가 1: X3 단계에 입력되었습니다.

(2) 대수우도와 기여율

모형 요약

단계	-2 로그 우도	Cox와 Snell의 R-제곱	Nagelkerke R-제곱
1	42.916[a]	.269	.359

a. 모수 추정값이 .001보다 작게 변경되어 계산반복수 5에서 추정을 종료하였습니다.

(3) 적중률

분류표[a]

관측됨			예측 Y 0	예측 Y 1	분류정확 %
1 단계	Y	0	13	7	65.0
		1	7	13	65.0
	전체 퍼센트				65.0

a. 절단값은 .500입니다.

■ x_4를 설명변수로 하는 로지스틱 회귀분석

(1) 회귀식

방정식의 변수

		B	S.E.	Wald	자유도	유의확률	Exp(B)
1 단계[a]	X4	.140	.110	1.617	1	.204	1.150
	상수항	-8.369	6.590	1.613	1	.204	.000

a. 변수가 1: X4 단계에 입력되었습니다.

(2) 대수우도와 기여율

모형 요약

단계	-2 로그 우도	Cox와 Snell의 R-제곱	Nagelkerke R-제곱
1	53.738[a]	.042	.056

a. 모수 추정값이 .001보다 작게 변경되어 계산반복수 4에서 추정을 종료하였습니다.

(3) 적중률

분류표[a]

관측됨			예측 Y 0	예측 Y 1	분류정확 %
1 단계	Y	0	11	9	55.0
		1	6	14	70.0
	전체 퍼센트				62.5

a. 절단값은 .500입니다.

이상의 결과를 모든 변수를 이용한 다변량분석의 결과와 합쳐서 다음과 같은 일람표로 정리했다.

단변량분석의 결과

	편회귀계수	p값	Nagelkerke R^2	적중률
x_1	−0.247	0.055	0.144	70.0
x_2	−0.382	0.005	0.331	72.5
x_3	0.451	0.003	0.359	65.0
x_4	0.140	0.204	0.056	62.5

다변량분석의 결과

	편회귀계수	p값	Nagelkerke R^2	적중률
x_1	−0.201	0.311	0.667	82.5
x_2	−0.691	0.023		
x_3	0.646	0.018		
x_4	0.045	0.820		

CHAPTER

7

로지스틱 회귀분석의 응용

CHAPTER 7

로지스틱 회귀분석의 응용

7.1 범주형 변수와 더미 변수

[예제 7-1]

다음의 <표 7-1>은 예제 6-3의 데이터에 설명변수 c_5를 추가한 것이다. 이 데이터에 로지스틱 회귀분석을 적용해 보기로 한다. c_5는 제품에 쓰이고 있는 재료의 종류로 A와 B의 두 종류이다. 이와 같이 수치로 표현할 수 없는 데이터로 구성되는 변수를 범주형 변수(혹은 질적 변수)라고 부르고 있다.

범주형 변수를 설명변수로 이용할 때에는, 다음과 같이 수치화해서 처리를 한다.

A일 때 1
B일 때 0

이와 같이 1과 0만으로 작성한 변수를 더미 변수라고 한다. 지표변수 혹은 지시변수라고 부르는 경우도 있다. c_5를 더미 변수로 한 것이 x_5이다.

A일 때 0
B일 때 1

로 해도 좋고, 어느 쪽을 0으로 할 것인지는 임으로 정하면 된다. 0으로 한 범주가 기준이 되고, 결과를 해석할 때에는 '1로 한 범주'는 '0으로 한 범주에 비해서' 어떤가 하는 입장에서 생각한다.

SPSS의 로지스틱 회귀분석에서는 더미 변수를 스스로 작성할 필요는 없고, c_5의 형식으로 입력해서, 범주형 변수라는 것을 대화상자에서 지정하면 자동적으로 내부에서 더미 변수를 작성하여 처리하도록 되어 있다.

A일 때　1

B일 때　−1

로 하는 방법도 있다. 이때에는 범주 전체의 평균을 기준으로 해서 결과를 해석하게 된다. 1과 0에 의한 방법을 Partial법, 1과 −1에 의한 방법을 Deviation법이라고 부른다.

표 7-1 데이터표

번호	x_1	x_2	x_3	x_4	c_5	x_5	y	번호	x_1	x_2	x_3	x_4	c_5	x_5	y
1	34	114	40	61	A	1	0	21	31	108	41	66	B	0	1
2	30	110	41	60	A	1	0	22	25	111	45	61	A	1	1
3	26	114	43	62	A	1	0	23	32	110	41	59	A	1	1
4	33	111	42	58	A	1	0	24	33	110	47	61	B	0	1
5	32	113	40	59	B	0	0	25	31	114	43	61	A	1	1
6	33	116	42	56	A	1	0	26	34	108	40	64	A	1	1
7	36	116	41	54	B	0	0	27	24	109	40	64	B	0	1
8	33	119	39	60	A	1	0	28	31	109	38	61	B	0	1
9	39	107	39	55	A	1	0	29	29	114	46	56	B	0	1
10	32	112	44	62	A	1	0	30	28	106	43	60	B	0	1
11	32	110	39	59	A	1	0	31	29	111	46	58	B	0	1
12	31	119	38	56	A	1	0	32	30	111	41	58	B	0	1
13	34	110	40	59	A	1	0	33	31	114	45	60	B	0	1
14	34	118	43	61	B	0	0	34	31	112	47	53	B	0	1
15	26	112	43	62	A	1	0	35	34	106	41	61	B	0	1
16	30	116	39	58	A	1	0	36	31	115	48	60	A	1	1
17	33	113	39	56	A	1	0	37	34	108	48	60	B	0	1
18	31	116	37	57	A	1	0	38	24	110	46	58	B	0	1
19	31	113	44	63	B	0	0	39	29	113	43	63	B	0	1
20	32	115	36	66	B	0	0	40	31	107	44	65	B	0	1

<표 7-1>의 데이터에 로지스틱 회귀분석을 적용해 보자.

[SPSS의 처리 절차]

[순서 1] 데이터의 입력

예제 7-1의 데이터를 다음과 같이 입력한다.

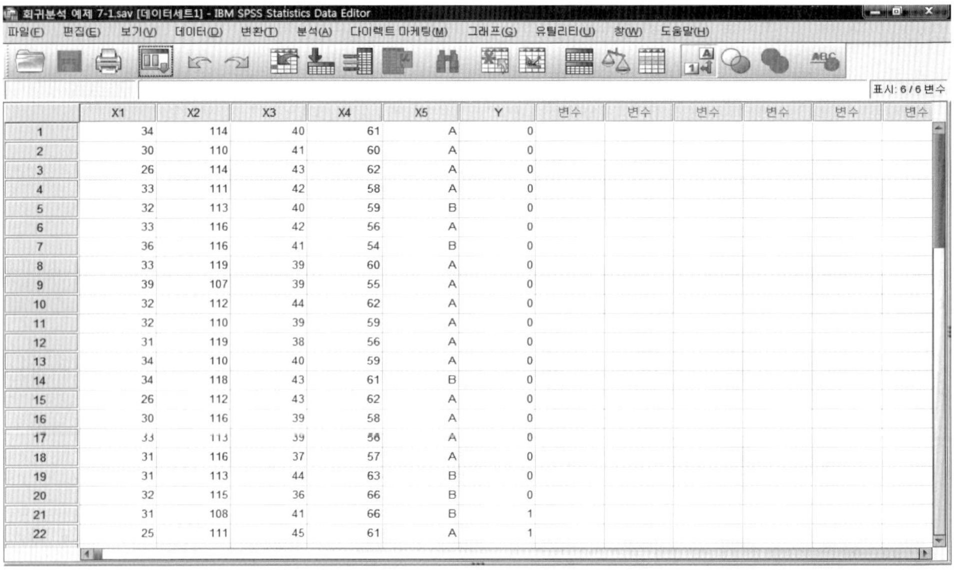

	X1	X2	X3	X4	X5	Y
1	34	114	40	61	A	0
2	30	110	41	60	A	0
3	26	114	43	62	A	0
4	33	111	42	58	A	0
5	32	113	40	59	B	0
6	33	116	42	56	A	0
7	36	116	41	54	B	0
8	33	119	39	60	A	0
9	39	107	39	55	A	0
10	32	112	44	62	A	0
11	32	110	39	59	A	0
12	31	119	38	56	A	0
13	34	110	40	59	A	0
14	34	118	43	61	B	0
15	26	112	43	62	A	0
16	30	116	39	58	A	0
17	33	113	39	56	A	0
18	31	116	37	57	A	0
19	31	113	44	63	B	0
20	32	115	36	66	B	0
21	31	108	41	66	B	1
22	25	111	45	61	A	1

[순서 2] 로지스틱 회귀분석의 선택

메뉴에서 [분석]-[회귀분석]-[이분형 로지스틱]을 선택한다.

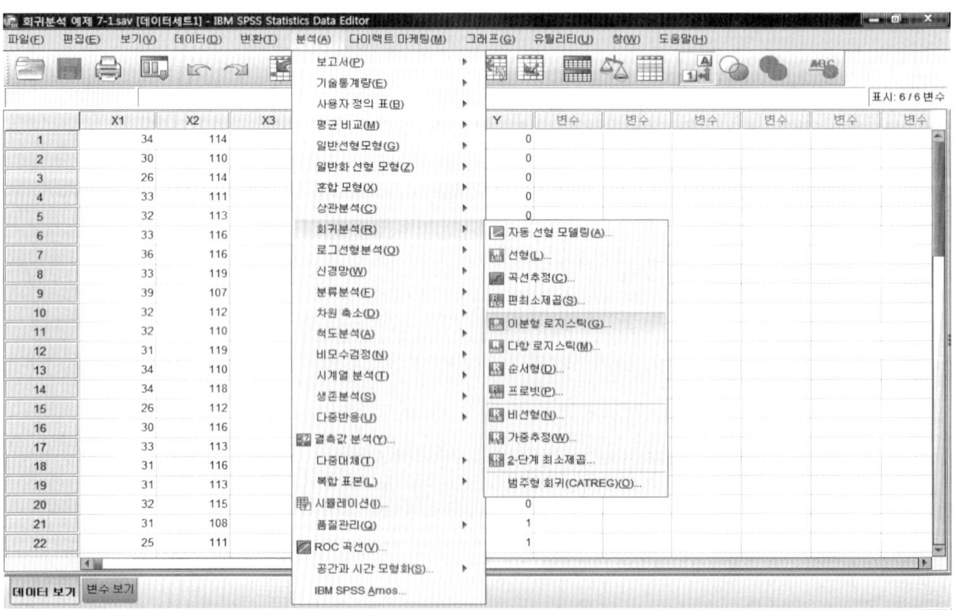

[순서 3] 변수의 설정

[종속변수]에 목적변수가 될 'y', [공변량]에 설명변수가 될 'x_1, x_2, x_3, x_4, x_5'를 투입한다.

[순서 4] 출력내용의 설정

[옵션]을 클릭하면 다음과 같은 대화상자가 나타난다. [분류도표]에 체크하고 [계속]을 클릭하면 앞의 화면으로 되돌아온다.

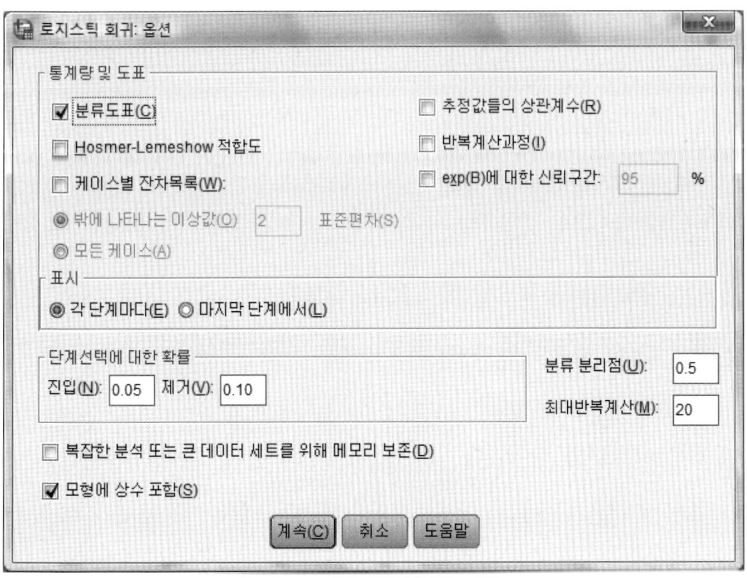

[확인]을 클릭하면 로지스틱 회귀분석의 결과가 출력된다.

■ 로지스틱 회귀분석의 결과

로지스틱 회귀분석을 적용하면 다음과 같은 결과가 얻어진다.

종속변수 코딩

원래 값	내부 값
0	0
1	1

A일 때는 1, B일 때는 0라고 하는 더미 변수를 도입하고 있다.

(1) 회귀식

방정식의 변수

		B	S.E.	Wald	자유도	유의확률	Exp(B)
1 단계[a]	X1	-.131	.214	.375	1	.540	.877
	X2	-.798	.378	4.447	1	.035	.450
	X3	.725	.334	4.710	1	.030	2.065
	X4	.055	.249	.049	1	.826	1.056
	X5	-2.452	1.229	3.983	1	.046	.086
	상수항	60.724	41.571	2.134	1	.144	2.355E+26

a. 변수가 1: X1, X2, X3, X4, X5 단계에 입력되었습니다.

회귀식은

$$\text{logit}(\Pr(y)) = 60.724 - 0.131x_1 - 0.798x_2 + 0.725x_3 + 0.055x_4 - 2.452x_5$$

로 구해지고 있다. Pr(y)는 $y=1$일 확률을 나타낸다.

x_5는 A일 때는 $x_5=1$, B일 때는 $x_5=0$가 되는 것을 의미하고 있다. x_5의 계수는 마이너스이므로, A는 B에 비해서 logit(Pr(y))의 값이 2.452 작게 된다, 즉 이물질 혼입의 확률은 0.92(=1/(1+EXP(−2.452))) 작아진다는 것을 의미하고 있다. 예제 6-3과 마찬가지로 x_3와 x_4의 계수는 플러스이기 때문에 x_3와 x_4의 수치가 늘어나면 이물질 혼입의 확률은 커진다는 것을 알 수 있다.

(2) 회귀식의 유의성

모형 계수의 총괄 검정

		카이제곱	자유도	유의확률
1 단계	단계	32.856	5	.000
	블록	32.856	5	.000
	모형	32.856	5	.000

이 식의 p값은 [모형]의 [유의확률]의 수치로부터 0.000으로 되어 있다. 통상 일컬어지는 유의수준 0.05 이하이므로, 이 회귀식에는 의미가 있다고 판단된다.

(3) 대수우도와 기여율

Cox와 Snell의 기여율과 Nagelkerke의 기여율로부터 이 회귀모형의 기여율은 0.560~0.747로 생각된다.

모형 요약

단계	-2 로그 우도	Cox와 Snell의 R-제곱	Nagelkerke R-제곱
1	22.596[a]	.560	.747

a. 모수 추정값이 .001보다 작게 변경되어 계산반복수 8에서 추정을 종료하였습니다.

(4) 회귀계수의 유의성

방정식의 변수

		B	S.E.	Wald	자유도	유의확률	Exp(B)
1 단계[a]	X1	-.131	.214	.375	1	.540	.877
	X2	-.798	.378	4.447	1	.035	.450
	X3	.725	.334	4.710	1	.030	2.065
	X4	.055	.249	.049	1	.826	1.056
	X5	-2.452	1.229	3.983	1	.046	.086
	상수항	60.724	41.571	2.134	1	.144	2.355E+26

a. 변수가 1: X1, X2, X3, X4, X5 단계에 입력되었습니다.

설명변수마다의 p값은 다음과 같이 되어 있다.

x_1의 p값 $= 0.540 > 0.05$

x_2의 p값 $= 0.035 < 0.05$

x_3의 p값 $= 0.030 < 0.05$

x_4의 p값 $= 0.826 > 0.05$

x_5의 p값 = 0.046 < 0.05

유의수준을 0.05로 한다면, x_2, x_3, x_5가 유의하고, x_1과 x_4는 유의하지 않다고 하는 결론이 얻어진다.

(5) 적중률

이물질 혼입 없음이 85%, 이물질 혼입 있음이 90%, 전체의 87.5%를 적중시키고 있는 것을 알 수 있다.

분류표[a]

관측됨			예측 Y 0	예측 Y 1	분류정확 %
1 단계	Y	0	17	3	85.0
		1	2	18	90.0
	전체 퍼센트				87.5

a. 절단값은 .500입니다.

(6) 분류도표

```
          Step number: 1

          Observed Groups and Predicted Probabilities

       8 +0                                                                                                   +
         I0                                                                                                   I
         I0                                                                                                  1I
F        I0                                                                                                  1I
R      6 +0                                                                                                  1+
E        I0                                                                                                  1I
Q        I0                                                                                                  1I
U        I0                                                                                                  1I
E      4 +0                                                                                                  1+
N        I0                                                                                                  1I
C        I0                                                                                                  1I
Y        I0                                                                                                  1I
       2 +0                                                                                          1       1+
         I0                                                                                          1       1I
         I0 00     10    0  0 0      00    1      0         0 0 1        11           1   1  1  0    1  1 1111I
         I0 00     10    0  0 0      00    1      0         0 0 1        11           1   1  1  0    1  1 1111I
Predicted ---------+---------+---------+---------+---------+---------+---------+---------+---------+----------
  Prob:   0       .1        .2        .3        .4        .5        .6        .7        .8        .9         1
  Group:  00000000000000000000000000000000000000000000000000111111111111111111111111111111111111111111111111111

          Predicted Probability is of Membership for 1
          The Cut Value is .50
          Symbols: 0 - 0
                   1 - 1
          Each Symbol Represents .5 Cases.
```

[예제 7-2]

다음의 데이터에 있어서 y를 목적변수, c를 설명변수로 하는 로지스틱 회귀분석을 실행하기로 한다. 설명변수 c는 범주형 변수로 A1, A2, A3의 세 개의 범주로 구성되어 있다.

표 7-2 데이터표

번호	c	y
1	A1	1
2	A1	1
3	A1	1
4	A1	1
5	A1	1
6	A1	1
7	A1	1
8	A1	1
9	A1	1
10	A1	0
11	A2	1
12	A2	1
13	A2	0
14	A2	0
15	A2	0
16	A2	0
17	A2	0
18	A2	0
19	A2	0
20	A2	0
21	A3	1
22	A3	1
23	A3	1
24	A3	1
25	A3	0
26	A3	0
27	A3	0
28	A3	0
29	A3	0
30	A3	0

단순히 범주마다 $y=1$로 되어 있는 비율을 조사해서, 꺾은선 그래프로 하면 다음과 같이 된다.

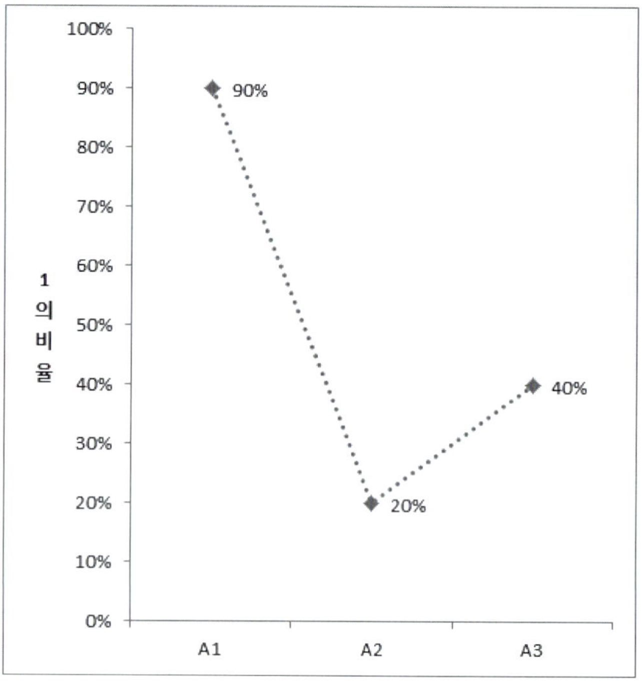

그런데 범주의 수가 3 이상일 때에는 다음과 같이 두 개의 더미 변수를 도입한다.

	x_1	x_2
A1일 때	1	0
A2일 때	0	1
A3일 때	0	0

기준으로 할 범주를 임의로 하나 정하여(이 경우에는 A3) 그 범주에 해당하는 더미 변수를 (0, 0)으로 하고, 그 밖의 범주를 각각 (1, 0), (0, 1)로 하면 된다. 일반적으로는 k개의 범주가 있을 때 $(k-1)$개의 더미 변수를 도입해서 수치화하게 된다.

SPSS에서는 이와 같은 더미 변수의 도입은 내부에서 자동적으로 실행해 준다. 기준으로 할 범주를 어느 것으로 할 것인지는 임의인데, SPSS에서는 마지막 범주를 기준으로 하도록 되어 있다. 단, 처음의 범주가 기준이 되도록 변경하는 것도 가능하다. 범주 수가 3 이상일 때에는 어디를 기준으로 하는가로 개개의 범주에 대한 p값이 달라지므로, 해석에 주의를 필요로 한다.

다음에 로지스틱 회귀분석의 결과를 살펴보도록 하자.

(1) A3를 기준으로 했을 때

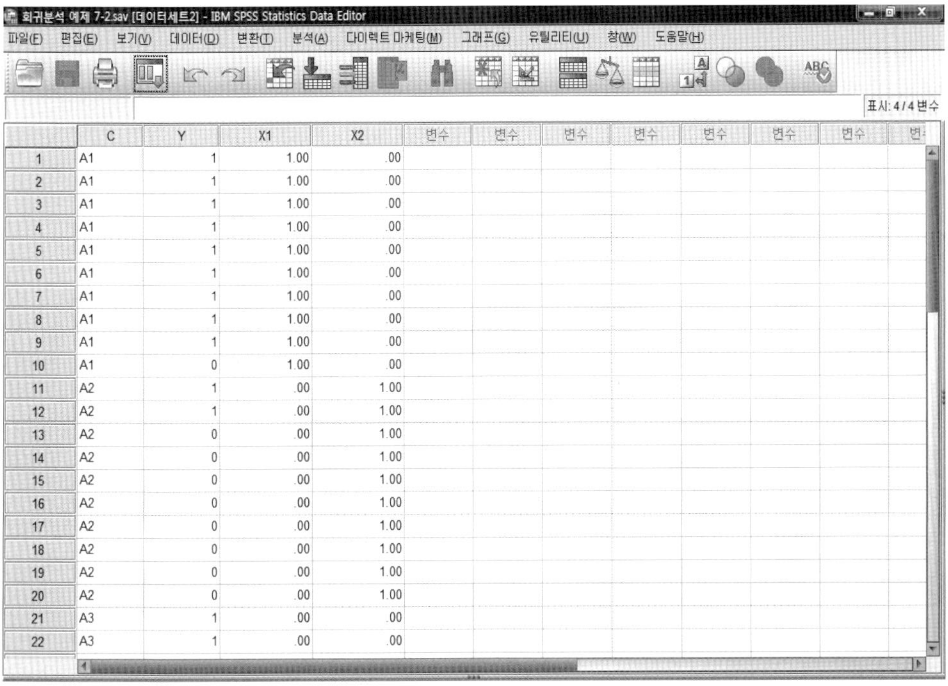

	C	Y	X1	X2
1	A1	1	1.00	.00
2	A1	1	1.00	.00
3	A1	1	1.00	.00
4	A1	1	1.00	.00
5	A1	1	1.00	.00
6	A1	1	1.00	.00
7	A1	1	1.00	.00
8	A1	1	1.00	.00
9	A1	1	1.00	.00
10	A1	0	1.00	.00
11	A2	1	.00	1.00
12	A2	1	.00	1.00
13	A2	0	.00	1.00
14	A2	0	.00	1.00
15	A2	0	.00	1.00
16	A2	0	.00	1.00
17	A2	0	.00	1.00
18	A2	0	.00	1.00
19	A2	0	.00	1.00
20	A2	0	.00	1.00
21	A3	1	.00	.00
22	A3	1	.00	.00

위의 데이터에 로지스틱 회귀분석을 적용하면 분석결과는 다음과 같다.

범주형 변수 코딩

			모수 코딩	
		빈도	(1)	(2)
C	A1	10	1.000	.000
	A2	10	.000	1.000
	A3	10	.000	.000

방정식의 변수

		B	S.E.	Wald	자유도	유의확률	Exp(B)
1 단계[a]	C			7.514	2	.023	
	C(1)	2.603	1.236	4.434	1	.035	13.500
	C(2)	-.981	1.021	.924	1	.337	.375
	상수항	-.405	.645	.395	1	.530	.667

a. 변수가 1: C 단계에 입력되었습니다.

범주 변수 c 전체의 p값은 0.023으로 유의하다. 한편, 개개의 범주에 대해서는 $c(1)$은 유의하고 $c(2)$는 유의하지 않다. $c(1)$은 A1과 A3의 차이, $c(2)$는 A2와 A3의 차이를 의미하고 있다.

(2) A1를 기준으로 했을 때

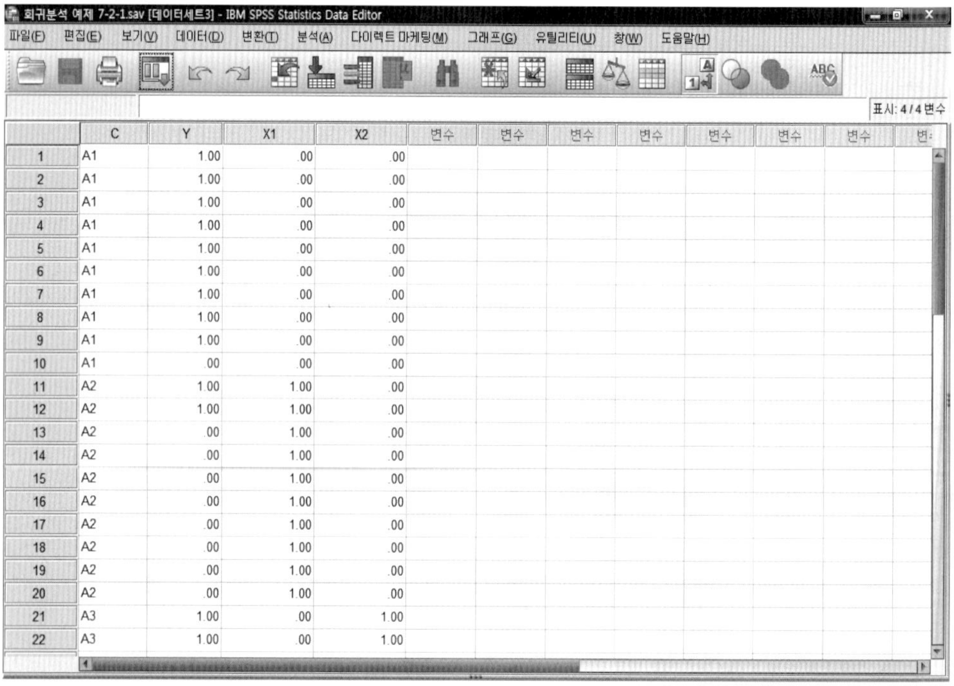

	C	Y	X1	X2
1	A1	1.00	.00	.00
2	A1	1.00	.00	.00
3	A1	1.00	.00	.00
4	A1	1.00	.00	.00
5	A1	1.00	.00	.00
6	A1	1.00	.00	.00
7	A1	1.00	.00	.00
8	A1	1.00	.00	.00
9	A1	1.00	.00	.00
10	A1	.00	.00	.00
11	A2	1.00	1.00	.00
12	A2	1.00	1.00	.00
13	A2	.00	1.00	.00
14	A2	.00	1.00	.00
15	A2	.00	1.00	.00
16	A2	.00	1.00	.00
17	A2	.00	1.00	.00
18	A2	.00	1.00	.00
19	A2	.00	1.00	.00
20	A2	.00	1.00	.00
21	A3	1.00	.00	1.00
22	A3	1.00	.00	1.00

위의 데이터에 로지스틱 회귀분석을 적용하면 분석결과는 다음과 같다.

범주형 변수 코딩

		빈도	모수 코딩 (1)	모수 코딩 (2)
C	A1	10	.000	.000
	A2	10	1.000	.000
	A3	10	.000	1.000

방정식의 변수

		B	S.E.	Wald	자유도	유의확률	Exp(B)
1 단계[a]	C			7.514	2	.023	
	C(1)	-3.584	1.318	7.397	1	.007	.028
	C(2)	-2.603	1.236	4.434	1	.035	.074
	상수항	2.197	1.054	4.345	1	.037	9.000

a. 변수가 1: C 단계에 입력되었습니다.

범주 변수 c 전체의 p값은 0.023으로 A3를 기준으로 했을 때와 변함이 없다. 개개 범주인

$c(1)$과 $c(2)$는 어느 쪽도 유의하다. $c(1)$은 A1과 A2의 차이, $c(2)$는 A1와 A3의 차이를 의미하고 있다.

7.2 | 오즈비

[예제 7-3]

다음의 데이터는 제품의 균열에 대해서 제조법과의 관계를 조사한 것이다. 제조법은 A법과 B법의 두 가지 방법이 있다.

표 7-3 데이터표

번호	제조법	균열
1	A	있음
2	A	있음
3	A	없음
4	A	없음
5	A	있음
6	A	있음
7	A	있음
8	A	있음
9	A	없음
10	A	없음
11	B	있음
12	B	있음
13	B	없음
14	B	없음
15	B	없음
16	B	없음
17	B	없음
18	B	없음
19	B	없음
20	B	없음

먼저 크로스 집계표를 작성해 보자.

예제 7-3의 데이터를 다음과 같이 입력한다.

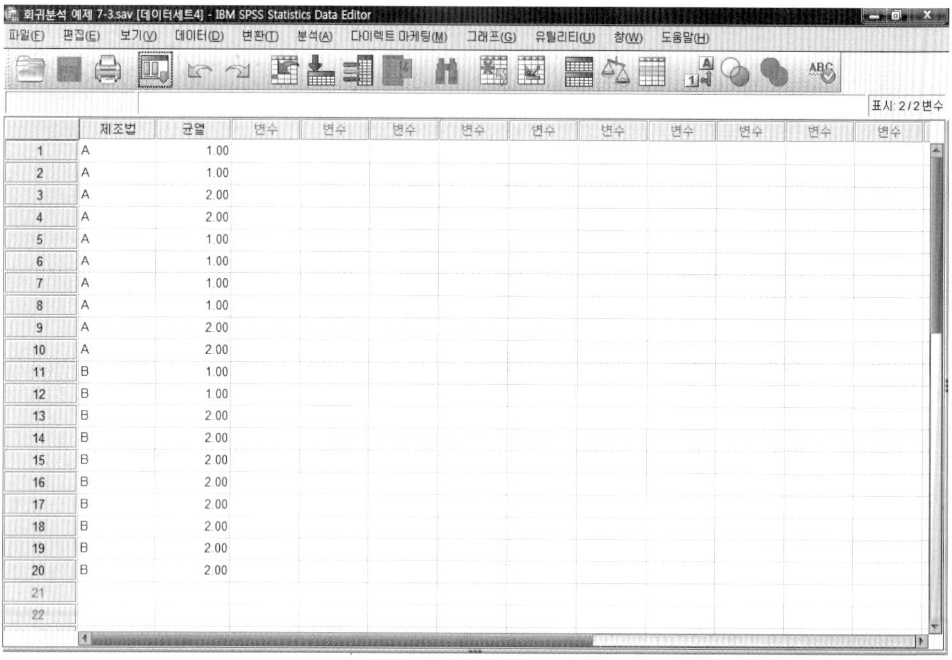

여기에서 변수값 설명을 다음과 같이 해 두어야 한다.

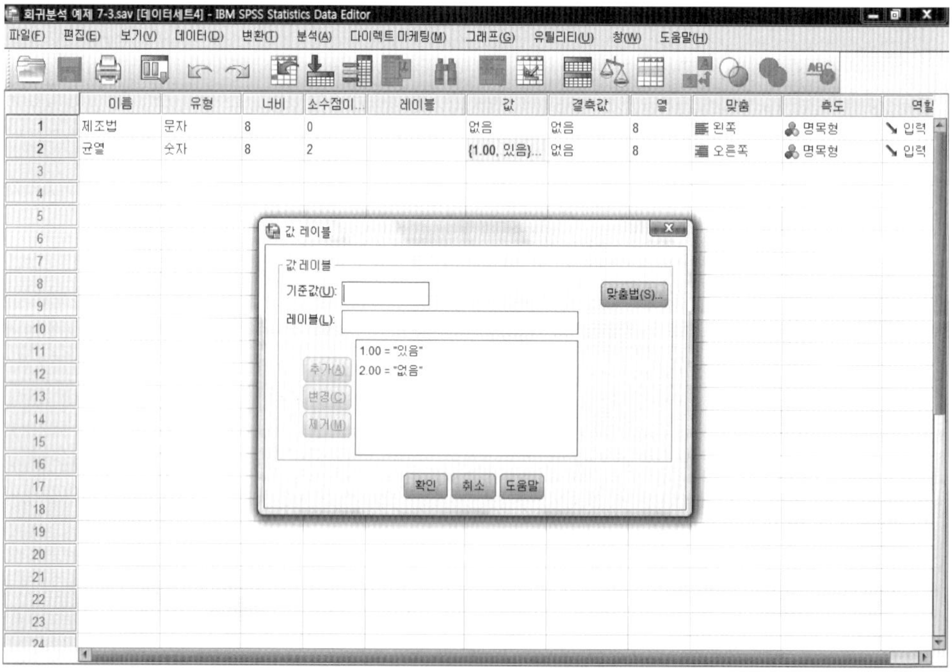

(주) 있음을 1, 없음을 0으로 하면 뒤에서 오즈비 계산의 결과 역수가 출력된다.

메뉴에서 [분석]-[기술통계량]-[교차분석]을 선택해서 실행한다.

제조법 * 균열 교차표

빈도

		균열		
		있음	없음	전체
제조법	A	6	4	10
	B	2	8	10
전체		8	12	20

제조법에 따라서 균열의 비율이 어느 정도 다른지를 보기 위해서, 비율(%)로 고친 것이 다음의 집계표이다.

제조법 * 균열 교차표

제조법 중 %

		균열		
		있음	없음	전체
제조법	A	60.0%	40.0%	100.0%
	B	20.0%	80.0%	100.0%
전체		40.0%	60.0%	100.0%

비율을 출력하기 위해서는 [셀]을 클릭하여 다음과 같이 [행]을 선택한 다음에 집계를 실행하면 된다.

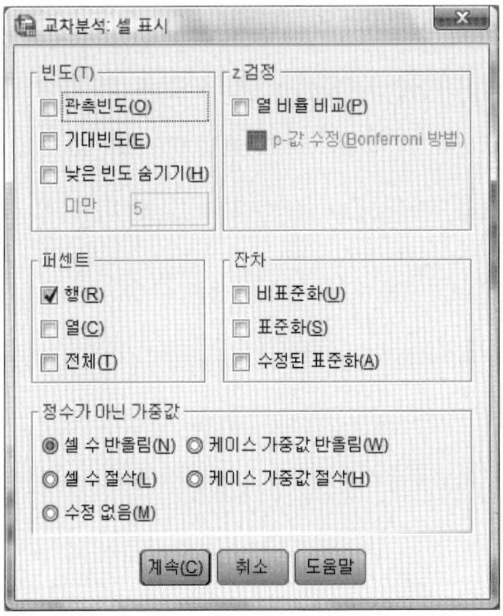

여기에서 A와 B의 비율의 차이를 어떻게 파악할 것인지를 생각해 보자.

■ 비율의 차이

비율의 차이를 나타내는 수치로서는 '비율의 차', '비율의 비', '오즈비'의 세 가지가 있다. 의료통계학 분야에서는 비율의 차는 리스크 차, 비율의 비는 리스크 비라고 부르고 있다. 예제 7-3에 대해서 세 가지 수치를 계산해 보기로 한다.

(1) 비율의 차(리스크 차)

균열 있음에 주목했을 때, A의 있음 비율 = 0.6, B의 있음 비율 = 0.2로

$$(\text{A와 B의 있음 비율의 차}) = (\text{A의 있음 비율}) - (\text{B의 있음 비율}) = 0.6 - 0.2 = 0.4$$

가 된다.

균열 없음에 주목했을 때, A의 없음 비율 = 0.4, B의 없음 비율 = 0.8로

$$(\text{A와 B의 없음 비율의 차}) = (\text{A의 없음 비율}) - (\text{B의 없음 비율}) = 0.4 - 0.8 = -0.4$$

가 된다. 있음 비율에 주목하거나 없음 비율에 주목하거나 부호가 다를 뿐 본질적인 차는 같다. 차이가 전혀 없을 때에 차는 0이 된다.

(2) 비율의 `비(리스크 비)

$$(\text{A와 B의 있음 비율의 비}) = (\text{A의 있음 비율}) / (\text{B의 있음 비율}) = 0.6 / 0.2 = 3$$

$$(\text{A와 B의 없음 비율의 비}) = (\text{A의 없음 비율}) / (\text{B의 없음 비율}) = 0.4 / 0.8 = 0.5$$

이때, 3과 0.5는 역수의 관계는 안 된다. 이 때문에 균열 있음과 없음의 어느 쪽의 비율에 주목하느냐로, 결과의 해석이 다르다는 데에 주목할 필요가 있다. 차이가 전혀 없을 때, 비는 1이 된다.

(3) 오즈비

(A의 오즈) = (A의 있음 비율) / (A의 없음 비율) = 0.6 / 0.4 =1.5

(B의 오즈) = (B의 있음 비율) / (B의 없음 비율) = 0.2 / 0.8 =0.25

오즈비 = 1.5 / 0.25 = 6

그런데 비율의 비와 오즈비(odds ratio)는 SPSS에서는 크로스 집계의 기능을 활용해서 다음과 같이 구해진다. 승산비라고도 한다.

메뉴에서 [분석]-[기술통계량]-[교차분석]을 선택하고, [통계량] 중의 [위험도]에 체크해서 실행하면 결과를 얻을 수 있다. 이때, 크로스 집계표의 행으로 할 변수와 열로 할 변수에 주의할 필요가 있다. 비율의 비를 구할 때에는 원인이 되는 변수를 행, 결과가 될 변수를 열로 할 필요가 있다.

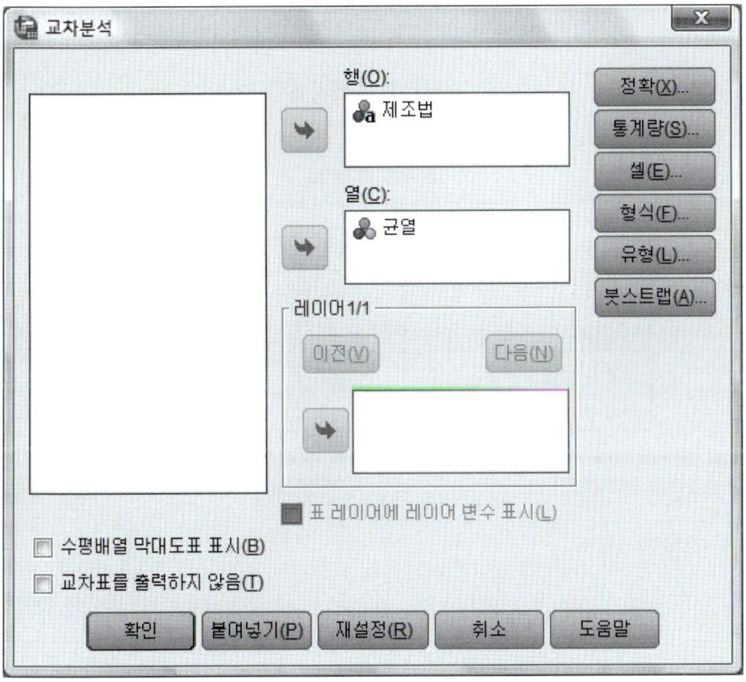

두 개의 사상 A, B의 확률 p_1, p_2에 대해서, 각각의 오즈의 비를 오즈비라고 한다.

$$\text{오즈비} = \frac{\dfrac{p_1}{1-p_1}}{\dfrac{p_2}{1-p_2}}$$

[통계량] 대화상자에서 [위험도]에 체크한다.

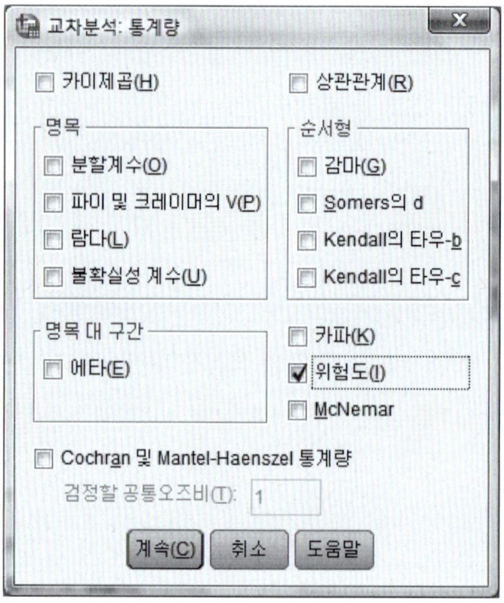

[계속]을 클릭한 다음, [확인]을 클릭하면 분석결과를 얻는다.

위험도 추정값

	값	95% 신뢰구간	
		하한	상한
제조법 (A / B)에 대한 오즈비	6.000	.812	44.351
코호트 균열 = 있음인 경우	3.000	.786	11.445
코호트 균열 = 없음인 경우	.500	.220	1.135
유효 케이스 수	20		

■ 오즈비와 비율의 비

비율의 값이 작을 때(약 10% 이하일 때)는 비율의 비와 오즈비는 가까운 값이 된다. 이것을 다음의 수치예로 나타낸다.

제조법 * 균열 교차표

빈도

		균열		전체
		있음	없음	
제조법	A	18	282	300
	B	10	490	500
전체		28	772	800

⬇

제조법 * 균열 교차표

제조법 중 %

		균열		
		있음	없음	전체
제조법	A	6.0%	94.0%	100.0%
	B	2.0%	98.0%	100.0%
전체		3.5%	96.5%	100.0%

⬇

위험도 추정값

	값	95% 신뢰구간	
		하한	상한
제조법 (A / B)에 대한 오즈비	3.128	1.424	6.869
코호트 균열 = 있음인 경우	3.000	1.403	6.413
코호트 균열 = 없음인 경우	.959	.930	.990
유효 케이스 수	800		

오즈비(승산비)는 3.128, 비율의 비(리스크 비)는 3.000이 되어 있다. 이 사실은 비율이 낮을 때에는 오즈비를 비율의 비의 근사치로서 이용할 수 있다는 것을 나타내고 있다.

■ 오즈비와 데이터의 취급방법

비율의 차이를 검토하기 위해서 크로스 집계표를 음미할 때에는, 데이터의 취급방법에도 주의할 필요가 있다. 예제 7-3을 기초로 생각해 보자. 크로스 집계표를 일반화해서 다음과 같이 나타내기로 한다.

		균열		
		있음	없음	합계
제조법	A	①	②	n_A
	B	③	④	n_B
	합계	n_1	n_2	N

n_A = ① + ②　　　n_B = ③ + ④

n_1 = ① + ③　　　n_2 = ② + ④

N = ① + ② + ③ + ④

(1) 전향성 연구(prospective study)

인과관계를 검증할 때의 가장 자연스러운 데이터의 취급방법으로, A법으로 10개, B법으로 10개, 각각의 방법으로 제조해서 각 제조법으로 몇 개씩의 비율이 발생했는지를 조사한다고 하는 데이터 취급방법이다. 이것은 n_A와 n_B가 집계 전부터 정해져 있게 된다. A에 의한 균열의 비율(① / n_A)과 B에 의한 균열의 비율(③ / n_B)을 계산하는 데 의미가 있고, 비율의 차, 비율의 비, 오즈비의 계산이 가능하다.

(2) 후향성 연구(retrospective study)

균열의 발생을 확인하는 데 장기간을 요하는 경우나 실험이라고는 해도 균열의 발생을 적극적으로 피하고 싶다고 하는 경우에는, 과거에 균열이 발생한 제품과 발생하지 않은 제품을 비교한다고 하는 데이터 취급방법을 생각할 수 있다. 균열이 발생한 제품을 8개, 발생하지 않은 제품을 12개 모아 와서 A법과 B법 중 어느 쪽 제조법으로 만들어졌는지를 조사했다고 하는 경우이다. 이것은 n_1과 n_2가 집계 전부터 정해져 있게 된다. 주목하고 있는 현상을 가지고 있는 대상을 실험군, 가지고 있지 않은 대상을 대조군이라고 부르고 있으므로, 이와 같은 연구는 실험군 · 대조군 연구라고도 불리고 있다. 이 예에서는 균열의 발생이 있었던 제품이 실험군, 균열이 없었던 제품이 대조군에 상당한다. 그런데 이와 같은 경우에는 A에 의한 균열의 비율(① / n_A)과 B에 의한 균열의 비율(③ / n_B)을 계산하는 데에는 의미가 없고, 비율의 차와 비율의 비의 음미는 불가능하게 된다.

한편, 오즈비는 이와 같은 때에도 계산가능하게 되어 비율의 비에 대한 추정에도 이용할 수 있다고 하는 이점이 있다.

■ 오즈비와 로지스틱 회귀분석

로지스틱 회귀분석을 적용하면 오즈비를 구할 수 있다. 이 사실이 로지스틱 회귀분석을 좋아하는 이유 중 하나이다. 예제 7-3에 로지스틱 회귀분석을 적용해 보기로 한다. 그리고 앞에서 구한 결과와 대비하기 위하여, 목적변수로서 $y = 1$일 때 균열 있음, $y = 0$일 때 균열 없음으로 해서 분석하기로 한다.

메뉴에서 [분석]-[회귀분석]-[이분형 로지스틱]을 선택한다.

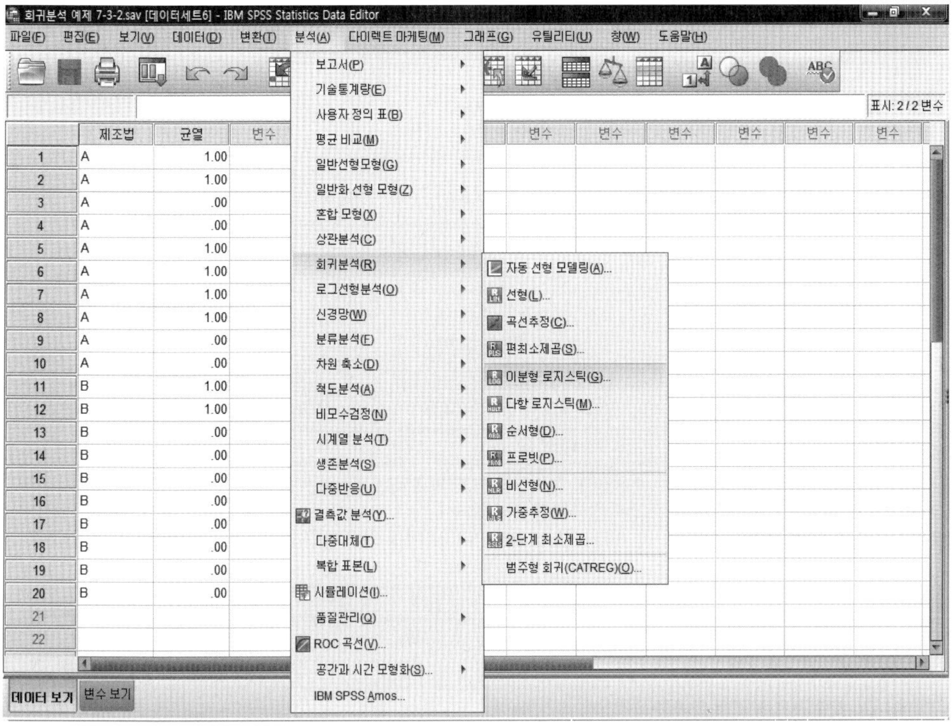

다음과 같이 변수를 설정한 다음에 [확인]을 클릭하면 분석결과가 출력된다.

종속변수 인코딩

원래 값	내부 값
없음	0
있음	1

범주형 변수 코딩

		빈도	모수 코딩 (1)
제조법	A	10	1.000
	B	10	.000

모형 요약

단계	-2 로그 우도	Cox와 Snell의 R-제곱	Nagelkerke R-제곱
1	23.468[a]	.159	.214

a. 모수 추정값이 .001보다 작게 변경되어 계산반복수 4에서 추정을 종료하였습니다.

방정식의 변수

		B	S.E.	Wald	자유도	유의확률	Exp(B)
1 단계[a]	제조법(1)	1.792	1.021	3.082	1	.079	6.000
	상수항	-1.386	.791	3.075	1	.080	.250

a. 변수가 1: 제조법 단계에 입력되었습니다.

Exp(B)의 수치는 오즈비(승산비)이다. 여기에서는 A법을 1, B법을 0로 수치화하고 있으므로, A법은 B법에 비해서 균열의 오즈비가 6배가 된다고 하는 것을 의미하고 있다. 로지스틱 회귀분석에 있어서의 편회귀계수의 값을 B로 하면 Exp(B)의 값은 오즈비와 일치한다.

설명변수가 두 개 이상 있을 때는 다른 설명변수를 일정한 값으로 고정한 경우의 오즈비로 해석된다. 이때의 오즈비는 다른 설명변수로 수정된다고 하는 의미에서 수정된 오즈비라고 부르고 있다.

설명변수가 수치변수일 때의 오즈비는 그 설명변수가 1단위 증가했을 때에 오즈비가 몇 배로 되는지를 의미하고 있다.

설명변수가 목적변수와 아무런 관계도 없을 때, 오즈비는 1이 되고, 1로부터 떨어질수록 목적변수와 관계가 강하다는 것을 의미하고 있다. 1로부터 떨어질수록이라고 하는 점에 주의를 필요로 한다. 1로부터 작은 방향도 간과해서는 안 된다. 오즈비가 10인 경우나 0.1인 경우나 관계의 강도는 같다.

힌트

확률 p에 대해서

$$\frac{p}{1-p} = \frac{\text{사상이 일어날 확률}}{\text{사상이 일어나지 않을 확률}}$$

을 오즈(odds)라고 한다. p를 성공할 확률이라고 하면 오즈는 성공할 확률이 실패할 확률의 몇 배인지를 나타낸다. 오즈는 음이 아닌 실수이고 성공할 가능성이 실패할 가능성보다 많을 때는 1.0보다 큰 값을 갖는다. 오즈가 4.0이면 성공확률이 실패확률의 4배이고, 반대로 오즈가 1/4이면 실패확률이 성공확률의 4배가 되어, 4번의 실패마다 한 번의 성공을 기대할 수 있다는 의미이다. 오즈란 가능성이라는 의미이다.

두 개 사상의 확률 p_1, p_2에 대해서 각각의 오즈의 비

$$\frac{\dfrac{p_1}{1-p_1}}{\dfrac{p_2}{1-p_2}}$$

를 오즈비(odds ratio) 또는 승산비(가능성비)라고 한다. 오즈비는 두 사상의 관계의 강도를 나타내고 있다. 오즈비를 상대위험(relative risk)이라고도 한다.

7.3 ı 상호작용

[예제 7-4]

다음의 데이터에서 y를 목적변수, A와 B를 설명변수로 이용해서 로지스틱 회귀분석을 실시하기로 한다. 설명변수 A와 B는 범주형 변수로 A는 A1, A2, A3 세 개의 범주, B는 B1, B2두 개의 범주로 구성되어 있다. $y=1$로 되어 있는 비율을 조사해서 꺾은선 그래프로 나타내면 다음과 같다.

그래프는 범주형 변수 A와 B에는 조합효과(組合效果)가 있다는 사실을 시사하고 있다. 이 조합효과를 상호작용이라고 부르고 있다.

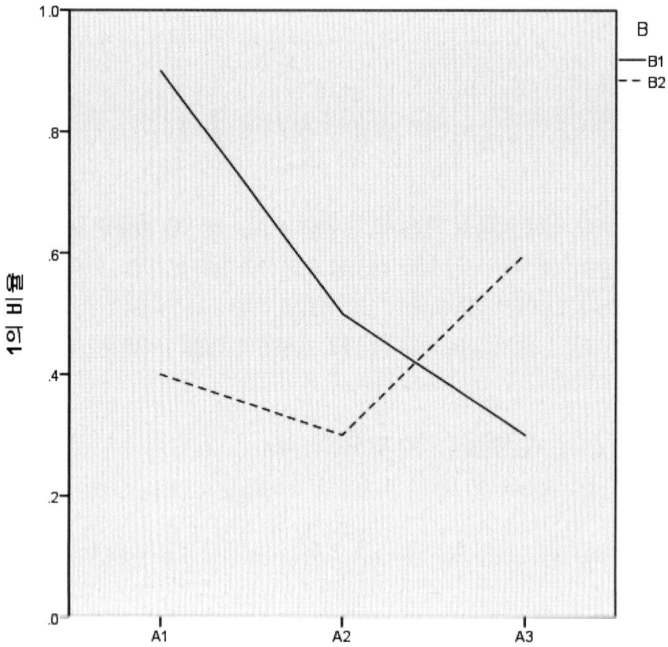
1.0
.8
.6
.4
.2
.0
1의 비율
A1
A2
A3
B
B1
B2

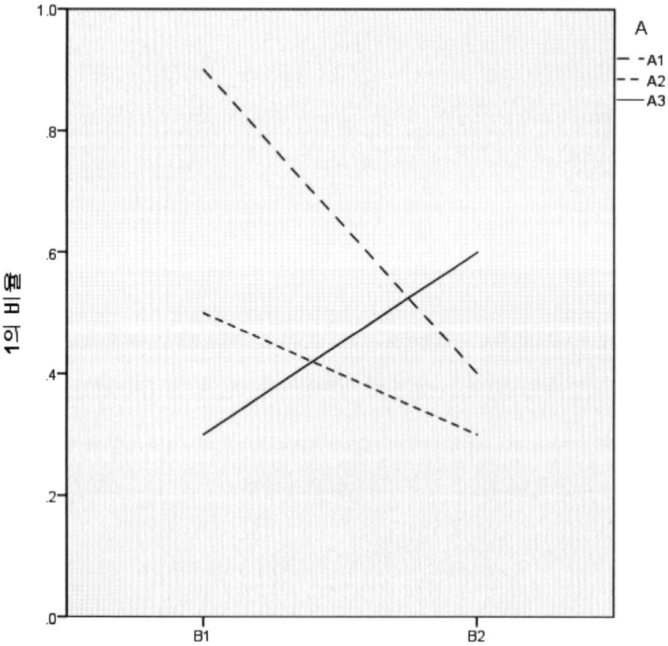
1.0
.8
.6
.4
.2
.0
1의 비율
B1
B2
A
A1
A2
A3

표 7-4 데이터표

A	B	y	A	B	y
A1	B1	1	A2	B2	1
A1	B1	1	A2	B2	1
A1	B1	1	A2	B2	1
A1	B1	1	A2	B2	0
A1	B1	1	A2	B2	0
A1	B1	1	A2	B2	0
A1	B1	1	A2	B2	0
A1	B1	1	A2	B2	0
A1	B1	1	A2	B2	0
A1	B1	0	A2	B2	0
A1	B2	1	A3	B1	1
A1	B2	1	A3	B1	1
A1	B2	1	A3	B1	1
A1	B2	1	A3	B1	0
A1	B2	0	A3	B1	0
A1	B2	0	A3	B1	0
A1	B2	0	A3	B1	0
A1	B2	0	A3	B1	0
A1	B2	0	A3	B1	0
A1	B2	0	A3	B1	0
A2	B1	1	A3	B2	1
A2	B1	1	A3	B2	1
A2	B1	1	A3	B2	1
A2	B1	1	A3	B2	1
A2	B1	1	A3	B2	1
A2	B1	0	A3	B2	1
A2	B1	0	A3	B2	0
A2	B1	0	A3	B2	0
A2	B1	0	A3	B2	0
A2	B1	0	A3	B2	0

우선은 상호작용을 무시하고 로지스틱 회귀분석을 적용해 보기로 한다. 다음과 같은 결과를 얻는다.

상호작용을 무시한 분석

종속변수 인코딩

원래 값	내부 값
0	0
1	1

범주형 변수 코딩

		빈도	모수 코딩 (1)	모수 코딩 (2)
A	A1	20	1.000	.000
	A2	20	.000	1.000
	A3	20	.000	.000
B	B1	30	1.000	
	B2	30	.000	

모형 계수의 총괄 검정

		카이제곱	자유도	유의확률
1 단계	단계	3.957	3	.266
	블록	3.957	3	.266
	모형	3.957	3	.266

모형 요약

단계	-2 로그 우도	Cox와 Snell의 R-제곱	Nagelkerke R-제곱
1	79.221[a]	.064	.085

a. 모수 추정값이 .001보다 작게 변경되어 계산반복수 3에서 추정을 종료하였습니다.

분류표[a]

관측됨			예측 y 0	예측 y 1	분류정확 %
1 단계	y	0	16	14	53.3
		1	14	16	53.3
	전체 퍼센트				53.3

a. 절단값은 .500입니다.

방정식의 변수

		B	S.E.	Wald	자유도	유의확률	Exp(B)
1 단계[a]	A			2.777	2	.249	
	A(1)	.836	.656	1.621	1	.203	2.306
	A(2)	-.209	.647	.104	1	.747	.812
	B(1)	.564	.535	1.110	1	.292	1.757
	상수항	-.486	.531	.840	1	.359	.615

a. 변수가 1: A, B 단계에 입력되었습니다.

$$\text{logit}\ (\Pr(y)) = -0.486 + 0.836\ \text{A}(1) - 0.209\ \text{A}(2) + 0.564\ \text{B}(1)$$

회귀식은 유의하지 않고, 기여율, 적중률 모두 낮은 값으로 되어 있다. 또한 설명변수마다 p값도 A는 0.249, B는 0.292로 모두 유의하지 않다.

그런데 이번에는 상호작용을 고려한 로지스틱 회귀분석을 실시해 보기로 한다.

■ 상호작용을 고려한 분석

상호작용을 고려한 로지스틱 회귀분석은 다음과 같이 변수를 입력해서 실시할 수 있다.

다음과 같은 분석결과를 얻는다.

모형 계수의 총괄 검정

		카이제곱	자유도	유의확률
1 단계	단계	11.458	5	.043
	블록	11.458	5	.043
	모형	11.458	5	.043

모형 요약

단계	-2 로그 우도	Cox와 Snell의 R-제곱	Nagelkerke R-제곱
1	71.720[a]	.174	.232

a. 모수 추정값이 .001보다 작게 변경되어 계산반복수 5에서 추정을 종료하였습니다.

분류표[a]

관측됨			예측 y 0	예측 y 1	분류정확 %
1 단계	y	0	25	5	83.3
		1	15	15	50.0
	전체 퍼센트				66.7

a. 절단값은 .500입니다.

방정식의 변수

		B	S.E.	Wald	자유도	유의확률	Exp(B)
1 단계[a]	A			1.838	2	.399	
	A(1)	-.811	.913	.789	1	.374	.444
	A(2)	-1.253	.945	1.758	1	.185	.286
	B(1)	-1.253	.945	1.758	1	.185	.286
	A * B			6.460	2	.040	
	A(1) by B(1)	3.855	1.556	6.141	1	.013	47.250
	A(2) by B(1)	2.100	1.330	2.493	1	.114	8.167
	상수항	.405	.645	.395	1	.530	1.500

a. 변수가 1: A, B, A * B 단계에 입력되었습니다.

상호작용 A*B는 유의하며, 상호작용을 도입함으로써 회귀식은 유의하게 되고, 기여율, 적중률도 높아지고 있다. 회귀식은 다음과 같이 된다.

$$\text{logit}\ (\Pr(y)) = 0.405 - 0.811\ A(1) - 1.253\ A(2) - 1.253\ B(1) + 3.855\ A(1)B(1) + 2.100\ A(2)B(1)$$

상호작용이 유의할 때는 변수마다 논의하는 것은 의미가 없어진다. 즉, A에 대해서 A1, A2, A3의 어느 것이 확률을 높게 할까, B에 대해서 B1, B2의 어느 쪽이 확률을 높게 하는가 하는 검토는 의미가 없어진다. A1B1, A1B2, ⋯, A3B2의 어느 조합이 확률을 높게 하는가 하는 견해를 갖지 않으면 안 된다.

logit (Pr(y))의 값은 회귀식에 의해 다음과 같이 계산된다.

A1B1일 때

$$\begin{aligned}\text{logit}(\Pr(y)) &= 0.405 - 0.811 \times 1 - 1.253 \times 0 - 1.253 \times 1 \\ &\quad + 3.855 \times 1 \times 1 + 2.100 \times 0 \times 1 \\ &= 0.405 - 0.811 - 1.253 + 3.855 = 2.196\end{aligned}$$

A3B2일 때

$$\begin{aligned}\text{logit}(\Pr(y)) &= 0.405 - 0.811 \times 0 - 1.253 \times 0 - 1.253 \times 0 \\ &\quad + 3.855 \times 0 \times 0 + 2.100 \times 0 \times 0 \\ &= 0.405\end{aligned}$$

상호작용의 오즈비

상호작용이 있을 때의 오즈비를 해석하기로 한다.

우선은 A와 B를 조합했을 때의 확률(1의 비율)을 구한다.

표 7-5 확률

	B1	B2
A1	0.9	0.4
A2	0.5	0.3
A3	0.3	0.6

이것을 기초로 오즈를 구한다.

표 7-6 오즈

	B1	B2
A1	9	0.6667
A2	1	0.4286
A3	0.4286	1.5

A의 범주마다 오즈비(=B1의 오즈 / B2의 오즈)를 구한다.

표 7-7 오즈비

	오즈비
A1	13.5000
A2	2.3333
A3	0.2857

이 수치를 사용해서 다음의 계산을 실행하면, 로지스틱 회귀분석에 대한 상호작용의 오즈비가 된다.

(A1의 오즈비 / A3의 오즈비) = 13.5000 / 0.2857 = 47.252

(A2의 오즈비 / A3의 오즈비) = 2.3333 / 0.2857 = 8.167

■ 조합에 의한 방법

전술한 바와 같이 상호작용항의 오즈비는 해석하기 어려운 곳이 있으므로, 다음과 같이 더 직접적으로 분석하는 방법도 생각할 수 있다.

변수 A의 범주 수는 3, 변수 B의 범주 수는 2이므로, A와 B의 조합은 이하 6가지가 된다.

A1B1, A1B2, A2B1, A2B2, A3B1, A3B2

그래서 이들을 여섯 개의 범주 이름으로 생각하고, 이 여섯 개의 범주로 구성되는 변수 AB를 새로 작성한다. 그리고 AB를 설명변수로 해서 로지스틱 회귀분석을 실시하는 것이다.

데이터는 <표 7-4>에 AB 항을 추가해서 입력한다.

A1B1, A1B2, A2B1, A2B2, A3B1, A3B2의 조합이 각각 10개씩 입력되게 된다.

> 오즈비(odds ratio)를 상대위험(relative risk), 상대 리스크 또는 승산비라고 부르기도 한다. 오즈비의 검정, 독립성의 검정, 두 모비율의 차에 대한 검정은 모두 같은 내용의 검정이다.

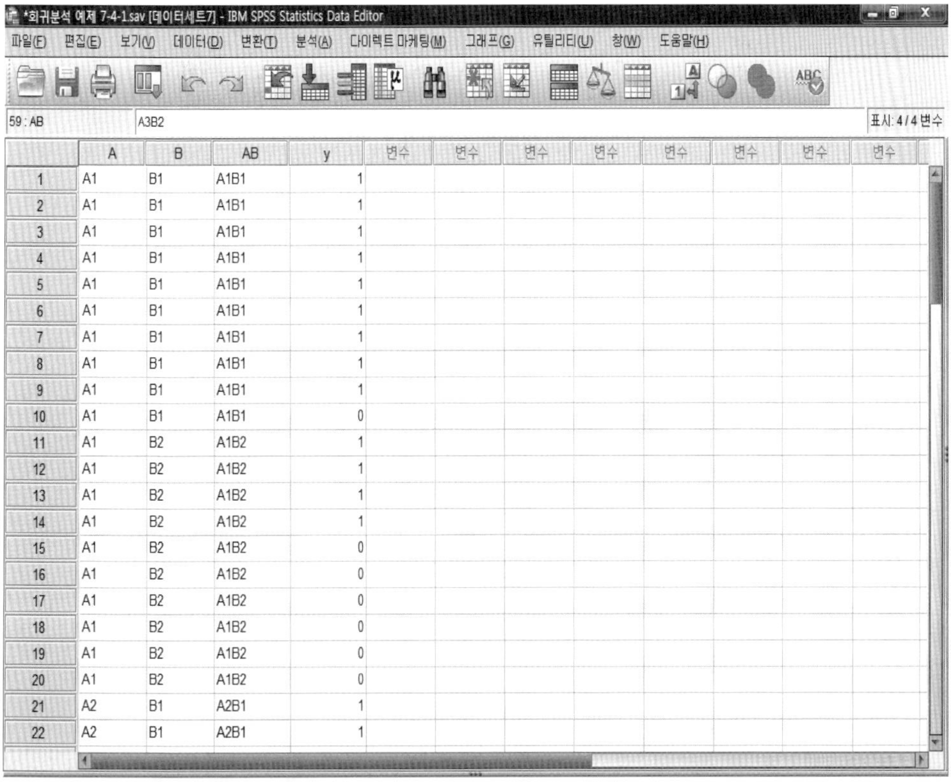

이렇게 작성된 변수 AB를 설명변수, y를 종속변수로 해서 로지스틱 회귀분석을 실시한다.

분석결과는 다음과 같다.

종속변수 인코딩

원래 값	내부 값
0	0
1	1

범주형 변수 코딩

		빈도	모수 코딩				
			(1)	(2)	(3)	(4)	(5)
AB	A1B1	10	1.000	.000	.000	.000	.000
	A1B2	10	.000	1.000	.000	.000	.000
	A2B1	10	.000	.000	1.000	.000	.000
	A2B2	10	.000	.000	.000	1.000	.000
	A3B1	10	.000	.000	.000	.000	1.000
	A3B2	10	.000	.000	.000	.000	.000

모형 계수의 총괄 검정

		카이제곱	자유도	유의확률
1 단계	단계	11.458	5	.043
	블록	11.458	5	.043
	모형	11.458	5	.043

모형 요약

단계	-2 로그 우도	Cox와 Snell의 R-제곱	Nagelkerke R-제곱
1	71.720[a]	.174	.232

a. 모수 추정값이 .001보다 작게 변경되어 계산반복수 5에서 추정을 종료하였습니다.

분류표[a]

관측됨			예측 y 0	예측 y 1	분류정확 %
1 단계	y	0	20	10	66.7
		1	10	20	66.7
	전체 퍼센트				66.7

a. 절단값은 .500입니다.

방정식의 변수

		B	S.E.	Wald	자유도	유의확률	Exp(B)
1 단계[a]	AB			7.948	5	.159	
	AB(1)	1.792	1.236	2.101	1	.147	6.000
	AB(2)	-.811	.913	.789	1	.374	.444
	AB(3)	-.405	.904	.201	1	.654	.667
	AB(4)	-1.253	.945	1.758	1	.185	.286
	AB(5)	-1.253	.945	1.758	1	.185	.286
	상수항	.405	.645	.395	1	.530	1.500

a. 변수가 1: AB 단계에 입력되었습니다.

A3B2를 기준으로 한 분석결과이므로, 오즈비의 해석은 용이해졌다. 예를 들면, AB(1)=A1B1은 A3B2에 비해서 오즈가 6배가 되는 것을 의미하고 있는 것이다.

CHAPTER

8

로지스틱 회귀분석 설명변수의 선택

CHAPTER 8 로지스틱 회귀분석 설명변수의 선택

8.1 | 모든 가능한 회귀

[예제 8-1]

다음의 <표 8-1>은 예제 6-3의 데이터를 다시 문제 삼고 있다.

표 8-1 데이터표

번호	x_1	x_2	x_3	x_4	y	번호	x_1	x_2	x_3	x_4	y
1	34	114	40	61	0	21	31	108	41	66	1
2	30	110	41	60	0	22	25	111	45	61	1
3	26	114	43	62	0	23	32	110	41	59	1
4	33	111	42	58	0	24	33	110	47	61	1
5	32	113	40	59	0	25	31	114	43	61	1
6	33	116	42	56	0	26	34	108	40	64	1
7	36	116	41	54	0	27	24	109	40	64	1
8	33	119	39	60	0	28	31	109	38	61	1
9	39	107	39	55	0	29	29	114	46	56	1
10	32	112	44	62	0	30	28	106	43	60	1
11	32	110	39	59	0	31	29	111	46	58	1
12	31	119	38	56	0	32	30	111	41	58	1
13	34	110	40	59	0	33	31	114	45	60	1
14	34	118	43	61	0	34	31	112	47	53	1
15	26	112	43	62	0	35	34	106	41	61	1
16	30	116	39	58	0	36	31	115	48	60	1
17	33	113	39	56	0	37	34	108	48	60	1
18	31	116	37	57	0	38	24	110	46	58	1
19	31	113	44	63	0	39	29	113	43	63	1
20	32	115	36	66	0	40	31	107	44	65	1

먼저 이 데이터를 설명변수 '입력' 방법, 즉 모든 설명변수 'x_1, x_2, x_3, x_4'를 공변량으로 입력하고 로지스틱 회귀분석을 실시한다.

분석결과 각 설명변수의 유의성은 다음과 같다.

방정식의 변수

		B	S.E.	Wald	자유도	유의확률	Exp(B)
1 단계[a]	X1	-.201	.199	1.026	1	.311	.818
	X2	-.691	.304	5.156	1	.023	.501
	X3	.646	.274	5.577	1	.018	1.908
	X4	.045	.196	.052	1	.820	1.046
	상수항	53.463	35.706	2.242	1	.134	1.654E+23

a. 변수가 1: X1, X2, X3, X4 단계에 입력되었습니다.

설명변수마다 p값은 다음과 같이 되어 있다.

x_1의 p값 = 0.311 > 0.05

x_2의 p값 = 0.023 < 0.05

x_3의 p값 = 0.018 < 0.05

x_4의 p값 = 0.820 > 0.05

유의수준을 0.05로 하면 x_2와 x_3가 유의하고, x_1과 x_4는 유의하지 않다고 하는 결론이 얻어진다. 유의하지 않은 설명변수를 제거하고 다시 로지스틱 회귀분석을 실행해 볼 수 있다. 단, 유의하지 않은 설명변수를 동시에 두 개 이상 제거하는 것이 아니라 하나씩 제거하지 않으면 안 된다.

필요한 설명변수는 식에 포함하고, 불필요한 설명변수는 식에 포함하지 않는다고 하는 상태가 바람직하다. 이 상태를 충족하는 회귀식을 시행착오로 하나씩 설명변수를 삭제한다거나 추가한다거나 하는 것은 번거로운 작업이다. 특히 설명변수의 수가 늘어나면 실무상 불가능하게 된다. 그래서 변수선택법이라고 하는 방법이 제안되고 있다.

변수선택법은 크게 나누어 다음의 세 가지 방법이 제안되고 있다.

1. 모든 가능한 회귀
2. 축차변수선택법
3. 대화형변수선택법

SPSS에는 축차변수선택법(단계법, step-wise regression)이 갖추어져 있다. 단, 번거롭지만 수동으로 모든 가능한 회귀를 실시하는 것도 가능하다. 그리고 변수선택은 결과적으로 어떠한 변수가 선택되는지를 살펴보는 것이므로, 탐색적 방법이라고 할 수 있다.

이 축차변수선택법에는 변수증가법, 변수감소법, 변수증감법, 변수감증법이라고 하는 네 가지의 방법이 있다. 변수증가법과 변수감소법은 각각 결점을 갖고 있어 그 결점을 수정한 것이 변수증감법과 변수감증법이다.

변수증감법은 먼저 목적변수와 가장 관계가 강한 설명변수를 하나 선택한다. 다음에 그 변수와 짝을 지었을 때에 가장 기여율이 높아지는 변수를 선택한다. 이것을 순차 반복한다. 이 과정에서 일단 선택한 변수 중에 불필요한 변수가 나왔을 때에는 그 변수를 제거한다고 하는 방법이다.

변수감증법은 먼저 모든 설명변수를 이용한 회귀식을 작성한다. 다음에 목적변수와 가장 관계가 약한 설명변수를 하나 제거한다. 이것을 순차 반복한다. 이 과정에서 일단 제거한 변수 중에 유효한 변수가 나왔을 때에는 그 변수를 다시 선택한다고 하는 방법이다.

모든 가능한 회귀(all possible regression)란 설명변수의 모든 조합에 대해서 로지스틱 회귀분석을 실행하여 각 회귀식의 로그 우도, 기여율, 적중률, 각 설명변수의 유의성 등을 음미해서 어느 회귀식이 가장 바람직한지를 결정하는 방법이다.

대화형변수선택법은 컴퓨터와 대화하면서 변수증감법(변수감증법)을 실시하는 방법이다.

이상의 어느 방법도 각각 장점과 단점이 있어 현재로서는, 분석자가 통계적인 변수선택의 기준에 기술적 · 이론적 지식을 더해서 컴퓨터와 대화하면서 변수선택을 실시하는 대화형변수선택법이 가장 좋은 방법이라고 할 수 있을 것이다.

우선 모든 가능한 회귀 방법으로 다음과 같은 일람표를 작성한다고 생각하면 된다. 모형의 적합도에 관한 지표를 일람표로 한 것이 다음의 표다.

모형 번호	설명변수	모형의 적합도		
		-2 로그 우도	기여율	적중률
1	x_1	50.875	.144	70.0
2	x_2	44.056	.331	72.5
3	x_3	42.916	.359	65.0
4	x_4	53.738	.056	62.5
5	x_1 x_2	38.436	.462	80.0
6	x_1 x_3	41.278	.398	75.0
7	x_1 x_4	50.106	.167	67.5
8	x_2 x_3	29.617	.634	75.0
9	x_2 x_4	43.768	.338	67.5
10	x_3 x_4	40.444	.417	72.5
11	x_1 x_2 x_3	27.749	.666	82.5
12	x_1 x_2 x_4	38.413	.462	80.0
13	x_1 x_3 x_4	39.732	.433	75.0
14	x_2 x_3 x_4	28.849	.648	82.5
15	x_1 x_2 x_3 x_4	27.697	.667	82.5

로그 우도, 기여율, 적중률에서 모형 8, 11, 14, 15가 좋은 결과가 되어 있다는 것을 알 수 있다. 설명변수의 수가 많아지면 적합도를 나타내는 수치가 좋아지는 것은 당연하므로, 이들 수치가 같은 정도라면 일반적으로 변수가 적은 쪽을 선택하는 편이 좋을 것이다.

회귀계수의 일람표는 다음과 같다.

모형 번호	설명변수	회귀계수			
		x_1	x_2	x_3	x_4
1	x_1	−.247			
2	x_2		−.382		
3	x_3			.451	
4	x_4				.140
5	x_1 x_2	−.333	−.449		
6	x_1 x_3	−.170		.401	
7	x_1 x_4	−.231			.100
8	x_2 x_3		−.622	.689	
9	x_2 x_4		−.369		.068
10	x_3 x_4			.468	.202
11	x_1 x_2 x_3	−.222	−.702	.645	
12	x_1 x_2 x_4	−.341	−.455		−.021
13	x_1 x_3 x_4	−.122		.424	.169
14	x_2 x_3 x_4		−.622	.694	.147
15	x_1 x_2 x_3 x_4	−.201	−.691	.646	.045

회귀계수의 부호가 조합에 따라서 변하는 것은 불안정한 변수이며 설명변수 사이의 관계가 강한 다중공선성이 있으면, 불안정한 변수가 나타난다. x_4가 모형 12에서 부호가 변화하고 있는데, 그 밖에는 항상 같은 부호로 되어 있다.

부호는 분석결과에 따른 대책을 생각할 때에 문제가 된다. 이 예제의 목적변수 y는 이물질 혼입의 유무로 이물질 혼입을 1로 하고 있다. 이 때문에 이물질 혼입의 발생확률을 작게 하는 것을 생각한 경우, 회귀계수의 부호가 마이너스인 변수는 수치를 크게 하는 방향의 대책을 취하고, 부호가 플러스인 변수라면 수치를 작게 하는 방향의 대책을 취하게 된다. 따라서 부호가 일정하지 않은 것은 대책을 생각할 때에 주의해서 문제 삼을 필요가 있다.

설명변수마다 p값의 일람표는 다음과 같다.

모형 번호	설명변수	p값			
		x_1	x_2	x_3	x_4
1	x_1	.055			
2	x_2		.005		
3	x_3			.003	
4	x_4				.204
5	x_1 x_2	.039	.005		
6	x_1 x_3	.221		.009	
7	x_1 x_4	.082			.0388
8	x_2 x_3		.013	.008	
9	x_2 x_4		.007		.593
10	x_3 x_4			.002	.127
11	x_1 x_2 x_3	.212	.020	.019	
12	x_1 x_2 x_4	.045	.634		.979
13	x_1 x_3 x_4	.411		.007	.220
14	x_2 x_3 x_4		.018	.007	.386
15	x_1 x_2 x_3 x_4	.311	.023	.018	.820

유의한 변수는 사용하고, 유의하지 않은 변수는 사용하지 않는다고 하는 회귀식을 좋은 회귀식이라고 생각한다면, 모형 1, 2, 3, 5, 8이 좋은 회귀식이라고 하는 셈이 된다. 단, 유의한지 유의하지 않은지의 판정기준(유의수준)으로서 0.05를 이용했을 때의 결론이다. 0.05라고 하는 수치는 통계적 검정에서는 자주 등장하는 수치인데, 0.05를 변수선택의 기준으로 이용하면 너무 엄격하다, 즉 중요한 변수를 놓칠 가능성이 높아진다고도 할 수 있다. 그래서 일반적으로는 변수선택으로서의 기준으로서 유의수준에는 0.1~0.3을 사용하면 좋다고 되어 있다. 단, 이 기준은 절대적인 것은 아니고, 분석의 목적에 따라서 달라진다고 생각하는 편이 좋다.

8.2 | 축차변수선택법

■ 축차변수선택법의 종류

변수선택의 방법은 몇 가지 제안되고 있는데, SPSS에는 다음의 여섯 가지 방법이 갖추어져 있다.

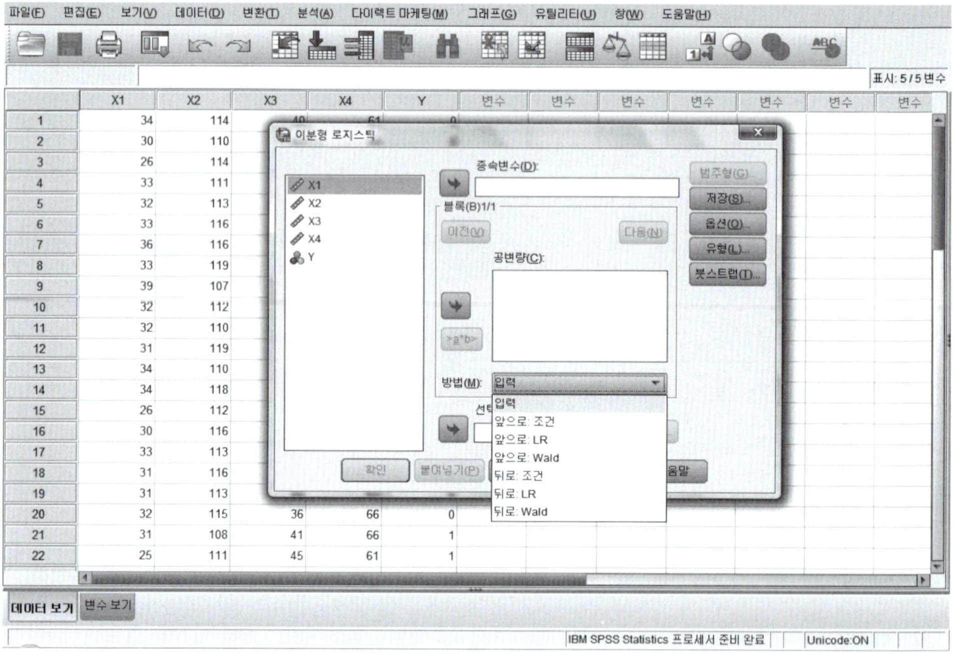

1. [앞으로 : 조건]
2. [앞으로 : LR]
3. [앞으로 : Wald]
4. [뒤로 : 조건]
5. [뒤로 : LR]
6. [뒤로 : Wald]

여섯 가지의 어느 방법을 이용하느냐에 따라서 선택되는 변수가 다를 수가 있어서, 항상 선택결과가 일치하는 것은 아니다. 단, 대부분의 경우는 같은 결과가 된다. 경험상으로 다중공선성이 있을 때에는 일치하지 않는 경우가 많다고 생각한다.

여섯 가지 방법은 변수증가법과 변수감소법으로 대별된다. 증가법은 처음에 목적변수에 '단독으로' 가장 기여하고 있는 설명변수를 찾아내서 선택하고, 다음은 축차적(逐次的)으로 변수의 추가와 제거를 반복하는 방법이다. 대화상자에서는 '앞으로'라고 부르고 있기는 하지만, 실제로는 증감법(增減法)이 실시된다. 감소법은 처음에 모든 설명변수를 이용한 로지스틱 회귀분석을 실시하고, 다음에 그 중에서 목적변수에 가장 기여하고 있지 못한 변수를 하나 제거하고, 다음은 축차적으로 제거와 추가를 반복하는 방법이다. 대화상자에서는 '뒤로'라고 부르고 있지만, 실제로는 감증법(減增法)이 실시된다. 일반론으로서 변수의 수가 적을 때는 감소법(뒤로), 많을 때는 증가법(앞으로)을 이용하면 좋을 것이다.

추가와 제거의 기준이 되는 통계량을 구하는 방법으로서 조건부, 우도비(尤度比), Wald의 세 가지 방법을 생각할 수 있는데, 이용빈도가 높은 것은 Wald의 통계량이고, 통계학적으로 바람직한 성질을 가지고 있는 것은 우도비이다.

■ 우도비에 의한 변수증가법(앞으로 : LR)

<표 8-1>의 데이터에 대해서 변수증가법을 적용해 본다.

설명변수를 추가 또는 제거하는 기준을 p값 = 0.2로 한다. 즉,

p값이 0.2보다 작을 때는 추가

p값이 0.2보다 클 때에는 제거

로 해서 변수선택을 실시한다.

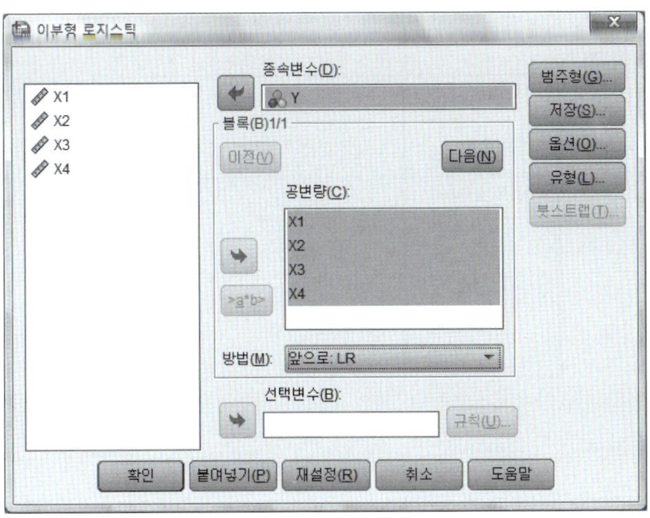

위의 대화상자에서 [옵션]을 클릭한다. [단계선택에 대한 확률]에서 진입과 제거 기준을 p값 = 0.2로 설정한다.

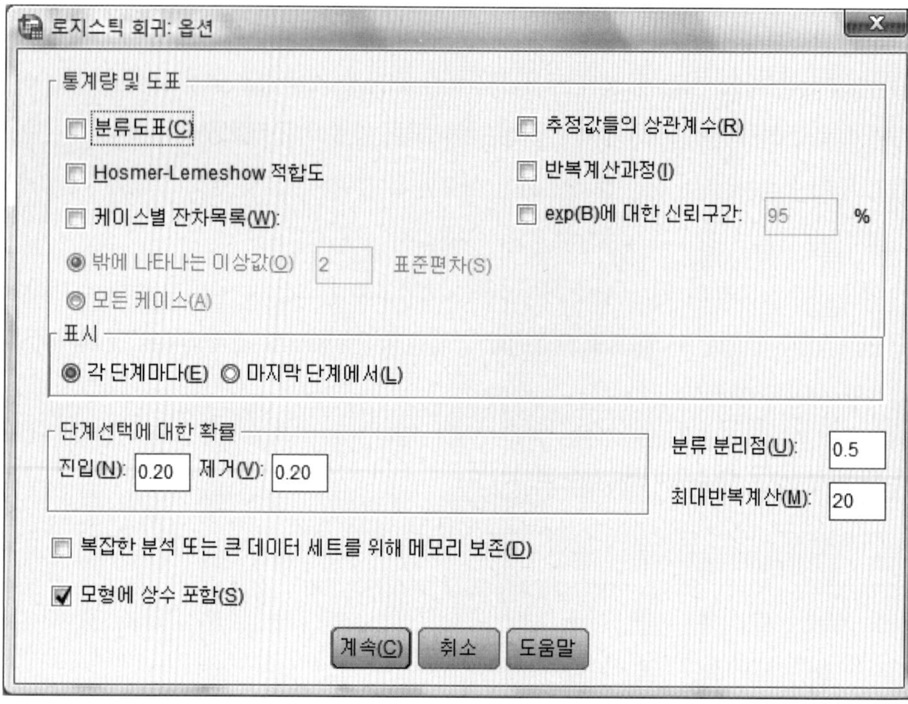

분석결과는 다음과 같다. 최종 단계(단계 번호 수치가 가장 큰 곳)가 결론이다.

모형 계수의 총괄 검정

		카이제곱	자유도	유의확률
1 단계	단계	12.536	1	.000
	블록	12.536	1	.000
	모형	12.536	1	.000
2 단계	단계	13.299	1	.000
	블록	25.835	2	.000
	모형	25.835	2	.000
3 단계	단계	1.868	1	.172
	블록	27.703	3	.000
	모형	27.703	3	.000

모형 요약

단계	-2 로그 우도	Cox와 Snell의 R-제곱	Nagelkerke R-제곱
1	42.916[a]	.269	.359
2	29.617[b]	.476	.634
3	27.749[b]	.500	.666

a. 모수 추정값이 .001보다 작게 변경되어 계산반복수 5에서 추정을 종료하였습니다.

b. 모수 추정값이 .001보다 작게 변경되어 계산반복수 7에서 추정을 종료하였습니다.

분류표[a]

관측됨			예측 Y 0	1	분류정확 %
1 단계	Y	0	13	7	65.0
		1	7	13	65.0
	전체 퍼센트				65.0
2 단계	Y	0	14	6	70.0
		1	4	16	80.0
	전체 퍼센트				75.0
3 단계	Y	0	16	4	80.0
		1	3	17	85.0
	전체 퍼센트				82.5

a. 절단값은 .500입니다.

방정식의 변수

		B	S.E.	Wald	자유도	유의확률	Exp(B)
1 단계[a]	X3	.451	.154	8.540	1	.003	1.570
	상수항	-18.922	6.467	8.562	1	.003	.000
2 단계[b]	X2	-.622	.250	6.203	1	.013	.537
	X3	.689	.258	7.136	1	.008	1.992
	상수항	40.418	22.322	3.279	1	.070	3.577E+17
3 단계[c]	X1	-.222	.177	1.558	1	.212	.801
	X2	-.702	.301	5.418	1	.020	.496
	X3	.645	.276	5.465	1	.019	1.906
	상수항	57.990	29.914	3.758	1	.053	1.531E+25

a. 변수가 1: X3 단계에 입력되었습니다.

b. 변수가 2: X2 단계에 입력되었습니다.

c. 변수가 3: X1 단계에 입력되었습니다.

최종 단계(3단계)의 결과를 보면, x_1, x_2, x_3가 선택되고 있는 것을 알 수 있다. 선택된 순서는 1단계에서 x_3가 선택되고, 2단계에서 x_2가 추가되고, 3단계에서 x_1이 추가되고 있다.

최종적으로 선택되고 있는 설명변수 중에서 x_1의 p값이 0.212로 되어 있다. 이것은 p값이 0.2보다도 클 때는 제거한다고 하는 기준과 모순되고 있어 이상하게 느낄 것이다. 이것은 추가를 생각할 때의 통계량과 제거를 생각할 때의 통계량이 다르다는 데에 기인하고 있다. SPSS에서는 어느 변수선택방법에서나 추가를 생각할 때의 통계량은 점수 통계량의 p값을 이용하고 있어, 최종 단계에 기술된 p값은 Wald의 통계량을 이용하고 있기 때문이다. 최종적인 식 안에 Wald의 p값이라고는 하더라도 0.2 이상이 있는 것을 피하고 싶다면, 그 전의 2단계 결과를 결론으로 한다.

그런데 여기에서 변수선택의 과정을 상세히 살펴보기로 한다.

최초로 아무 것도 변수가 추가되어 있지 않은 상태가 다음과 같다.

방정식에 없는 변수

			점수	자유도	유의확률
0 단계	변수	X1	4.260	1	.039
		X2	10.140	1	.001
		X3	11.073	1	.001
		X4	1.681	1	.195
	전체 통계량		19.910	4	.001

점수의 수치가 가장 큰(p값 = 유의확률이 가장 작은) 변수는 x_3이다. x_3의 p값은 0.001로 선택기준인 0.2보다 작다. 그래서 x_3가 선택된다.

남아 있는 변수의 상태를 보면, 다음과 같다.

방정식에 없는 변수

			점수	자유도	유의확률
1 단계	변수	X1	1.584	1	.208
		X2	10.282	1	.001
		X4	2.480	1	.115
	전체 통계량		11.415	3	.010

점수의 수치가 가장 큰 변수는 x_2이다. x_2의 p값은 0.001로 선택기준인 0.2보다 작다. 그래서 x_2가 추가된다.

남아 있는 변수의 상태를 보면 다음과 같다.

방정식에 없는 변수

			점수	자유도	유의확률
2 단계	변수	X1	1.754	1	.185
		X4	.773	1	.379
	전체 통계량		1.820	2	.402

점수의 수치가 가장 큰 변수는 x_1이다. x_1의 p값은 0.185로 선택기준인 0.2보다 작다. 그래서 x_1이 추가된다.

남아 있는 변수의 상태를 살펴보면 다음과 같다.

방정식에 없는 변수

			점수	자유도	유의확률
3 단계	변수	X4	.052	1	.820
	전체 통계량		.052	1	.820

남아 있는 변수는 x_4뿐이고 x_4의 p값은 0.820으로 선택기준인 0.2보다 큰 값으로 되어 있다. 그래서 x_4가 추가되지 않고 여기에서 종료가 된다.

이상이 변수증가법의 과정이다.

■ 우도비에 의한 변수감소법(뒤로 : LR)

<표 8-1>의 데이터에 대해서 변수감소법을 적용해 본다.

설명변수를 추가 또는 제거하는 기준을 p값 = 0.2로 한다.

설명변수 입력 방법으로 [뒤로 : LR]을 선택한다.

위의 대화상자에서 [옵션]을 클릭한다. [단계선택에 대한 확률]에서 진입과 제거 기준을 p 값 = 0.2로 설정한다.

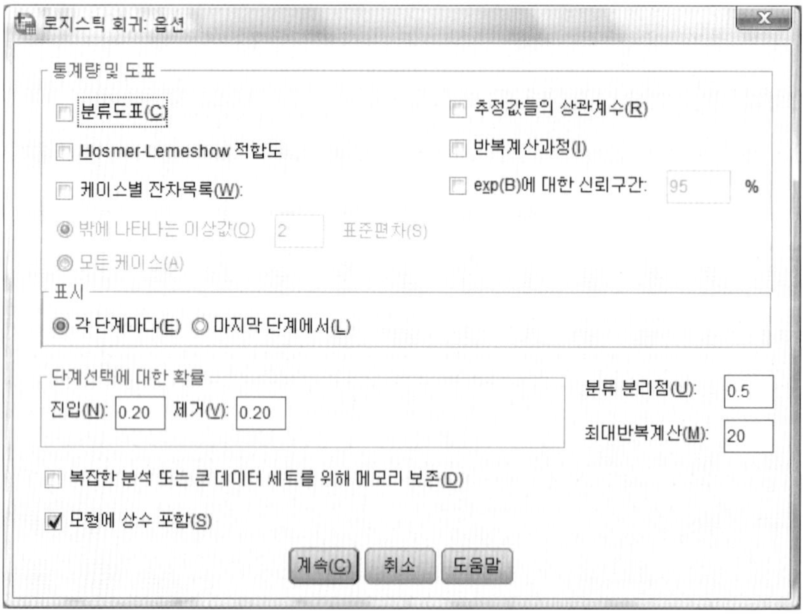

분석결과는 다음과 같다.

모형 계수의 총괄 검정

		카이제곱	자유도	유의확률
1 단계	단계	27.755	4	.000
	블록	27.755	4	.000
	모형	27.755	4	.000
2 단계[a]	단계	-.051	1	.821
	블록	27.703	3	.000
	모형	27.703	3	.000

a. 음의 카이제곱 값은 이전 단계에서 카이제곱 값이 감소한 것을 나타냅니다.

모형 요약

단계	-2 로그 우도	Cox와 Snell의 R-제곱	Nagelkerke R-제곱
1	27.697[a]	.500	.667
2	27.749[a]	.500	.666

a. 모수 추정값이 .001보다 작게 변경되어 계산반복수 7에서 추정을 종료하였습니다.

분류표[a]

관측됨			예측 Y 0	예측 Y 1	분류정확 %
1 단계	Y	0	16	4	80.0
		1	3	17	85.0
	전체 퍼센트				82.5
2 단계	Y	0	16	4	80.0
		1	3	17	85.0
	전체 퍼센트				82.5

a. 절단값은 .500입니다.

방정식의 변수

		B	S.E.	Wald	자유도	유의확률	Exp(B)
1 단계[a]	X1	-.201	.199	1.026	1	.311	.818
	X2	-.691	.304	5.156	1	.023	.501
	X3	.646	.274	5.577	1	.018	1.908
	X4	.045	.196	.052	1	.820	1.046
	상수항	53.463	35.706	2.242	1	.134	1.654E+23
2 단계[a]	X1	-.222	.177	1.558	1	.212	.801
	X2	-.702	.301	5.418	1	.020	.496
	X3	.645	.276	5.465	1	.019	1.906
	상수항	57.990	29.914	3.758	1	.053	1.531E+25

a. 변수가 1: X1, X2, X3, X4 단계에 입력되었습니다.

결과적으로는 증가법과 감소법의 결과는 일치하고 있다.

증가법일 때와 마찬가지로 변수선택의 과정을 살펴보도록 한다.

처음에 아무 것도 변수가 제거되지 않고, 모든 변수를 문제 삼은 상태에서 변수를 하나 제거하는 경우, 어느 변수를 제거했을 때가 −2 로그 우도의 변화량이 가장 작은가를 보면, x_4이다. 그 p값(변화량의 유의확률)은 0.821로 기준인 0.20보다 크다. 그래서 x_4를 제거한다.

항이 제거된 경우의 모형

변수		로그-우도 모형	-2 로그 우도에서 변경	자유도	변화량의 유의확률
1 단계	X1	-14.424	1.151	1	.283
	X2	-19.866	12.035	1	.001
	X3	-19.206	10.716	1	.001
	X4	-13.874	.051	1	.821

남아 있는 변수의 상태를 보면 다음과 같다.

항이 제거된 경우의 모형

변수		로그-우도 모형	-2 로그 우도에서 변경	자유도	변화량의 유의확률
2 단계	X1	-14.809	1.868	1	.172
	X2	-20.639	13.530	1	.000
	X3	-19.218	10.687	1	.001

어느 변수의 p값도 0.2보다 작으므로, 제거할 변수는 없다. 따라서 이 단계에서 종료가 되는 것이다.

방정식에 없는 변수

			점수	자유도	유의확률
2 단계[a]	변수	X4	.052	1	.820
	전체 통계량		.052	1	.820

a. 변수가 2:X4 단계에서 제거되었습니다.

2단계에서 변수 x_4가 제거되고 있음을 보여주고 있다.

[예제 8-2]

다음의 데이터에 대해서 우도비에 의한 변수증가법과 변수감소법을 적용해 보자.

표 8-2 데이터표

번호	x_1	x_2	x_3	x_4	x_5	y
1	32	42	30	71	86	1
2	37	46	31	76	86	1
3	29	39	31	76	83	1
4	36	45	38	96	97	1
5	32	42	35	88	81	1
6	34	44	35	84	87	1
7	32	42	33	82	82	1
8	43	51	39	92	100	1
9	37	47	36	90	86	1
10	41	49	40	94	99	1
11	34	44	31	74	102	0
12	36	44	41	98	98	0
13	40	48	37	85	90	0
14	40	48	37	85	90	0
15	41	50	39	90	86	0
16	36	46	36	89	93	0
17	38	46	35	81	91	0
18	38	46	36	85	98	0
19	41	49	37	84	95	0
20	41	49	37	82	97	0

설명변수는 x_1, x_2, x_3, x_4, x_5의 다섯 개다. y를 목적변수로 한다.

변수선택의 기준은 p값 = 0.2로 한다.

▪ 우도비에 의한 변수증가법(앞으로 : LR)의 결과

<표 8-2>의 데이터를 입력하고 다음과 같이 변수를 지정한다.

설명변수 입력 방법으로 [앞으로 : LR]을 선택한다.

[옵션]을 클릭한다.

[단계선택에 대한 확률]에서 진입과 제거 기준을 p값 = 0.2로 설정한다.

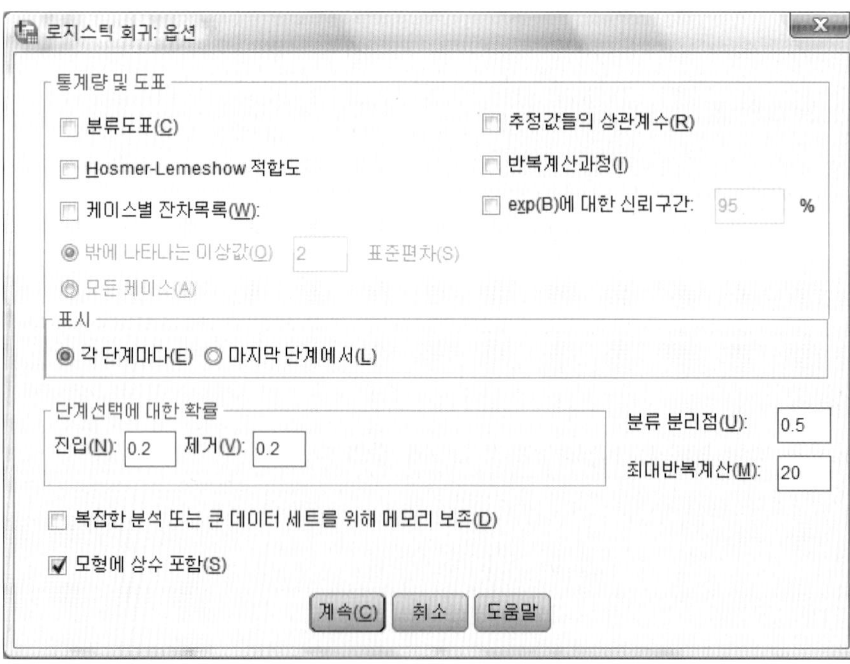

분석결과는 다음과 같다.

모형 계수의 총괄 검정

		카이제곱	자유도	유의확률
1 단계	단계	3.936	1	.047
	블록	3.936	1	.047
	모형	3.936	1	.047

모형 요약

단계	-2 로그 우도	Cox와 Snell의 R-제곱	Nagelkerke R-제곱
1	23.790[a]	.179	.238

a. 모수 추정값이 .001보다 작게 변경되어 계산반복수 4에서 추정을 종료하였습니다.

분류표[a]

관측됨			예측 Y 0	예측 Y 1	분류정확 %
1 단계	Y	0	7	3	70.0
		1	4	6	60.0
	전체 퍼센트				65.0

a. 절단값은 .500입니다.

방정식의 변수

		B	S.E.	Wald	자유도	유의확률	Exp(B)
1 단계[a]	X1	-.266	.150	3.159	1	.076	.766
	상수항	9.833	5.572	3.115	1	.078	18635.975

a. 변수가 1: X1 단계에 입력되었습니다.

방정식에 없는 변수

			점수	자유도	유의확률
1 단계	변수	X2	1.185	1	.276
		X3	.000	1	.993
		X4	.615	1	.433
		X5	1.244	1	.265
	전체 통계량		6.044	4	.196

변수 x_1이 선택되었다.

■ 우도비에 의한 변수감소법(뒤로 : LR)

<표 8-2>의 데이터를 입력하고 다음과 같이 변수를 지정한다.

설명변수 입력 방법으로 [뒤로 : LR]을 선택한다.

[옵션]을 창에서 [단계선택에 대한 확률]에서 진입과 제거 기준을 p값 = 0.2로 설정한다.

변수감소법의 결과는 다음과 같다.

모형 계수의 총괄 검정

		카이제곱	자유도	유의확률
1 단계	단계	11.320	5	.045
	블록	11.320	5	.045
	모형	11.320	5	.045
2 단계[a]	단계	-.119	1	.730
	블록	11.201	4	.024
	모형	11.201	4	.024
3 단계[a]	단계	-.693	1	.405
	블록	10.508	3	.015
	모형	10.508	3	.015
4 단계[a]	단계	-.947	1	.331
	블록	9.561	2	.008
	모형	9.561	2	.008

a. 음의 카이제곱 값은 이전 단계에서 카이제곱 값이 감소한 것을 나타냅니다.

모형 요약

단계	-2 로그 우도	Cox와 Snell의 R-제곱	Nagelkerke R-제곱
1	16.406[a]	.432	.576
2	16.525[a]	.429	.572
3	17.218[b]	.409	.545
4	18.165[b]	.380	.507

a. 모수 추정값이 .001보다 작게 변경되어 계산반복수 6에서 추정을 종료하였습니다.

b. 모수 추정값이 .001보다 작게 변경되어 계산반복수 5에서 추정을 종료하였습니다.

분류표[a]

관측됨			예측 Y 0	예측 Y 1	분류정확 %
1 단계	Y	0	9	1	90.0
		1	2	8	80.0
	전체 퍼센트				85.0
2 단계	Y	0	9	1	90.0
		1	2	8	80.0
	전체 퍼센트				85.0
3 단계	Y	0	9	1	90.0
		1	2	8	80.0
	전체 퍼센트				85.0
4 단계	Y	0	8	2	80.0
		1	2	8	80.0
	전체 퍼센트				80.0

a. 절단값은 .500입니다.

방정식에 없는 변수

			점수	자유도	유의확률
2 단계[a]	변수	X2	.118	1	.732
	전체 통계량		.118	1	.732
3 단계[b]	변수	X1	.629	1	.428
		X2	.484	1	.487
	전체 통계량		.705	2	.703
4 단계[c]	변수	X1	.279	1	.597
		X2	.262	1	.609
		X5	.955	1	.329
	전체 통계량		1.584	3	.663

a. 변수가 2:X2 단계에서 제거되었습니다.

b. 변수가 3:X1 단계에서 제거되었습니다.

c. 변수가 4:X5 단계에서 제거되었습니다.

방정식의 변수

		B	S.E.	Wald	자유도	유의확률	Exp(B)
1 단계[a]	X1	.709	1.320	.288	1	.591	2.031
	X2	-.445	1.301	.117	1	.733	.641
	X3	-2.173	1.378	2.487	1	.115	.114
	X4	.817	.485	2.840	1	.092	2.263
	X5	-.143	.131	1.184	1	.276	.867
	상수항	15.622	24.918	.393	1	.531	6087597.162
2 단계[a]	X1	.279	.369	.572	1	.449	1.322
	X3	-1.947	1.149	2.875	1	.090	.143
	X4	.743	.411	3.259	1	.071	2.101
	X5	-.127	.116	1.206	1	.272	.880
	상수항	7.870	9.897	.632	1	.426	2618.677
3 단계[a]	X3	-1.292	.627	4.245	1	.039	.275
	X4	.541	.271	3.988	1	.046	1.717
	X5	-.101	.107	.883	1	.347	.904
	상수항	9.422	9.741	.936	1	.333	12356.269
4 단계[a]	X3	-1.423	.613	5.395	1	.020	.241
	X4	.567	.268	4.474	1	.034	1.762
	상수항	2.591	6.228	.173	1	.677	13.338

a. 변수가 1: X1, X2, X3, X4, X5 단계에 입력되었습니다.

변수 x_3와 x_4가 선택되고 있다.

이상과 같이 변수선택의 방법이 바뀌면 결과가 달라지는 경우가 있다는 사실에 주의해야 한다.

CHAPTER

9

로지스틱 회귀분석의 유의점

CHAPTER 9

로지스틱 회귀분석의 유의점

9.1 | 다중공선성

[예제 9-1]

다음 <표 9-1>의 데이터에 대해서 x_1과 x_2를 설명변수, y를 목적변수로 하는 로지스틱 회귀분석을 실시해 보자.

표 9-1 데이터표

번호	x_1	x_2	y
1	30	40	1
2	38	48	1
3	37	46	1
4	32	42	1
5	35	44	1
6	34	44	1
7	38	48	1
8	35	45	1
9	35	45	1
10	37	47	1
11	29	39	0
12	27	38	0
13	25	36	0
14	22	33	0
15	26	37	0
16	27	36	0
17	31	42	0
18	25	35	0
19	27	37	0
20	34	44	0

■ 설명변수끼리의 상관

설명변수 x_1과 x_2의 상관계수는 다음과 같이 구하는데, 상관계수는 0.993으로 대단히 강한 상관관계가 있다.

이 상황은 다시 말해서 다중공선성이 있는 상태이다. 이와 같은 데이터에 로지스틱 회귀분석을 적용하면, 어떠한 현상이 발생할지를 살펴보도록 하자.

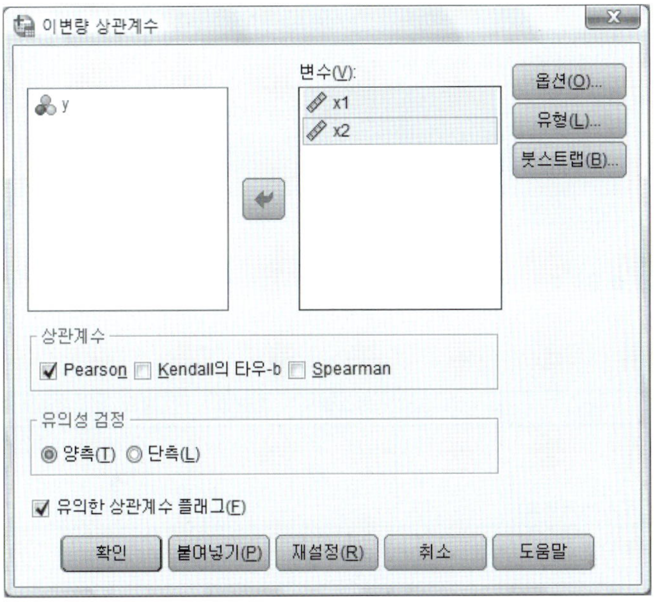

상관관계

		x1	x2
x1	Pearson 상관	1	.993**
	유의확률 (양측)		.000
	N	20	20
x2	Pearson 상관	.993**	1
	유의확률 (양측)	.000	
	N	20	20

**. 상관관계가 0.01 수준에서 유의합니다(양측).

■ 평균치의 비교

로지스틱 회귀분석에 앞서 목적변수 $y=0$ 군과 $y=1$ 군으로 나누어 설명변수마다 평균치를 비교하면 다음과 같다.

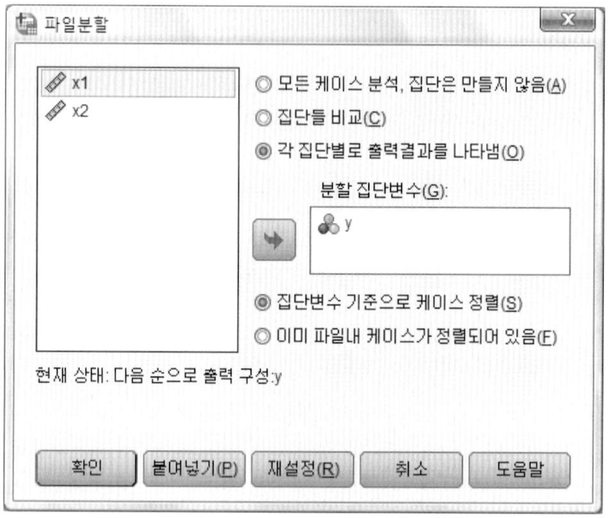

y = 0

기술통계량[a]

	N	최소값	최대값	평균	표준편차
x1	10	22	34	27.30	3.368
x2	10	33	44	37.70	3.268
유효 N(목록별)	10				

a. y = 0

y = 1

기술통계량[a]

	N	최소값	최대값	평균	표준편차
x1	10	30	38	35.10	2.601
x2	10	40	48	44.90	2.558
유효 N(목록별)	10				

a. y = 1

x_1과 x_2의 어느 쪽도 $y=1$ 군 쪽이 $y=0$ 군 쪽보다 평균치는 큰 값으로 되어 있다.

■ 로지스틱 회귀분석의 적용

위의 파일분할을 원래 상태로 복고하고 로지스틱 회귀분석을 적용하면 다음과 같은 결과를 얻는다.

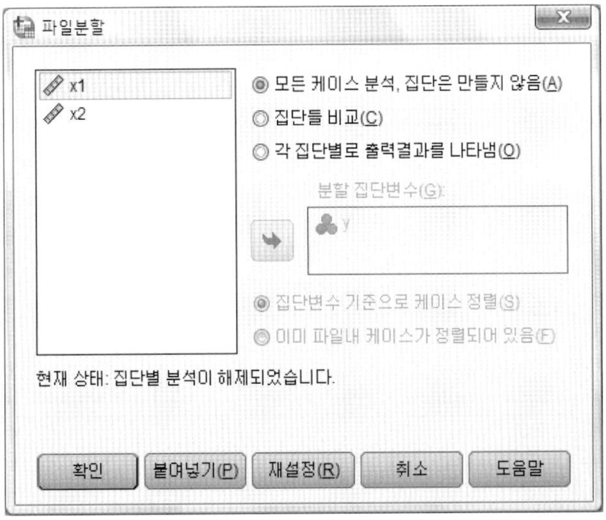

모형 계수의 총괄 검정

		카이제곱	자유도	유의확률
1 단계	단계	18.277	2	.000
	블록	18.277	2	.000
	모형	18.277	2	.000

모형 요약

단계	-2 로그 우도	Cox와 Snell의 R-제곱	Nagelkerke R-제곱
1	9.448[a]	.599	.799

a. 모수 추정값이 .001보다 작게 변경되어 계산반복수 7에서 추정을 종료하였습니다.

분류표[a]

관측됨			예측 y 0	예측 y 1	분류정확 %
1 단계	y	0	9	1	90.0
		1	1	9	90.0
	전체 퍼센트				90.0

a. 절단값은 .500입니다.

방정식의 변수

		B	S.E.	Wald	자유도	유의확률	Exp(B)
1 단계[a]	x1	2.190	1.887	1.346	1	.246	8.931
	x2	-1.511	1.798	.706	1	.401	.221
	상수항	-6.154	18.303	.113	1	.737	.002

a. 변수가 1: x1, x2 단계에 입력되었습니다.

모형의 기여율(Nagelkerke R 제곱 = 0.799)이나 적중률(분류정확 % = 90)은 양호한 결과가 얻어지고 있다. 그러나 개개의 설명변수는 모두 유의하지 않아 도움이 되지 않는다고 하는 이해하기 어려운 현상이 일어나고 있다.

또한 x_2의 부호가 마이너스로 되어 있다. 이 사실은 x_2의 수치가 커지면 $y=1$이 될 확률이 낮아진다는 것을 의미하고 있다. 그러나 앞에서 본 평균치의 비교에서는 x_1과 x_2의 어느 쪽도 $y=1$ 군 쪽이 $y=0$ 군 쪽보다 평균치는 큰 값으로 되어 있었다. 이와 같은 현상을 부호역전(符號逆轉)이라고 한다.

[예제 9-2]

다음 <표 9-2>의 데이터에 대해서 x_1과 x_2를 설명변수, y를 목적변수로 하는 로지스틱 회귀분석을 실시해 보자.

표 9-2 데이터표

번호	x_1	x_2	y
1	25	37	1
2	27	39	1
3	27	43	1
4	25	38	1
5	26	37	1
6	28	43	1
7	28	41	1
8	30	44	1
9	29	43	1
10	29	44	1
11	27	41	0
12	28	44	0
13	27	41	0
14	25	38	0
15	25	41	0
16	25	39	0
17	30	44	0
18	26	42	0
19	26	41	0
20	27	44	0

■ 설명변수끼리의 상관

설명변수끼리의 상관계수는 0.775로 되어 있다.

상관관계

		x1	x2
x1	Pearson 상관	1	.775**
	유의확률 (양측)		.000
	N	20	20
x2	Pearson 상관	.775**	1
	유의확률 (양측)	.000	
	N	20	20

**. 상관관계가 0.01 수준에서 유의합니다(양측).

■ 평균치의 비교

목적변수 $y=0$ 군과 $y=1$ 군으로 나누어 설명변수마다 평균치를 비교하면 다음과 같다.

y = 0

기술통계량[a]

	N	최소값	최대값	평균	표준편차
x1	10	25	30	26.60	1.578
x2	10	38	44	41.50	2.068
유효 N(목록별)	10				

a. y = 0

y = 1

기술통계량[a]

	N	최소값	최대값	평균	표준편차
x1	10	25	30	27.40	1.713
x2	10	37	44	40.90	2.885
유효 N(목록별)	10				

a. y = 1

x_1에 대해서는 $y=1$ 군 쪽이 $y=0$ 군 쪽보다 평균치는 큰 값으로 되어 있다.

x_2에 대해서는 $y=0$ 군 쪽이 $y=1$ 군 쪽보다 평균치는 큰 값으로 되어 있다.

■ 로지스틱 회귀분석의 적용

위의 파일분할을 원래 상태로 복고하고 로지스틱 회귀분석을 적용하면 다음과 같은 결과를 얻는다.

모형 계수의 총괄 검정

		카이제곱	자유도	유의확률
1 단계	단계	7.113	2	.029
	블록	7.113	2	.029
	모형	7.113	2	.029

모형 요약

단계	-2 로그 우도	Cox와 Snell의 R-제곱	Nagelkerke R-제곱
1	20.613[a]	.299	.399

a. 모수 추정값이 .001보다 작게 변경되어 계산반복수 4에서 추정을 종료하였습니다.

분류표[a]

관측됨			예측 y 0	예측 y 1	분류정확 %
1 단계	y	0	7	3	70.0
		1	3	7	70.0
	전체 퍼센트				70.0

a. 절단값은 .500입니다.

방정식의 변수

		B	S.E.	Wald	자유도	유의확률	Exp(B)
1 단계[a]	x1	1.401	.652	4.615	1	.032	4.060
	x2	-.876	.437	4.020	1	.045	.416
	상수항	-1.777	9.519	.035	1	.852	.169

a. 변수가 1: x1, x2 단계에 입력되었습니다.

이번 사례에서는 다중공선성에 의한 이해하기 어려운 현상은 일어나고 있지 않다. 단, 상관계수가 0.775 정도의 관계에서는 다중공선성은 일어나지 않는다고 생각하는 것은 경솔한 생각이다. 일어날 때와 일어나지 않을 때가 있다고 이해할 필요가 있다.

그런데 본 사례에서는 상관에 의한 다중공선성의 예제로서 뿐만 아니라 다른 견해가 가능한 사례이기도 하므로 주의 깊게 살펴보기로 하자.

우선 다음의 세 가지 그래프를 작성해서 관찰해 보자.

- y로 층별한 x_1의 도트 플롯
- y로 층별한 x_2의 도트 플롯
- y로 층별한 x_1과 x_2의 산점도

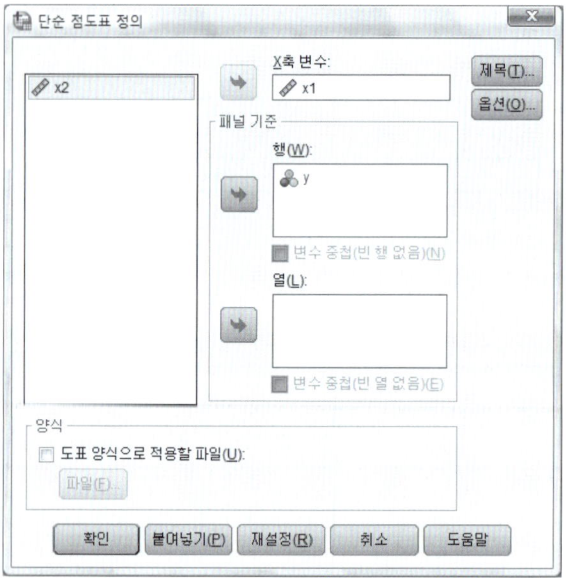

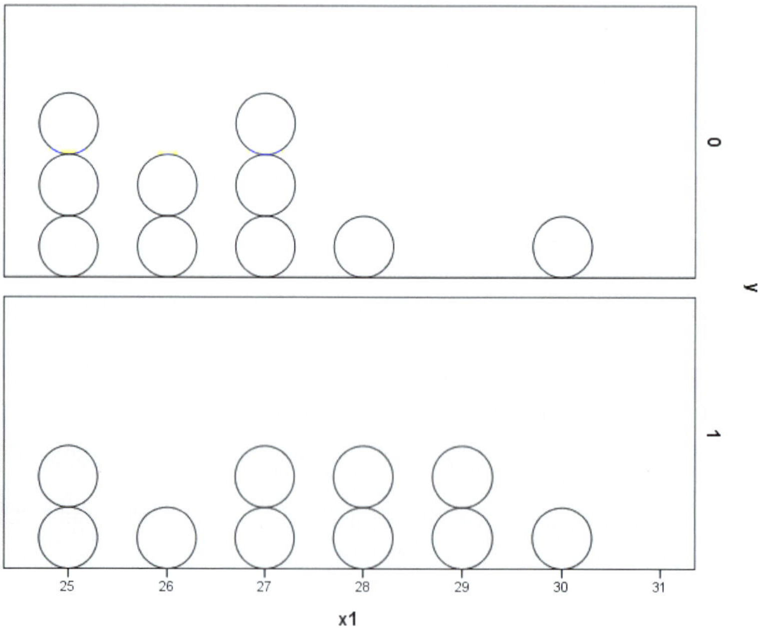

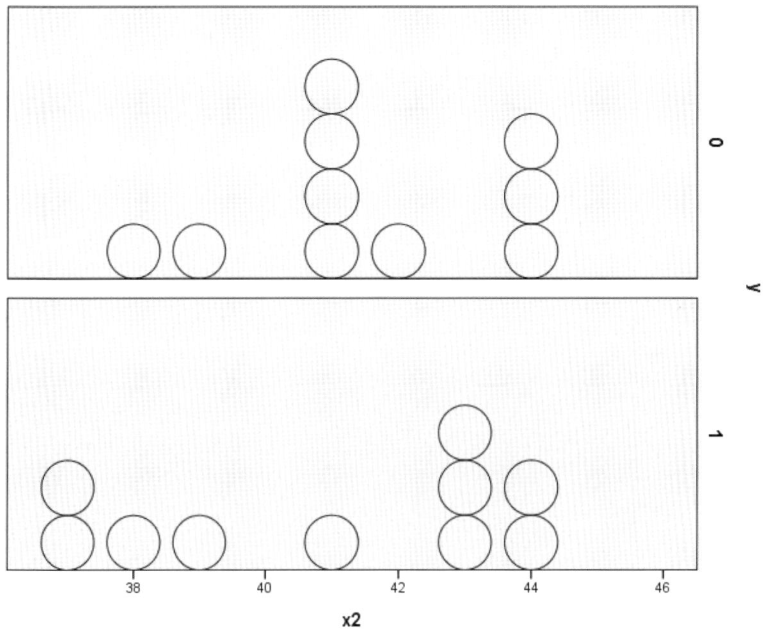

산점도를 작성하기 위해서는 다음과 같이 변수를 입력한다.

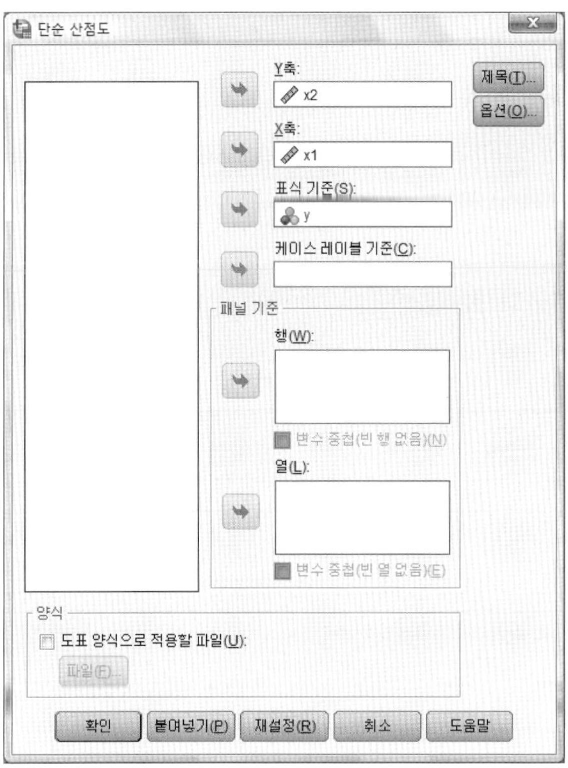

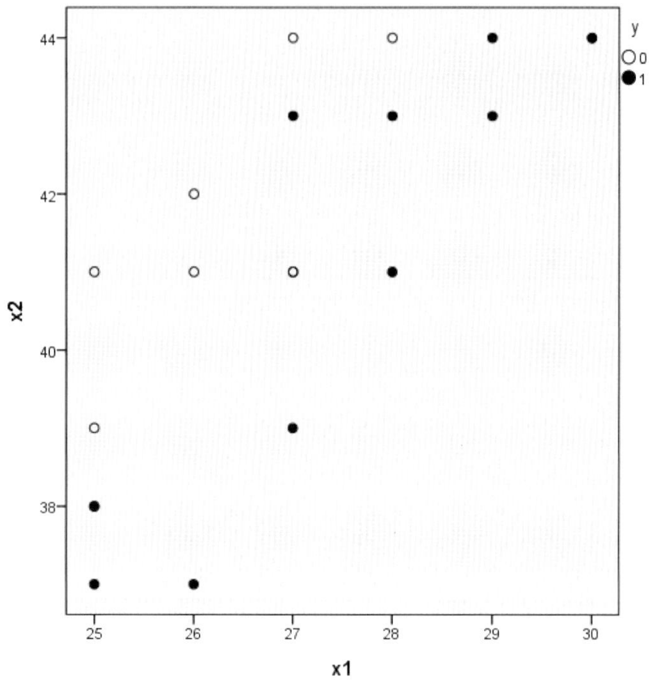

그래프를 보면 x_1은 단독으로는 y의 판별에 도움이 되지 않고, x_2도 단독으로는 y의 판별에 도움이 되지 않는다고 판단할 수 있다. 그러나 두 개의 변수를 사용하면 어느 정도는 y의 판별에 도움이 될 것 같다는 것을 알 수 있다. 도움이 되지 않는 변수들을 동시에 사용하면 판별할 수 있다고 하는 경우가 있을 수 있다고 하는 예다. 로지스틱 회귀분석을 실제로 적용해서 이 사실을 보이기로 한다.

[x_1만에 의한 로지스틱 회귀분석]

분류표[a]

관측됨			예측 y 0	예측 y 1	분류정확 %
1 단계	y	0	5	5	50.0
		1	3	7	70.0
	전체 퍼센트				60.0

a. 절단값은 .500입니다.

방정식의 변수

		B	S.E.	Wald	자유도	유의확률	Exp(B)
1 단계[a]	x1	.322	.297	1.177	1	.278	1.379
	상수항	-8.682	8.010	1.175	1	.278	.000

a. 변수가 1: x1 단계에 입력되었습니다.

[x_2만에 의한 로지스틱 회귀분석]

분류표[a]

관측됨			예측 y 0	예측 y 1	분류정확 %
1 단계	y	0	4	6	40.0
		1	5	5	50.0
	전체 퍼센트				45.0

a. 절단값은 .500입니다.

방정식의 변수

		B	S.E.	Wald	자유도	유의확률	Exp(B)
1 단계[a]	x2	-.105	.189	.309	1	.578	.900
	상수항	4.334	7.805	.308	1	.579	76.239

a. 변수가 1: x2 단계에 입력되었습니다.

[x_1과 x_2에 의한 로지스틱 회귀분석]

분류표[a]

관측됨			예측 y 0	예측 y 1	분류정확 %
1 단계	y	0	7	3	70.0
		1	3	7	70.0
	전체 퍼센트				70.0

a. 절단값은 .500입니다.

방정식의 변수

		B	S.E.	Wald	자유도	유의확률	Exp(B)
1 단계[a]	x1	1.401	.652	4.615	1	.032	4.060
	x2	-.876	.437	4.020	1	.045	.416
	상수항	-1.777	9.519	.035	1	.852	.169

a. 변수가 1: x1, x2 단계에 입력되었습니다.

단독으로는 유의하지 않은 설명변수이더라도 동시에 사용하면 모두 유의하게 될 수가 있다고 하는 예다.

그런데 이와 같은 예가 있다고 하는 것은 변수선택의 증가법일 때에 주의가 필요하다. 이 데이터를 변수증가법으로 분석하면 다음과 같은 결과를 얻는다.

방정식의 변수

		B	S.E.	Wald	자유도	유의확률	Exp(B)
0 단계	상수항	.000	.447	.000	1	1.000	1.000

방정식에 없는 변수

			점수	자유도	유의확률
0 단계	변수	x1	1.231	1	.267
		x2	.313	1	.576
	전체 통계량		6.277	2	.043

9.2 | 완전 분리

로지스틱 회귀분석에서는 목적변수가 될 두 개의 그룹이 설명변수에 의해서 판별할 수 있을 때에는, 최우해(最尤解)가 구해지지 않고 해가 불안정하게 된다. 결과가 이해하기 어렵게 된다고 하는 다중공선성과 같은 현상이 일어난다. 다음의 수치예에서 살펴보도록 하자.

1. 설명변수가 수치변수인 예

■ 완전 분리의 상태에 있는 데이터

[예제 9-3]

표 9-3 데이터표

번호	x	y
1	1.2	0
2	3.8	0
3	3.9	0
4	4.8	0
5	5.8	0
6	6.2	1
7	7.9	1
8	8.1	1
9	9.3	1
10	9.9	1

다음과 같이 데이터를 입력한다.

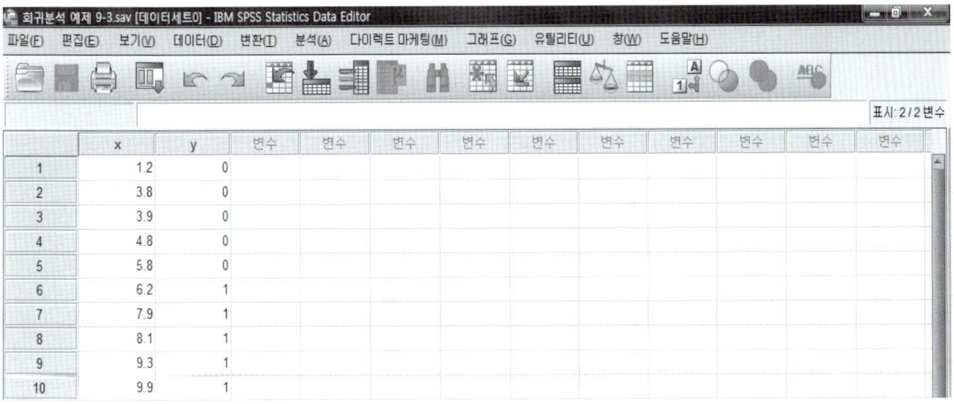

단순 산점도 대화상자에서 다음과 같이 변수를 지정한다.

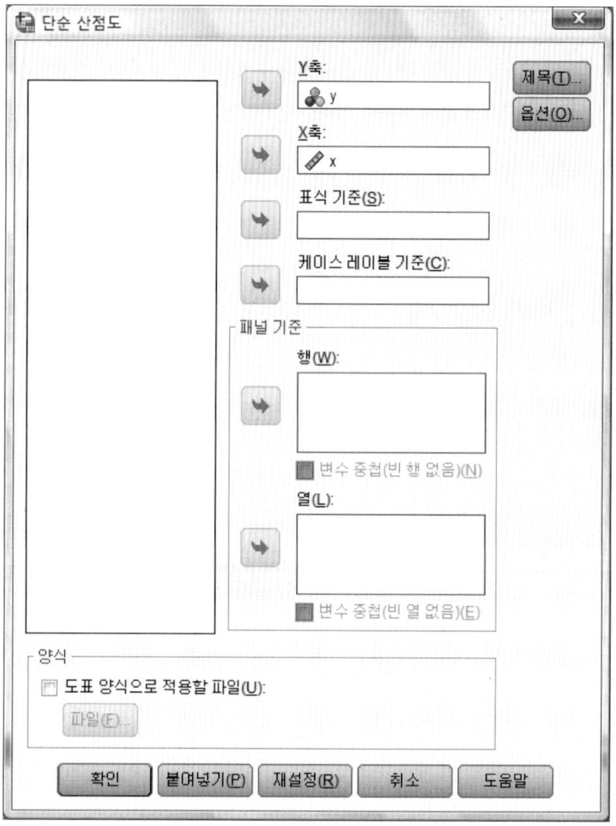

다음과 같은 그래프가 작성되는데, 0군과 1군이 완전히 분리되어 있는 것을 알 수 있다.

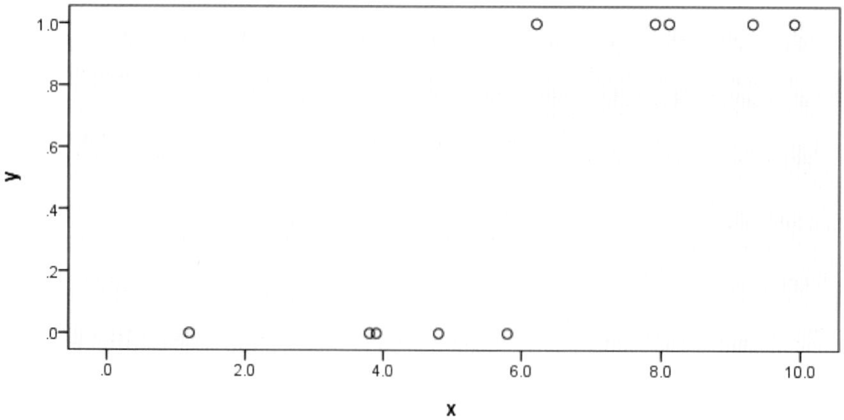

로지스틱 회귀분석을 적용하면, 다음과 같이 된다.

모형 계수의 총괄 검정

		카이제곱	자유도	유의확률
1 단계	단계	13.863	1	.000
	블록	13.863	1	.000
	모형	13.863	1	.000

모형 요약

단계	-2 로그 우도	Cox와 Snell의 R-제곱	Nagelkerke R-제곱
1	.000[a]	.750	1.000

a. 최대반복수에 도달하여 계산반복수 20에서 추정을 종료하였습니다. 최종 해를 구할 수 없습니다.

분류표[a]

관측됨			예측 y 0	예측 y 1	분류정확 %
1 단계	y	0	5	0	100.0
		1	0	5	100.0
	전체 퍼센트				100.0

a. 절단값은 .500입니다.

방정식의 변수

		B	S.E.	Wald	자유도	유의확률	Exp(B)
1 단계[a]	x	79.589	10122.608	.000	1	.994	3.674E+34
	상수항	-477.482	60659.900	.000	1	.994	.000

a. 변수가 1: x 단계에 입력되었습니다.

모형의 적합도를 나타내는 −2로그 우도, 기여율, 적중률은 완전히 분리(판별)되어 있으므로, 당연히 최량의 수치를 보이고 있다. 그런데 설명변수 x의 p값이 0.994로 되어 있어 목적변수 y를 설명하는 데 도움이 되지 않는다고 하는 이해하기 어려운 결과가 얻어졌다. 다중공선성이 일어나고 있을 때에도 같은 현상이 일어나는데, 이 예에서는 설명변수가 하나밖에 없으므로 다중공선성이 원인이 아니라 완전 분리 상태에 있다는 것이 원인이다.

■ 유사 분리의 상태에 있는 데이터

[예제 9-4]

표 9-4 데이터표

번호	x	y
1	1.2	0
2	3.8	0
3	3.9	0
4	4.8	0
5	6.0	0
6	6.0	1
7	7.9	1
8	8.1	1
9	9.3	1
10	9.9	1

다음과 같이 데이터를 입력한다.

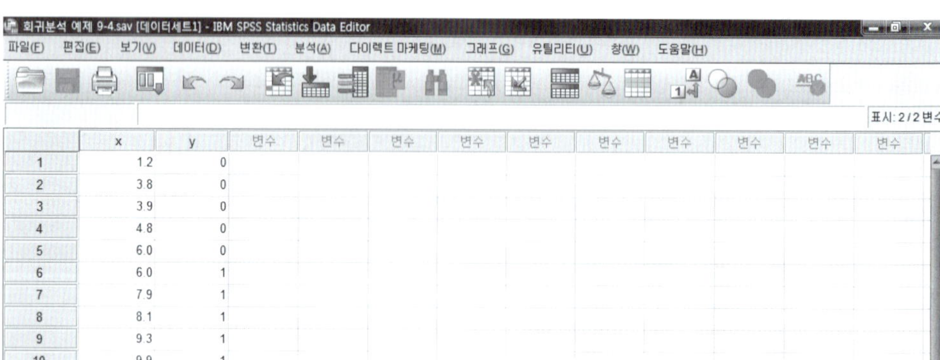

이 데이터에 대해서 산점도를 작성하면 다음과 같이 된다. $x = 6$인 곳이 0군과 1군이 겹쳐 있고, 그 곳을 경계로 완전히 분리되어 있다는 것을 알 수 있다. 이와 같은 상태는 유사분리 상태라고 부른다.

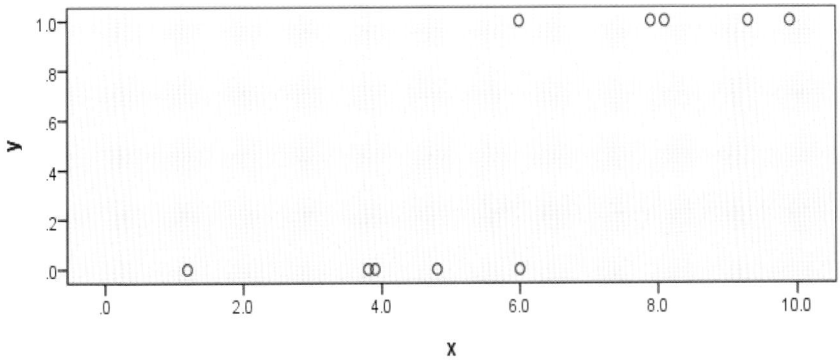

로지스틱 회귀분석을 적용하면 다음과 같이 된다.

모형 계수의 총괄 검정

		카이제곱	자유도	유의확률
1 단계	단계	11.090	1	.001
	블록	11.090	1	.001
	모형	11.090	1	.001

모형 요약

단계	-2 로그 우도	Cox와 Snell의 R-제곱	Nagelkerke R-제곱
1	2.773[a]	.670	.893

a. 최대반복수에 도달하여 계산반복수 20에서 추정을 종료하였습니다. 최종 해를 구할 수 없습니다.

분류표[a]

관측됨			예측 y 0	예측 y 1	분류정확 %
1 단계	y	0	5	0	100.0
		1	1	4	80.0
	전체 퍼센트				90.0

a. 절단값은 .500입니다.

방정식의 변수

		B	S.E.	Wald	자유도	유의확률	Exp(B)
1 단계[a]	x	14.812	6031.588	.000	1	.998	2708448.380
	상수항	-88.871	36189.527	.000	1	.998	.000

a. 변수가 1: x 단계에 입력되었습니다.

이 경우에도 설명변수 x의 p값이 0.998로 되어 있어 목적변수 y를 설명하는 데 도움이 되지 않는다고 하는 이해하기 어려운 결과가 얻어졌다.

■ 완전 분리의 상태에 있는 2변량 데이터

[예제 9-5]

이번에는 설명변수가 x_1과 x_2의 두 개인 데이터의 예로 완전 분리 상태를 보이기로 한다.

표 9-5 데이터표

번호	x_1	x_2	y
1	33	32	0
2	30	31	0
3	31	32	0
4	28	28	0
5	27	29	0
6	31	31	0
7	25	27	0
8	27	27	0
9	33	35	0
10	26	27	0
11	36	47	1
12	34	43	1
13	31	40	1
14	29	35	1
15	34	46	1
16	33	41	1
17	33	42	1
18	35	44	1
19	34	43	1
20	29	40	1

다음과 같이 데이터를 입력한다.

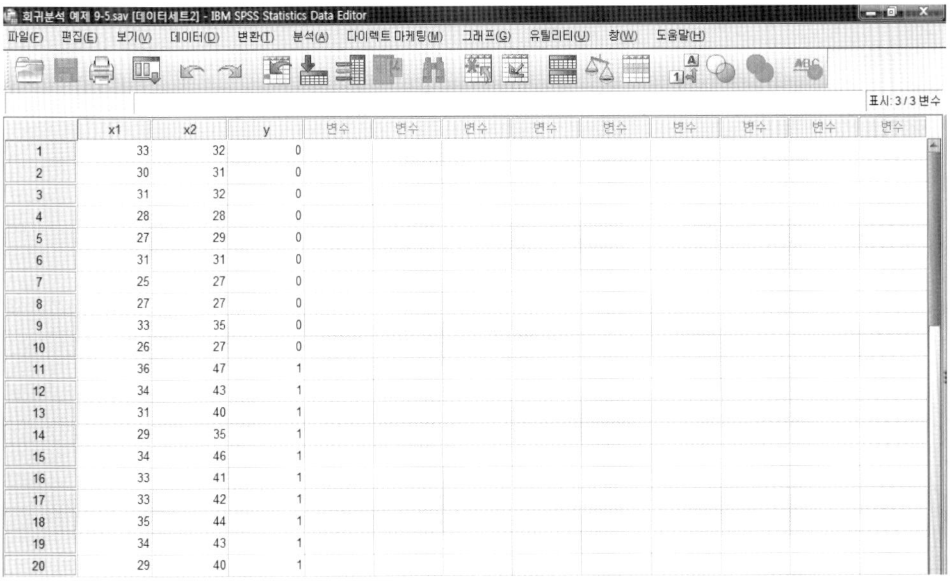

	x1	x2	y
1	33	32	0
2	30	31	0
3	31	32	0
4	28	28	0
5	27	29	0
6	31	31	0
7	25	27	0
8	27	27	0
9	33	35	0
10	26	27	0
11	36	47	1
12	34	43	1
13	31	40	1
14	29	35	1
15	34	46	1
16	33	41	1
17	33	42	1
18	35	44	1
19	34	43	1
20	29	40	1

이 데이터에 대해서 산점도를 작성하면 다음과 같이 된다. $y=0$와 $y=1$이 완전히 분리되어 있다는 것을 알 수 있다.

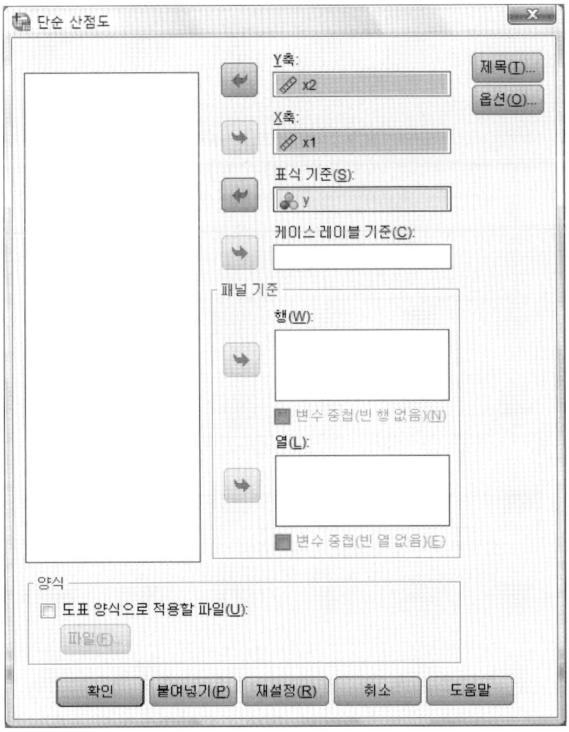

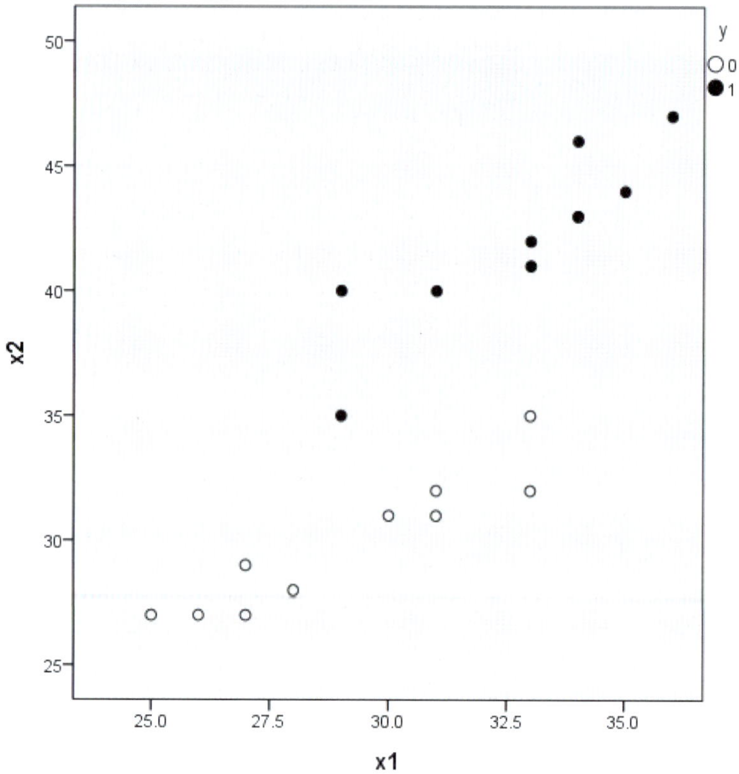

로지스틱 회귀분석을 적용하면 다음과 같이 된다.

모형 계수의 총괄 검정

		카이제곱	자유도	유의확률
1 단계	단계	27.726	2	.000
	블록	27.726	2	.000
	모형	27.726	2	.000

모형 요약

단계	-2 로그 우도	Cox와 Snell의 R-제곱	Nagelkerke R-제곱
1	.000[a]	.750	1.000

a. 최대반복수에 도달하여 계산반복수 20에서 추정을 종료하였습니다. 최종 해를 구할 수 없습니다.

분류표[a]

관측됨			예측 y 0	예측 y 1	분류정확 %
1 단계	y	0	10	0	100.0
		1	0	10	100.0
	전체 퍼센트				100.0

a. 절단값은 .500입니다.

방정식의 변수

		B	S.E.	Wald	자유도	유의확률	Exp(B)
1 단계[a]	x1	-9.307	4610.679	.000	1	.998	.000
	x2	9.164	2775.047	.000	1	.997	9542.954
	상수항	-33.211	68090.285	.000	1	1.000	.000

a. 변수가 1: x1, x2 단계에 입력되었습니다.

설명변수 x_1의 p값 은 0.998, x_2의 p값은 0.997로 되어 있어 목적변수 y를 설명하는 데 모두 도움이 되지 않는다고 하는 이해하기 어려운 결과가 얻어졌다.

2. 설명변수가 범주변수인 예

■ 완전 분리의 상태에 있는 데이터

[예제 9-6]

표 9-6 데이터표

번호	A	y	번호	A	y
1	A1	0	10	A2	0
2	A1	0	11	A2	0
3	A1	0	12	A2	0
4	A1	0	13	A3	1
5	A1	0	14	A3	1
6	A1	0	15	A3	1
7	A2	0	16	A3	1
8	A2	0	17	A3	1
9	A2	0	18	A3	1

범주변수 A를 설명변수, y가 목적변수이다.

다음과 같이 데이터를 입력한다.

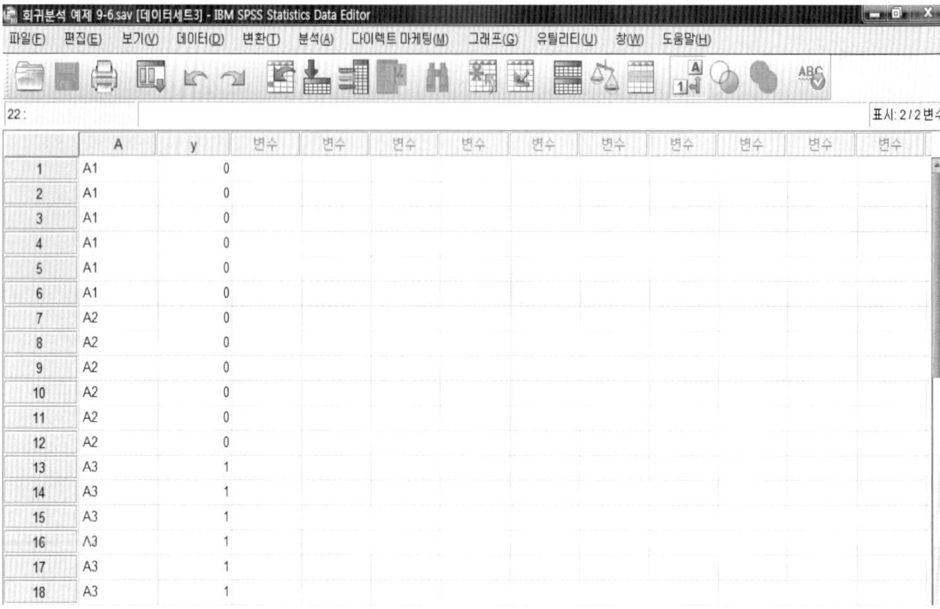

이 데이터를 크로스 집계표로 나타내면, A1과 A2일 때는 $y=0$, A3일 때는 $y=1$이 되어, 완전히 분리되어 있는 것을 알 수 있다.

y * A 교차표

빈도

		A			전체
		A1	A2	A3	
y	0	6	6	0	12
	1	0	0	6	6
전체		6	6	6	18

로지스틱 회귀분석을 적용하면 다음과 같이 된다.

경고

모수 공분산 행렬을 계산할 수 없습니다. 나머지 통계량은 생략합니다.

모형 계수의 총괄 검정

		카이제곱	자유도	유의확률
1 단계	단계	22.915	2	.000
	블록	22.915	2	.000
	모형	22.915	2	.000

모형 요약

단계	-2 로그 우도	Cox와 Snell의 R-제곱	Nagelkerke R-제곱
1	.000[a]	.720	1.000

a. 완전 적합이 있으므로 계산반복수 18에서 추정을 종료하였습니다. 현재 해는 유일하지 않습니다.

이 예에서는 회귀계수 자체가 구해지지 않는다.

■ 유사 분리의 상태에 있는 데이터

[예제 9-7]

표 9-7 데이터표

번호	A	y	번호	A	y
1	A1	0	10	A2	1
2	A1	0	11	A2	1
3	A1	0	12	A2	1
4	A1	0	13	A3	1
5	A1	0	14	A3	1
6	A1	0	15	A3	1
7	A2	0	16	A3	1
8	A2	0	17	A3	1
9	A2	0	18	A3	1

범주변수 A를 설명변수, y가 목적변수이다. 다음과 같이 데이터를 입력한다.

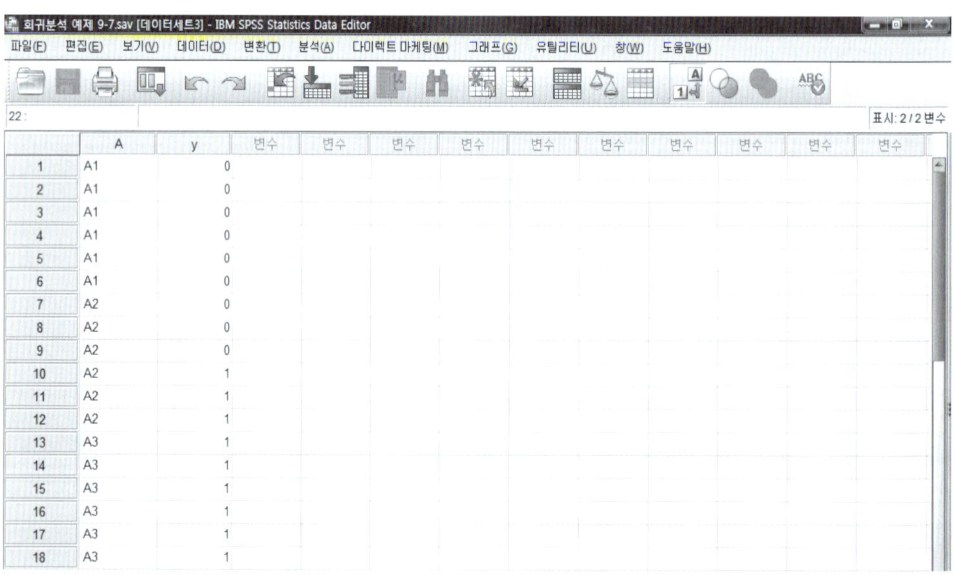

이 데이터를 크로스 집계표로 나타내면, A1일 때는 $y=0$, A3일 때는 $y=1$, A2일 때는 $y=0$와 1이 섞여 있다.

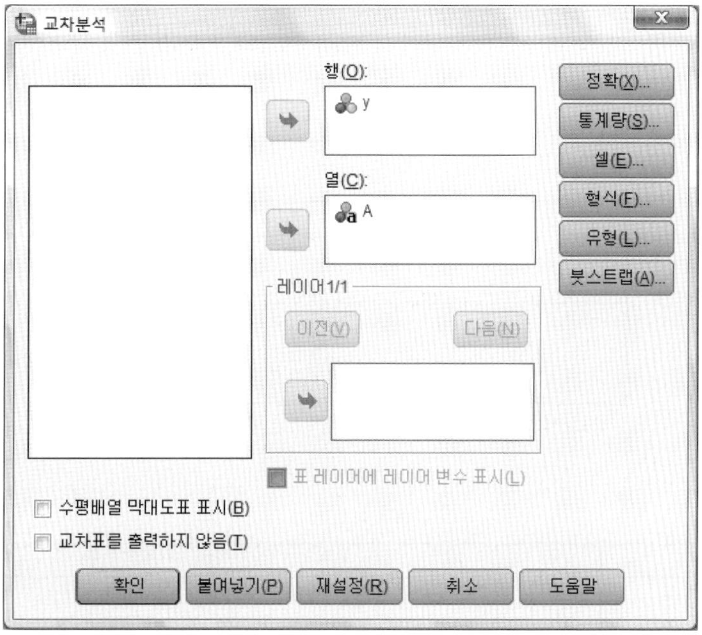

y * A 교차표

빈도

		A			전체
		A1	A2	A3	
y	0	6	3	0	9
	1	0	3	6	9
전체		6	6	6	18

로지스틱 회귀분석을 적용하면 다음과 같이 된다.

모형 계수의 총괄 검정

		카이제곱	자유도	유의확률
1 단계	단계	16.636	2	.000
	블록	16.636	2	.000
	모형	16.636	2	.000

모형 요약

단계	-2 로그 우도	Cox와 Snell의 R-제곱	Nagelkerke R-제곱
1	8.318[a]	.603	.804

a. 최대반복수에 도달하여 계산반복수 20에서 추정을 종료하였습니다. 최종 해를 구할 수 없습니다.

분류표[a]

관측됨			예측 y 0	예측 y 1	분류정확 %
1 단계	y	0	6	3	66.7
		1	0	9	100.0
	전체 퍼센트				83.3

a. 절단값은 .500입니다.

방정식의 변수

		B	S.E.	Wald	자유도	유의확률	Exp(B)
1 단계[a]	A			.000	2	1.000	
	A(1)	-42.406	23205.422	.000	1	.999	.000
	A(2)	-21.203	16408.711	.000	1	.999	.000
	상수항	21.203	16408.711	.000	1	.999	1615474719

a. 변수가 1: A 단계에 입력되었습니다.

범주변수 A의 p값은 1.000으로 되어 있어 이해하기 어려운 결과가 얻어졌다. 이상으로 본 현상이 로지스틱 회귀분석에 대한 완전 분리, 유사 분리의 문제이다.

9.3 | 이상치와 영향도

■ 설명변수끼리의 상관

이상치(outlier)는 로지스틱 회귀분석 결과에 큰 영향을 미치는 경우가 있다. 그 데이터를 포함하고 있는지 어떤지로 회귀식이 상당히 다르게 되어 버리는 일조차 있으므로, 이상치의 유무를 검토하는 것은 중요하다. 이상치의 검토는 로지스틱 회귀분석을 적용하기 전에 실시하는 사전 검토와 적용 후에 실시하는 사후 검토로 나누어진다.

■ 사전 검토

사전 검토에서는 데이터를 그래프로 표현해서 시각적으로 이상치의 유무나 분포의 형태를 검토하게 된다. 그래프로서는 도트 플롯, 히스토그램, 상자도표, 산점도 등이 유효하다. 지금까지 소개해 왔는데, 다시 대표적인 그래프를 정리해서 소개하기로 한다.

[1] 하나의 설명변수(수치변수)와 목적변수의 관계 파악

① 층별 도트 플롯(예제 6-3 참조)

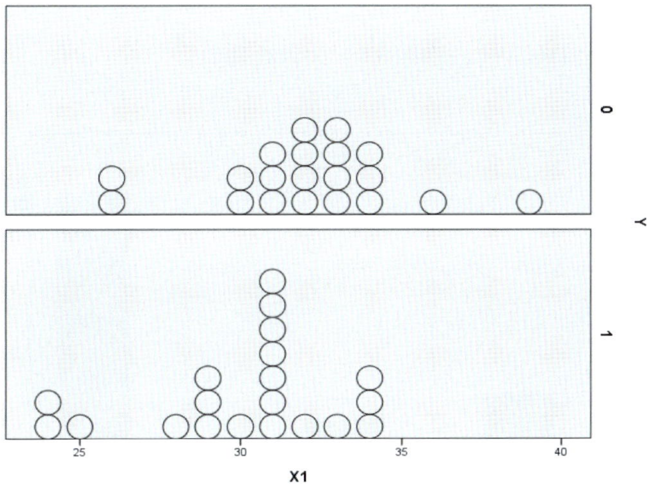

② 층별 상자도표

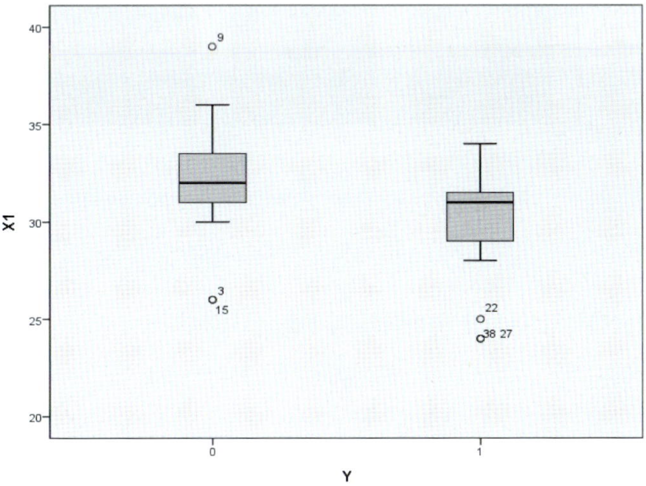

③ 산점도

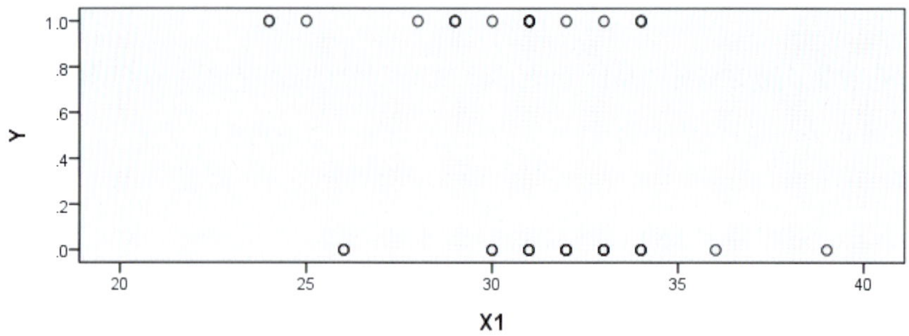

[2] 하나의 설명변수(범주변수)와 목적변수의 관계 파악

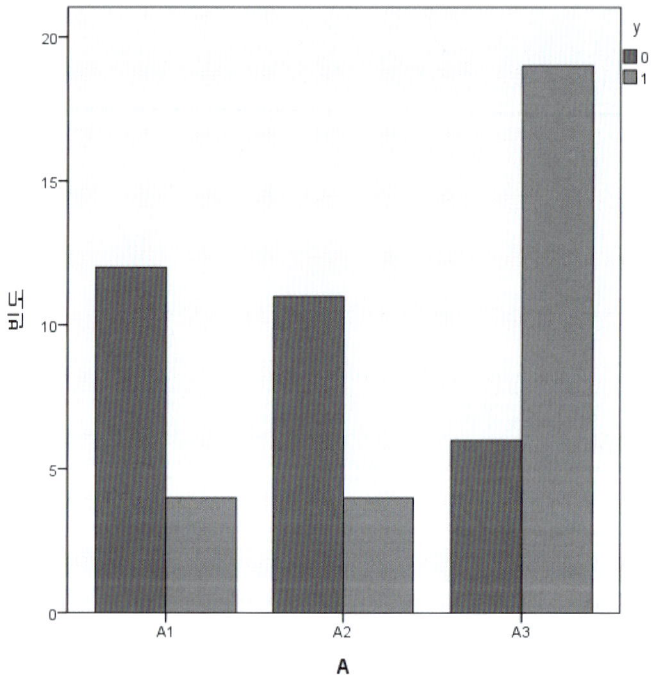

■ 사후 검토

사후 검토에서는 잔차의 분석과 영향력의 분석을 실시한다.

잔차의 분석에는

1. 비표준화 잔차
2. 로짓 잔차

3. 스튜던트화 잔차
4. 표준화 잔차
5. 편차

영향력의 분석에는

6. Cook의 거리
7. 레버리지 값
8. DFBETA

등의 통계량이 제안되고 있다. 이들 통계량이 어떠한 값을 나타내는지를 수치예로 보이기로 한다. 시각적으로 파악할 수 있도록 설명변수는 두 개로 하고 있다. 데이터는 <표 9-8>과 같은데 이 데이터를 그래프로 표현한 것이 다음의 산점도이다. 그래프 상의 숫자는 데이터의 케이스 번호를 의미한다.

표 9-8 데이터표

No	x1	x2	y
1	31	43	0
2	28	42	0
3	18	33	0
4	32	45	0
5	32	42	0
6	31	43	0
7	32	40	0
8	33	43	0
9	30	46	0
10	36	40	0
11	34	42	0
12	25	60	0
13	26	42	0
14	34	46	0
15	36	41	0
16	31	44	0
17	30	39	0
18	35	12	0
19	39	51	1
20	37	46	1
21	24	62	1
22	41	50	1
23	39	46	1
24	37	44	1
25	32	46	1
26	39	48	1
27	42	47	1
28	35	44	1
29	40	49	1
30	37	49	1
31	55	55	1
32	39	44	1
33	34	44	1
34	41	11	1
35	34	47	1
36	39	46	1

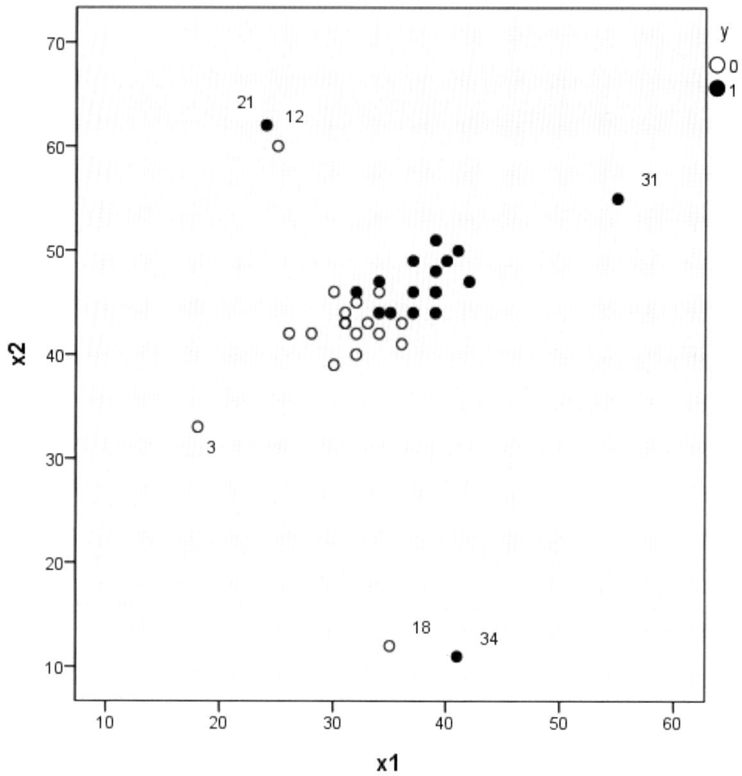

<표 9-8>의 데이터에 로지스틱 회귀분석을 적용하고, 잔차와 영향력의 통계량을 음미해 보자. 잔차는 표준화 잔차를 문제 삼기로 한다.

모형 계수의 총괄 검정

		카이제곱	자유도	유의확률
1 단계	단계	23.219	2	.000
	블록	23.219	2	.000
	모형	23.219	2	.000

모형 요약

단계	-2 로그 우도	Cox와 Snell의 R-제곱	Nagelkerke R-제곱
1	26.687[a]	.475	.634

a. 모수 추정값이 .001보다 작게 변경되어 계산반복수 7에서 추정을 종료하였습니다.

분류표[a]

관측됨			예측		
			y		분류정확 %
			0	1	
1 단계	y	0	15	3	83.3
		1	3	15	83.3
	전체 퍼센트				83.3

a. 절단값은 .500입니다.

방정식의 변수

		B	S.E.	Wald	자유도	유의확률	Exp(B)
1 단계[a]	x1	.512	.172	8.862	1	.003	1.668
	x2	.139	.069	4.016	1	.045	1.149
	상수항	-23.498	7.862	8.934	1	.003	.000

a. 변수가 1: x1, x2 단계에 입력되었습니다.

오판별한 여섯 개의 케이스는 아래와 같다.

No	x1	x2	y	PRE_1	PGR_1
10	36	43	0	.71275	1
14	34	46	0	.57516	1
15	36	41	0	.65258	1
21	24	62	1	.06998	0
25	32	46	1	.32729	0
34	41	11	1	.27151	0

이로부터 잔차 및 영향력의 통계량을 산점도로 나타낸다. 먼저 다음과 같은 통계량을 구한다.

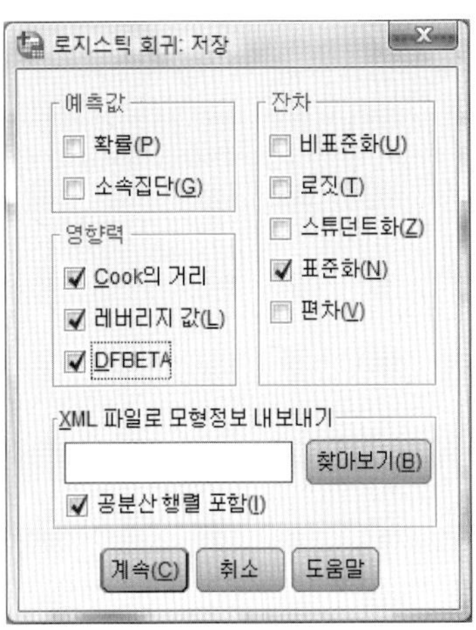

위에서 선택한 네 가지 통계량이 생성된다.

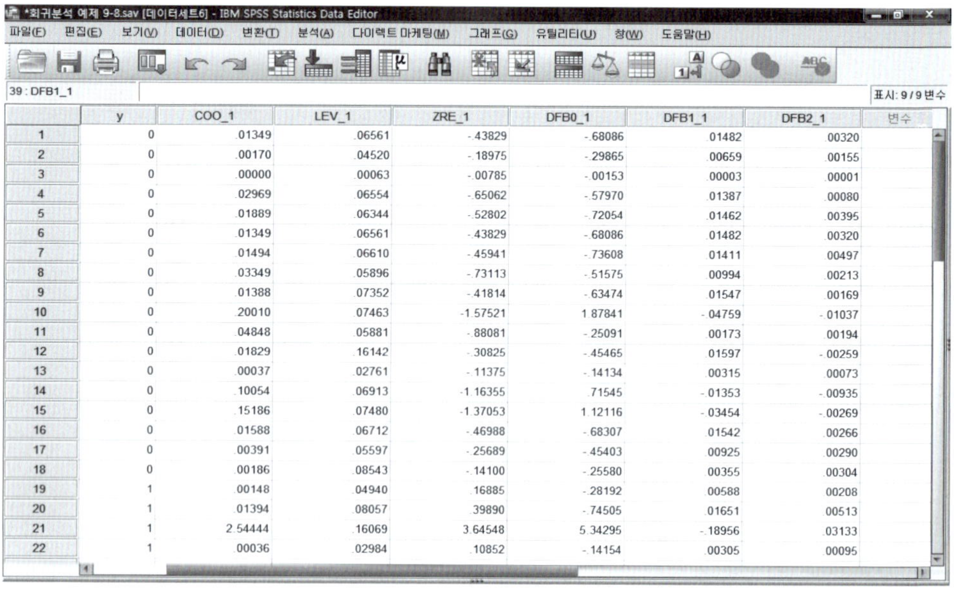

	y	COO_1	LEV_1	ZRE_1	DFB0_1	DFB1_1	DFB2_1	변수
1	0	.01349	.06561	-.43829	-.68086	.01482	.00320	
2	0	.00170	.04520	-.18975	-.29865	.00659	.00155	
3	0	.00000	.00063	-.00785	-.00153	.00003	.00001	
4	0	.02969	.06554	-.65062	-.57970	.01387	.00080	
5	0	.01889	.06344	-.52802	-.72054	.01462	.00395	
6	0	.01349	.06561	-.43829	-.68086	.01482	.00320	
7	0	.01494	.06610	-.45941	-.73608	.01411	.00497	
8	0	.03349	.05896	-.73113	-.51575	.00994	.00213	
9	0	.01388	.07352	-.41814	-.63474	.01547	.00169	
10	0	.20010	.07463	-1.57521	1.87841	-.04759	-.01037	
11	0	.04848	.05881	-.88081	-.25091	.00173	.00194	
12	0	.01829	.16142	-.30825	-.45465	.01597	-.00259	
13	0	.00037	.02761	-.11375	-.14134	.00315	.00073	
14	0	.10054	.06913	-1.16355	.71545	-.01353	-.00935	
15	0	.15186	.07480	-1.37053	1.12116	-.03454	-.00269	
16	0	.01588	.06712	-.46988	-.68307	.01542	.00266	
17	0	.00391	.05597	-.25689	-.45403	.00925	.00290	
18	0	.00186	.08543	-.14100	-.25580	.00355	.00304	
19	1	.00148	.04940	.16885	-.28192	.00588	.00208	
20	1	.01394	.08057	.39890	-.74505	.01651	.00513	
21	1	2.54444	.16069	3.64548	5.34295	-.18956	.03133	
22	1	.00036	.02984	.10852	-.14154	.00305	.00095	

■ 표준화 잔차

잔차($=y-$예측확률)를 표준편차로 나눈 것을 표준화 잔차라고 부르며,

$$\text{표준화 잔차} = \text{잔차} \,/\, [\{\text{예측확률} \times (1 - \text{예측확률})\}\text{의 제곱근}]$$

으로 구한다.

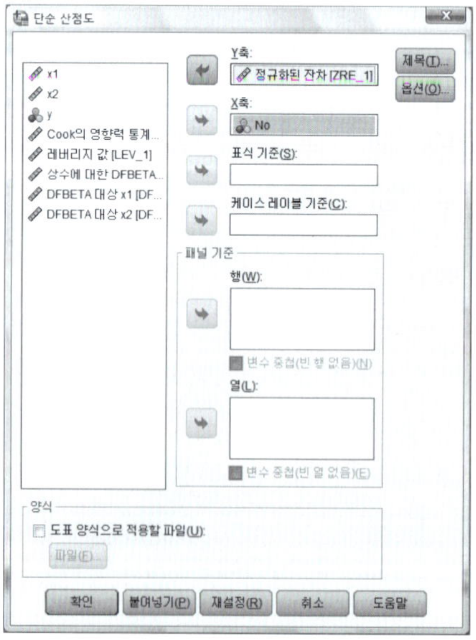

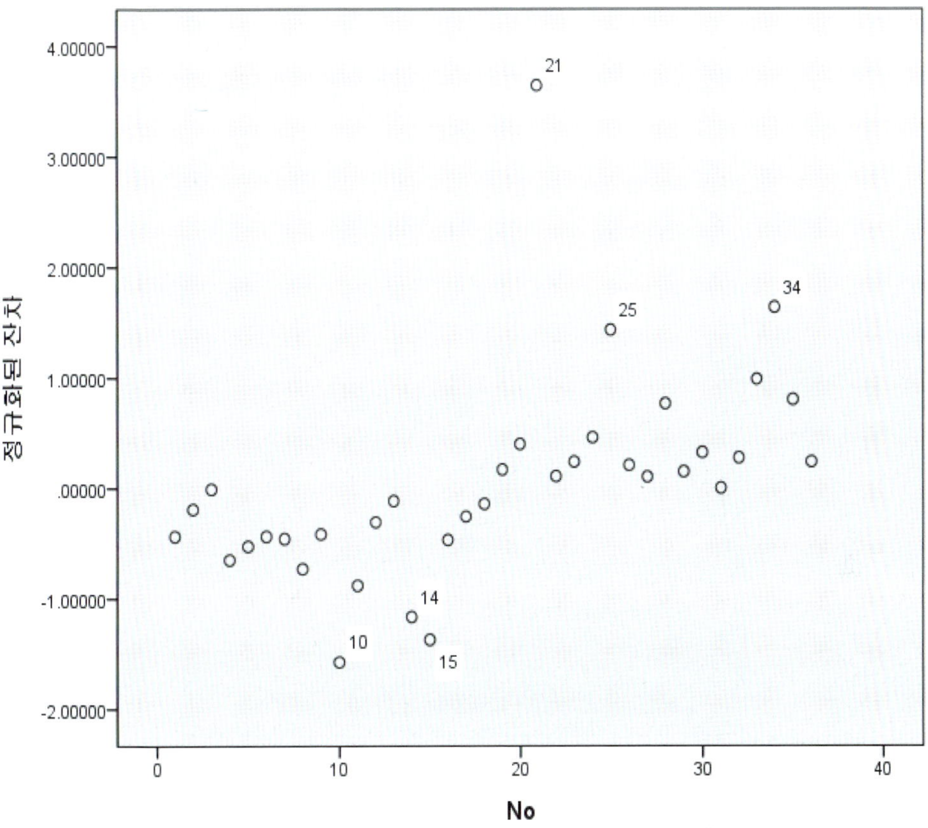

예측확률을 기초로 y가 0군인지 1군인지를 판별하고 있으므로, 잔차가 큰 케이스는 오판별되고 있는 케이스가 된다.

한편, 오판별되지 않은 3, 12, 18, 31번의 잔차는 크지 않다.

■ Cook의 거리

Cook의 거리는 표준화 잔차와 레버리지 값의 양쪽을 고려한 통계량으로 다음과 같이 계산된다.

$$\text{Cook의 거리} = \{(\text{표준화 잔차})^2 \times (\text{레버리지 값})\} \ / \ \{1 - (\text{레버리지 값})\}$$

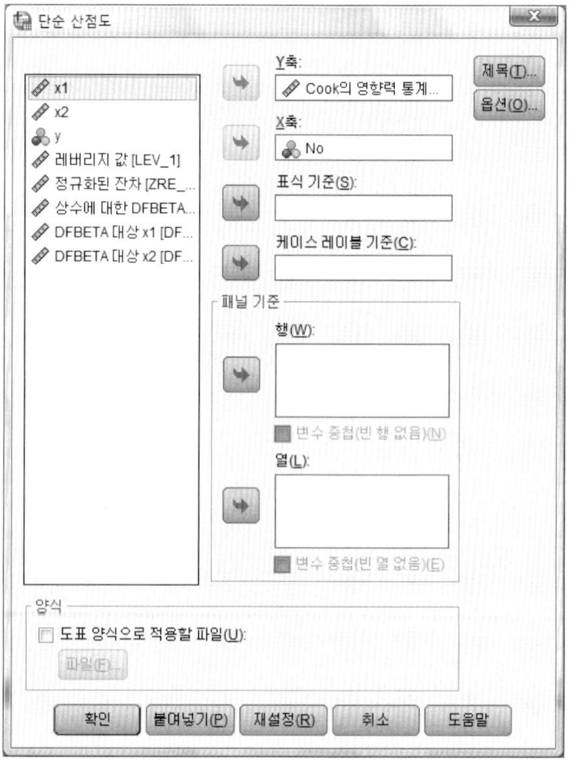
단순 산점도
x1
x2
y
레버리지 값 [LEV_1]
정규화된 잔차 [ZRE_...
상수에 대한 DFBETA...
DFBETA 대상 x1 [DF...
DFBETA 대상 x2 [DF...
Y축:
Cook의 영향력 통계...
X축:
No
표식 기준(S):
케이스 레이블 기준(C):
패널 기준
행(W):
변수 중첩(빈 행 없음)(N)
열(L):
변수 중첩(빈 열 없음)(E)
양식
도표 양식으로 적용할 파일(U):
파일(F)...
제목(T)...
옵션(O)...
확인
붙여넣기(P)
재설정(R)
취소
도움말

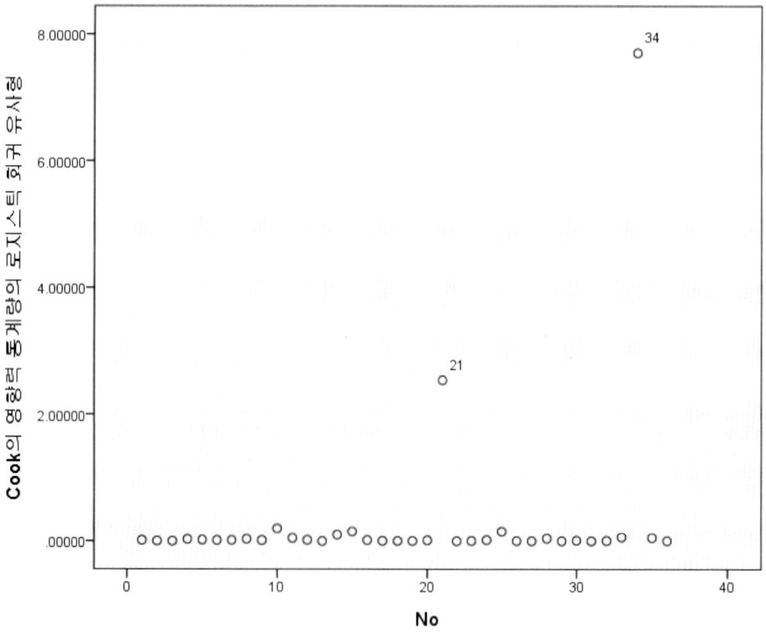
Cook의 영향력 통계량의 로지스틱 회귀 유사형
8.00000
6.00000
4.00000
2.00000
.00000
34
21
0
10
20
30
40
No

■ **레버리지 값**

레버리지 값은 설명변수의 이상치를 보기 위한 것이다. 레버리지 값은 0에서 1 사이의 값을 취하며, 레버리지 값의 평균은 (설명변수의 수 + 1) / (표본의 크기 n)이 된다. 이 예에서는 설명변수의 수는 2, 표본의 크기(= 케이스의 수)는 36이므로, 레버리지의 평균은

$$(2 + 1) / 36 = 0.08333$$

이 된다.

레버리지 값은 영향력이 강한 케이스이더라도 예측확률이 0.1 이하 혹은 0.9 이상일 때는 작은 값이 되는 경우가 있으므로, 주의가 필요하다.

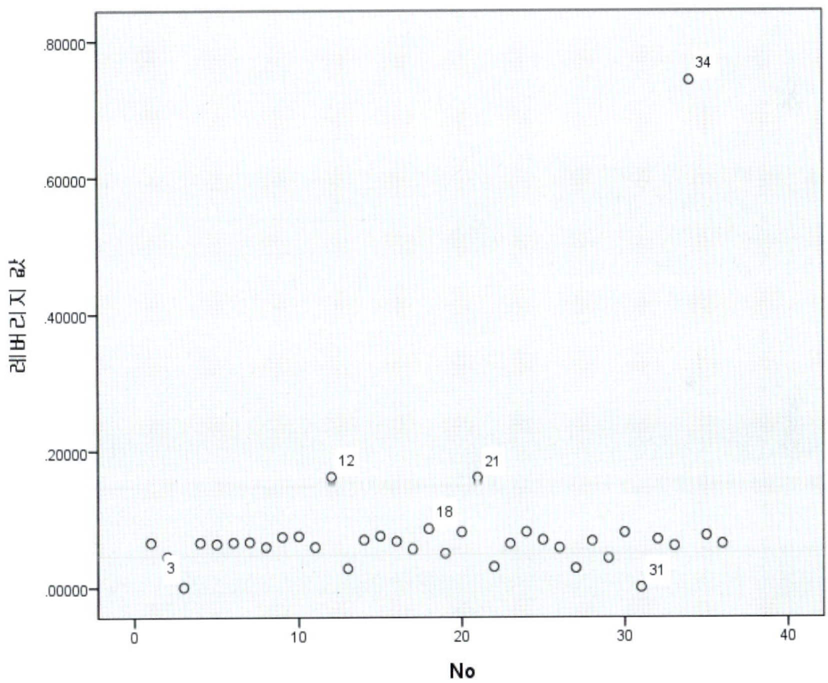

■ **DFBETA**

DFBETA란 하나의 케이스를 제거하고 로지스틱 회귀분석을 실시했을 때의 회귀계수와 제거하기 전(즉, 모든 케이스를 사용했을 때)의 회귀계수의 차이다. 이 차가 큰 케이스는 회귀식의 결정에 큰 영향을 미치게 된다. 하나의 데이터를 제거하면 어떻게 될까 하는 검증방법은, 잭나이프법이라고 하는 방법론과 비슷하다.

$$\text{DFBETA} = \text{B(모든 케이스를 사용해서 구한 회귀계수)} - \text{B(}i\text{번째 케이스를 제거하고 구한 회귀계수)}$$

DFBETA는 설명변수마다 계산되고, 상수항에 대해서도 계산된다.
그리고 SPSS에서 계산되는 값은 근사값이며, 참값과는 약간의 차가 생긴다.

- 상수항 b_0의 변화

  다음과 같이 변수를 지정하고 산점도를 작성한다.

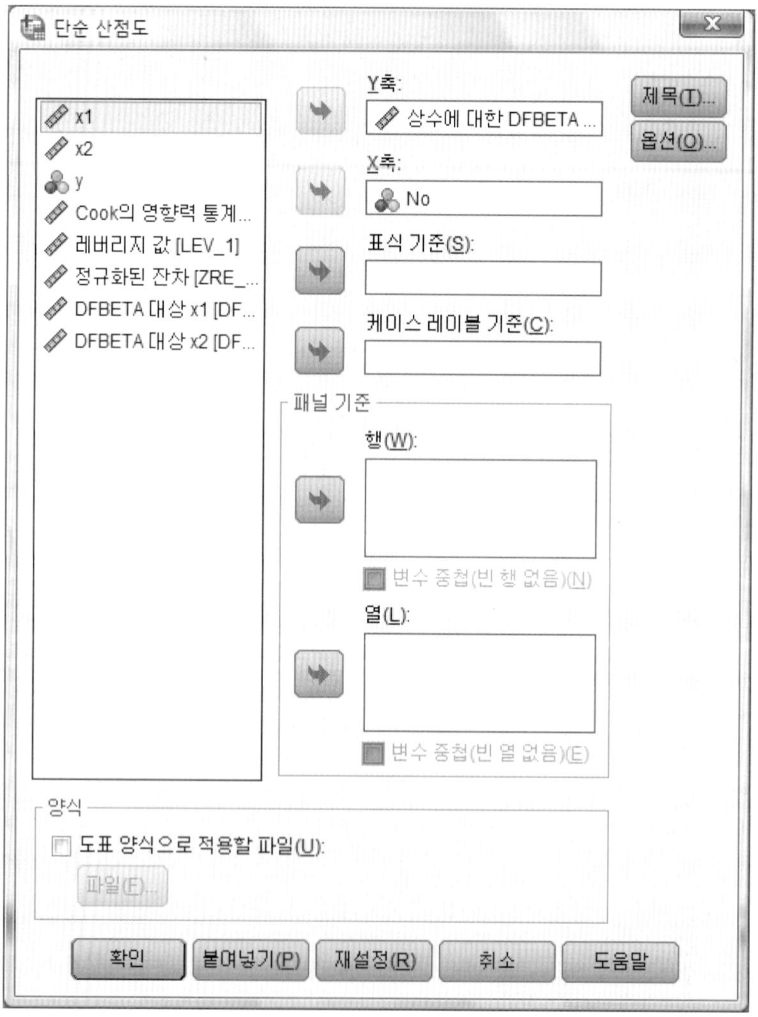

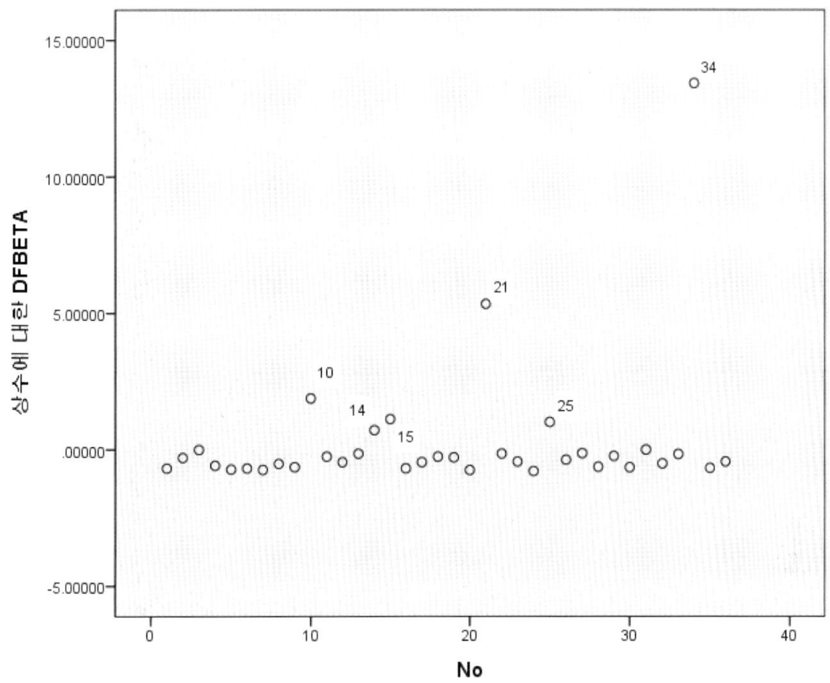

15.00000
10.00000
5.00000
.00000
-5.00000
상수에 대한 DFBETA
34
21
10
14
15
25
0
10
20
30
40
No

• 회귀계수 b_1의 변화

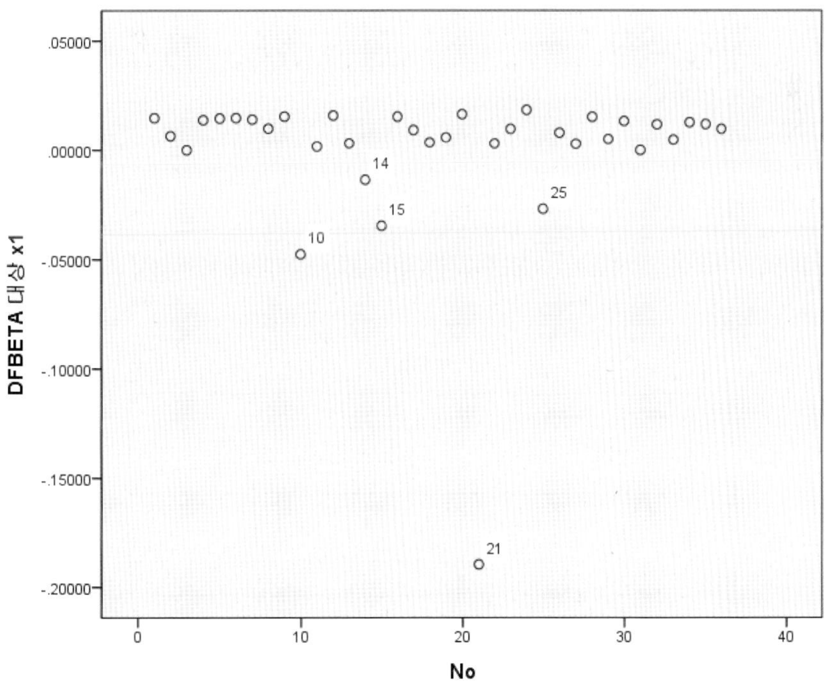

.05000
.00000
-.05000
-.10000
-.15000
-.20000
DFBETA 대상 x1
14
15
10
25
21
0
10
20
30
40
No

- 회귀계수 b_2의 변화

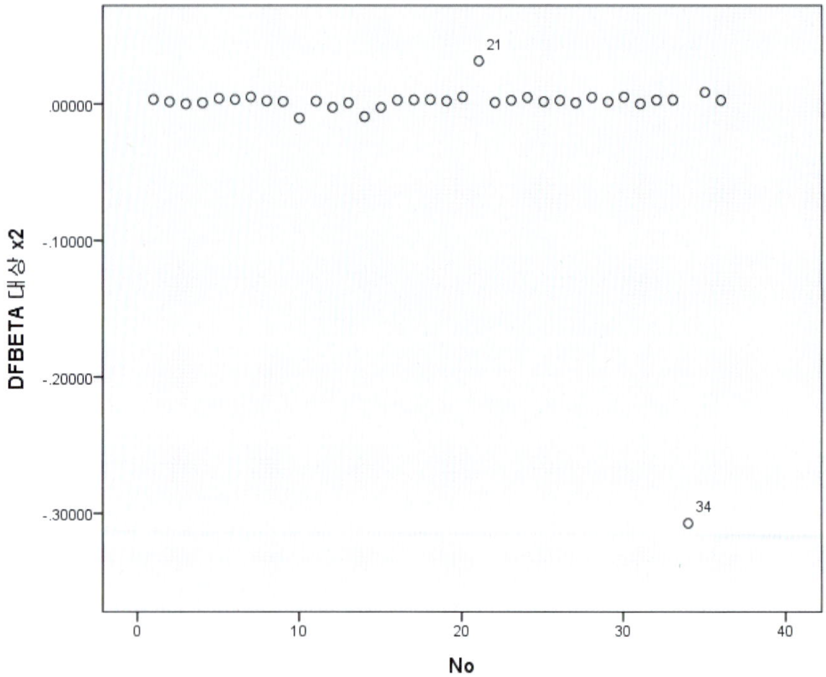

9.4 | ROC 곡선

▪ 분류 테이블의 검토

로지스틱 회귀분석의 결과로서 다음과 같은 분류표가 얻어졌다고 하자.

분류표[a]

관측됨			예측 y 0	예측 y 1	분류정확 %
1 단계	y	0	15	3	83.3
		1	3	15	83.3
	전체 퍼센트				83.3

a. 절단값은 .500입니다.

어느 정도의 적중률이 있으면 회귀식을 예측(판별)에 사용할 수 있는가 하는 것은 목적에도 따르므로 일률적으로 답할 수는 없지만, 목표로서는 75%는 요구된다.

한편 원래의 0군과 1군의 데이터 수가 크게 다른 경우가 있다. 가령 본래 1군의 데이터 수가 90%를 차지하는 경우 모두를 1로 예측하면 적중률은 90%가 된다. 이러한 경우에는 90%를 초월하는 적중률이 아니면 의미가 없게 된다.

■ ROC 곡선

어떤 사상의 발생을 $y=1$, 비발생을 $y=0$로 할 때, 1을 1이라고 맞추는 적중률을 민감도(敏感度), 0을 0이라고 하는 적중률을 특이도(特異度)라고 한다.

세로축에는 민감도, 가로축에는 (1－특이도)를 취해서 점을 플롯하여 곡선을 그린 그래프를 ROC 곡선(Receiver-Operating-Characteristic curve ; 수신동작특성곡선)이라고 한다. 이 곡선의 아래 면적이 넓은 모형일수록 적합도가 높다고 판단한다.

[ROC 곡선 작성방법]

ROC곡선은 다음과 같은 순서로 작성할 수 있다.

[순서 1] x_1과 x_2를 각각 설명변수, y를 목적변수로 해서 로지스틱 회귀분석을 실시한다.

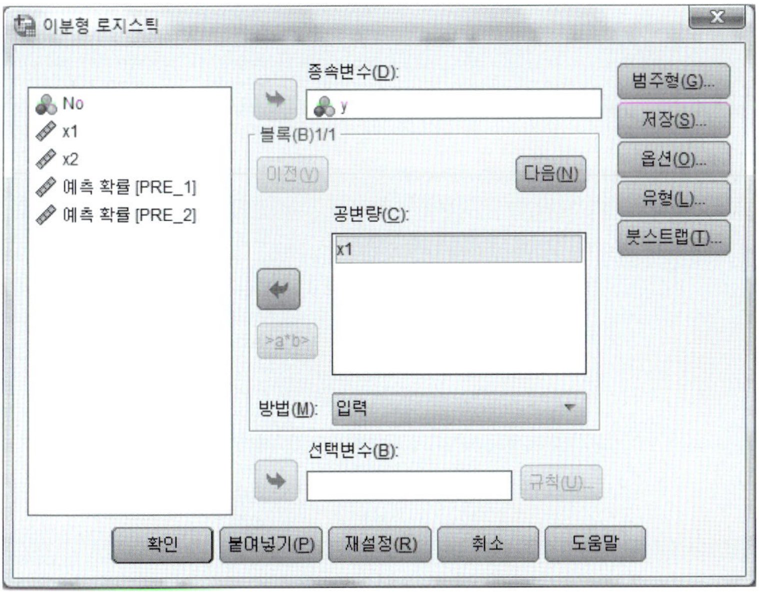

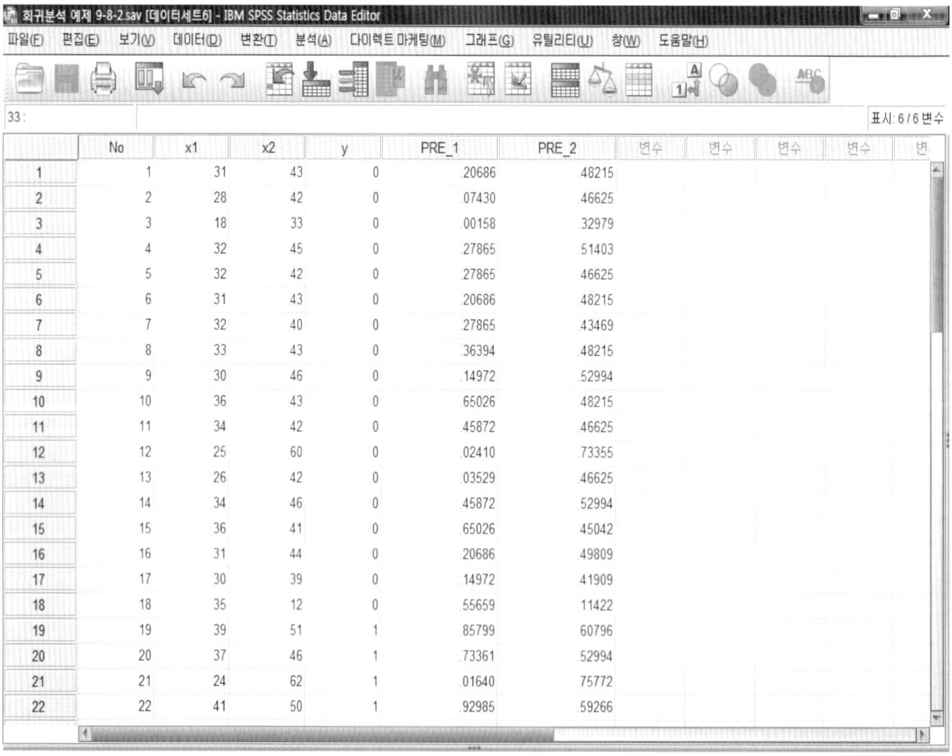

	No	x1	x2	y	PRE_1	PRE_2
1	1	31	43	0	.20686	.48215
2	2	28	42	0	.07430	.46625
3	3	18	33	0	.00158	.32979
4	4	32	45	0	.27865	.51403
5	5	32	42	0	.27865	.46625
6	6	31	43	0	.20686	.48215
7	7	32	40	0	.27865	.43469
8	8	33	43	0	.36394	.48215
9	9	30	46	0	.14972	.52994
10	10	36	43	0	.65026	.48215
11	11	34	42	0	.45872	.46625
12	12	25	60	0	.02410	.73355
13	13	26	42	0	.03529	.46625
14	14	34	46	0	.45872	.52994
15	15	36	41	0	.65026	.45042
16	16	31	44	0	.20686	.49809
17	17	30	39	0	.14972	.41909
18	18	35	12	0	.55659	.11422
19	19	39	51	1	.85799	.60796
20	20	37	46	1	.73361	.52994
21	21	24	62	1	.01640	.75772
22	22	41	50	1	.92985	.59266

[순서 2] 위와 같은 예측확률을 구하고, 메뉴에서 [분석]-[ROC 곡선]을 선택한다.

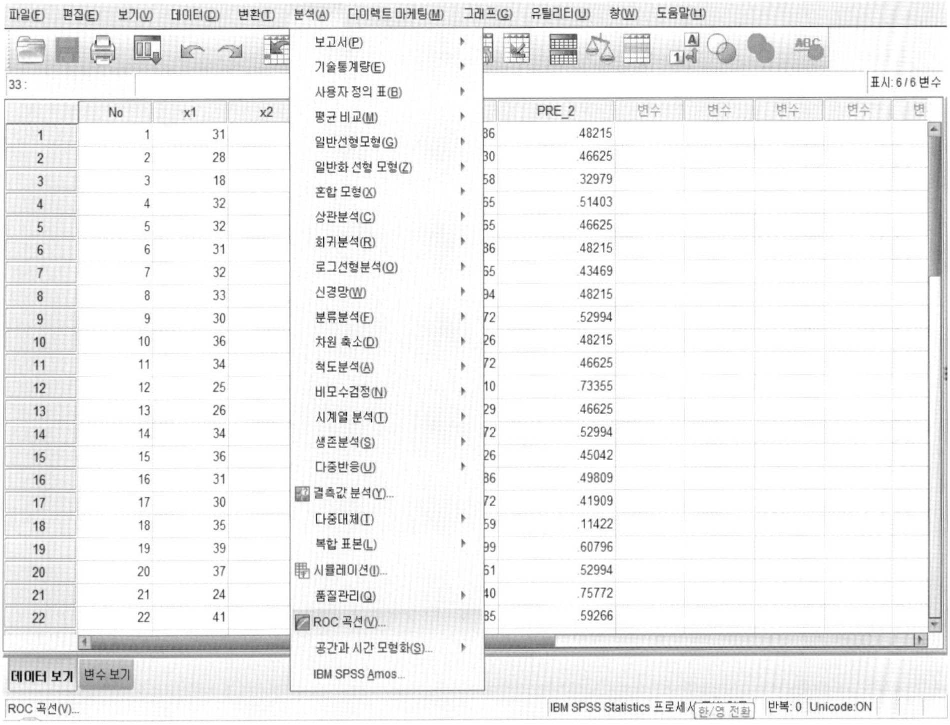

[순서 3] 다음과 같이 지정하고 [확인]을 클릭한다.

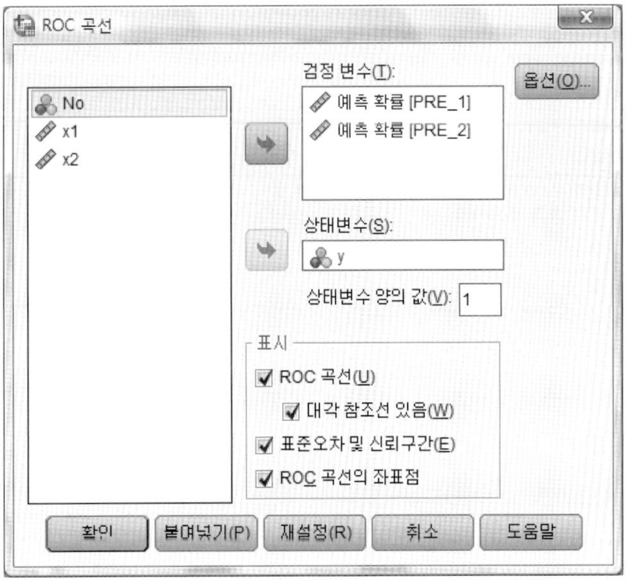

다음과 같은 결과를 얻는다.

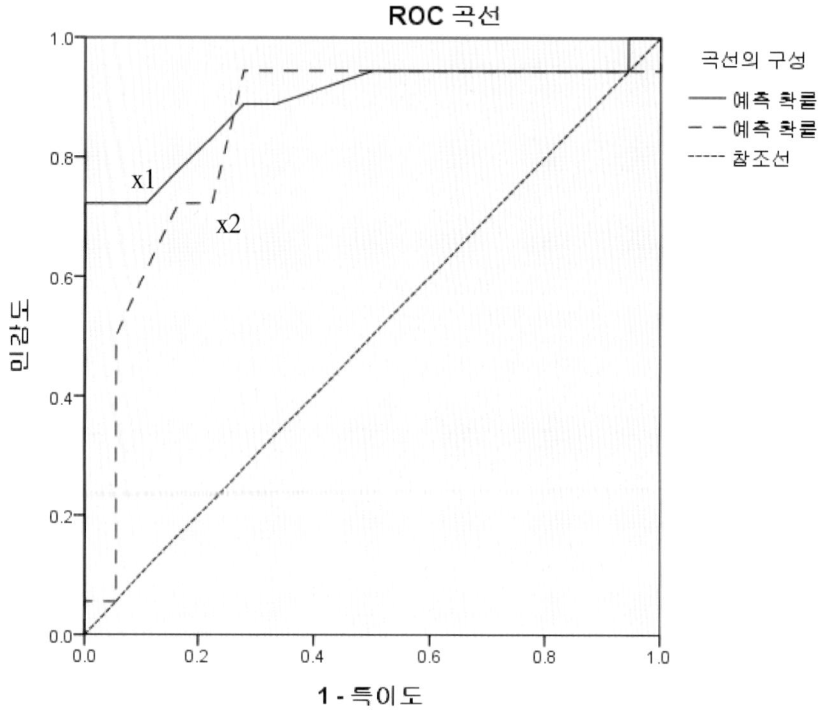

곡선 아래 영역

검정 결과 변수	영역	표준오차[a]	근사 유의확률[b]	근사 95% 신뢰구간	
				하한	상한
예측 확률	.892	.059	.000	.776	1.000
예측 확률	.840	.074	.001	.694	.985

검정 결과 변수: 예측 확률, 예측 확률에는 실제 양의 반응 집단과 실제 음의 반응 집단 사이에 하나 이상의 동순위가 있습니다. 통계량은 편향될 수 있습니다.

a. 비모수 분포 가정

b. 영가설: 실제 영역 = 0.5

CHAPTER

10

조건부 로지스틱 회귀분석

CHAPTER 10

조건부 로지스틱 회귀분석

10.1 | 대응이 있는 데이터

독립적인 데이터와 대응이 있는 데이터

다음과 같은 영어영문학과 소속 학생 10명의 데이터가 있다고 하자.

번호	x_1	x_2	y
1	75	55	1
2	74	17	0
3	62	88	1
4	67	90	1
5	23	35	0
6	22	36	0
7	71	74	1
8	70	89	1
9	36	33	0
10	14	61	0

y는 영어에 관한 졸업 자격시험의 합부(1이 합격, 0이 불합격)를 나타내고, 모의시험에 대한 단어시험의 결과를 x_1, 작문시험의 결과를 x_2로 하기로 한다. y를 목적변수, x_1과 x_2를 설명변수로 하는 로지스틱 회귀분석을 적용할 때, 학생 10명은 서로 완전히 무관하다는 것을 전제로 하고 있다. 이와 같은 데이터를 독립적인 데이터 혹은 독립적인 표본이라고 부른다.

그런데 이 데이터가

(1번과 2번), (3번과 4번), (5번과 6번), (7번과 8번), (9번과 10번)

은 각각 동일 인물이고 홀수 번호는 중간고사의 시험결과, 짝수 번호는 기말고사의 시험결과였다고 하면, 이 10행은 독립적인 것이 아니게 된다. 이와 같이 쌍이 만들어지는 데이터를 대응이 있는 데이터 혹은 대응이 있는 표본이라고 부르고 있다. 지금까지 언급해온 로지스틱 회귀분석의 방법은 독립적인 데이터를 전제로 하고 있어, 그대로 대응이 있는 데이터에는 적용할 수 없다. 이와 같은 때에는 동일 인물이라고 하는 것을 나타내는 변수(쌍을 나타내는 변수)를 도입한 다음에, 조건부 로지스틱 회귀분석이나 일반화 추정방정식이라고 하는 방법이 필요하다.

번호	쌍	x_1	x_2	y
1	1	75	55	1
2	1	74	17	0
3	2	62	88	1
4	2	67	90	1
5	3	23	35	0
6	3	22	36	0
7	4	71	74	1
8	4	70	89	1
9	5	36	33	0
10	5	14	61	0

■ 매칭 데이터

퇴보적 연구(retrospective study)에서 쓰이는 케이스 컨트롤 연구에서 케이스와 컨트롤을 어떤 변수(예를 들면 연령)로 매칭(matching) 시킨다고 하는 것을 행하는 경우가 있다. 다음과 같이 케이스($y=1$)와 컨트롤($y=0$)에서 같은 연령의 사람이 나타나도록 데이터를 모으는 것이다.

번호	연령	x_1	x_2	y
1	34	75	55	1
2	34	74	17	0
3	42	62	88	1
4	42	67	90	0
5	29	23	35	1
6	29	22	36	0
7	18	71	74	1
8	18	70	89	0
9	52	36	33	1
10	52	14	61	0

이와 같이 어떤 변수로 매칭 시켜서 데이터를 모으는 방법은 메치드 케이스 컨트롤 연구(matched case control study)라고 부르며, 분석의 대상이 되는 데이터는 대응이 있는 데이터

가 된다. 이 때문에 통상의 로지스틱 회귀분석으로 정확한 분석이 불가능하고 조건부 로지스틱 회귀분석이라고 부르는 방법을 적용할 필요가 있다.

10.2 | 조건부 로지스틱 회귀분석의 실제

SPSS에서 조건부 회귀분석을 실시하려면, 다음의 두 가지 방법이 있다.

1. 다항 로지스틱 회귀분석의 기능에 의한 방법
2. Cox 회귀분석의 기능에 의한 방법

그리고 매치드 케이스 컨트롤 연구에 대한 매칭 방법에는 1:1 매칭(케이스 1명, 컨트롤 1명)과 1:m 매칭(케이스 1명, 컨트롤 m명)이 있는데, 1.의 방법은 1:1 매칭일 때에 한정된다.

[예제 10-1]

어떤 인쇄 제품에 대한 색불량의 원인을 조사하기 위해서 다음과 같은 데이터를 수집했다.

표 10-1 데이터표

번호	y	쌍	x_1	x_2	x_3	번호	y	쌍	x_1	x_2	x_3
1	1	1	54	54	28	21	1	11	37	52	39
2	0	1	39	50	35	22	0	11	34	48	37
3	1	2	23	42	36	23	1	12	58	53	38
4	0	2	29	47	35	24	0	12	40	49	33
5	1	3	45	28	34	25	1	13	22	43	41
6	0	3	37	49	34	26	0	13	36	45	40
7	1	4	44	72	42	27	1	14	46	51	34
8	0	4	35	50	37	28	0	14	37	47	34
9	1	5	50	37	31	29	1	15	21	39	37
10	0	5	41	42	34	30	0	15	30	41	36
11	1	6	56	49	41	31	1	16	49	47	32
12	0	6	44	50	37	32	0	16	34	47	32
13	1	7	35	57	45	33	1	17	58	51	39
14	0	7	41	50	39	34	0	17	35	48	38
15	1	8	49	53	46	35	1	18	60	39	39
16	0	8	39	46	39	36	0	18	41	43	40
17	1	9	29	44	50	37	1	19	61	52	38
18	0	9	42	46	39	38	0	19	39	49	38
19	1	10	43	47	38	39	1	20	31	42	35
20	0	10	36	46	34	40	0	20	35	43	34

목적변수와 설명변수는 각각 다음과 같다.

목적변수 y : 색불량의 유무(1이 있음, 0이 없음)

설명변수 x_1: 인쇄 속도(초)

설명변수 x_2: 건조제의 양(mg)

설명변수 x_3: 건조시간(초)

데이터의 수집은 색불량이 있는 제품과 없는 제품을 각각 20매씩 준비해서, 그 제품을 제조했을 때의 x_1, x_2, x_3에 관한 기록을 데이터로 했다. 이때, 색불량 있음과 없음의 제품에서 인쇄할 때의 잉크 농도가 같은 제품끼리를 매칭 시켜서 쌍으로 했다. 이 데이터를 조건부 로지스틱 회귀분석으로 처리한다.

■ 다항 로지스틱 회귀분석에 의한 방법

다항 로지스틱 회귀분석의 기능을 이용하면, 조건부 로지스틱 회귀분석을 실시할 수 있다.

[SPSS의 처리 절차]

[순서 1] 데이터의 입력

다음과 같이 데이터를 입력한다.

	x1_y1	x2_y1	x3_y1	x1_y0	x2_y0	x3_y0	y
1	54	54	28	39	50	35	1
2	23	42	36	29	47	35	1
3	45	28	34	37	49	34	1
4	44	72	42	35	50	37	1
5	50	37	31	41	42	34	1
6	56	49	41	44	50	37	1
7	35	57	45	41	50	39	1
8	49	53	46	39	46	39	1
9	29	44	50	42	46	39	1
10	43	47	38	36	46	34	1
11	37	52	39	34	48	37	1
12	58	53	38	40	49	33	1
13	22	43	41	36	45	40	1
14	46	51	34	37	47	34	1
15	21	39	37	30	41	36	1
16	49	47	32	34	47	32	1
17	58	51	39	35	48	38	1
18	60	39	39	41	43	40	1
19	61	52	38	39	49	38	1
20	31	42	36	36	43	34	1

변수명 $x_1\_y_1$: $y = 1$일 때 x_1의 데이터

변수명 $x_2\_y_1$: $y = 1$일 때 x_2의 데이터

변수명 $x_3\_y_1$: $y = 1$일 때 x_3의 데이터

변수명 $x_1\_y_0$: $y = 0$일 때 x_1의 데이터

변수명 $x_2\_y_0$: $y = 0$일 때 x_2의 데이터

변수명 $x_3\_y_0$: $y = 0$일 때 x_3의 데이터

변수명 y : 모두 1

입력순서는 1행째가 쌍1, 2행째가 쌍2, …, 20행째가 쌍20이 되도록 한다.
다음에 이하와 같이 변수별로 쌍마다의 차를 구한다.

DX1 = $x_1\_y_1 - x_1\_y_0$

DX2 = $x_2\_y_1 - x_2\_y_0$

DX3 = $x_3\_y_1 - x_3\_y_0$

이를 위해서는 다음과 같은 순서에 따른다.

[순서 2] 변수의 계산

(1) 메뉴에서 [변환]-[변수 계산]을 선택한다.

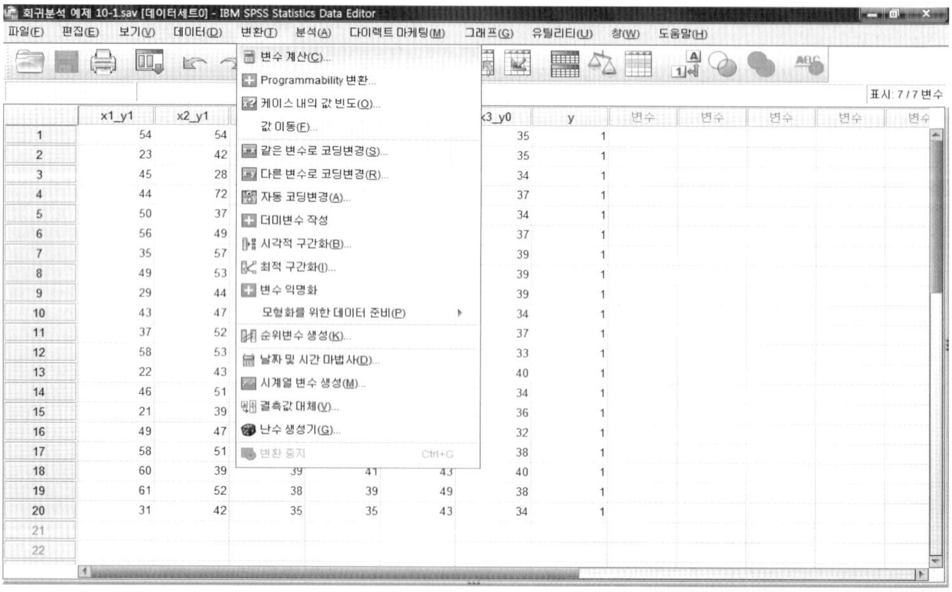

(2) 다음 대화상자에서 [목표변수]에 'DX1'이라고 입력하고, [숫자표현식]에 '$x_{1}\_y_{1} - x_{1}\_y_{0}$'라고 입력한다.

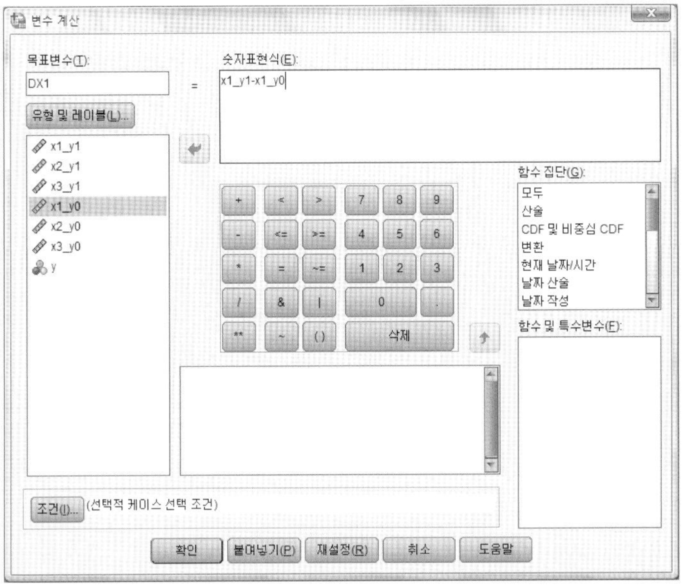

[확인]을 클릭하면 [데이터 보기]에 새로운 변수 DX1이 작성된다.

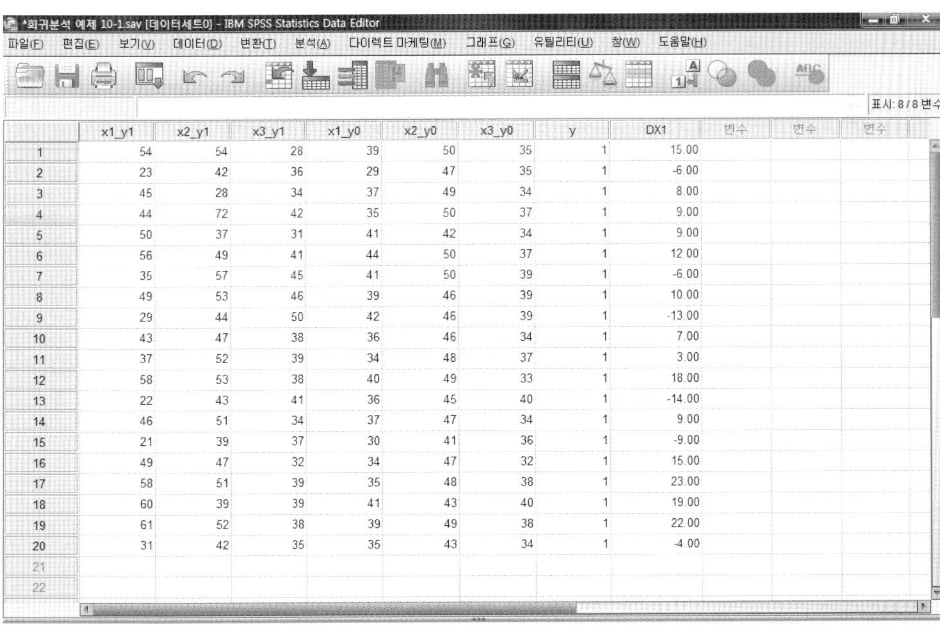

	x1_y1	x2_y1	x3_y1	x1_y0	x2_y0	x3_y0	y	DX1
1	54	54	28	39	50	35	1	15.00
2	23	42	36	29	47	35	1	-6.00
3	45	28	34	37	49	34	1	8.00
4	44	72	42	35	50	37	1	9.00
5	50	37	31	41	42	34	1	9.00
6	56	49	41	44	50	37	1	12.00
7	35	57	45	41	50	39	1	-6.00
8	49	53	46	39	46	39	1	10.00
9	29	44	50	42	46	39	1	-13.00
10	43	47	38	36	46	34	1	7.00
11	37	52	39	34	48	37	1	3.00
12	58	53	38	40	49	33	1	18.00
13	22	43	41	36	45	40	1	-14.00
14	46	51	34	37	47	34	1	9.00
15	21	39	37	30	41	36	1	-9.00
16	49	47	32	34	47	32	1	15.00
17	58	51	39	35	48	38	1	23.00
18	60	39	39	41	43	40	1	19.00
19	61	52	38	39	49	38	1	22.00
20	31	42	35	35	43	34	1	-4.00

이 작업을 DX2, DX3에 대해서도 마찬가지로 반복하면 다음과 같은 데이터표가 완

성된다.

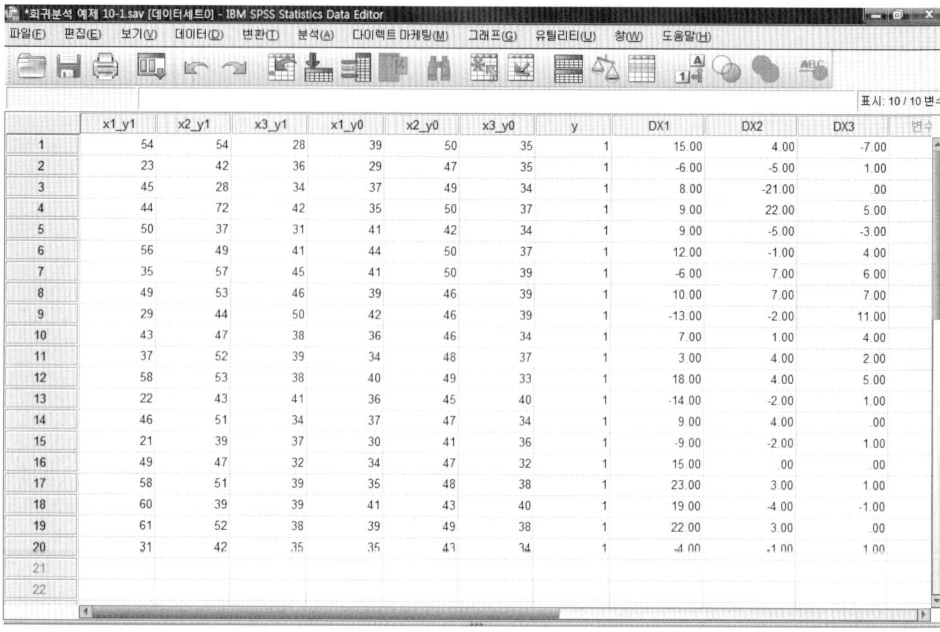

[순서 3] 로지스틱 회귀분석의 실시

(1) 메뉴에서 [분석]-[회귀분석]-[다항 로지스틱]을 선택한다.

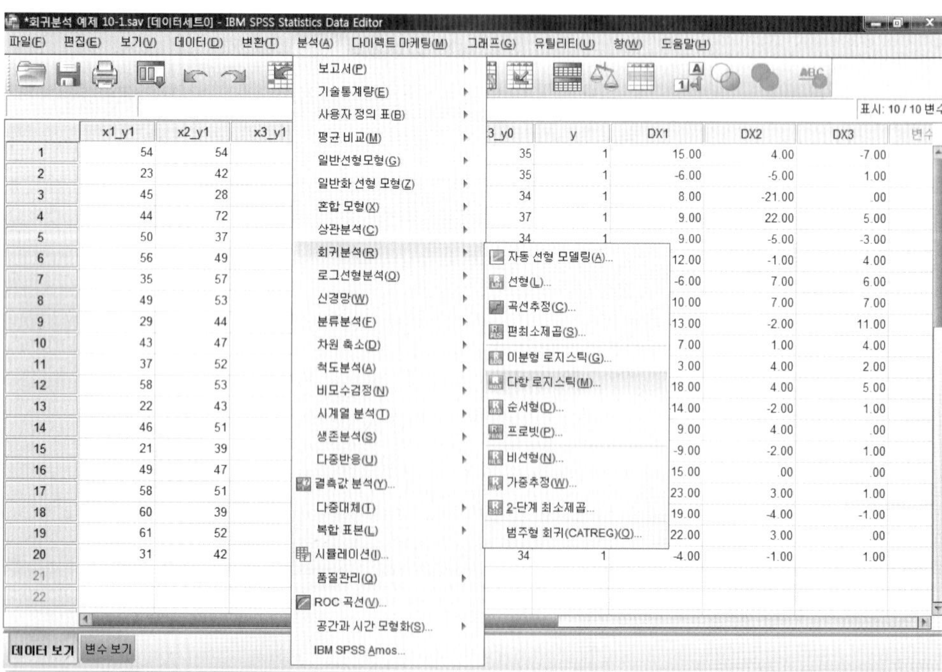

(2) [종속변수]에 'y'를 투입하고, [공변량]에 'DX1, DX2, DX3'를 투입한다. [모형]을 클릭한다.

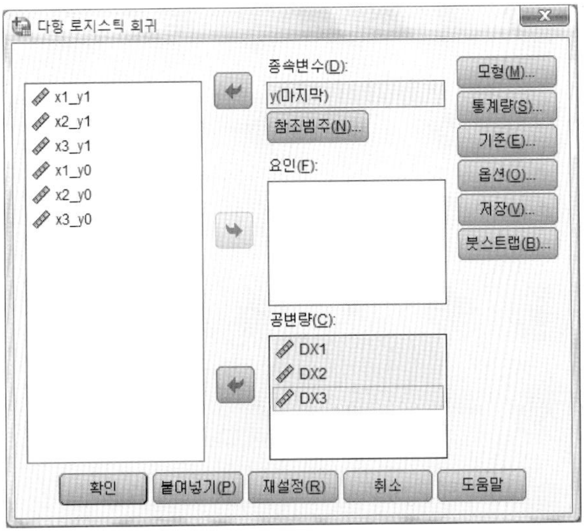

(3) 다음 대화상자에서 [모형에 절편 포함]의 체크를 제거한다. [계속]을 클릭한다.

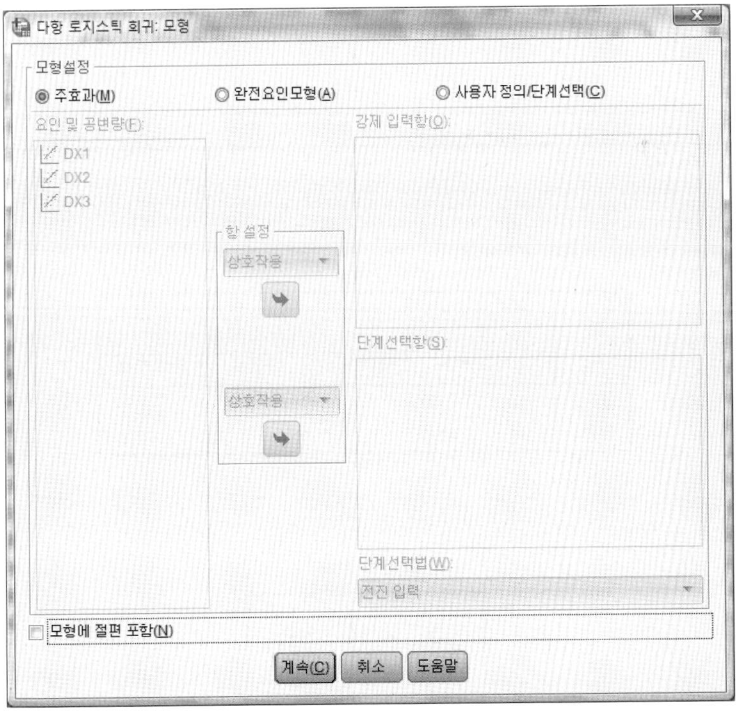

(4) 다음 대화상자에서 [확인]을 클릭하면 분석결과가 얻어진다.

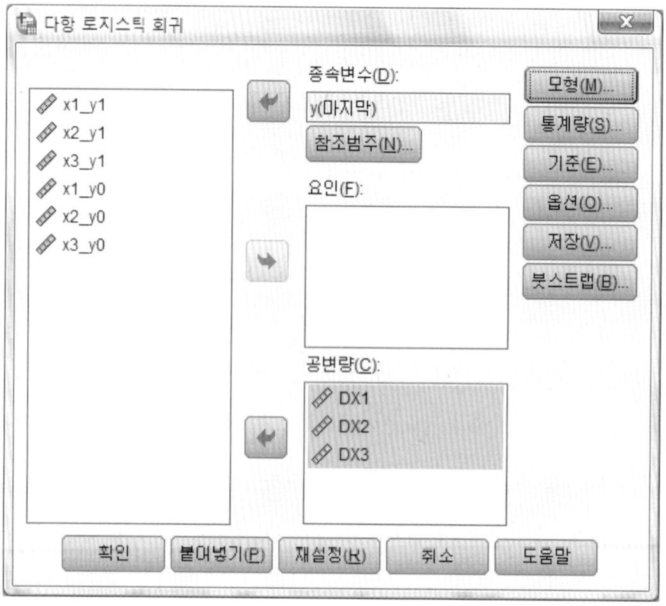

[분석결과]

경고

종속변수에 유효 값이 한 개뿐입니다. 조건부 로지스틱 회귀 모형이 적합합니다.

모형 적합 정보

모형	모형 적합 기준	우도비 검정		
	-2 로그 우도	카이제곱	자유도	유의확률
영	27.726			
최종	15.410	12.316	3	.006

유사 R-제곱

Cox 및 Snell	.460
Nagelkerke	.613
McFadden	.444

우도비 검정

효과	모형 적합 기준	우도비 검정		
	축소모형의 -2 로그 우도	카이제곱	자유도	유의확률
DX1	22.969	7.559	1	.006
DX2	15.906	.496	1	.481
DX3	22.393	6.983	1	.008

카이제곱 통계량은 최종모형과 축소모형 사이의 -2 로그 우도 차입니다. 축소모형은 최종모형에서 효과 하나를 생략하여 만든 모형입니다. 영가설은 효과의 모든 모수가 0입니다.

모수 추정값

y		B	표준오차	Wald	자유도	유의확률	Exp(B)	Exp(B)에 대한 95% 신뢰구간	
								하한	상한
1	DX1	.147	.073	4.092	1	.043	1.158	1.005	1.335
	DX2	-.068	.103	.439	1	.508	.934	.763	1.143
	DX3	.419	.212	3.890	1	.049	1.520	1.003	2.305

DX1(x_1)과 DX3(x_3)가 유의하다는 것을 알 수 있다.

■ Cox 로지스틱 회귀분석에 의한 방법

Cox 회귀분석의 기능을 이용함으로써 조건부 로지스틱 회귀분석을 실시할 수 있다. 앞에서 이용한 예제 10-1을 분석한다.

Cox 회귀모형은 Cox의 다중회귀모형 또는 비례위험모형(proportional hazards models)이라고도 한다. 카플란 · 마이어법에 비해서 비례위험모형에서는 성별, 연령, 백혈구 수라고 하는 공변량을 이용할 수 있는 점이 매력적이다.

[SPSS의 처리 절차]

[순서 1] 데이터의 입력

다음과 같이 데이터를 입력한다.

[주] 다항 로지스틱 회귀분석을 이용할 때는 데이터 입력형식이 다르다는 사실에 주의를 요한다.

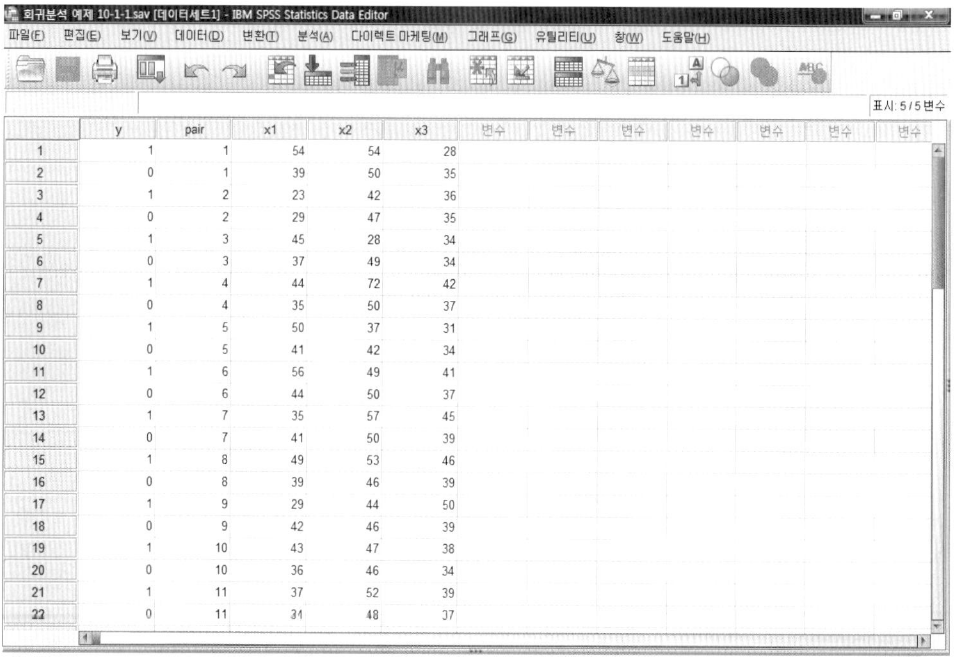

	y	pair	x1	x2	x3
1	1	1	54	54	28
2	0	1	39	50	35
3	1	2	23	42	36
4	0	2	29	47	35
5	1	3	45	28	34
6	0	3	37	49	34
7	1	4	44	72	42
8	0	4	35	50	37
9	1	5	50	37	31
10	0	5	41	42	34
11	1	6	56	49	41
12	0	6	44	50	37
13	1	7	35	57	45
14	0	7	41	50	39
15	1	8	49	53	46
16	0	8	39	46	39
17	1	9	29	44	50
18	0	9	42	46	39
19	1	10	43	47	38
20	0	10	36	46	34
21	1	11	37	52	39
22	0	11	31	48	37

더욱이 새로운 변수 y_2를 작성한다.

$y = 1$일 때 y_2=1

$y = 0$일 때 y_2=2

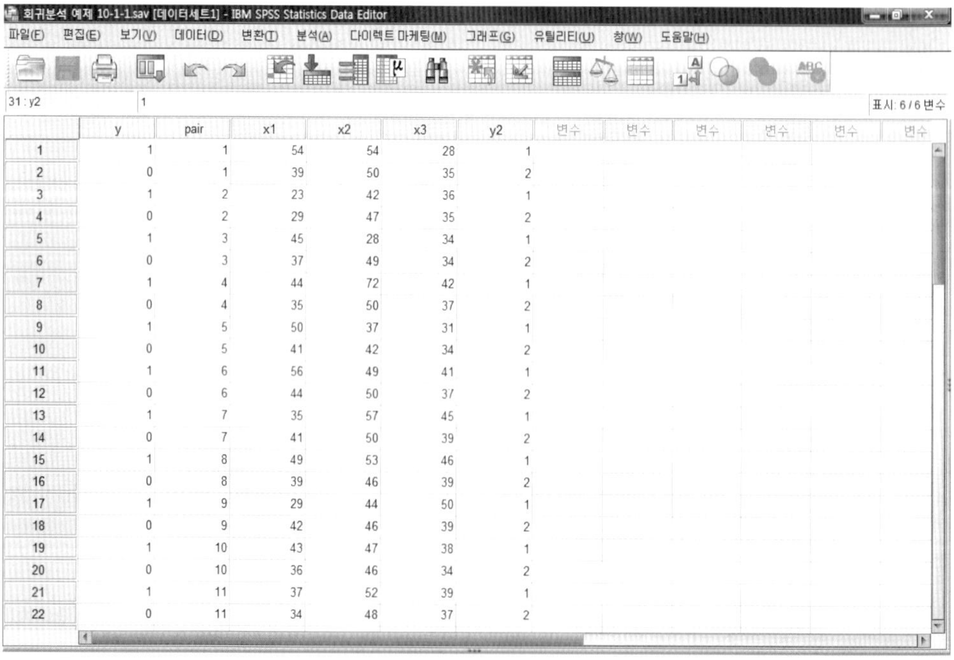

	y	pair	x1	x2	x3	y2
1	1	1	54	54	28	1
2	0	1	39	50	35	2
3	1	2	23	42	36	1
4	0	2	29	47	35	2
5	1	3	45	28	34	1
6	0	3	37	49	34	2
7	1	4	44	72	42	1
8	0	4	35	50	37	2
9	1	5	50	37	31	1
10	0	5	41	42	34	2
11	1	6	56	49	41	1
12	0	6	44	50	37	2
13	1	7	35	57	45	1
14	0	7	41	50	39	2
15	1	8	49	53	46	1
16	0	8	39	46	39	2
17	1	9	29	44	50	1
18	0	9	42	46	39	2
19	1	10	43	47	38	1
20	0	10	36	46	34	2
21	1	11	37	52	39	1
22	0	11	34	48	37	2

[순서 2] 분석수법의 선택

메뉴에서 [분석]-[생존분석]-[Cox 회귀]를 선택한다.

[순서 3] 변수의 선택

[시간]에 'y_2'

[상태]에 'y'(이벤트 정의는 '1'을 지정)

[공변량]에 'x_1, x_2, x_3'

[계층]에 'pair'

를 투입하고 [옵션]을 클릭한다.

[순서 4] 옵션의 선택

[exp(B)의 CI]에 체크한다. [계속]을 클릭하고 이어서 [확인]을 클릭하면 분석결과를 얻는다.

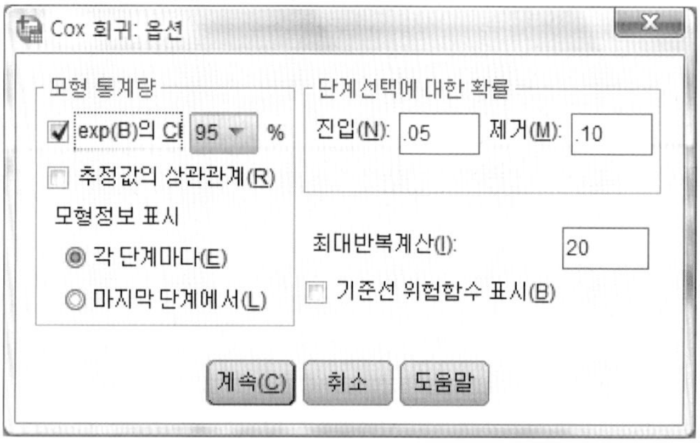

[분석결과]

모형 계수의 총괄 검정[a]

-2 로그 우도	전체 통계량(점수)			이전 단계와의 상대적 변화			이전 블록과의 상대적 변화		
	카이제곱	자유도	유의확률	카이제곱	자유도	유의확률	카이제곱	자유도	유의확률
15.410	9.794	3	.020	12.316	3	.006	12.316	3	.006

a. 시작 블록 수 1. 방법 = 입력

방정식의 변수

	B	표준오차	Wald	자유도	유의확률	Exp(B)	Exp(B)에 대한 95.0% CI	
							하한	상한
x1	.147	.073	4.092	1	.043	1.158	1.005	1.335
x2	-.068	.103	.439	1	.508	.934	.763	1.143
x3	.419	.212	3.890	1	.049	1.520	1.003	2.305

다항 로지스틱 회귀분석을 이용했을 때의 결과와 완전히 같은 회귀식이 얻어지고 있다.

모수 추정값

y		B	표준오차	Wald	자유도	유의확률	Exp(B)	Exp(B)에 대한 95% 신뢰구간	
								하한	상한
1	DX1	.147	.073	4.092	1	.043	1.158	1.005	1.335
	DX2	-.068	.103	.439	1	.508	.934	.763	1.143
	DX3	.419	.212	3.890	1	.049	1.520	1.003	2.305

CHAPTER

11

로지스틱 회귀분석의 확장

CHAPTER 11 로지스틱 회귀분석의 확장

11.1 | 다항 로지스틱 회귀분석

■ 다군의 판별

위암인가 대장암인가, 찬성인가 반대인가 등과 같이 판별의 대상이 2군일 때는 목적변수 y는 2가(二價) 데이터가 되어, 지금까지 소개해온 통상의 로지스틱 회귀분석을 적용하면 된다. 그런데 위암인가 대장암인가 혹은 폐암인가 등과 같이 판별의 대상이 다군(3군 이상)일 때는 목적변수 y는 다가(多價) 데이터가 되어 통상의 로지스틱 회귀분석을 적용할 수 없다. 이때는 다항 로지스틱 회귀분석 또는 순서 로지스틱 회귀분석을 적용할 필요가 있다. 다항과 순서의 차이는 목적변수 y가 명목척도일 때는 다항 로지스틱 회귀분석을 이용하고, y가 순서척도일 때는 순서 로지스틱 회귀분석을 이용한다.

그리고 종래의 2가 데이터에 대한 로지스틱 회귀분석은 이항 로지스틱 회귀분석이라고 부르고 있다.

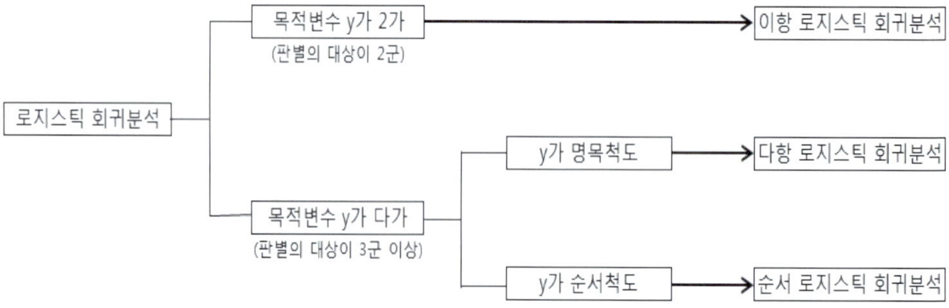

[주1] SPSS의 다항 로지스틱 회귀분석은 목적변수 y가 2가 데이터일 때도 적용할 수 있다.
[주2] 순서 로지스틱 회귀분석을 누적 로지스틱 회귀분석이라고 부르는 경우도 있다.
[주3] 설명변수가 두 개 이상 있는 경우를 다중 로지스틱 회귀분석이라고 부르는 경우가 있다.

[예제 11-1]

어떤 공업부품의 품질불량을 조사하기 위해서 다음과 같은 데이터를 수집했다. 품질불량은 제품이 변형해 버린 불량과 금이 간 불량의 두 가지로 분류되어 있고 동시에 일어나는 일은 없다고 한다. 이 부품의 제조조건으로서 x_1(첨가제의 양 : g)과 x_2(재질의 두께 : mm)를 설명변수, 품질을 나타내는 변수 y를 목적변수로 해서 로지스틱 회귀분석을 실시한다. y는 변형, 금(자국), 양품의 세 가지 범주로 나누어진다.

표 11-1 데이터표

번호	x_1	x_2	y	번호	x_1	x_2	y	번호	x_1	x_2	y
1	25	7	변형	11	9	11	금	21	18	5	양품
2	23	5	변형	12	8	12	금	22	14	5	양품
3	17	10	변형	13	15	10	금	23	11	4	양품
4	15	8	변형	14	14	13	금	24	10	8	양품
5	28	7	변형	15	17	13	금	25	10	7	양품
6	23	7	변형	16	11	6	금	26	14	6	양품
7	29	9	변형	17	15	12	금	27	7	10	양품
8	24	9	변형	18	14	11	금	28	12	4	양품
9	25	9	변형	19	11	11	금	29	16	8	양품
10	22	8	변형	20	17	12	금	30	17	7	양품

■ 데이터의 그래프화

로지스틱 회귀분석을 적용하기 전에 데이터를 그래프로 표현해 놓기로 한다.

① 층별 도트 플롯

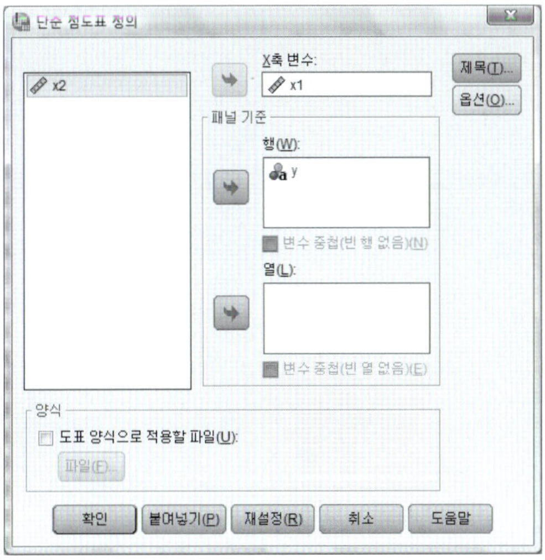

(x_1에 대해서)

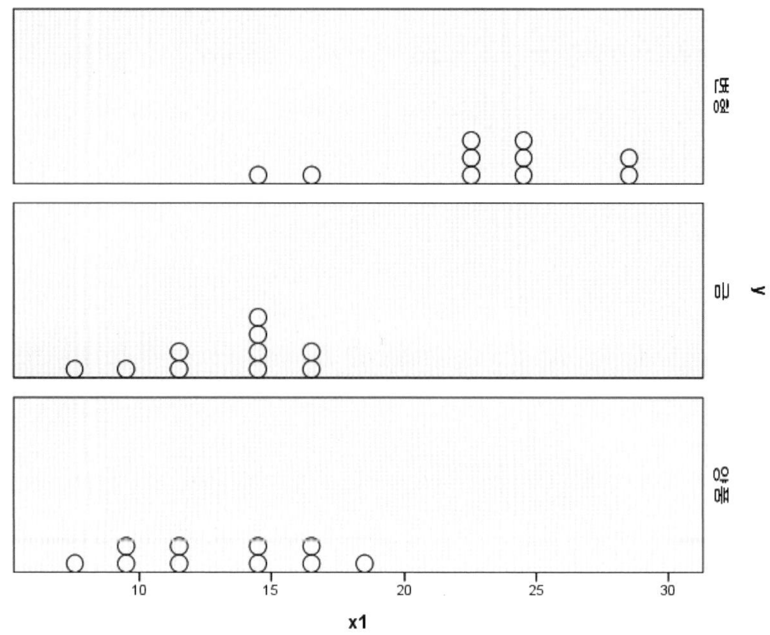

(x_2에 대해서)

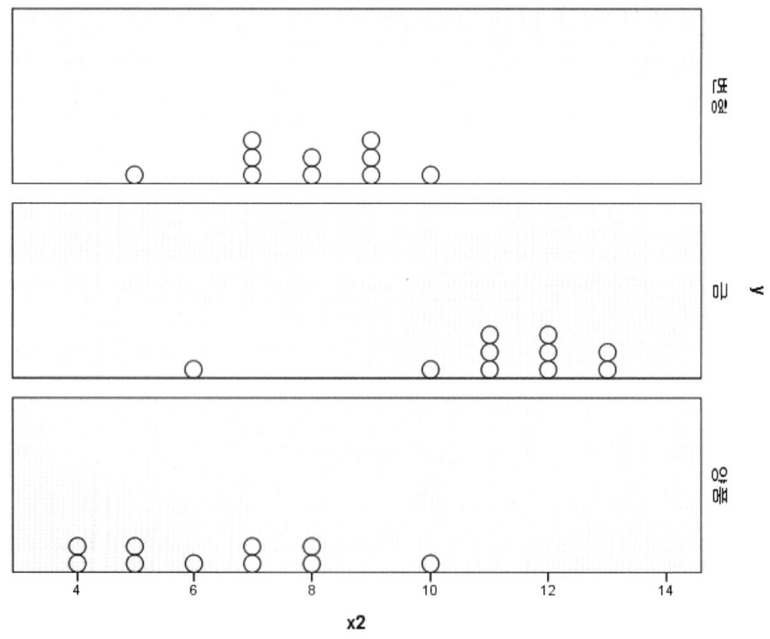

② 층별 산점도

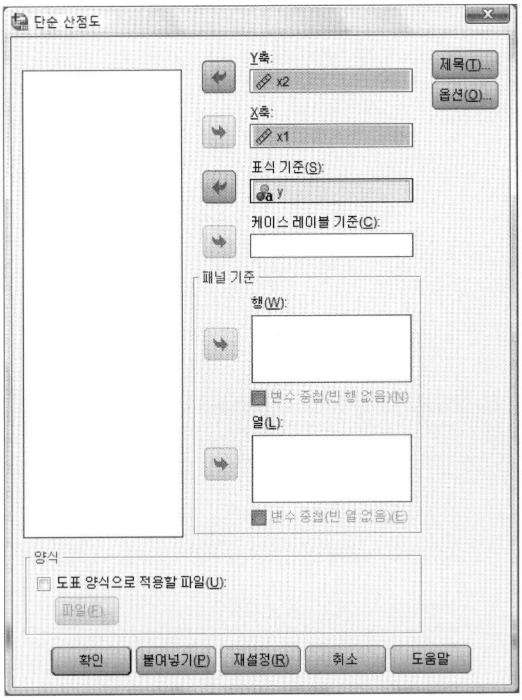
단순 산점도
Y축:
x2
X축:
x1
표식 기준(S):
y
케이스 레이블 기준(C):
패널 기준
행(W):
변수 중첩(빈 행 없음)(N)
열(L):
변수 중첩(빈 열 없음)(E)
양식
도표 양식으로 적용할 파일(U):
파일(F)...
제목(T)...
옵션(O)...
확인
붙여넣기(P)
재설정(R)
취소
도움말

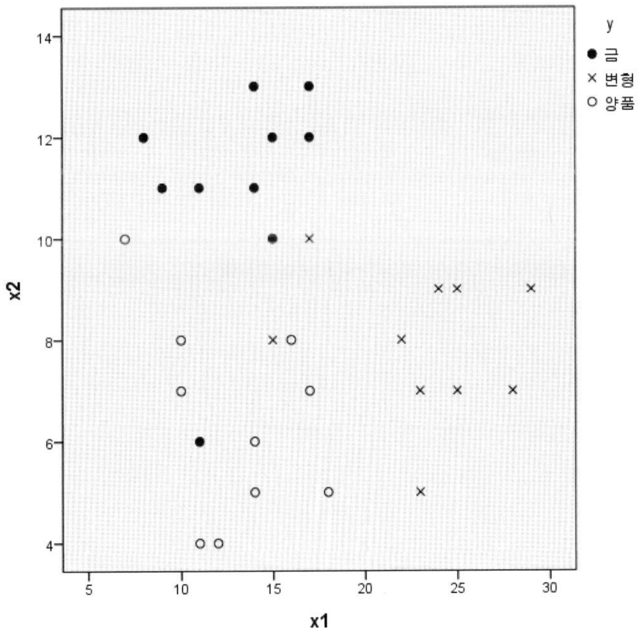
y
금
변형
양품
x2
x1

■ 다항 로지스틱 회귀분석의 실시

<표 11-1>의 데이터는 목적변수 y의 범주가 세 개 있으므로, 이항 로지스틱 회귀분석이 아니라, 다항 로지스틱 회귀분석을 적용한다.

[SPSS의 처리 절차]

[순서 1] 데이터의 입력

다음과 같이 데이터를 입력한다.

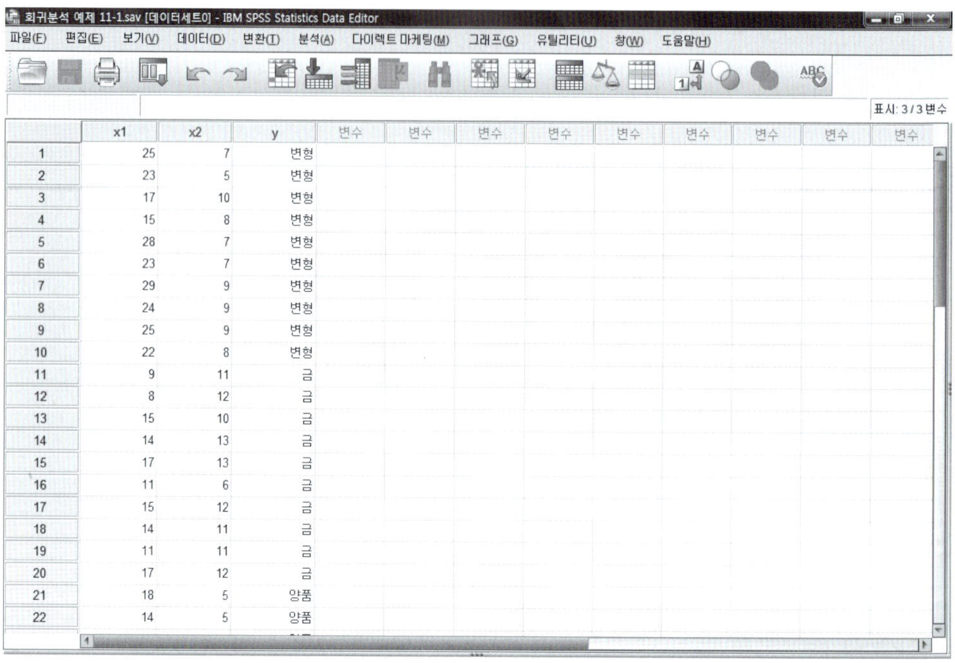

[순서 2] 분석수법의 선택

메뉴에서 [분석]-[회귀분석]-[다항 로지스틱]을 선택한다.

[다항 로지스틱 회귀] 대화상자에서 [종속변수]에 'y', [공변량]에 'x_1', 'x_2'를 각각 투입한다.

다항 로지스틱 회귀분석에서는 설명변수가 수치변수일 때는 [공변량]에 투입하고, 범주변수일 때는 [요인]에 투입할 필요가 있다.

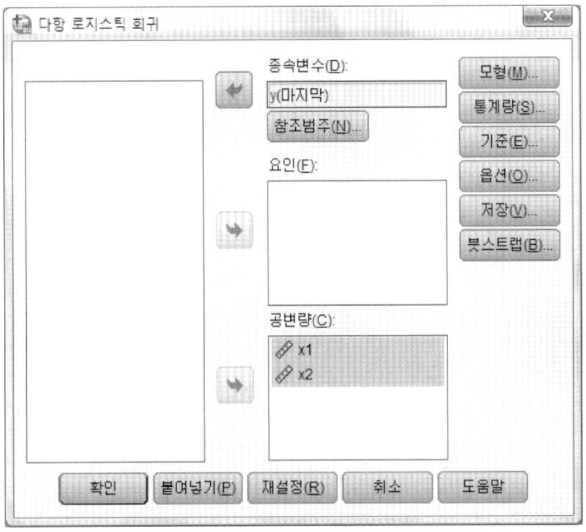

[순서 3] 통계량의 선택

다음 대화상자에서 [분류표]에도 체크한다.

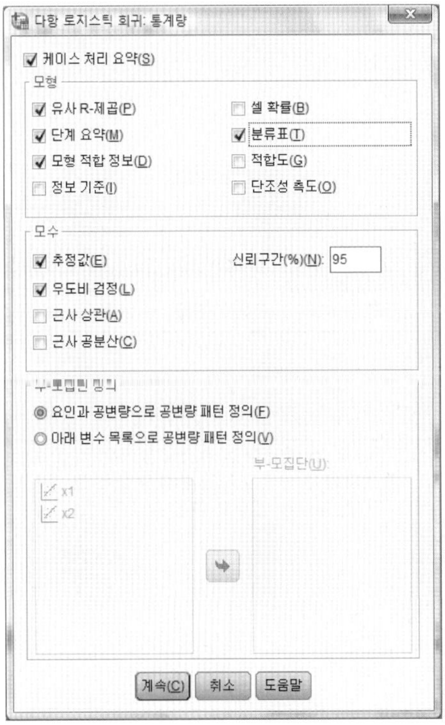

[계속]을 클릭하고, 이어서 [확인]을 클릭한다.

[분석결과]

모형 적합 정보

모형	모형 적합 기준	우도비 검정		
	-2 로그 우도	카이제곱	자유도	유의확률
절편 만	65.917			
최종	21.946	43.971	4	.000

회귀식은 유의하다는 것을 알 수 있다.

유사 R-제곱

Cox 및 Snell	.769
Nagelkerke	.865
McFadden	.667

다항 로지스틱 회귀분석에서는 Cox 및 Snell, Nagelkerke, McFadden의 3종류의 기여율이 구해진다.

우도비 검정

효과	모형 적합 기준	우도비 검정		
	축소모형의 -2 로그 우도	카이제곱	자유도	유의확률
절편	41.671	19.725	2	.000
x1	43.075	21.130	2	.000
x2	39.797	17.852	2	.000

카이제곱 통계량은 최종모형과 축소모형 사이의 -2 로그 우도 차입니다. 축소모형은 최종모형에서 효과 하나를 생략하여 만든 모형입니다. 영가설은 효과의 모든 모수가 0입니다.

x_1과 x_2 모두 유효하다는 것을 알 수 있다.

모수 추정값

y^a		B	표준오차	Wald	자유도	유의확률	Exp(B)	Exp(B)에 대한 95% 신뢰구간	
								하한	상한
금	절편	-11.690	5.690	4.221	1	.040			
	x1	.111	.224	.246	1	.620	1.117	.720	1.733
	x2	1.152	.450	6.555	1	.010	3.164	1.310	7.643
변형	절편	-17.995	8.380	4.611	1	.032			
	x1	.771	.381	4.093	1	.043	2.163	1.024	4.566
	x2	.632	.456	1.918	1	.166	1.881	.769	4.597

a. 참조 범주는\ 양품입니다.

목적변수의 참조범주가 양품으로 되어 있으므로, 형식상 금과 양품, 변형과 양품이라고 하는 두 가지의 이항 로지스틱 회귀분석을 실시한 형태로 되어 있다.

금에 대해서 살펴보면, x_2의 오즈비가 3.164로 되어 있다. 이것은 x_2가 1단위 커지면, 금이 갈 오즈가 3.164배가 된다는 것을 의미하고 있다. 다시 말하면 금이 가기 쉬워진다고 하는 것을 의미한다.

변형에 대해서 살펴보면, x_1의 오즈비가 2.163으로 되어 있다. 이것은 x_1이 1단위 커지면, 변형이 일어날 오즈가 2.163배가 된다는 것을 의미하고 있다. 다시 말하면 변형이 일어나기 쉬워진다고 하는 것을 의미한다.

분류

관측됨	예측			
	금	변형	양품	정확도 퍼센트
금	9	0	1	90.0%
변형	1	8	1	80.0%
양품	1	0	9	90.0%
전체 퍼센트	36.7%	26.7%	36.7%	86.7%

전체의 적중률은 86.7%로 판별정도(判別精度)는 양호하다고 할 수 있을 것이다.

■ 다항 로지스틱 회귀분석에 의한 분할표의 분석

[예제 11-2]

다음의 데이터는 어떤 대학교에서 실시한 앙케트 조사에서 얻어진 회답결과를 기초로 작성한 분할표이다. 앙케트 조사에서는 소속 학과와 고교시대에 좋아했던 과목을 질문하고 있다. 학과를 목적변수, 과목을 설명변수로 해서 로지스틱 회귀분석을 실시해 보자.

표 11-2 분할표

		좋아하는 과목				
		국어	수학	과학	사회	영어
학과	경영학	20	10	15	133	22
	기계시스템	20	122	20	10	28
	환경공학	10	15	140	10	25
	국문학	135	10	10	18	27

[SPSS의 처리 절차]

[순서 1] 데이터의 입력

예제 11-2의 데이터를 다음과 같이 입력한다.

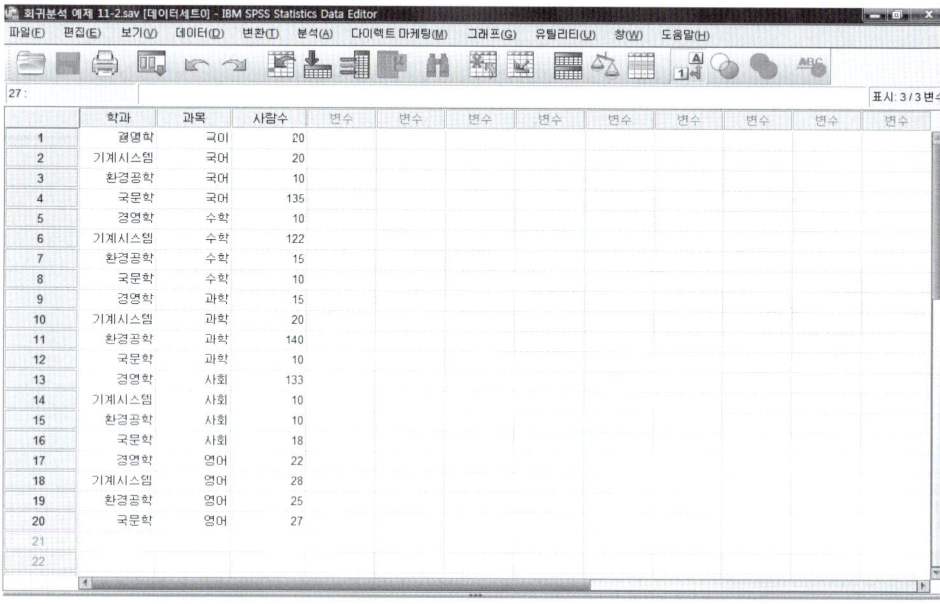

[순서 2] 빈도변수 지정

메뉴에서 [데이터]-[가중 케이스]를 선택한다.

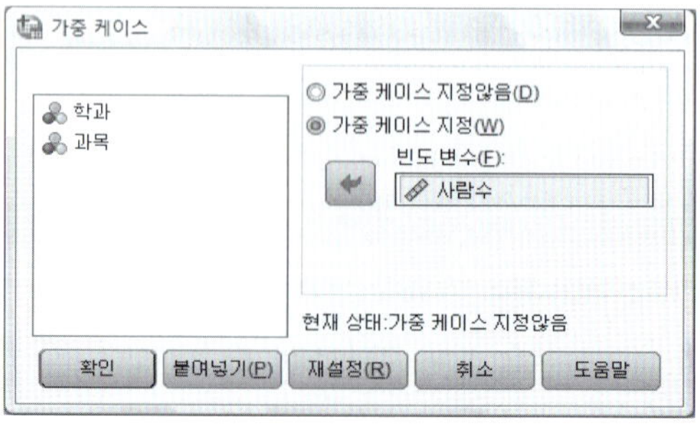

[빈도변수]로서 '사람수'를 투입한다. [확인]을 클릭한다.

[순서 3] 분석수법 선택

메뉴에서 [분석]-[회귀분석]-[다항 로지스틱]을 선택한다.

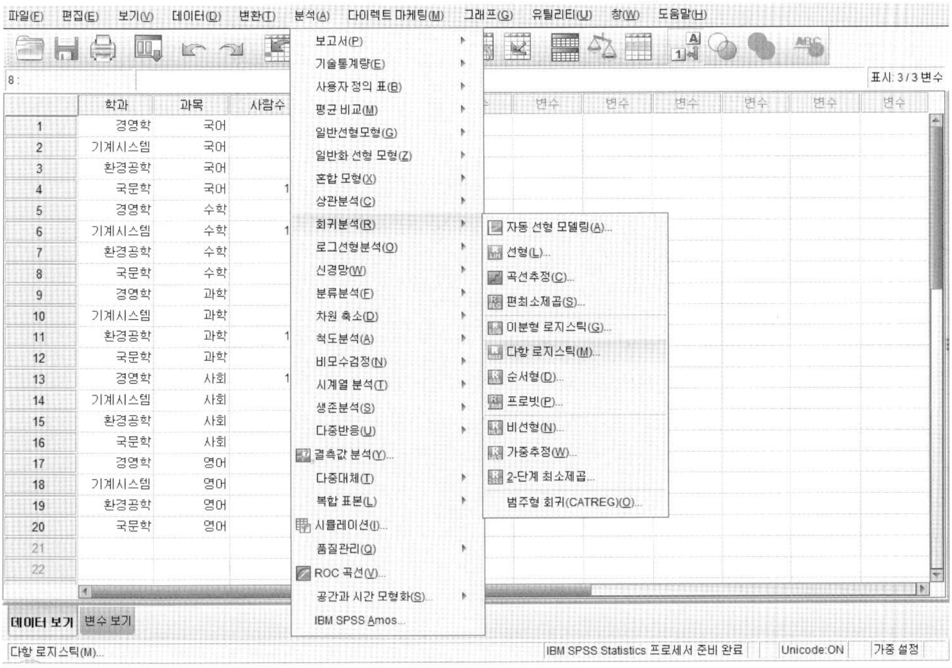

[순서 4] 변수 선택

다음 대화상자에서 [종속변수]에 '학과', [요인]에 '과목'을 투입하고 [확인]을 클릭한다.

[분석결과]

유사 R-제곱

Cox 및 Snell	.637
Nagelkerke	.679
McFadden	.365

모형 적합 정보

모형	모형 적합 기준	우도비 검정		
	-2 로그 우도	카이제곱	자유도	유의확률
절편 만	876.439			
최종	66.075	810.364	12	.000

우도비 검정

효과	모형 적합 기준	우도비 검정		
	축소모형의 -2 로그 우도	카이제곱	자유도	유의확률
절편	66.075[a]	.000	0	.
과목	876.439	810.364	12	.000

카이제곱 통계량은 최종모형과 축소모형 사이의 -2 로그 우도 차입니다. 축소모형은 최종모형에서 효과 하나를 생략하여 만든 모형입니다. 영가설은 효과의 모든 모수가 0입니다.

a. 이 축소모형은 효과를 생략해도 자유도가 증가되지 않으므로 최종모형과 동일합니다.

모수 추정값

학과[a]		B	표준오차	Wald	자유도	유의확률	Exp(B)	Exp(B)에 대한 95% 신뢰구간 하한	상한
경영학	절편	-.205	.287	.508	1	.476			
	[과목=1]	-1.705	.374	20.773	1	.000	.182	.087	.378
	[과목=2]	.205	.531	.148	1	.700	1.227	.433	3.478
	[과목=3]	.610	.499	1.495	1	.221	1.841	.692	4.897
	[과목=4]	2.205	.382	33.394	1	.000	9.068	4.293	19.155
	[과목=5]	0[b]	.	.	0	.	.	.	.
기계시스템	절편	.036	.270	.018	1	.893			
	[과목=1]	-1.946	.361	29.092	1	.000	.143	.070	.290
	[과목=2]	2.465	.425	33.582	1	.000	11.764	5.111	27.080
	[과목=3]	.657	.472	1.937	1	.164	1.929	.765	4.864
	[과목=4]	-.624	.478	1.706	1	.191	.536	.210	1.367
	[과목=5]	0[b]	.	.	0	.	.	.	.
환경공학	절편	-.077	.278	.077	1	.782			
	[과목=1]	-2.526	.429	34.587	1	.000	.080	.034	.186
	[과목=2]	.482	.494	.955	1	.328	1.620	.616	4.263
	[과목=3]	2.716	.429	40.052	1	.000	15.120	6.520	35.063
	[과목=4]	-.511	.482	1.122	1	.290	.600	.233	1.544
	[과목=5]	0[b]	.	.	0	.	.	.	.

a. 참조 범주는\ 국문학입니다.

b. 이 모수는 중복되었으므로 0으로 설정됩니다.

목적변수의 참조범주가 국문학으로 되어 있으므로, 형식상은 경영학과 국문학, 기계시스템과 국문학, 환경공학과 국문학이라고 하는 세 가지의 이항 로지스틱 회귀분석을 실시한 형태로 되어 있다.

기계시스템에 대해서 살펴보자. 수학의 오즈비가 11.764로 되어 있다. 이것은 수학을 선택한 사람의 오즈는 영어(회귀계수가 0으로 되어 있는 범주가 기준이 된다)를 선택한 사람에 비해서 기계시스템에 소속하는 오즈가 11.764배가 되는 것을 의미하고 있다.

분류

관측됨	예측				
	경영학	기계시스템	환경공학	국문학	정확도 퍼센트
경영학	133	32	15	20	66.5%
기계시스템	10	150	20	20	75.0%
환경공학	10	40	140	10	70.0%
국문학	18	37	10	135	67.5%
전체 퍼센트	21.4%	32.4%	23.1%	23.1%	69.8%

판별정도는 위와 같이 되어 있는데, 전체의 69.8%를 바르게 판별하고 있다는 것을 알 수 있다.

[참고] 대응분석 결과

본 예제의 분할표를 대응분석(correspodence analysis)을 적용하면 다음과 같은 Bi-플롯 산점도를 작성할 수 있다.

대응분석은 두 개의 범주변수 사이의 관계를 시각화하는 데에 적합한 수법으로 분할표의 분석에 유효한 수법이다.

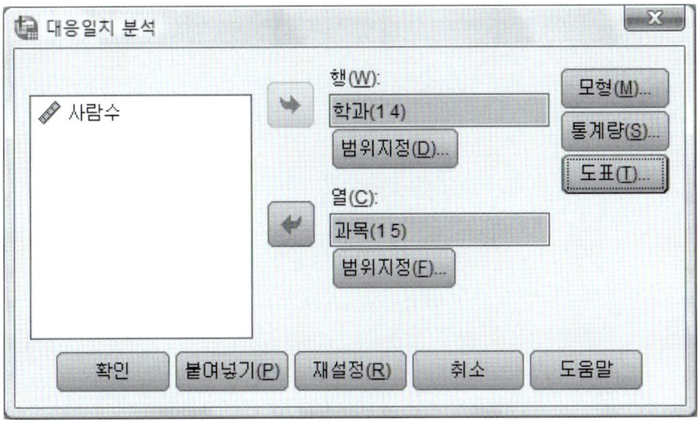

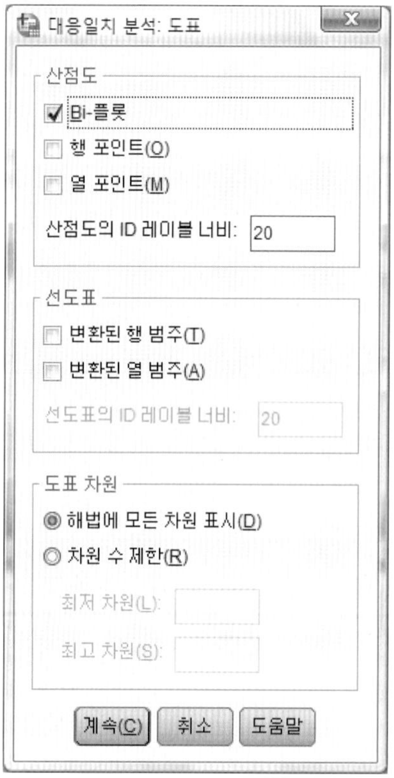
대응일치 분석: 도표
산점도
Bi-플롯
행 포인트(O)
열 포인트(M)
산점도의 ID 레이블 너비: 20
선도표
변환된 행 범주(T)
변환된 열 범주(A)
선도표의 ID 레이블 너비: 20
도표 차원
해법에 모든 차원 표시(D)
차원 수 제한(R)
최저 차원(L):
최고 차원(S):
계속(C)
취소
도움말

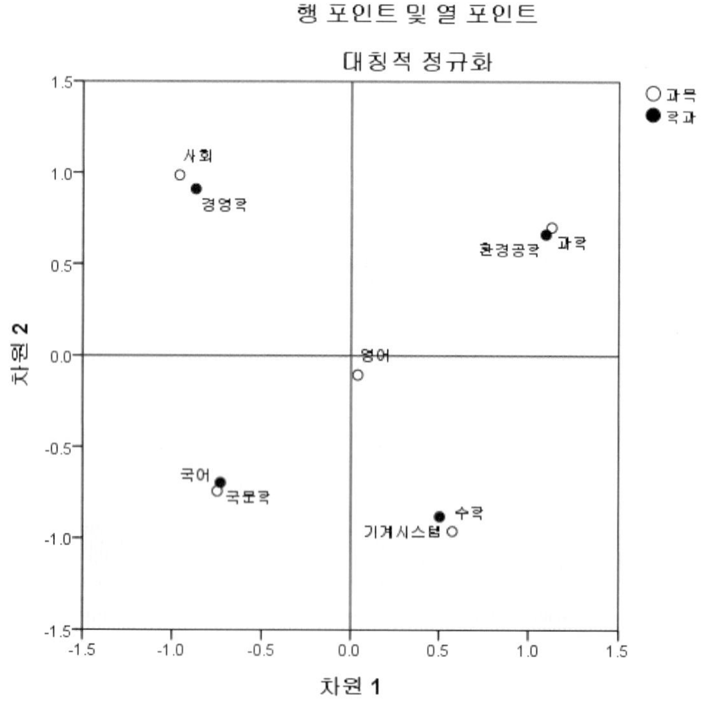
행 포인트 및 열 포인트
대칭적 정규화
과목
학과
사회
경영학
환경공학
과학
영어
국어
국문학
수학
기계시스템
차원 1
차원 2
1.5
1.0
0.5
0.0
-0.5
-1.0
-1.5

11.2 | 순서 로지스틱 회귀분석

순서척도의 목적변수

목적변수 y가 순서척도일 때는 누적 로지스틱 회귀분석을 이용한다. 누적 로지스틱 회귀분석은, 예를 들면, 목적변수 y가 1에서 5까지의 5단계 평가로 표현될 때,

1 과 2 이상
2 이하 와 3 이상
3 이하 와 4 이상
4 이하 와 5

라고 하는 식으로 5단계를 2분할해서 형식상 네 가지의 이항 로지스틱스 회귀분석을 실시한다고 하는 사고방식이다. 이때, 설명변수의 오즈비는 어느 단계에서도 같다고 가정한다.

이 책에서는 문제 삼지 않지만, 목적변수 y가 순서척도일 때의 수법으로서 인접 로지스틱 회귀분석이라고 부르는 수법도 있다. 이것은 순서가 서로 이웃이 되는 두 개의 범주에 대해서 이항 로지스틱 회귀분석을 실시한다고 하는 발상이다.

[예제 11-3]

프린터의 글자 품질을 평가하기 위해서 인쇄자의 만듦새를 3단계로 평가했다. 3단계의 내용은

3. 우수 2. 양호 1. 불가

로 하고 있다. 이 글자 품질과 인쇄속도, 잉크 농도의 관계를 조사한 것이 다음의 <표 11-3> 이다.

표 11-3 데이터표

번호	x_1	x_2	y	번호	x_1	x_2	y	번호	x_1	x_2	y
1	48	46	1	11	53	53	2	21	81	83	3
2	39	43	1	12	63	61	2	22	67	72	3
3	36	43	1	13	56	58	2	23	70	68	3
4	47	43	1	14	57	68	2	24	69	75	3
5	44	54	1	15	63	67	2	25	65	68	3
6	50	55	1	16	59	56	2	26	59	65	3
7	60	59	1	17	53	62	2	27	69	76	3
8	53	47	1	18	50	66	2	28	66	63	3
9	51	48	1	19	57	64	2	29	67	74	3
10	47	52	1	20	57	54	2	30	59	71	3

x_1은 인쇄속도, x_2는 잉크 농도, y는 글자품질을 나타내고 있다. x_1과 x_2를 설명변수, y를 목적변수로 해서 로지스틱 회귀분석을 실시한다.

■ 데이터의 그래프 표현

로지스틱 회귀분석을 적용하기 전에 데이터를 그래프로 표현해 보자.

① 산점도

(x_1과 y의 관계)

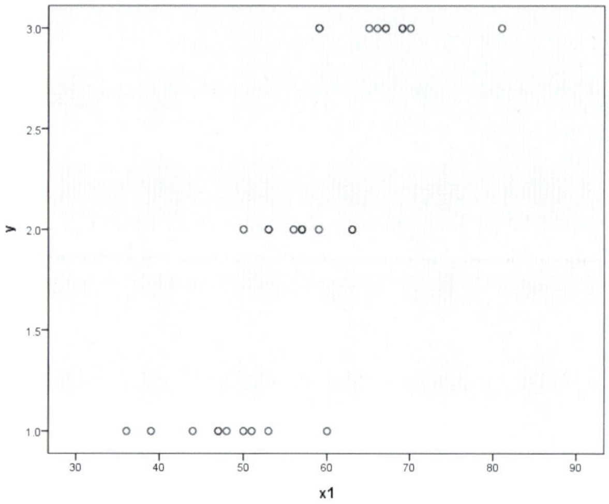

(x_2와 y의 관계)

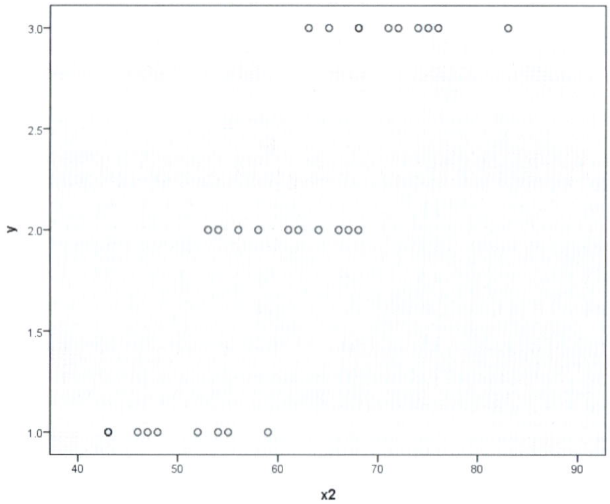

② 층별 산점도

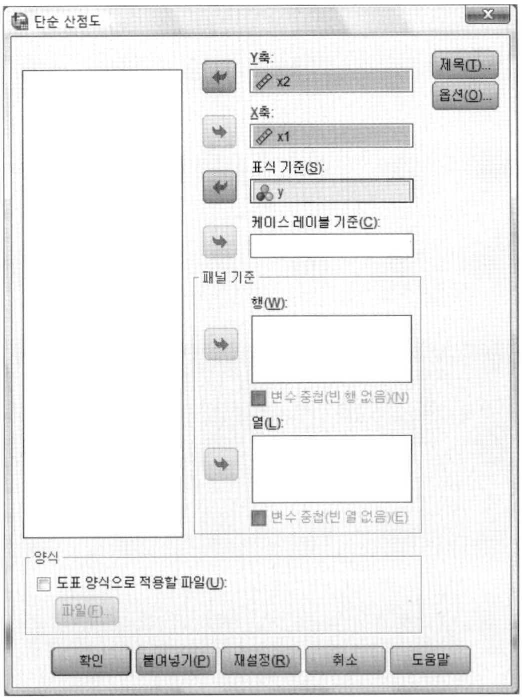

단순 산점도
Y축:
x2
X축:
x1
표식 기준(S):
y
케이스 레이블 기준(C):
패널 기준
행(W):
변수 중첩(빈 행 없음)(N)
열(L):
변수 중첩(빈 열 없음)(E)
양식
도표 양식으로 적용할 파일(U):
파일(F)...
제목(T)...
옵션(O)...
확인
붙여넣기(P)
재설정(R)
취소
도움말

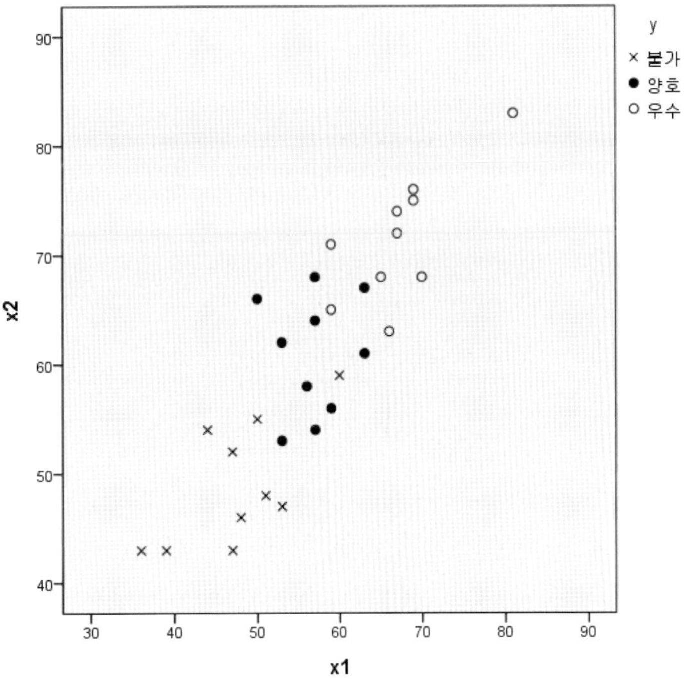

y
× 불가
● 양호
○ 우수
x2
x1

■ 순서 로지스틱 회귀분석의 실시

목적변수 y가 순서척도이므로 누적 로지스틱 회귀분석을 적용한다. SPSS에서 누적 로지스틱 회귀분석을 실시하려면 순서형 회귀분석의 기능을 사용한다.

[SPSS의 처리 절차]

[순서 1] 데이터의 입력

다음과 같이 데이터를 입력한다.

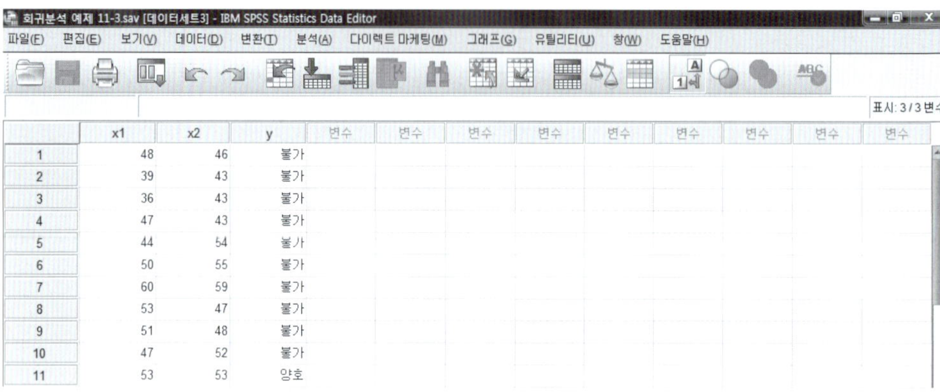

[순서 2] 분석수법의 선택

메뉴에서 [분석]-[회귀분석]-[순서형]을 선택한다.

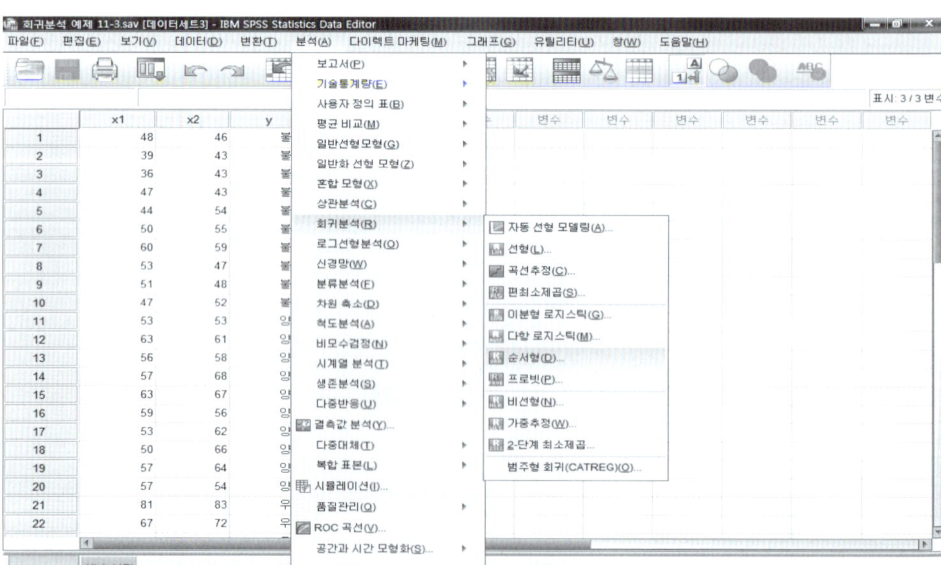

[순서 3] 변수의 선택

[종속변수]에 'y', [공변량]에 'x_1'과 'x_2'를 투입한다. [출력결과]를 클릭한다.

[주] 순서형 회귀분석에서는 설명변수가 수치변수일 때는 [공변량]에 투입하고, 범주변수일 때는 [요인]에 투입할 필요가 있다.

[순서 4] 출력설계

다음의 대화상자에서 [평행성 검정]과 [예측 범주]에 체크한다.

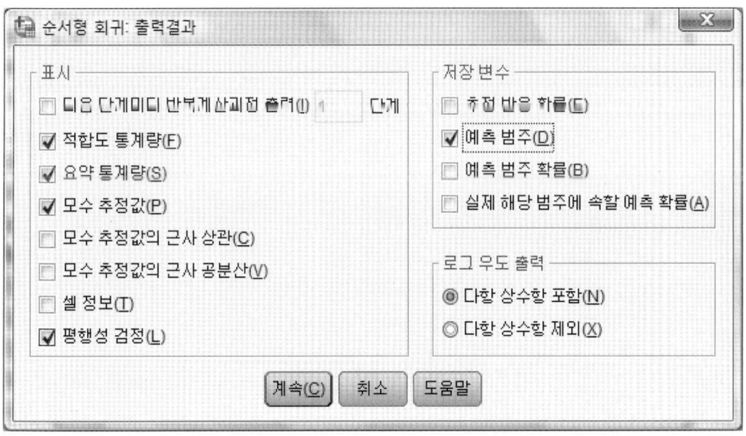

[계속]을 클릭하고 이어서 [확인]을 클릭하면 분석결과를 얻는다.

[분석결과]

모형 적합 정보

모형	-2 로그 우도	카이제곱	자유도	유의확률
절편 만	65.917			
최종	20.854	45.062	2	.000

연결함수: 로짓.

회귀식은 유의하다는 것을 알 수 있다.

유사 R-제곱

Cox 및 Snell	.777
Nagelkerke	.875
McFadden	.684

연결함수: 로짓.

누적 로지스틱 회귀분석에서는 Cox 및 Snell, Nagelkerke, McFadden의 3종류의 기여율이 구해진다.

모수 추정값

		B 추정값	표준오차	Wald	자유도	유의확률	95% 신뢰구간 하한	95% 신뢰구간 상한
임계값	[y = 1]	32.267	9.964	10.487	1	.001	12.738	51.796
	[y = 2]	37.937	11.519	10.847	1	.001	15.361	60.514
위치	x1	.288	.141	4.160	1	.041	.011	.564
	x2	.308	.134	5.316	1	.021	.046	.570

연결함수: 로짓.

x_1과 x_2 모두 유의하다.

$y = m\,(m = 1, 2, 3)$이 될 확률을 Pr(m)으로 표현하면, 다음과 같은 회귀식이 얻어졌다고 이해할 수 있다.

[주] 상수와 계수의 부호에 주의를 요한다.

$$\text{logit}\ \{\text{Pr}(1)\} = 32.267 - 0.288x_1 - 0.308x_2$$

$$\text{Pr}(1) = 1\ /\ \{1 + \text{Exp}(-32.267 + 0.288x_1 + 0.308x_2)\}$$

$$\text{logit}\ \{\text{Pr}(1\ \text{or}\ 2)\} = 37.937 - 0.288x_1 - 0.308x_2$$

$$\text{Pr}(1\ \text{or}\ 2) = 1\ /\ \{1 + \text{Exp}(-37.937 + 0.288x_1 + 0.308x_2)\}$$

이로부터,

$$Pr(2) = Pr(1 \ \text{or} \ 2) - Pr(1)$$

$$Pr(3) = 1 - Pr(1 \ \text{or} \ 2)$$

이와 같이 계산된 확률로부터 가장 확률이 높은 범주를 y의 예측치로 한다. 그리고 실제로 이와 같은 계산을 스스로 필산할 필요는 없고, 순서형 회귀분석의 대화상자에서, [출력결과]-[추정 반응 확률]에 체크하면 [데이터 보기]에 확률의 값이 출력된다.

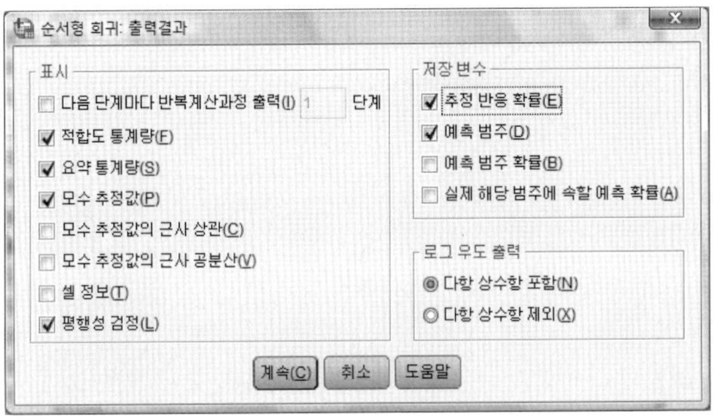

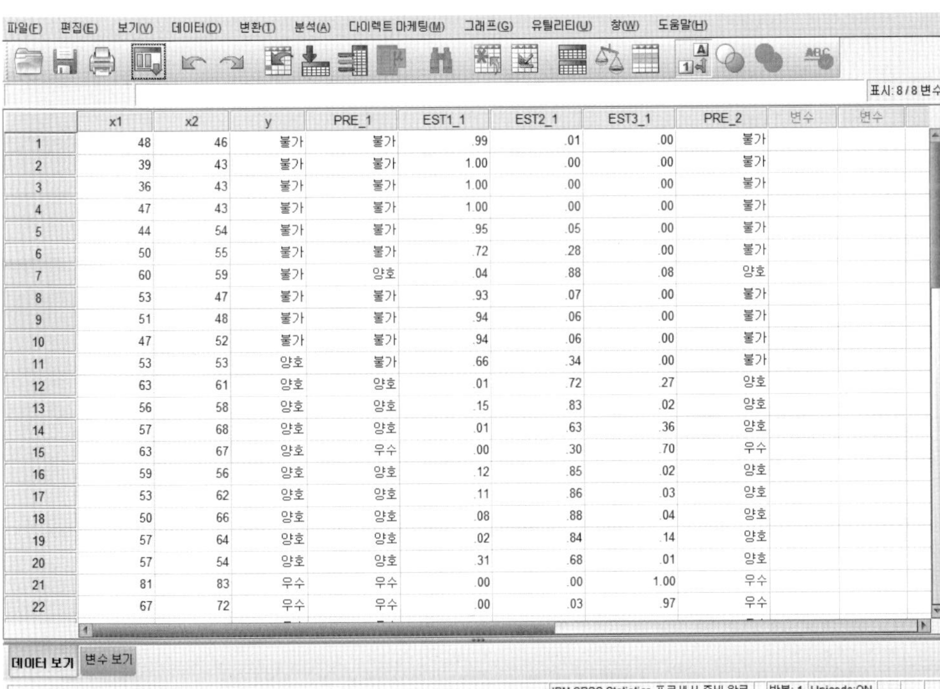

	x1	x2	y	PRE_1	EST1_1	EST2_1	EST3_1	PRE_2
1	48	46	불가	불가	.99	.01	.00	불가
2	39	43	불가	불가	1.00	.00	.00	불가
3	36	43	불가	불가	1.00	.00	.00	불가
4	47	43	불가	불가	1.00	.00	.00	불가
5	44	54	불가	불가	.95	.05	.00	불가
6	50	55	불가	불가	.72	.28	.00	불가
7	60	59	불가	양호	.04	.88	.08	양호
8	53	47	불가	불가	.93	.07	.00	불가
9	51	48	불가	불가	.94	.06	.00	불가
10	47	52	불가	불가	.94	.06	.00	불가
11	53	53	양호	불가	.66	.34	.00	불가
12	63	61	양호	양호	.01	.72	.27	양호
13	56	58	양호	양호	.15	.83	.02	양호
14	57	68	양호	양호	.01	.63	.36	양호
15	63	67	양호	우수	.00	.30	.70	우수
16	59	56	양호	양호	.12	.85	.02	양호
17	53	62	양호	양호	.11	.86	.03	양호
18	50	66	양호	양호	.08	.88	.04	양호
19	57	64	양호	양호	.02	.84	.14	양호
20	57	54	양호	양호	.31	.68	.01	양호
21	81	83	우수	우수	.00	.00	1.00	우수
22	67	72	우수	우수	.00	.03	.97	우수

평행성 검정[a]

모형	-2 로그 우도	카이제곱	자유도	TPL 유의확률
영가설	20.854			
일반	20.318	.536	2	.765

영가설 상태는 위치 모수가(기울기 계수) 대응 범주에 있어 동일함을 나타냅니다.

a. 연결함수: 로짓.

평행성 검정이 유의하지 않으므로(p값 = 0.765), 설명변수마다 오즈비는 같다고 가정하는 것에 불합리한 점은 없다고 생각한다.

예측정도(豫測精度)를 확인하기 위해서, 실제의 y값과 예측된 y값(데이터 보기에서는 PRE_2)의 분할표를 작성하면 다음과 같다.

y * 예측 반응 범주 교차표

빈도

		예측 반응 범주			전체
		불가	양호	우수	
y	불가	9	1	0	10
	양호	1	8	1	10
	우수	0	1	9	10
전체		10	10	10	30

예측정도는 양호하다고 할 수 있다.

■ 순서범주를 포함한 분할표의 분석

[예제 11-4]

다음의 데이터는 어떤 호텔에서 실시한 앙케트 조사로 얻어진 회답결과를 기초로 작성한 분할표와 기본적인 그래프이다. 앙케트 조사에서는 성별과 만족도(4단계 평가 ; 1=대단히 불만, 2=불만, 3=만족, 4=대단히 만족)를 질문했다. 만족도를 목적변수, 성별을 설명변수로 해서 로지스틱 회귀분석을 적용해 보자.

표 11-4 분할표

	1	2	3	4
남	3	12	16	19
여	13	27	39	11

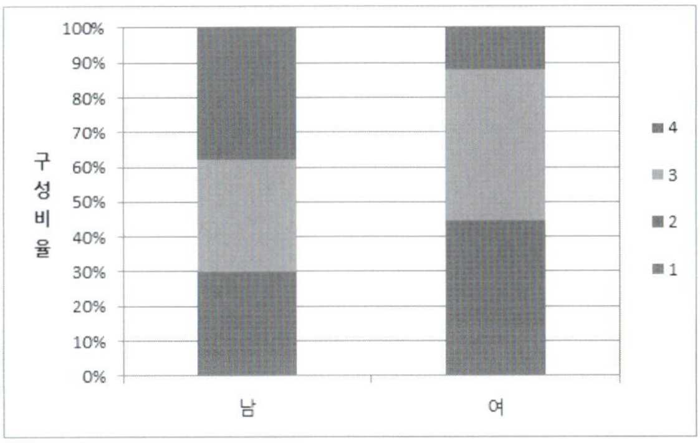

(구성비율의 띠그래프)

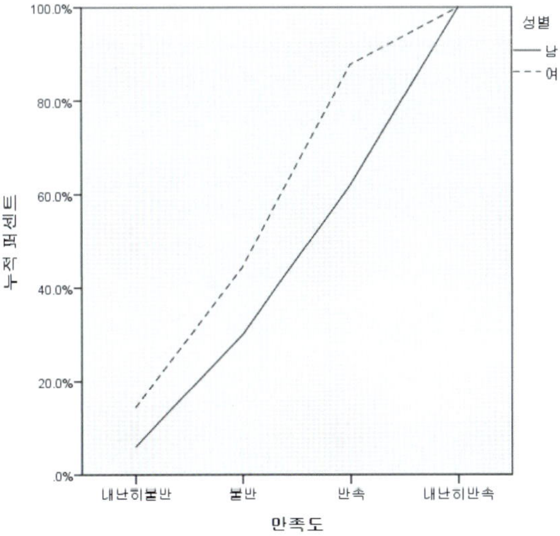

(누적비율의 꺾은선 그래프)

[SPSS의 처리 절차]

[순서 1] 데이터의 입력

다음과 같이 데이터를 입력한다.

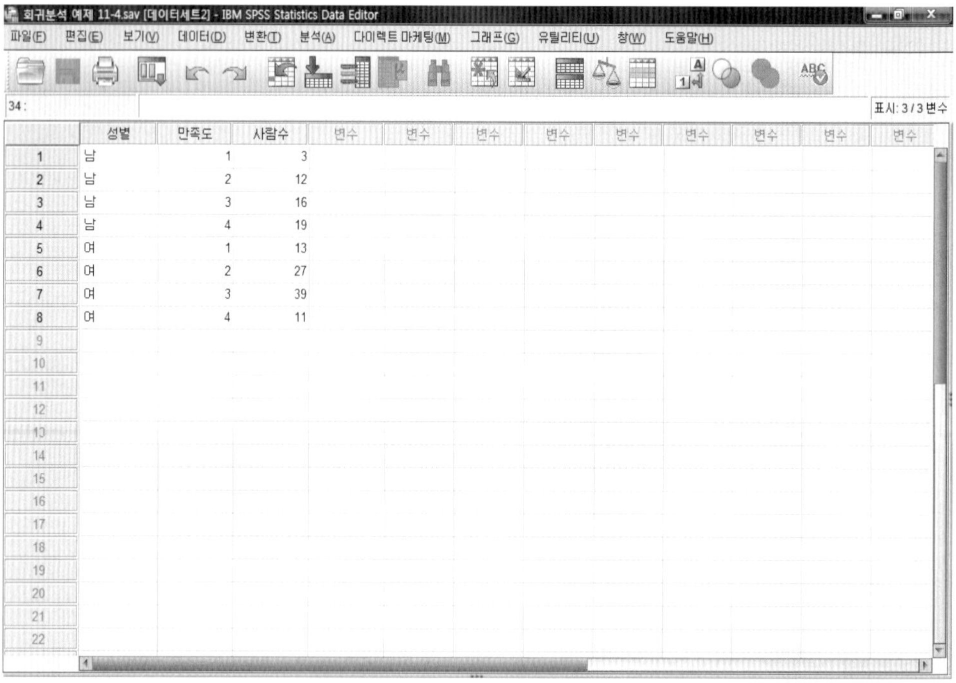

[순서 2] 빈도변수 지정

메뉴에서 [데이터]-[가중 케이스]를 선택한다.

다음과 같이 '사람수'를 빈도변수로 지정한다. [확인]을 클릭한다.

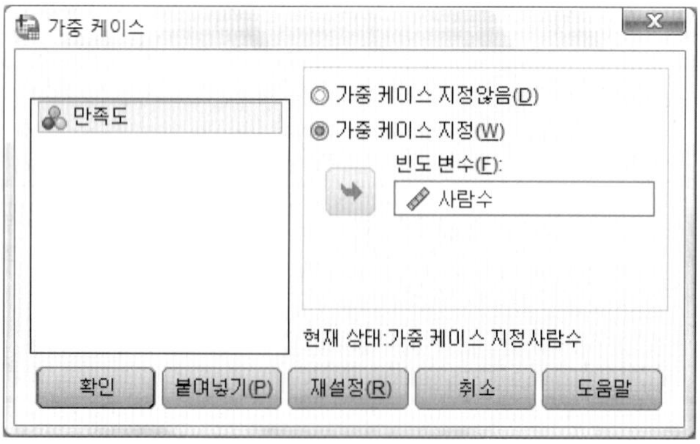

[순서 3] 분석수법의 선택

메뉴에서 [분석]-[회귀분석]-[순서형]을 선택한다.

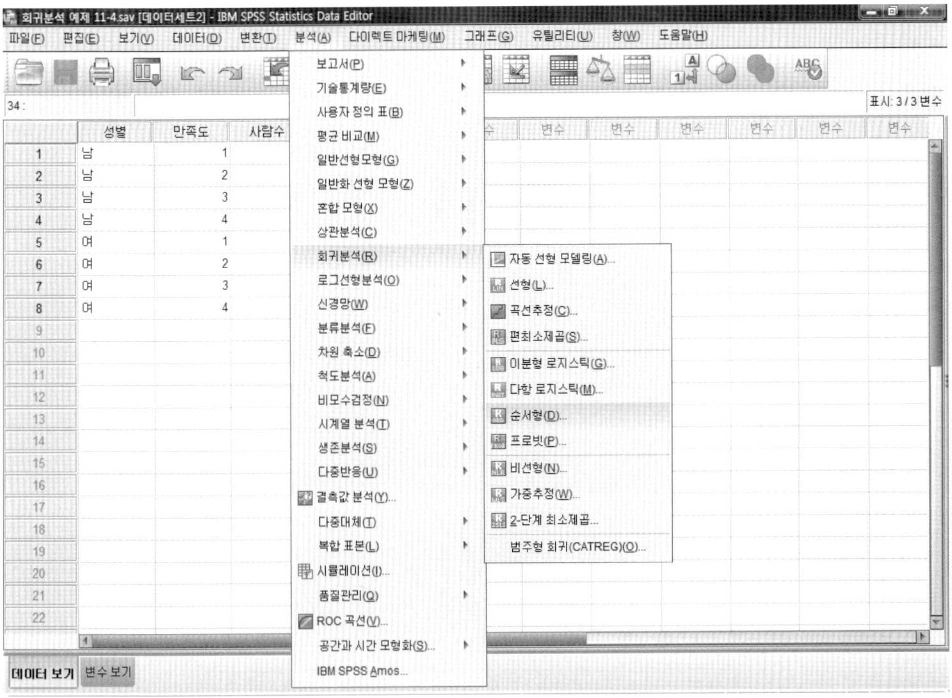

[순서 4] 변수의 선택

[순서형 회귀] 대화상자에서 다음과 같이 변수를 지정하고, [출력결과]를 클릭한다.

[순서 5] 출력설계

[출력결과] 대화상자에서 다음과 같이 선택하고 [계속]을 클릭한다. 이어서 [확인]을 클릭하면 분석결과를 얻는다.

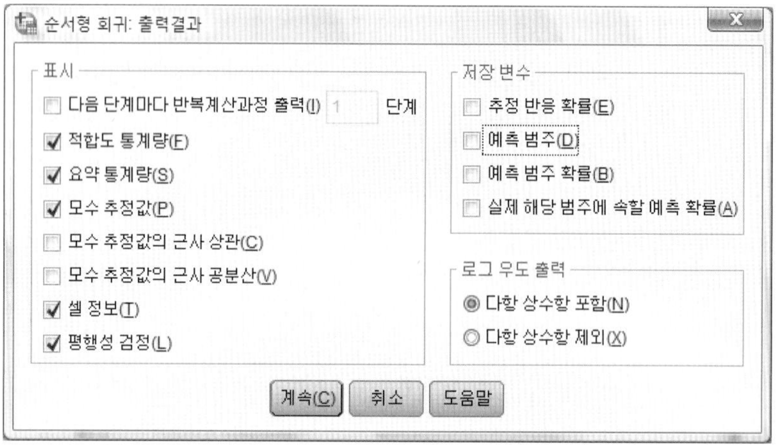

[분석결과]

모형 적합 정보

모형	-2 로그 우도	카이제곱	자유도	유의확률
절편 만	37.109			
최종	27.918	9.191	1	.002

연결함수: 로짓.

유사 R-제곱

Cox 및 Snell	.064
Nagelkerke	.069
McFadden	.025

연결함수: 로짓.

모수 추정값

		B 추정값	표준오차	Wald	자유도	유의확률	95% 신뢰구간 하한	95% 신뢰구간 상한
임계값	[만족도 = 1]	-1.772	.279	40.217	1	.000	-2.320	-1.225
	[만족도 = 2]	-.126	.205	.378	1	.539	-.528	.276
	[만족도 = 3]	1.698	.257	43.639	1	.000	1.195	2.202
위치	[성별=남]	1.008	.334	9.123	1	.003	.354	1.663
	[성별=여]	0[a]	.	.	0	.	.	.

연결함수: 로짓.

a. 현재 모수는 중복되므로 0으로 설정됩니다.

성별은 유의하다는 것을 알 수 있다.

남성의 회귀계수의 부호가 플러스인 사실로부터 남성 쪽이 여성에 비해서 만족도가 높게 나오기 쉽다고 하는 결과가 얻어지고 있다.

셀 정보

빈도

성별		만족도 대단히불만	불만	만족	대단히만족
남	관측	3	12	16	19
	기대	2.919	9.249	21.132	16.700
	Pearson 잔차	.049	1.002	-1.469	.690
여	관측	13	27	39	11
	기대	13.073	29.094	33.913	13.920
	Pearson 잔차	-.022	-.472	1.107	-.851

연결함수: 로짓.

이 표는 순서형 회귀분석의 설명변수가 범주변수일 때에 예측정도(豫測精度)를 검토하는 데 유익하다.

평행성 검정의 결과를 살펴보자.

평행성 검정[a]

모형	-2 로그 우도	카이제곱	자유도	TPL 유의확률
영가설	27.918			
일반	23.960	3.958	2	.138

영가설 상태는 위치 모수가(기울기 계수) 대응 범주에 있어 동일함을 나타냅니다.

a. 연결함수: 로짓.

평행성 검정이 유의하지 않으므로(p값 = 0.138), 설명변수의 오즈비는 같다고 가정하는 것에 불합리한 점은 없다고 생각한다.

CHAPTER

12

일반화 선형모형

CHAPTER 12

일반화 선형모형

12.1 | 일반화 선형모형에 의한 로지스틱 회귀분석

■ 일반선형모형과 일반화 선형모형

일반선형모형이란 회귀분석과 분산분석을 통일한 수법이라고 생각하면 좋을 것이다. 이때, 종속변수 y는 수치변수가 아니면 안 된다. 독립변수는 수치변수(양적변수)와 범주변수(질적변수) 어느 쪽도 다룰 수 있다. 어느 쪽이라도 다룰 수 있는 점이 회귀분석과 분산분석을 통일했다고 하는 것을 나타낸다.

한편, 일반화 선형모형은 종속변수로서 수치변수 이외의 변수도 다룰 수 있도록 확장한 것이다. 바꾸어 말하면, 정규분포에 따르는 종속변수나 비정규분포의 종속변수나 다룰 수 있도록 되어 있는 것이 일반화 선형모형이다. 따라서 일반화 선형모형에서는 로지스틱 회귀분석을 다룰 수 있다.

일반선형모형과 일반화 선형모형을 이미지로 나타낸 것을 그림으로 표현해 보면 다음과 같다.

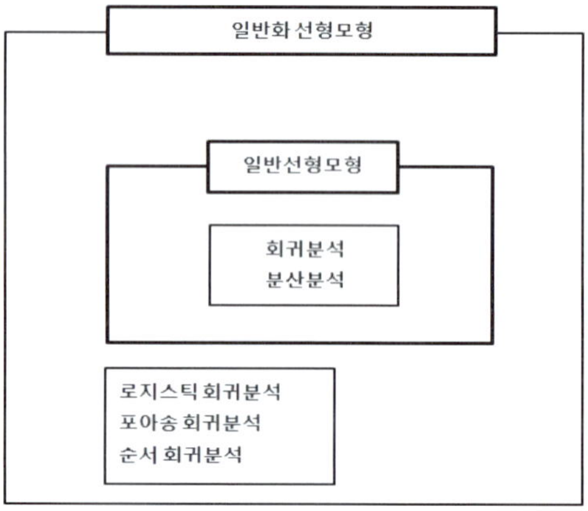

일반화 선형모형의 실제

[예제 12-1]

표 12-1 데이터표

x_1	x_2	x_3	x_4	c_5	x_5	y	x_1	x_2	x_3	x_4	c_5	x_5	y
34	114	40	61	A	1	0	31	108	41	66	B	0	1
30	110	41	60	A	1	0	25	111	45	61	A	1	1
26	114	43	62	A	1	0	32	110	41	59	A	1	1
33	111	42	58	A	1	0	33	110	47	61	B	0	1
32	113	40	59	B	0	0	31	114	43	61	A	1	1
33	116	42	56	A	1	0	34	108	40	64	A	1	1
36	116	41	54	B	0	0	24	109	40	64	B	0	1
33	119	39	60	A	1	0	31	109	38	61	B	0	1
39	107	39	55	A	1	0	29	114	46	56	B	0	1
32	112	44	62	A	1	0	28	106	43	60	B	0	1
32	110	39	59	A	1	0	29	111	46	58	B	0	1
31	119	38	56	A	1	0	30	111	41	58	B	0	1
34	110	40	59	A	1	0	31	114	45	60	B	0	1
34	118	43	61	B	0	0	31	112	47	53	B	0	1
26	112	43	62	A	1	0	34	106	41	61	B	0	1
30	116	39	58	A	1	0	31	115	48	60	A	1	1
33	113	39	56	A	1	0	34	108	48	60	B	0	1
31	116	37	57	A	1	0	24	110	46	58	B	0	1
31	113	44	63	B	0	0	29	113	43	63	B	0	1
32	115	36	66	B	0	0	31	107	44	65	B	0	1

[SPSS의 처리 절차]

[순서 1] 데이터의 입력

다음과 같이 데이터를 입력한다.

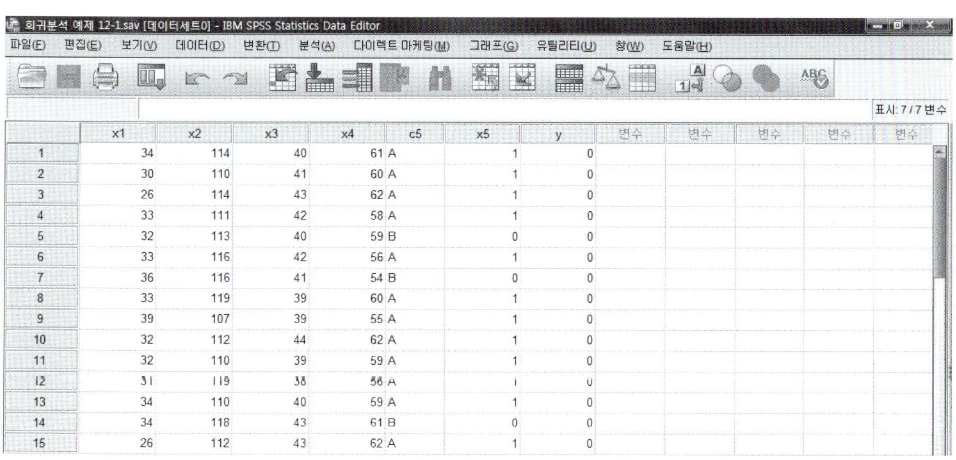

	x1	x2	x3	x4	c5	x5	y	변수	변수	변수	변수	변수
1	34	114	40	61	A	1	0					
2	30	110	41	60	A	1	0					
3	26	114	43	62	A	1	0					
4	33	111	42	58	A	1	0					
5	32	113	40	59	B	0	0					
6	33	116	42	56	A	1	0					
7	36	116	41	54	B	0	0					
8	33	119	39	60	A	1	0					
9	39	107	39	55	A	1	0					
10	32	112	44	62	A	1	0					
11	32	110	39	59	A	1	0					
12	31	119	38	56	A	1	0					
13	34	110	40	59	A	1	0					
14	34	118	43	61	B	0	0					
15	26	112	43	62	A	1	0					

[순서 2] 분석수법의 선택

메뉴에서 [분석]-[일반화 선형모형]-[일반화 선형모형]을 선택한다.

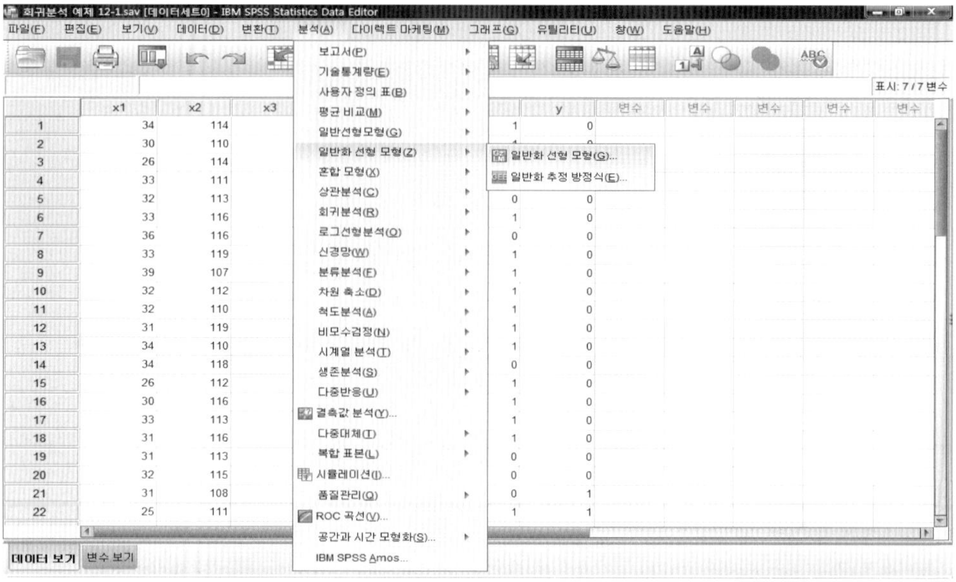

[순서 3] 모형유형의 선택

[이분형 로지스틱]을 선택하여 체크한다. [반응]을 클릭한다.

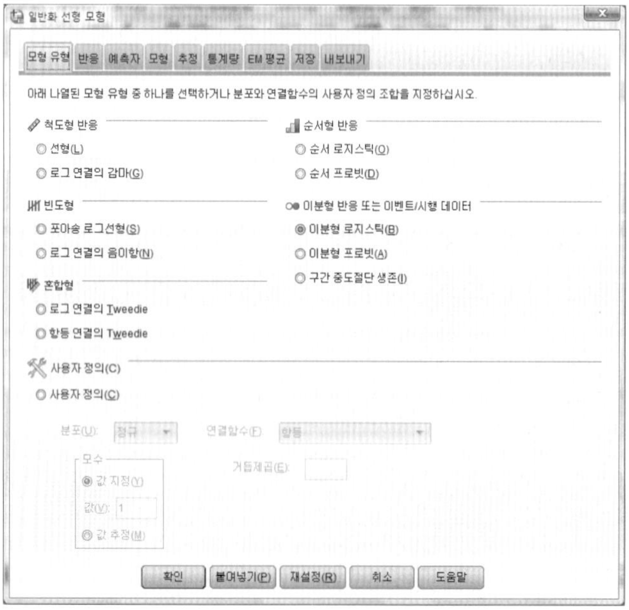

[순서 4] 반응의 선택

[종속변수]에 'y'를 투입한다. [이분형]의 [참조범주]를 클릭한다. [참조범주]를 [처음(가장 낮은 값)]에 설정하고 [계속]을 클릭한다. [예측자]를 클릭한다.

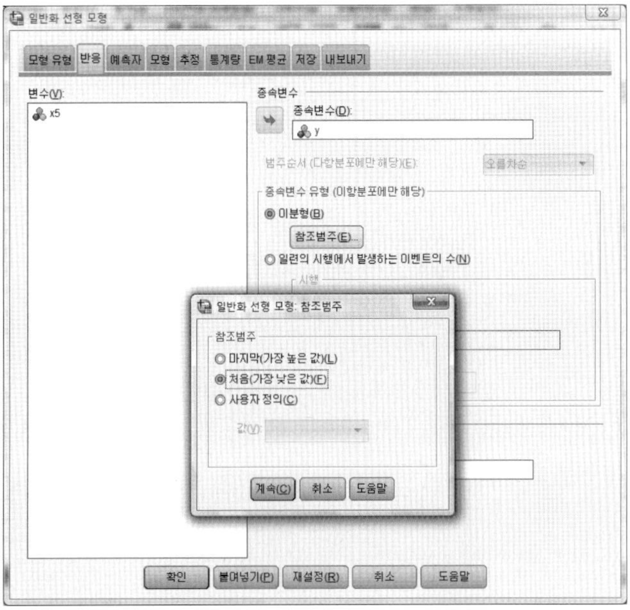

[순서 5] 예측자의 선택

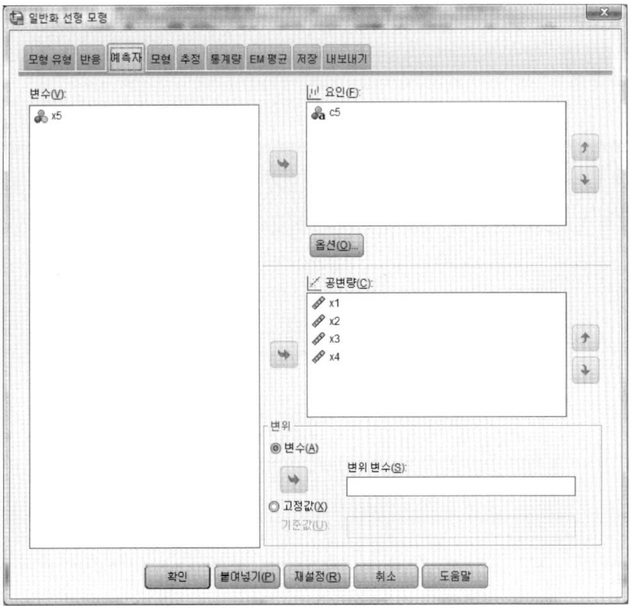

[요인]에 'c_5', [공변량]에 'x_1, x_2, x_3, x_4'를 투입한다. [모형]을 클릭한다.

[순서 6] 모형의 선택

[모형]에 '$c_{5,} x_1, x_2, x_3, x_4$'를 투입한다. [확인]을 클릭한다.

[주] [순서 4]에서 [참조범주] 변경은 반드시 실시할 필요는 없다. 이 책에서는 로지스틱 회귀분석의 결과와 대비하기 쉽도록 하기 위해서 실시하고 있다.

[분석결과]

일반화 선형모형으로 로지스틱 회귀분석을 적용하면, 다음과 같은 결과가 얻어진다.

모형정보

종속변수	y[a]
확률 분포	이항
연결함수	로짓

a. 프로시저 모형 1은(는) 반응으로, 0은(는) 참조 범주로 취급됩니다.

적합도[a]

	값	자유도	값/자유도
편차	22.596	34	.665
척도 편차	22.596	34	
Pearson 카이제곱	25.097	34	.738
척도 Pearson 카이제곱	25.097	34	
로그 우도[b]	-11.298		
Akaike 정보 기준(AIC)	34.596		
유한 표본 수정된 AIC (AICC)	37.141		
베이지안 정보 기준(BIC)	44.729		
일관된 AIC(CAIC)	50.729		

종속변수: y
모형: (수정된 모형), c5, x1, x2, x3, x4

a. 정보 기준은 가능한 작은 형태입니다.

b. 전체 로그 우도 함수가 표시되고 계산 정보 기준에 사용됩니다.

총괄 검정[a]

우도비 카이제곱	자유도	유의확률
32.856	5	.000

종속변수: y
모형: (수정된 모형), c5, x1, x2, x3, x4

a. 적합한 모형을 절편 전용 모형과 비교합니다.

모형 효과 검정

	제 III 유형		
소스	Wald 카이제곱	자유도	유의확률
(수정된 모형)	2.063	1	.151
c5	3.983	1	.046
x1	.375	1	.540
x2	4.447	1	.035
x3	4.710	1	.030
x4	.049	1	.826

종속변수: y
모형: (수정된 모형), c5, x1, x2, x3, x4

모수 추정값

모수	B	표준오차	95% Wald 신뢰구간		가설검정		
			하한	상한	Wald 카이제곱	자유도	유의확률
(수정된 모형)	60.724	41.5707	-20.753	142.201	2.134	1	.144
[c5=A]	-2.452	1.2286	-4.860	-.044	3.983	1	.046
[c5=B]	0[a]	.	.	.	.	.	.
x1	-.131	.2141	-.551	.288	.375	1	.540
x2	-.798	.3782	-1.539	-.056	4.447	1	.035
x3	.725	.3340	.070	1.380	4.710	1	.030
x4	.055	.2489	-.433	.543	.049	1	.826
(척도)	1[b]						

종속변수: y
모형: (수정된 모형), c5, x1, x2, x3, x4

a. 중복된 모수이므로 0으로 설정됩니다.

b. 표시된 값으로 고정됩니다.

이상의 결과는 로지스틱 회귀분석의 메뉴에서 실시한 아래의 결과와 일치하고 있다는 것을 확인할 수 있다.

방정식의 변수

		B	S.E.	Wald	자유도	유의확률	Exp(B)
1 단계[a]	x1	-.131	.214	.375	1	.540	.877
	x2	-.798	.378	4.447	1	.035	.450
	x3	.725	.334	4.710	1	.030	2.065
	x4	.055	.249	.049	1	.826	1.056
	c5(1)	-2.452	1.229	3.983	1	.046	.086
	상수항	60.724	41.571	2.134	1	.144	2.355E+26

a. 변수가 1: x1, x2, x3, x4, c5 단계에 입력되었습니다.

12.2 | 일반화 추정방정식에 의한 로지스틱 회귀분석

■ 반복측정과 일반화 추정방정식

로지스틱 회귀분석에서는 종속변수(반응)는 2가(二價) 데이터가 되는데, 이 결과가 여러 번 측정되고 있는 상황을 상정한다. 지금 두통의 유무를 연구하고 있다고 하자. 어제는 두통이 있었는데 오늘은 두통이 없다고 하는 것은 있을 수 있는 이야기다. 이와 같은 경우, 두통의 유무를 종속변수로 하는 것을 생각하면, 종속변수의 값이 동일한 피험자에 대해서 여러 개 얻어지게 된다. 이러한 데이터를 반복이 있는 데이터 혹은 반복측정된 데이터라고 부른다. 반복이 있는 데이터는 그 시점마다 로지스틱 회귀분석을 적용한다고 하는 방법을 생각할 수 있는데, 시점마다 결론이 바뀔 가능성이 있어 그것들을 한데 모아 결론을 말하는 데 사정이 좋지 않은 경우가 많다. 또한 동일한 인물로부터 얻어진 복수의 종속변수에 대한 데이터는 소위 대응이 있는 데이터가 되어, 독립적으로는 되지 않는 사실로부터 그와 같은 상황도 고려한 분석이 필요하게 된다. 그래서 유효한 수법으로서 일반화 추정방정식이라고 하는 방법이 있다.

일반화 추정방정식은 반복이 있는 데이터에 로지스틱 회귀분석을 적용할 때의 수법이라고 생각하면 된다.

반복측정이 있는 로지스틱 회귀분석

↓

일반화 추정방정식

그리고 일반화 추정방정식은 로지스틱 회귀분석뿐만 아니라 순서 회귀분석, 포아송 회귀분석에도 적용된다.

다음에 구체적인 예제로 일반화 추정방정식의 실제를 소개하기로 한다.

[예제 12-2]

10명의 피험자에 대해서 어떤 질병이 일어나는 증상의 유무에 대하여 다음과 같은 데이터가 얻어졌다고 하자.

표 12-2 데이터표

No.	증상의 유무(y)			복용(x_1)			성별 (x_2)
	12세	13세	14세	12세	13세	14세	
1	1	0	1	없음	있음	없음	남
2	0	0	1	있음	있음	없음	남
3	1	1	1	있음	있음	없음	남
4	1	1	1	있음	있음	있음	남
5	0	1	1	없음	있음	있음	남
6	0	1	0	있음	있음	있음	여
7	1	0	0	없음	있음	있음	여
8	1	1	0	없음	없음	없음	여
9	1	1	0	없음	있음	있음	여
10	0	0	0	있음	있음	있음	여

동일한 인물에 대해서 12세, 13세, 14세의 3시점에서 증상의 유무가 기록되어 있다. 증상이 있으면 1, 없으면 0으로 하고 있다. 또한 그 시점에서 약의 복용 유무 및 성별도 기록하고 있다.

여기에서는 종속변수에 대해서 여러 번(이 경우에는 3회) 측정된 데이터로 되어 있으므로, 일반화 추정방정식을 적용한다.

> 일반화 선형모형은 반응변수가 독립적인 확률변수가 아니라 서로 상관하는 조건으로까지 확장되고 있다. 예를 들면, 반응변수가 동일한 대상으로부터의 반복측정치이거나 집락 샘플링으로 얻어진 서로 연관된 개체 집단으로부터의 측정치이거나 하는 경우이다. 이와 같은 데이터를 분석하기 위해서 일반화 추정방정식(GEE, generalized estimating equations)을 이용하는 방법이 일반화 선형모형과 유사한 기법을 사용해서 개발되었다.

[SPSS의 처리 절차]

[순서 1] 데이터의 입력

다음과 같이 데이터를 입력한다.

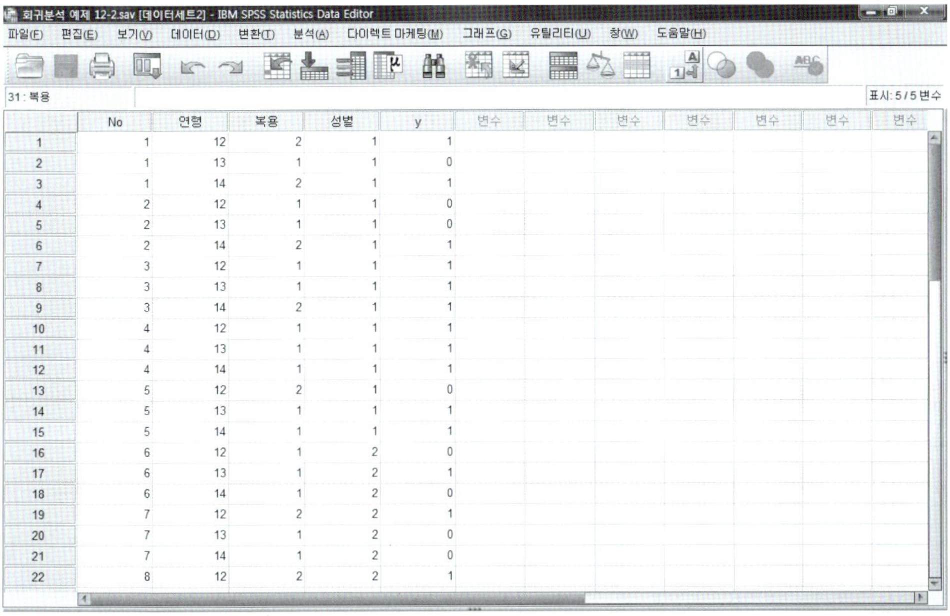

	No	연령	복용	성별	y
1	1	12	2	1	1
2	1	13	1	1	0
3	1	14	2	1	1
4	2	12	1	1	0
5	2	13	1	1	0
6	2	14	2	1	1
7	3	12	1	1	1
8	3	13	1	1	1
9	3	14	2	1	1
10	4	12	1	1	1
11	4	13	1	1	1
12	4	14	1	1	1
13	5	12	2	1	0
14	5	13	1	1	1
15	5	14	1	1	1
16	6	12	1	2	0
17	6	13	1	2	1
18	6	14	1	2	0
19	7	12	2	2	1
20	7	13	1	2	0
21	7	14	1	2	0
22	8	12	2	2	1

[변수값 설명]

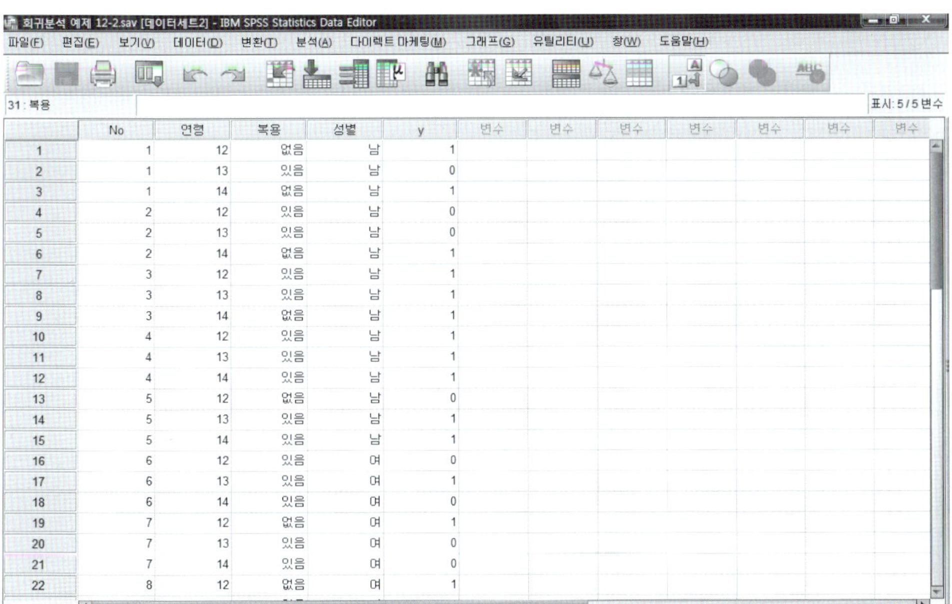

	No	연령	복용	성별	y
1	1	12	없음	남	1
2	1	13	있음	남	0
3	1	14	없음	남	1
4	2	12	있음	남	0
5	2	13	있음	남	0
6	2	14	없음	남	1
7	3	12	있음	남	1
8	3	13	있음	남	1
9	3	14	없음	남	1
10	4	12	있음	남	1
11	4	13	있음	남	1
12	4	14	있음	남	1
13	5	12	없음	남	0
14	5	13	있음	남	1
15	5	14	있음	남	1
16	6	12	있음	여	0
17	6	13	있음	여	1
18	6	14	있음	여	0
19	7	12	없음	여	1
20	7	13	있음	여	0
21	7	14	있음	여	0
22	8	12	없음	여	1

[순서 2] 분석수법의 선택

메뉴에서 [분석]-[일반화 선형모형]-[일반화 추정방정식]을 선택한다.

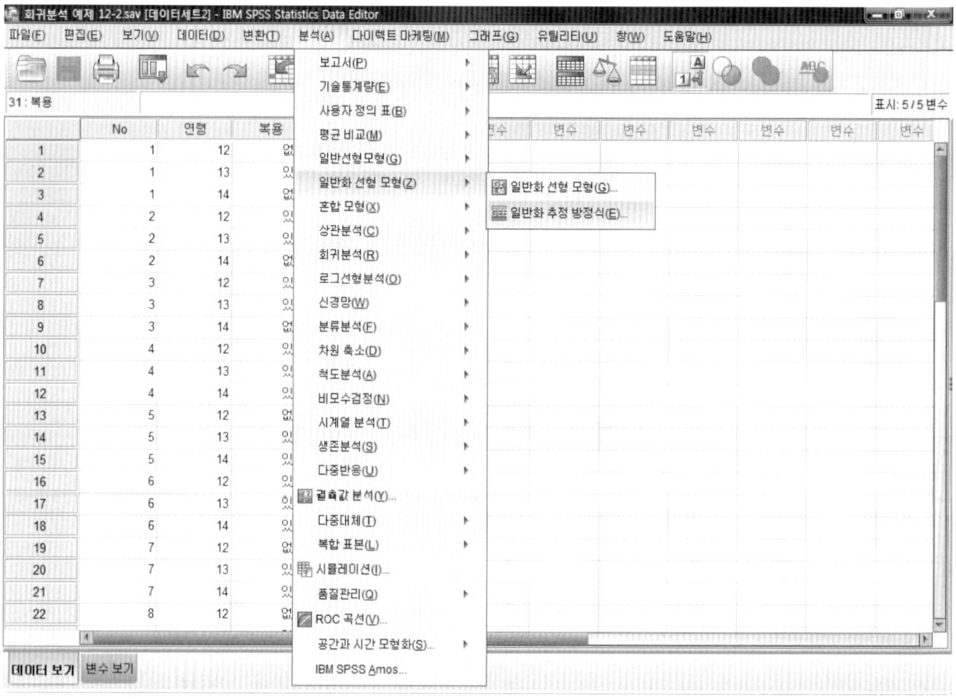

[순서 3] 반복의 선택

[개체 변수]에 'No', [개체 내 변수]에 '연령', '복용'을 투입하고, [모형 유형]을 클릭한다.

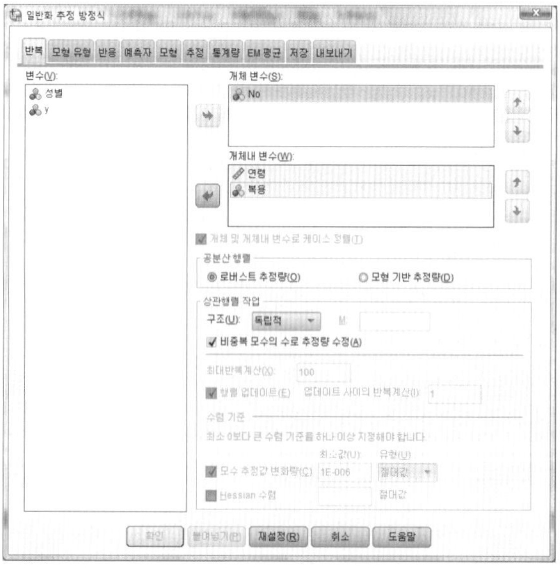

[순서 4] 모형 유형의 선택

[이분형 로지스틱]에 체크하고 [반응]을 클릭한다.

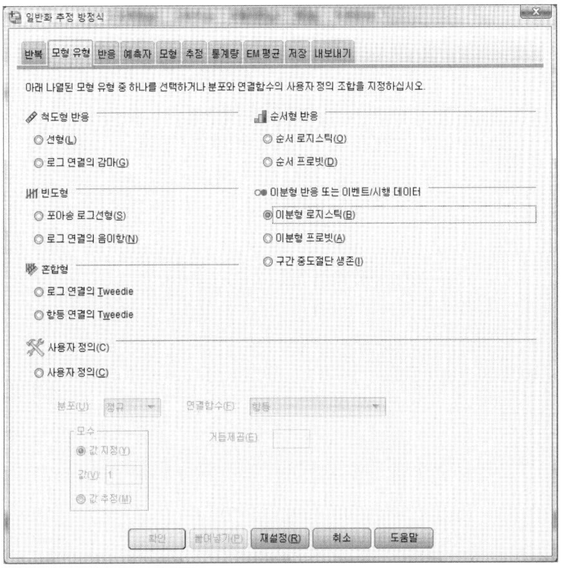

[순서 5] 반응의 선택

[종속변수]에 'y'를 투입하고 [예측자]를 클릭한다.

[순서 6] 예측자의 선택

[요인]에 범주변수 '복용', '성별'을 투입하고, [공변량]에 수치변수인 '연령'을 투입한다. [모형]을 클릭한다.

[순서 7] 모형의 선택

[모형]에 '복용', '성별', '연령'을 투입하고 [확인]을 클릭한다.

[분석결과]

모형 효과 검정

소스	제 III 유형		
	Wald 카이제곱	자유도	유의확률
(수정된 모형)	.104	1	.747
복용	3.108	1	.078
성별	4.129	1	.042
연령	.056	1	.813

종속변수: y
모형: (수정된 모형), 복용, 성별, 연령

모수 추정값

모수	B	표준오차	95% Wald 신뢰구간		가설검정		
			하한	상한	Wald 카이제곱	자유도	유의확률
(수정된 모형)	-2.349	7.0928	-16.251	11.552	.110	1	.740
[복용=1]	1.787	1.0138	-.200	3.774	3.108	1	.078
[복용=2]	0[a]	.	.	.	.	.	.
[성별=1]	-1.626	.8001	-3.194	-.058	4.129	1	.042
[성별=2]	0[a]	.	.	.	.	.	.
연령	.124	.5225	-.900	1.148	.056	1	.813
(척도)	1						

종속변수: y
모형: (수정된 모형), 복용, 성별, 연령
a. 중복된 모수이므로 0으로 설정됩니다.

성별이 유의한 것으로 되어 있어 남녀 사이에 차가 있다는 것을 알 수 있다.

[예제 12-3]

다음의 <표 12-3>의 데이터는 111명의 대장암 환자에 대한 치료결과이다. 측정변수들은 다음과 같다.

ID : 환자번호
병원 : 1, 2
수술방법 : R=로봇, P=사람
성별 : F=여성, M=남성
연령 : 나이
초기상태 : 0=나쁨, 1=좋음
치료차수 : 1, 2, 3, 4
환자상태 : 0=나쁨, 1=좋음

표 12-3 대장암 치료 데이터

ID	병원	수술방법	성별	연령	초기상태	치료차수	환자상태
1	1	사람	남성	50	나쁨	1	좋음
1	1	사람	남성	50	나쁨	2	좋음
1	1	사람	남성	50	나쁨	3	좋음
1	1	사람	남성	50	나쁨	4	좋음
2	1	사람	남성	29	나쁨	1	좋음
2	1	사람	남성	29	나쁨	2	좋음
2	1	사람	남성	29	나쁨	3	좋음
2	1	사람	남성	29	나쁨	4	좋음
⋮	⋮	⋮	⋮	⋮	⋮	⋮	⋮
⋮	⋮	⋮	⋮	⋮	⋮	⋮	⋮
110	2	로봇	여성	63	좋음	4	좋음
111	2	로봇	남성	31	좋음	1	좋음
111	2	로봇	남성	31	좋음	2	좋음
111	2	로봇	남성	31	좋음	3	좋음
111	2	로봇	남성	31	좋음	4	좋음

(주) 데이터는 첨부 CD에 입력되어 있음

반응변수인 환자상태가 이항형이므로 이항분포(binomial distribution)와 로짓(logit) 연결 함수를 설정하는 것이 좋다. 예측변수로는 병원, 수술방법, 성별, 연령, 초기상태를 고려한다. 환자 1명당 4회 반복측정하였으므로 같은 ID의 네 개 케이스 사이에는 상관성이 존재할 것이다. 즉, 반복측정으로 케이스들의 군집이 형성되는 경우이다.

일반화 추정방정식(GEE, generalized estimating equations)은 상관성이 내재된 일반화 선형모형을 추정하는 방법이다.

일반화 추정방정식은 반복(측정)이 있는 데이터에 로지스틱 회귀분석을 적용할 때의 수법이다.

[SPSS의 처리 절차]

[순서 1] 데이터의 입력

다음과 같이 데이터를 입력한다.

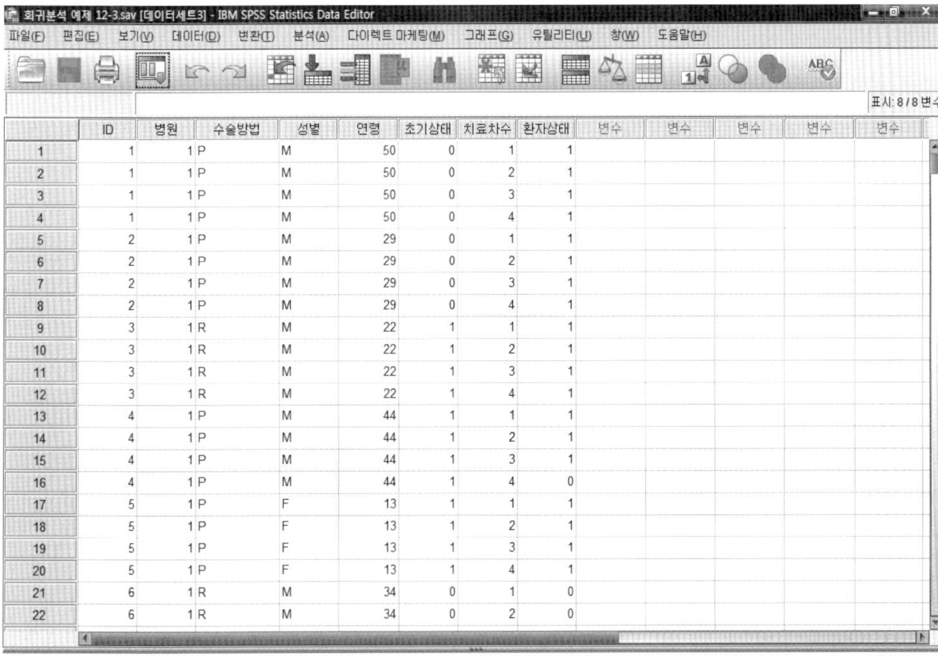

회귀분석 예제 12-3.sav [데이터세트3] - IBM SPSS Statistics Data Editor

	ID	병원	수술방법	성별	연령	초기상태	치료차수	환자상태
1	1	1	P	M	50	0	1	1
2	1	1	P	M	50	0	2	1
3	1	1	P	M	50	0	3	1
4	1	1	P	M	50	0	4	1
5	2	1	P	M	29	0	1	1
6	2	1	P	M	29	0	2	1
7	2	1	P	M	29	0	3	1
8	2	1	P	M	29	0	4	1
9	3	1	R	M	22	1	1	1
10	3	1	R	M	22	1	2	1
11	3	1	R	M	22	1	3	1
12	3	1	R	M	22	1	4	1
13	4	1	P	M	44	1	1	1
14	4	1	P	M	44	1	2	1
15	4	1	P	M	44	1	3	1
16	4	1	P	M	44	1	4	0
17	5	1	P	F	13	1	1	1
18	5	1	P	F	13	1	2	1
19	5	1	P	F	13	1	3	1
20	5	1	P	F	13	1	4	1
21	6	1	R	M	34	0	1	0
22	6	1	R	M	34	0	2	0

[변수값 설명]

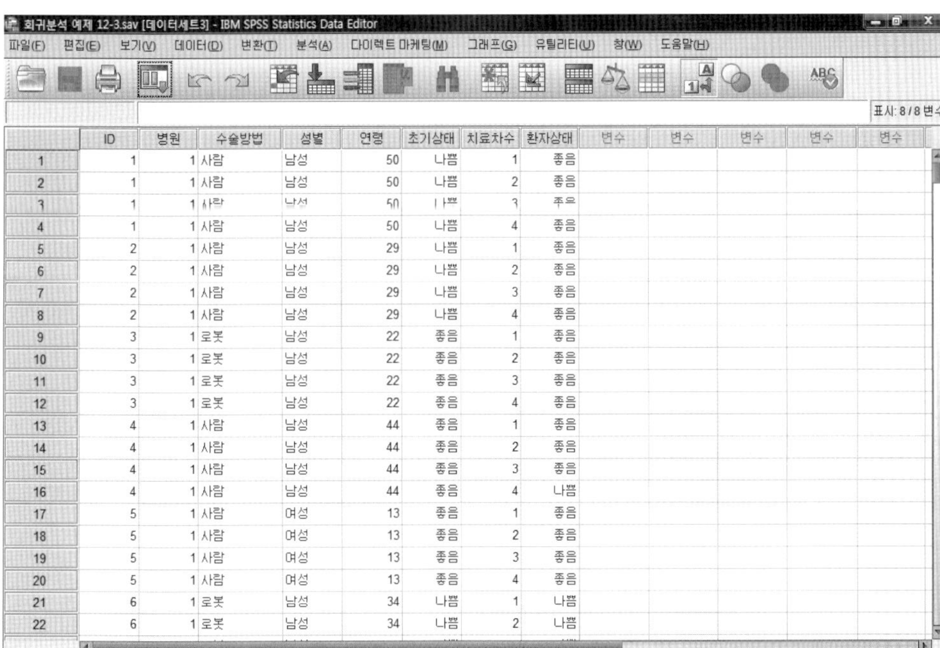

회귀분석 예제 12-3.sav [데이터세트3] - IBM SPSS Statistics Data Editor

	ID	병원	수술방법	성별	연령	초기상태	치료차수	환자상태
1	1	1	사람	남성	50	나쁨	1	좋음
2	1	1	사람	남성	50	나쁨	2	좋음
3	1	1	사람	남성	50	나쁨	3	좋음
4	1	1	사람	남성	50	나쁨	4	좋음
5	2	1	사람	남성	29	나쁨	1	좋음
6	2	1	사람	남성	29	나쁨	2	좋음
7	2	1	사람	남성	29	나쁨	3	좋음
8	2	1	사람	남성	29	나쁨	4	좋음
9	3	1	로봇	남성	22	좋음	1	좋음
10	3	1	로봇	남성	22	좋음	2	좋음
11	3	1	로봇	남성	22	좋음	3	좋음
12	3	1	로봇	남성	22	좋음	4	좋음
13	4	1	사람	남성	44	좋음	1	좋음
14	4	1	사람	남성	44	좋음	2	좋음
15	4	1	사람	남성	44	좋음	3	좋음
16	4	1	사람	남성	44	좋음	4	나쁨
17	5	1	사람	여성	13	좋음	1	좋음
18	5	1	사람	여성	13	좋음	2	좋음
19	5	1	사람	여성	13	좋음	3	좋음
20	5	1	사람	여성	13	좋음	4	좋음
21	6	1	로봇	남성	34	나쁨	1	나쁨
22	6	1	로봇	남성	34	나쁨	2	나쁨

[변수 보기]에서 측도를 다음과 같이 지정해 놓는다.

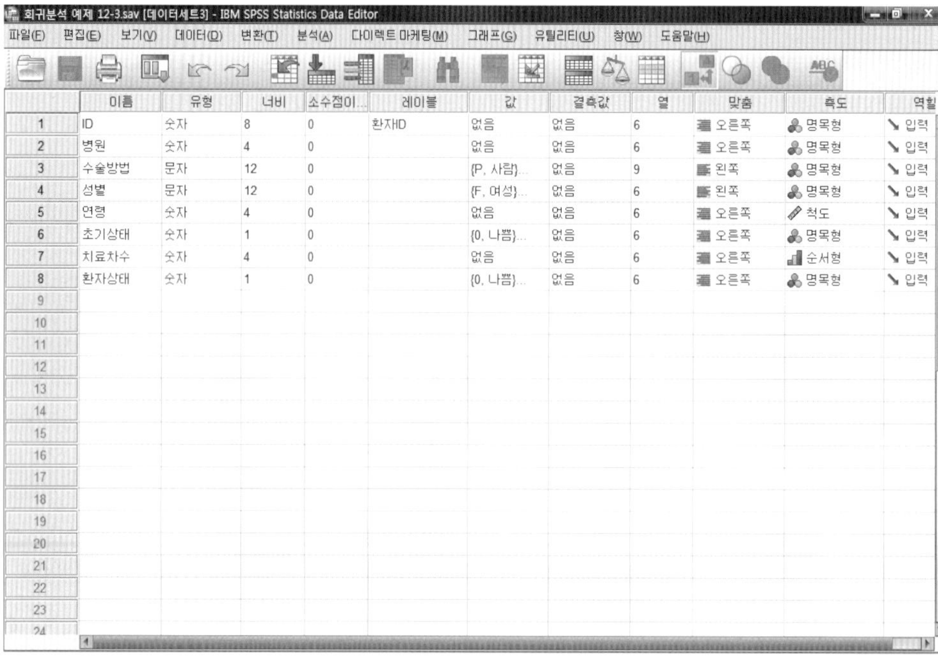

[순서 2] 일반화 추정방정식의 선택

메뉴에서 [분석]-[일반화 선형모형]-[일반화 추정방정식]을 선택한다.

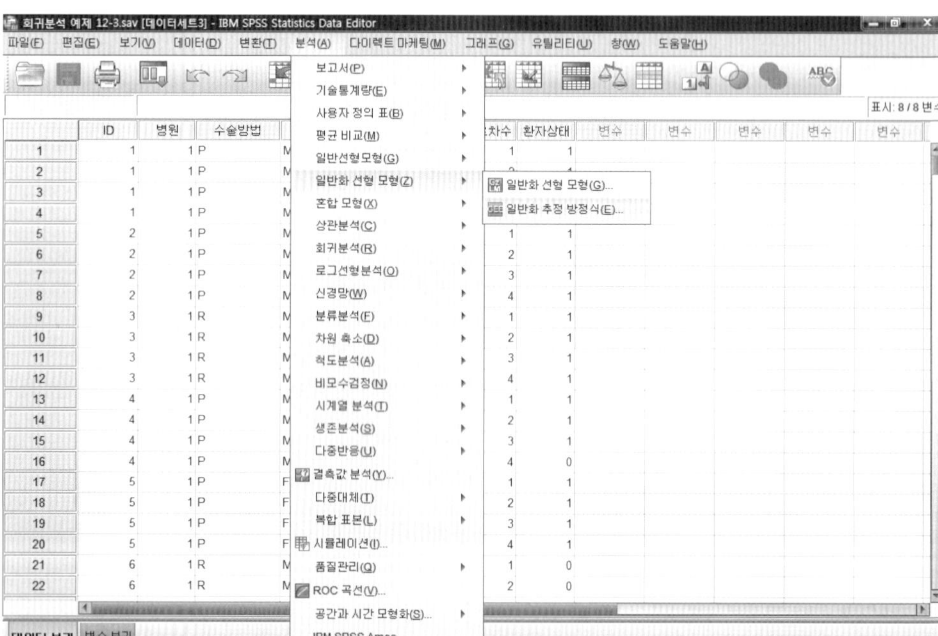

[순서 3] 반복의 선택

[반복] 화면에서 환자 ID를 [개체변수]에, 치료차수를 [개체 내 변수]에 투입한다. [상관 행렬 작업]의 [구조] 중 [비구조적]을 선택하고 [모형 유형] 탭을 클릭한다.

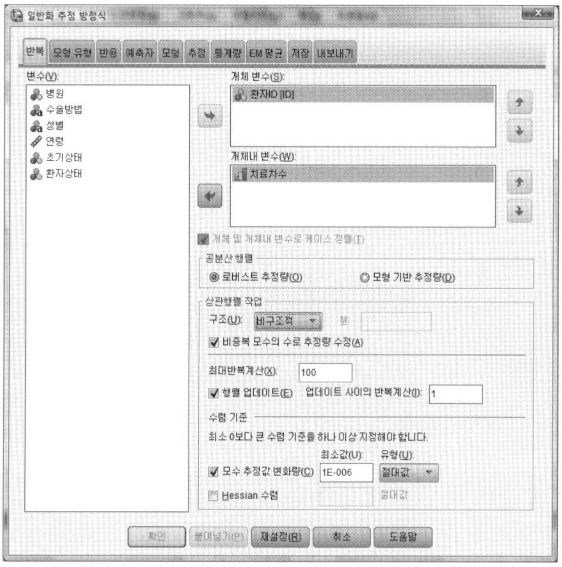

[순서 4] 모형 유형 선택

[모형 유형] 화면에서 [사용자 정의]를 체크한다. [분포]의 '이항'을 선택하고, [연결 함수]의 '로짓'을 선택한다. [반응] 탭을 클릭한다.

[순서 5] 종속변수의 선택 및 유형 설정

[반응] 화면에서 '환자상태'를 [종속변수] 난으로 이동한다. [이분형]의 [참조범주]를 클릭하여 [처음]을 선택하고 [계속]을 클릭한다. 그 다음에 [예측자] 탭을 클릭한다.

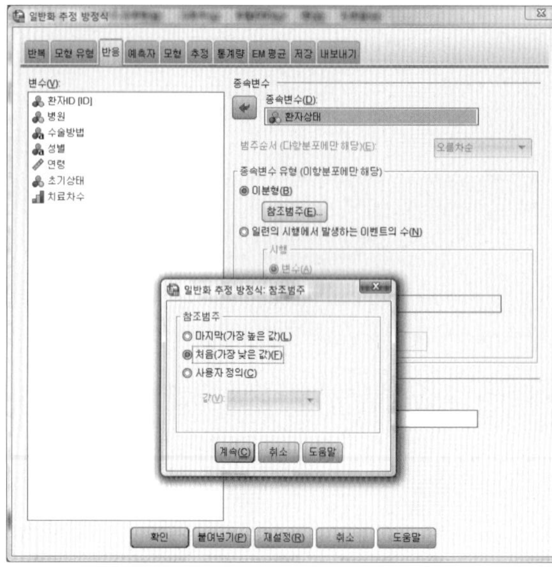

[순서 6] 예측변수의 선택

[예측자] 화면에서 '병원', '수술방법', '성별'을 [요인]으로 이동하고, '초기상태', '연령'을 [공변량]으로 이동한다. [모형] 탭을 클릭한다.

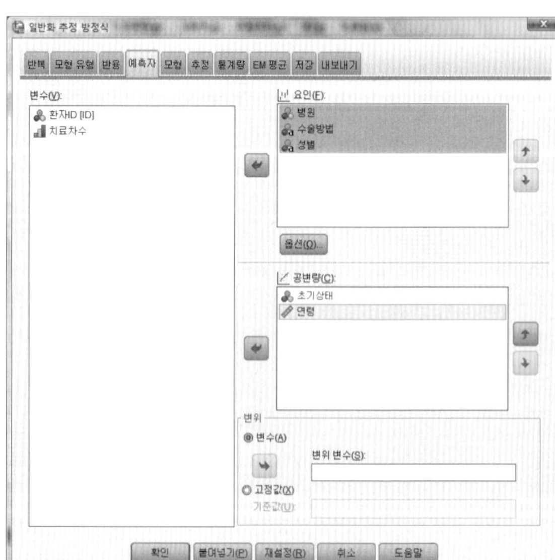

[순서 7] 모형의 설정

[모형] 화면에서 병원, 수술방법, 성별, 초기상태, 연령을 [모형]으로 이동한다. 여기에서 [확인]을 클릭하면 분석결과가 출력된다.

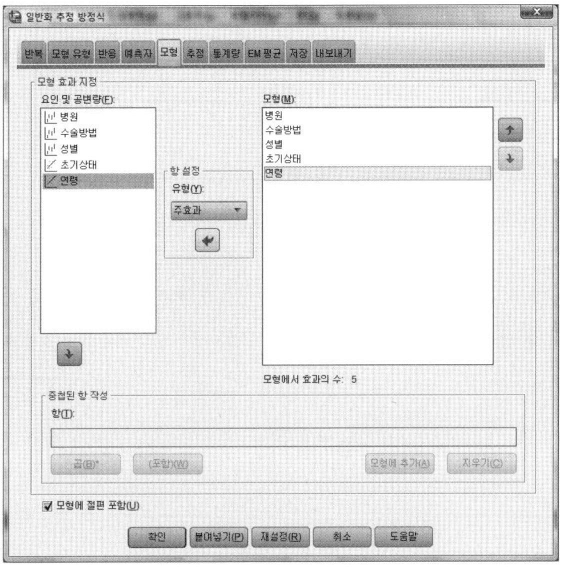

[분석결과](1)

모형정보

종속변수	환자상태[a]
확률 분포	이항
연결함수	로짓
개체 효과 1	환자ID
개체-내 효과 1	치료차수
상관행렬 작업 구조	비구조적

a. 프로시저 모형 좋음은(는) 반응으로, 나쁨은(는) 참조 범주로 취급됩니다.

상관 데이터 요약

수준 수	개체 효과	환자ID	111
	개체-내 효과	치료차수	4
개체의 수			111
개체당 측정 수	최소값		4
	최대값		4
상관행렬 차원			4

[모형정보]는 종속변수, 확률분포, 연결함수, 개체효과, 개체 내 효과, 상관행렬 작업 구조 등을 지정한다.

모형 효과 검정

소스	제 III 유형		
	Wald 카이제곱	자유도	유의확률
(수정된 모형)	.000	1	.988
병원	1.895	1	.169
수술방법	8.113	1	.004
성별	.054	1	.817
초기상태	27.577	1	.000
연령	.758	1	.384

종속변수: 환자상태
모형: (수정된 모형), 병원, 수술방법, 성별, 초기상태, 연령

[모형 효과 검정]은 각 예측변수별 모형 효과의 통계적 유의성을 나타낸다. 성별 간 차이는 전혀 유의하지 않다(유의확률=0.817), 수술방법 사이의 차이와 초기상태에 따른 차이는 매우 유의한 것으로 나타났다.

[분석결과](2)

모수 추정값

모수	B	표준오차	95% Wald 신뢰구간		가설검정		
			하한	상한	Wald 카이제곱	자유도	유의확률
(수정된 모형)	.769	.5449	-.299	1.837	1.991	1	.158
[병원=1]	-.479	.3483	-1.162	.203	1.895	1	.169
[병원=2]	0[a]	.	.	.	.	.	.
[수술방법=P]	-.974	.3419	-1.644	-.304	8.113	1	.004
[수술방법=R]	0[a]	.	.	.	.	.	.
[성별=F]	-.100	.4294	-.941	.742	.054	1	.817
[성별=M]	0[a]	.	.	.	.	.	.
초기상태	1.731	.3296	1.085	2.377	27.577	1	.000
연령	-.011	.0126	-.036	.014	.758	1	.384
(척도)	1						

종속변수: 환자상태
모형: (수정된 모형), 병원, 수술방법, 성별, 초기상태, 연령
a. 중복된 모수이므로 0으로 설정됩니다.

[모수 추정값]은 일반화 선형모형의 모수 추정값을 나타낸다. 수술방법 P(사람)가 수술방법 R(로봇)에 비하여 우수하지 못한 것으로 나타났다(유의확률=0.004≤0.05, 오즈비(odds ratio)=exp(−0.974)=0.378).

■ 상관행렬 작업

[통계량] 탭에서 [상관행렬 작업]에 체크하고 [확인]을 클릭한다.

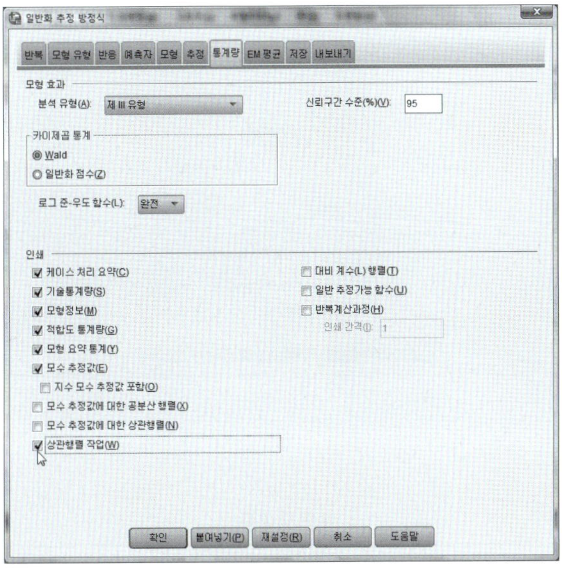

다음과 같은 [상관행렬 작업]이 출력된다. 개체 내 변수인 치료차수의 반복측정 사이에 0.242~0.491 정도의 상관이 있음을 알 수 있다.

상관행렬 작업

측정	측정			
	[치료차수 = 1]	[치료차수 = 2]	[치료차수 = 3]	[치료차수 = 4]
[치료차수 = 1]	1.000	.371	.242	.330
[치료차수 = 2]	.371	1.000	.491	.426
[치료차수 = 3]	.242	.491	1.000	.443
[치료차수 = 4]	.330	.426	.443	1.000

종속변수: 환자상태
모형: (수정된 모형), 병원, 수술방법, 성별, 초기상태, 연령

한편, 일반화 추정방정식의 방법론을 적용하기 위해서는 상관구조를 지정해야 한다. 상관구조를 어떻게 지정하느냐에 따라서 분석결과가 달라진다. [반복] 탭을 클릭한다.

먼저 [상관행렬 작업]의 [구조] 중에서 '교환가능'을 지정하고 [확인]을 클릭한다.

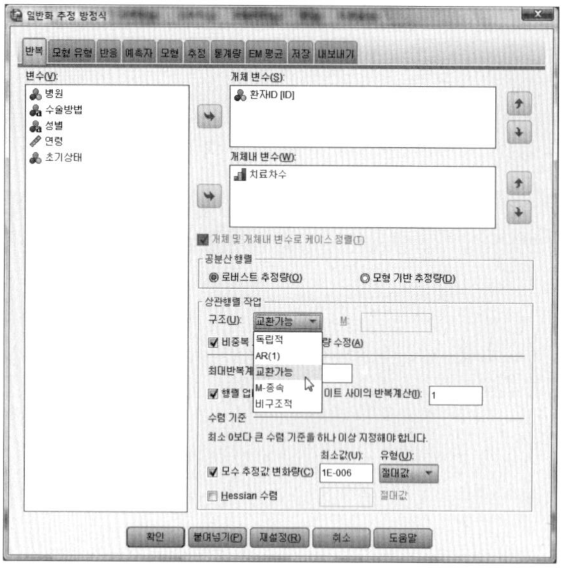

다음과 같은 [모수 추정값]이 출력된다.

모수 추정값

모수	B	표준오차	95% Wald 신뢰구간 하한	95% Wald 신뢰구간 상한	가설검정 Wald 카이제곱	가설검정 자유도	가설검정 유의확률
(수정된 모형)	.825	.5491	-.251	1.902	2.258	1	.133
[병원=1]	-.476	.3504	-1.163	.211	1.848	1	.174
[병원=2]	0[a]	.	.	.	.	.	.
[수술방법=P]	-.999	.3429	-1.671	-.327	8.485	1	.004
[수술방법=R]	0[a]	.	.	.	.	.	.
[성별=F]	-.068	.4289	-.908	.773	.025	1	.875
[성별=M]	0[a]	.	.	.	.	.	.
초기상태	1.661	.3318	1.011	2.312	25.065	1	.000
연령	-.012	.0127	-.037	.013	.953	1	.329
(척도)	1						

종속변수: 환자상태
모형: (수정된 모형), 병원, 수술방법, 성별, 초기상태, 연령
a. 중복된 모수이므로 0으로 설정됩니다.

다음에 [상관행렬 작업]의 [구조] 중에서 'AR(1)'을 지정하고 [확인]을 클릭한다.

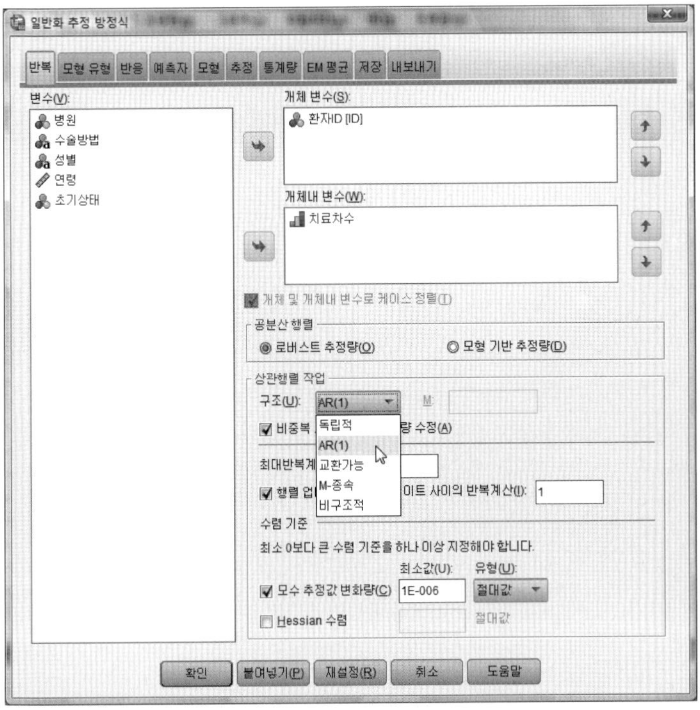

다음과 같은 [모수 추정값]이 출력된다.

모수 추정값

모수	B	표준오차	95% Wald 신뢰구간		가설검정		
			하한	상한	Wald 카이제곱	자유도	유의확률
(수정된 모형)	.774	.5467	-.298	1.845	2.004	1	.157
[병원=1]	-.547	.3503	-1.234	.140	2.439	1	.118
[병원=2]	0[a]	.	.	.	.	.	.
[수술방법=P]	-.932	.3438	-1.606	-.258	7.349	1	.007
[수술방법=R]	0[a]	.	.	.	.	.	.
[성별=F]	-.071	.4351	-.924	.781	.027	1	.869
[성별=M]	0[a]	.	.	.	.	.	.
초기상태	1.684	.3323	1.033	2.335	25.684	1	.000
연령	-.011	.0127	-.036	.014	.786	1	.375
(척도)	1						

종속변수: 환자상태
모형: (수정된 모형), 병원, 수술방법, 성별, 초기상태, 연령

a. 중복된 모수이므로 0으로 설정됩니다.

전술한 비구조적 방법과 교환가능, AR(1) 등 세 가지 상관구조의 분석결과를 비교해 보면, 큰 차이가 없음을 알 수 있다. 실제로 반복측정 간 상관구조가 옳지 않게 설정된다 하더라도 표본의 크기가 커짐에 따라 일반화 선형모형의 추정값들은 참값에 접근해 간다고 한다. 설정된 상관구조가 옳을수록 효율성이 증대된다.[4]

4 Liang, K. Y. and Zeger, S. L., Longitudinal data analysis using generalized linearmodels. *Biometrika*, 73, 1986, pp.13-22. Zeger, S. L., Liang, K. Y. and Albert, P., Models for longitudinal data: a generalized estimating equation approach. Biometrics, 44, 1988, pp.1049-1060.

CHAPTER

13

성향 점수와 로지스틱 회귀분석

CHAPTER 13 성향 점수와 로지스틱 회귀분석

13.1 | 성향 점수와 변수의 조정

■ 교락 인자

어떤 약의 효과를 조사하는 연구를 상정하자. 투여군(投與群)과 비투여군의 2군으로 나누고, 효과의 유무를 비교하는 것이 기본적인 사고방식이 된다. 효과의 유무 판정은 혈압 등의 수치를 사용하는 경우도 있고, 통증의 유무라고 하는 비수치인 경우도 있어 연구의 목적에 따라 설정된다. 이와 같은 연구에서는 투여군과 비투여군의 두 개 군을 어떻게 결정하는지가 중요한 과제가 된다. 이 과제의 해결방법으로서 피험자를 무작위로 어느 쪽 군으로 할지를 결정한다고 하는 방법을 생각할 수 있다. 이 방법은 무작위화 비교시험이라고 부르는 연구방법이다. 그러나 이와 같은 무작위화 비교시험에는 윤리적으로 혹은 능력 면에서 불가능한 경우가 많다. 그래서 그와 같은 경우에는 의도적으로 투여된 군과 비투여군을 비교한다고 하는 것을 실시하지 않을 수 없다. 이때에 문제가 되는 것이 교락 인자의 존재이다. 교락 인자(交絡因子)란 투여군과 비투여군의 결정과 최종 결과의 쌍방에 영향을 미치는 인자다. 예를 들면, 성별이나 연령 등은 약을 투여할지 어떨지의 결정과 약 효과의 양쪽에 영향을 미칠 가능성이 있어 교락 인자가 된다. 교락 인자, 투여의 유무, 최종 결과의 관계를 도시하면 다음과 같이 표현할 수 있다.

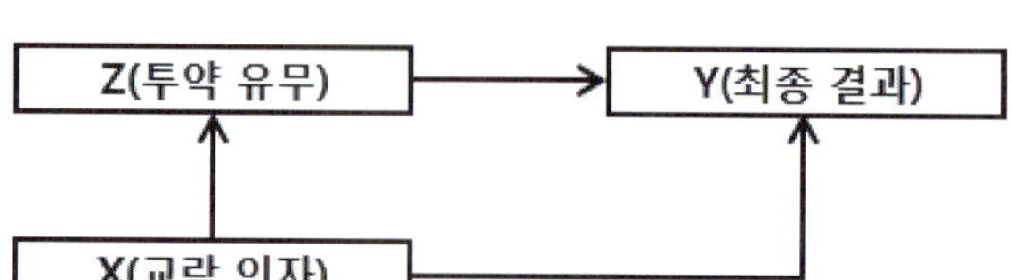

그런데 이와 같은 상황에서 Z의 정확한 Y에 대한 효과를 검증하려면, 교락 인자 X의 영향을 조정한(제거한) 다음에 Z와 Y의 관계를 음미할 필요가 있다. 이를 위해서 다음과 같은 방법을 생각할 수 있다.

1. 층별
2. 매칭
3. 다변량분석

X로서 성별을 생각했을 때, 층별에 의한 방법이란 남녀로 나누어서 Z와 Y의 관계를 조사하는 것이다. 매칭(matching)에 의한 방법이란 투여군에서 남자를 한 사람 뽑고, 비투여군에서도 남자를 한 사람 뽑아서 쌍으로 한다. 마찬가지로 투여군에서 여자를 한 사람 뽑고, 비투여군에서도 여자를 한 사람 뽑아서 쌍으로 한다. 이렇게 해서 복수의 쌍을 작성하여, 소위 대응이 있는 데이터를 작성하여 분석을 실시하는 것이다. 다변량분석에 의한 방법이란 Y를 종속변수, X와 Z를 독립변수로 해서 회귀분석이나 로지스틱 회귀분석을 실시하는 것이다.

위와 같은 방법, 특히 층별과 매칭에 의한 방법은 교락 인자가 성별뿐이라고 하는 것처럼 교락 인자의 수가 한 개에서 세 개 정도일 때에는 유효한 방법이지만, 성별 이외에도 다수의 교락 인자가 존재할 때에는 유효한 방법이라고는 할 수 없다. 그러한 경우에 이용되는 것이 성향 점수라고 하는 방법이다.

■ 성향 점수

성향 점수란 Z(투여군과 비투여군이라고 하는 것과 같은 2가 변수)를 종속변수, 교락 인자가 될 복수의 인자를 독립변수로 하는 로지스틱 회귀분석을 실시해서 얻어지는 투여군(혹은 비투여군)에 속할 확률을 가리킨다. 이 확률은 투여되는 성향을 보이는 것이라고 생각되는 사실로부터 성향 점수라고 부르고 있다.

성향 점수가 가까운 피험자끼리는 복수의 독립변수 값이 가까운 것끼리일 가능성이 높으므로, 성향 점수에 의한 층별이나 매칭을 실시함으로써 복수의 교락 인자에 대한 효과를 조정할 수 있다고 하는 사고방식이다.

이와 같이 성향 점수의 계산에는 로지스틱 회귀분석의 실시가 따르므로, 성향 점수는 로지스틱 회귀분석의 응용예라고 생각해도 좋다.

[주] 성향 점수의 계산에 로지스틱 회귀분석이 아니라 다른 다변량분석의 방법, 예를 들면, 판별분석을 이용한 판별 점수를 성향 점수로 사용하는 방법도 있다. 따라서 반드시 로지스틱 회귀분석을 사용해야 하는 것은 아니다.

13.2 | 성향 점수의 사용방법

[예제 13-1]

100명의 피험자에 대해서 다음과 같은 데이터가 얻어졌다고 하자.

x_1 : 성별(0=남, 1=여)

x_2 : 경험(0=없음, 1=있음)

x_3 : 연령

x_4 : 어떤 혈액 검사치

z : 치료의 유무(0=없음, 1=있음)

y_1 : 두통의 유무(0=없음, 1=있음)

y_2 : 어떤 혈액 검사치

치료의 유무 z와 y_1의 관계, z와 y_2의 관계를 검증하고 싶은 것으로 하고, x_1, x_2, x_3, x_4를 교락 인자라고 생각한다.

표 13-1 데이터표

No.	x_1	x_2	x_3	x_4	z	y_1	y_2
1	1	1	52	97	1	1	53
2	1	0	43	70	1	1	33
3	0	0	45	39	0	0	32
4	0	1	47	60	1	0	51
5	0	1	50	35	0	1	52
6	1	0	63	17	1	0	35
7	1	1	53	16	0	0	35
8	1	1	54	73	1	1	59
9	0	1	56	44	1	0	53
10	1	1	53	100	0	1	51
11	1	0	55	42	1	1	50
12	1	0	51	34	1	1	54
⋮	⋮	⋮	⋮	⋮	⋮	⋮	⋮
⋮	⋮	⋮	⋮	⋮	⋮	⋮	⋮
98	0	0	55	67	1	1	36
99	0	1	70	44	0	0	49
100	1	1	68	97	1	0	44

(주) 데이터는 첨부 CD에 입력되어 있음

[SPSS의 처리 절차]

[순서 1] 데이터의 입력

다음과 같이 데이터를 입력한다.

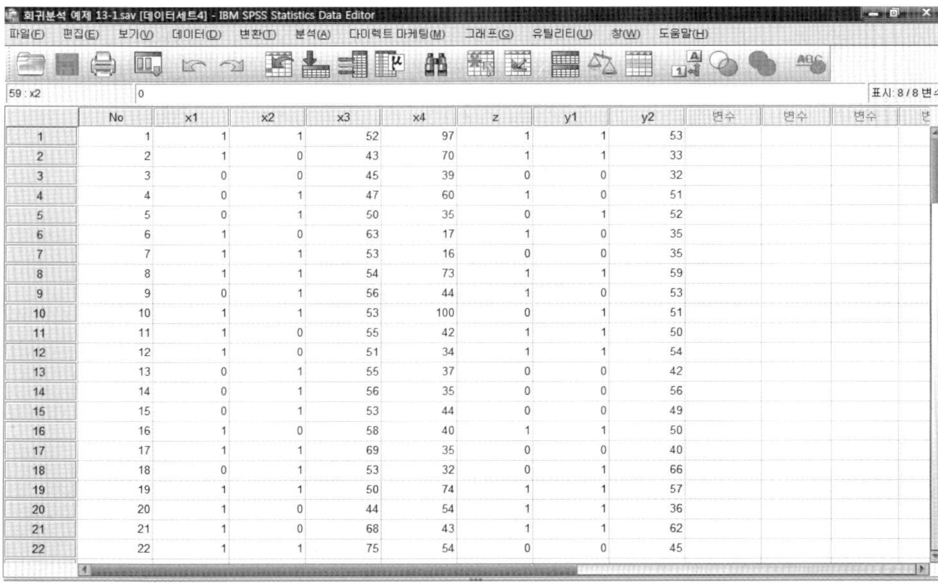

[순서 2] 분석수법의 선택

메뉴에서 [분석]-[회귀분석]-[이분형 로지스틱]을 선택한다.

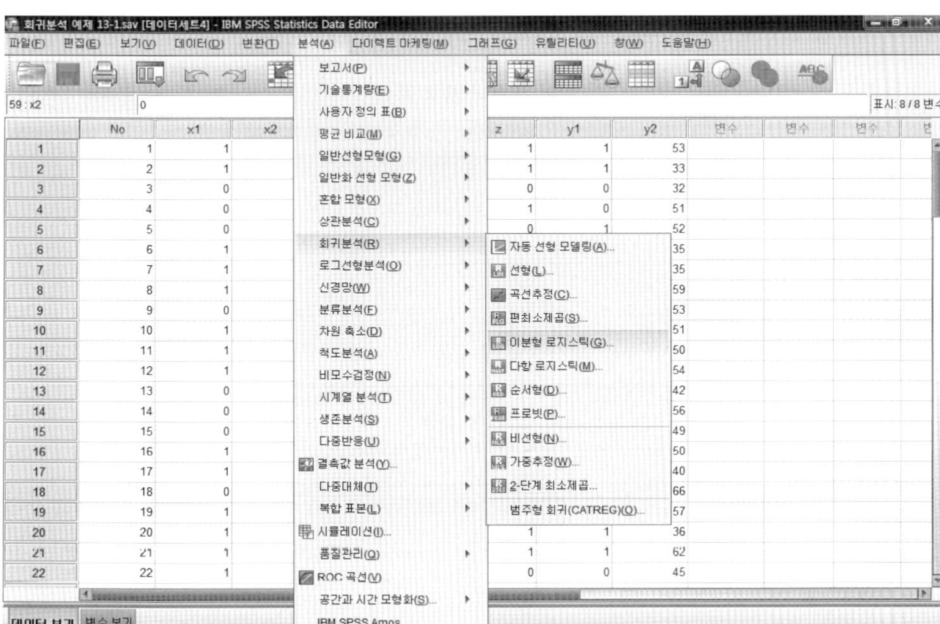

[순서 3] 변수의 선택

[종속변수]에 'z', [공변량]에 'x_1, x_2, x_3, x_4'를 투입하고 [확인]을 클릭한다.

[분석결과]

치료의 유무 z를 종속변수, x_1, x_2, x_3, x_4를 독립변수로 하는 로지스틱 회귀분석을 실시하면 다음과 같은 결과가 얻어진다.

모형 계수의 총괄 검정

		카이제곱	자유도	유의확률
1 단계	단계	41.195	4	.000
	블록	41.195	4	.000
	모형	41.195	4	.000

모형 요약

단계	-2 로그 우도	Cox와 Snell의 R-제곱	Nagelkerke R-제곱
1	93.407[a]	.338	.456

a. 모수 추정값이 .001보다 작게 변경되어 계산반복수 5에서 추정을 종료하였습니다.

분류표[a]

관측됨			예측 z 0	예측 z 1	분류정확 %
1 단계	z	0	26	14	65.0
		1	9	51	85.0
	전체 퍼센트				77.0

a. 절단값은 .500입니다.

방정식의 변수

		B	S.E.	Wald	자유도	유의확률	Exp(B)
1 단계[a]	x1	1.344	.531	6.415	1	.011	3.836
	x2	-1.987	.536	13.758	1	.000	.137
	x3	.022	.035	.413	1	.520	1.023
	x4	.050	.015	10.764	1	.001	1.051
	상수항	-3.365	2.142	2.469	1	.116	.035

a. 변수가 1: x1, x2, x3, x4 단계에 입력되었습니다.

로지스틱 회귀분석을 실시할 때에 예측확률을 저장해 놓으면 다음에 보이는 바와 같은 성향 점수를 계산할 수 있다.

[주] 예측확률=성향 점수

힌트

비교하고 싶은 두 그룹의 공변량 조건을 갖춤으로써 선택의 편의(bias)를 제거하는 방법이다. 공변량의 조건을 갖추기 위해서 로지스틱 회귀분석으로 구한 예측확률을 성향 점수(propensity score)라고 하는 경우가 많다. 두 개의 그룹으로부터 성향점수가 가까운 조사대상자를 매칭하고, 두 그룹의 데이터 수를 같은 정도로 한다.

■ SPSS에 의한 성향 점수 매칭 순서

[SPSS의 처리 절차]

[순서 1] 데이터의 입력

<표 13-1>의 데이터를 입력한다.

[순서 2] 분석수법의 선택

메뉴에서 [데이터]-[성향 점수 매칭]을 선택한다.

*회귀분석 예제 13-1.sav
파일(F) 편집(E) 보기(V)
변수특성정의(V)...
알 수 없음에 대한 측정 수준 설정...
데이터에서 값 레이블 작성
데이터 특성 복사(C)...
새 사용자 정의 속성(B)...
날짜 및 시간 정의(E)...
데이터에서 날짜 정의...
다중반응 변수군 정의(M)...
검증(L)
중복 케이스 식별(U)...
특이 케이스 식별(I)...
데이터 세트 비교(P)...
케이스 정렬(O)...
변수 정렬(B)...
전치(N)...
파일 전체의 문자열 너비 조정
파일 합치기(G)
데카르트 곱
구조변환(R)...
레이크 가중값...
성향 점수 매칭...
케이스 대조 매칭...
데이터 통합(A)...
직교계획(H)
파일로 분할
데이터 세트 복사(D)
파일분할(F)...
케이스 선택(S)...
팅(M) 그래프(G) 유틸리티(U) 창(W) 도움말(H)
표시: 8 / 8 변수
데이터 보기 변수 보기
성향 점수 매칭...
IBM SPSS Statistics 프로세서 준비 완료
케이스: 100 Unicode:ON

[순서 3] 변수의 선택

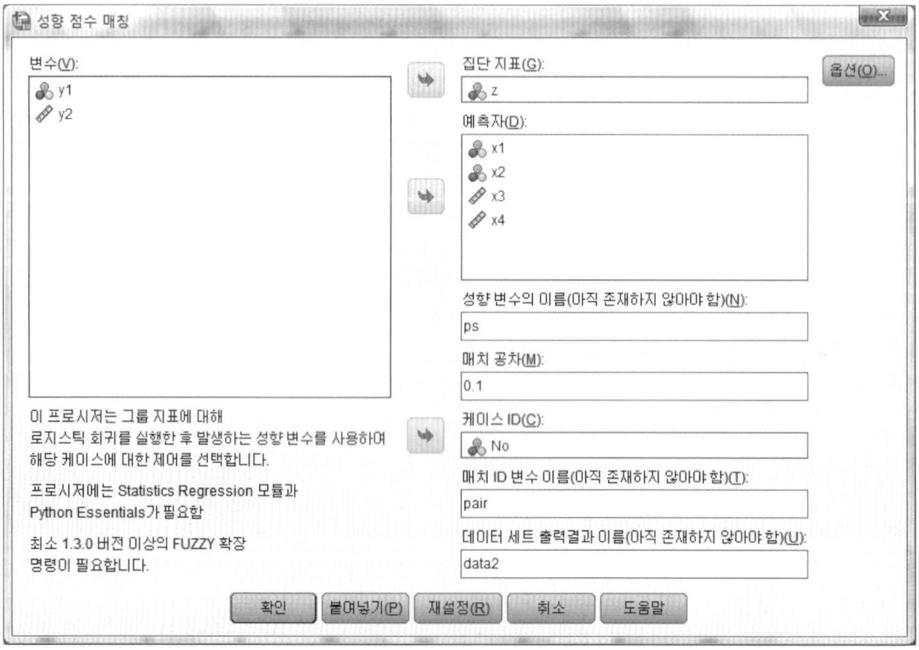
성향 점수 매칭
변수(V):
y1
y2
집단 지표(G):
z
예측자(D):
x1
x2
x3
x4
성향 변수의 이름(아직 존재하지 않아야 함)(N):
ps
매치 공차(M):
0.1
케이스 ID(C):
No
매치 ID 변수 이름(아직 존재하지 않아야 함)(T):
pair
데이터 세트 출력결과 이름(아직 존재하지 않아야 함)(U):
data2
옵션(O)...
이 프로시저는 그룹 지표에 대해
로지스틱 회귀를 실행한 후 발생하는 성향 변수를 사용하여
해당 케이스에 대한 제어를 선택합니다.
프로시저에는 Statistics Regression 모듈과
Python Essentials가 필요함
최소 1.3.0 버전 이상의 FUZZY 확장
명령이 필요합니다.
확인
붙여넣기(P)
재설정(R)
취소
도움말

[집단지표]에 치료의 유무를 나타내는 2가 변수 'z'를 투입한다.

[예측자]에 교락 인자인 'x_1, x_2, x_3, x_4'를 투입한다.

[성향 변수의 이름]에 적당한 변수 이름을 입력한다. 여기에서는 'ps'로 한다.

[매치 공차]에 '0.1'을 설정한다. 이것은 성향 점수의 값을 같다고 간주하는 허용차이다.

[케이스 ID]에 'No'를 투입한다.

[매치 ID 변수 이름]에 적당한 변수 이름을 투입한다. 여기에서는 'pair'로 한다.

[데이터 세트 출력결과 이름]에 적당한 파일 이름을 입력한다. 여기에서는 'data2'로 한다.

[옵션]을 클릭한다.

[순서 4] 옵션의 선택

[정확한 매치에 우선순위 부여]에 체크한다.

[난수 시작 값]에 적당한 숫자를 입력한다. 여기에서는 '330126'으로 한다.

[계속]을 클릭한다.

[확인]을 클릭한다.

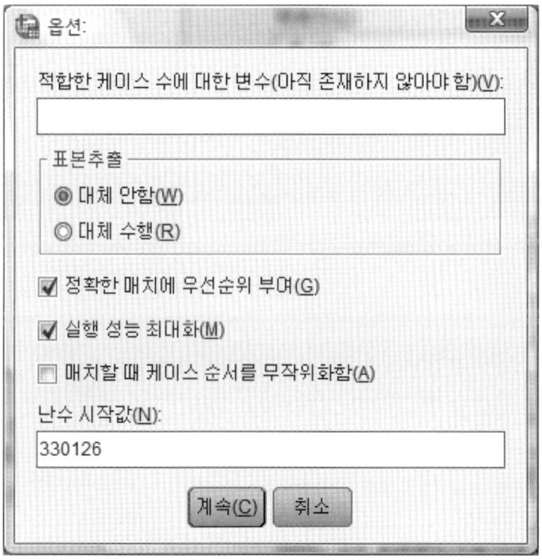

[분석결과]

다음과 같은 분석결과가 얻어진다.

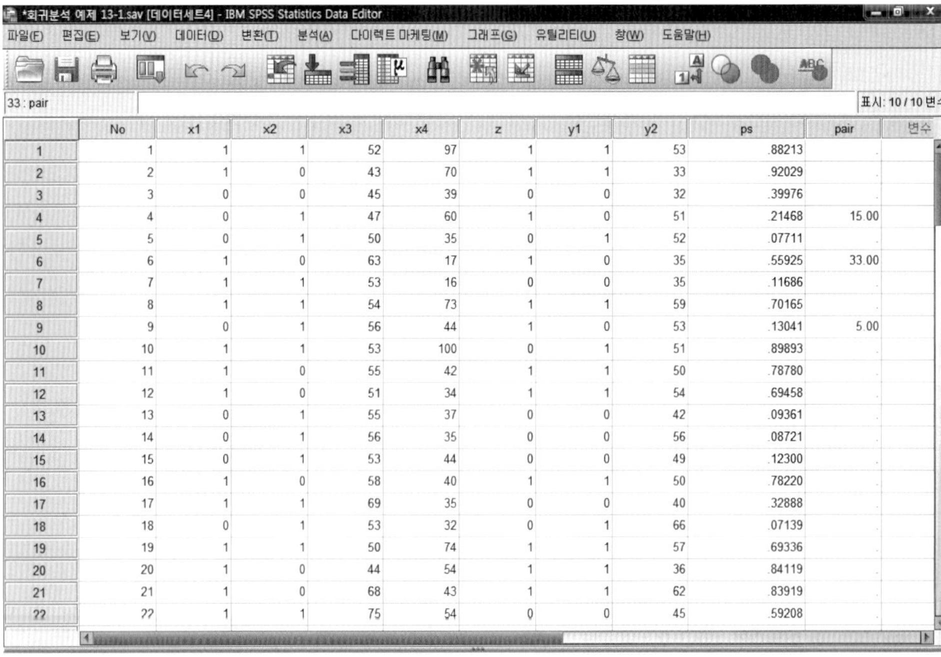

*회귀분석 예제 13-1.sav [데이터세트4] - IBM SPSS Statistics Data Editor

	No	x1	x2	x3	x4	z	y1	y2	ps	pair	변수
1	1	1	1	52	97	1	1	53	.88213	.	
2	2	1	0	43	70	1	1	33	.92029	.	
3	3	0	0	45	39	0	0	32	.39976	.	
4	4	0	1	47	60	1	0	51	.21468	15.00	
5	5	0	1	50	35	0	1	52	.07711	.	
6	6	1	0	63	17	1	0	35	.55925	33.00	
7	7	1	1	53	16	0	0	35	.11686	.	
8	8	1	1	54	73	1	1	59	.70165	.	
9	9	0	1	56	44	1	0	53	.13041	5.00	
10	10	1	1	53	100	0	1	51	.89893	.	
11	11	1	0	55	42	1	1	50	.78780	.	
12	12	1	0	51	34	1	1	54	.69458	.	
13	13	0	1	55	37	0	0	42	.09361	.	
14	14	0	1	56	35	0	0	56	.08721	.	
15	15	0	1	53	44	0	0	49	.12300	.	
16	16	1	0	58	40	1	1	50	.78220	.	
17	17	1	1	69	35	0	0	40	.32888	.	
18	18	0	1	53	32	0	1	66	.07139	.	
19	19	1	1	50	74	1	1	57	.69336	.	
20	20	1	0	44	54	1	1	36	.84119	.	
21	21	1	0	68	43	1	1	62	.83919	.	
22	22	1	1	75	54	0	0	45	.59208	.	

새로 작성된 변수 'ps'는 성향 점수이고 'pair'는 쌍을 의미한다. No. 4번의 값이 15로 되어 있다. 이것은 No. 4번과 15번을 쌍으로 했다는 것을 의미한다. 4번의 성형 점수 값은 0.21468, 15번의 값은 0.12300으로 그 차는 설정한 허용차 0.1 이내로 되어 있다. 마찬가지로 6번과 33번, 9번과 5번, …을 쌍으로 하고 있다.

성향 점수를 z의 값으로 층별한 그래프(도트 플롯)을 작성하면 다음과 같다.

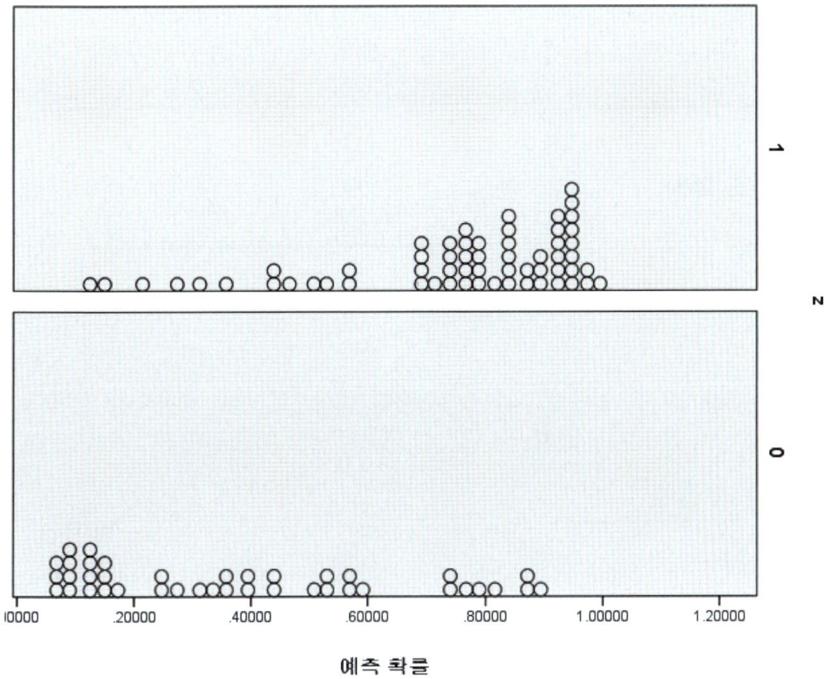

치료 없음 군과 있음 군으로 분포가 중복되어 있어, 비슷한 값의 성향 점수를 갖는 사람들이 있다는 것을 알 수 있다.

■ 성향 점수에 의한 층별

성향 점수의 값이 비슷한 것끼리 모이도록 성향 점수로 몇 개의 그룹으로 분할해서, 분할한 그룹마다 z와 y_1, z와 y_2의 관계를 검증하면 좋다. 분할하는 그룹의 수는 일반적으로 5개의 그룹으로 나누는 경우가 많다. 원래의 데이터 수가 적을 때에는 두 개의 그룹으로 나누면 좋을 것이다.

층별 후의 z와 y_1의 관계는 질적 변수끼리의 관계가 되므로, 층마다 χ^2검정이나 Mantel-Haenzel의 검정이 이용된다.

한편, 층별 후의 z와 y_2의 관계는 질적 변수와 양적 변수 간의 관계가 되므로, 층마다 t검정이나 이원배치 분산분석이 이용된다.

■ 성향 점수에 의한 매칭

치료의 유무를 나타내는 z가 1인 케이스를 하나 선택한다. 이 케이스의 성향 점수 값과 같은 값이 되는 z가 0인 케이스를 하나 골라서 쌍으로 한다(매칭한다). 이 작업을 반복해서 복수의 쌍을 작성한다. 쌍끼리는 성향 점수의 값이 같으므로, 복수의 교락 인자에 대해서도 비슷한 것이 되어 있을 것이고, 게다가 1과 0의 양쪽 케이스로 구성되는 사실로부터 교락 인자에 의한 효과를 조정할 수 있다고 생각하는 것이다.

■ 케이스 대조 매칭

SPSS에는 성향 점수의 매칭 기능(성향 점수에 의한 일치) 외에 케이스 대조 매칭 기능이 있다. 이 두 가지 기능은 비슷하지만, 사용하는 장면과 사고방식이 다르므로 주의가 필요하다. 성향 점수의 매칭 기능은 독립변수 중의 2가 변수를 대상으로 해서 적용되는 데 비해서, 케이스 대조 매칭 기능은 2가 변수의 종속변수를 대상으로 해서 적용되는 것이다.

[SPSS의 처리 절차]

[순서 1] 데이터의 입력

<표 13-1>의 데이터를 입력한다.

[순서 2] 분석수법의 선택

메뉴에서 [데이터]-[케이스 대조 매칭]을 선택한다.

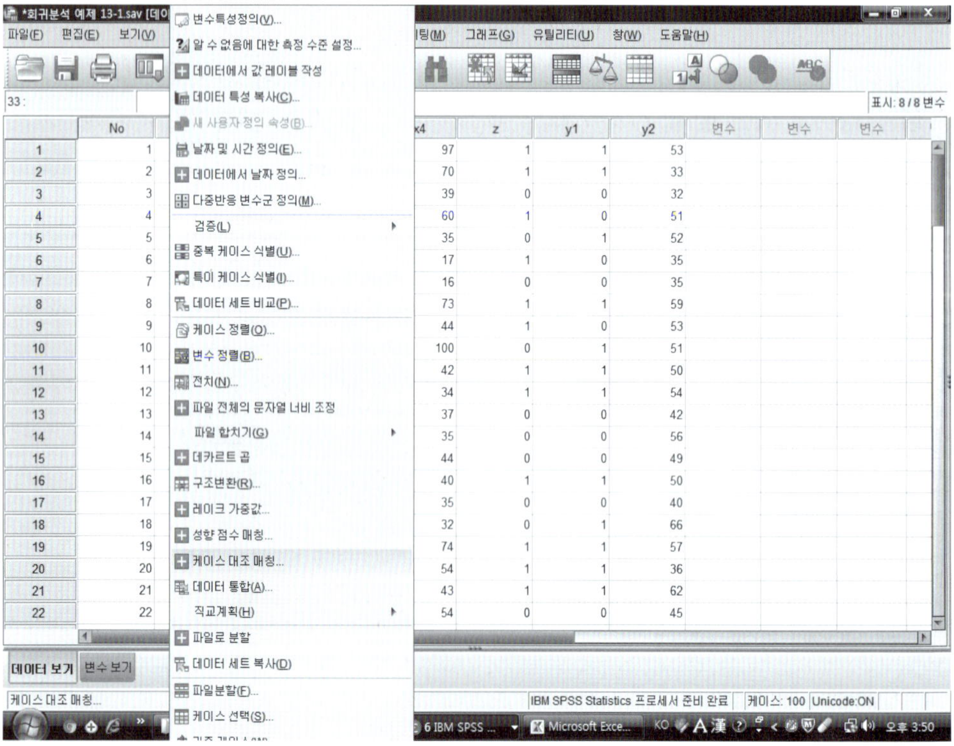

[순서 3] 변수의 선택

[매치할 지표]에 'x_1, x_3'를 투입한다.

[매치 공차]에 '0 3'이라고 공백으로 구별해서 입력한다.

x_1은 성별이므로, 완전히 일치하도록(남과 여가 쌍으로 되지 않도록) '0'이라고 설정한다.

x_3는 연령이므로, 몇 세까지의 차를 같다고 간주할 것인가 하는 허용범위를 설정한다. 여기에서는 '3'세로 하고 있다.

[집단 지표]에 'y_1'을 투입한다.

[케이스 ID]에 'No'를 투입한다.

[매치 ID 변수 이름]에 적당한 변수 이름을 입력한다. 여기에서는 'pair'로 한다.

[매치 집단 변수 이름]에 적당한 파일 이름을 입력한다. 여기에서는 'pair2'로 한다.

[확인]을 클릭한다.

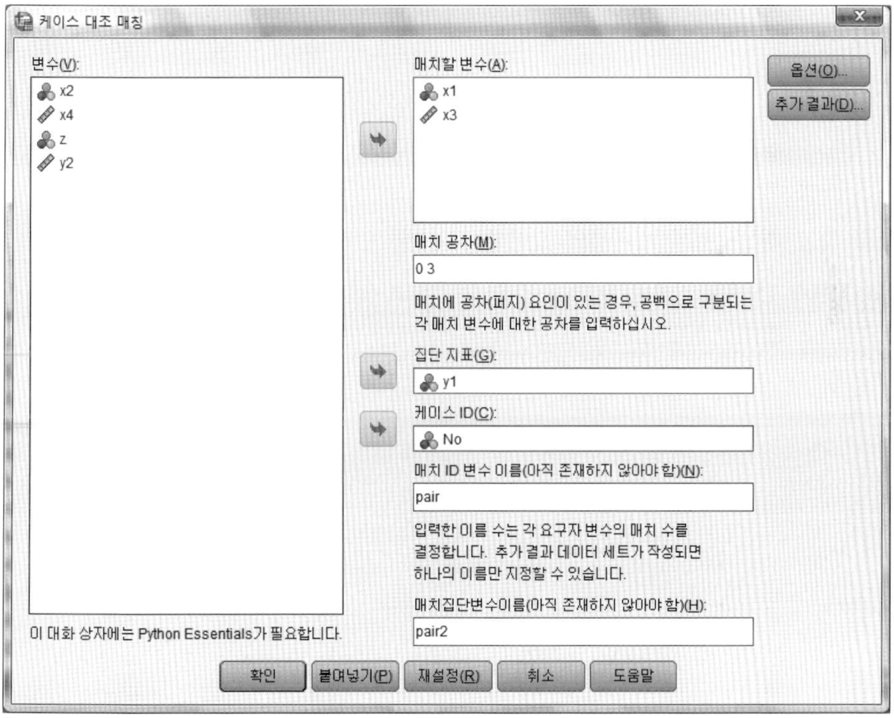

[분석결과]

다음과 같은 결과가 얻어진다.

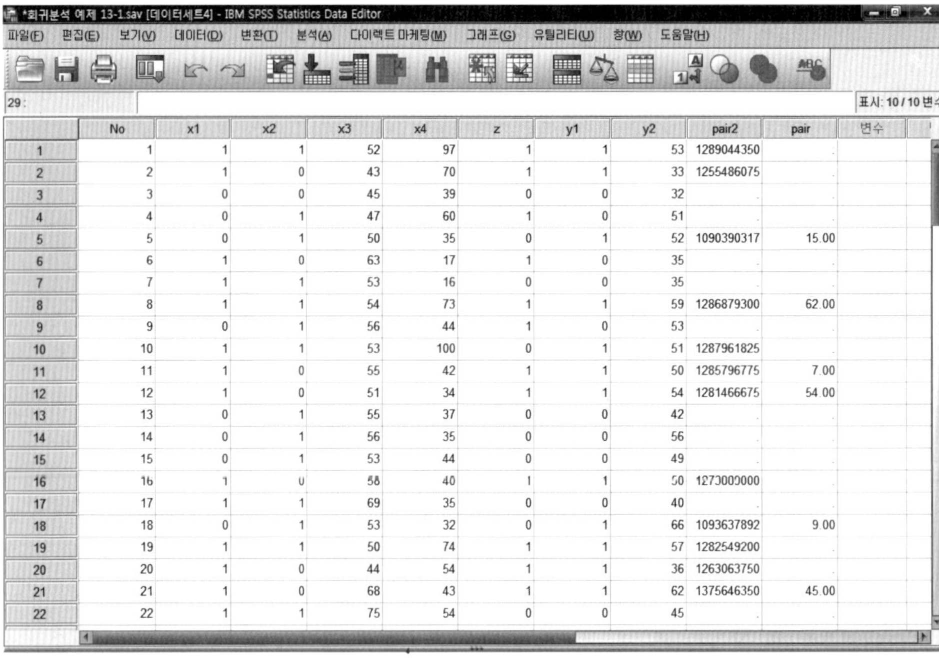

	No	x1	x2	x3	x4	z	y1	y2	pair2	pair	변수
1	1	1	1	52	97	1	1	53	1289044350	.	
2	2	1	0	43	70	1	1	33	1255486075	.	
3	3	0	0	45	39	0	0	32	.	.	
4	4	0	1	47	60	1	0	51	.	.	
5	5	0	1	50	35	0	1	52	1090390317	15.00	
6	6	1	0	63	17	1	0	35	.	.	
7	7	1	1	53	16	0	0	35	.	.	
8	8	1	1	54	73	1	1	59	1286879300	62.00	
9	9	0	1	56	44	1	0	53	.	.	
10	10	1	1	53	100	0	1	51	1287961825	.	
11	11	1	0	55	42	1	1	50	1285796775	7.00	
12	12	1	0	51	34	1	1	54	1281466675	54.00	
13	13	0	1	55	37	0	0	42	.	.	
14	14	0	1	56	35	0	0	56	.	.	
15	15	0	1	53	44	0	0	49	.	.	
16	16	1	0	58	40	1	1	50	1273000000	.	
17	17	1	1	69	35	0	0	40	.	.	
18	18	0	1	53	32	0	1	66	1093637892	9.00	
19	19	1	1	50	74	1	1	57	1282549200	.	
20	20	1	0	44	54	1	1	36	1263063750	.	
21	21	1	0	68	43	1	1	62	1375646350	45.00	
22	22	1	1	75	54	0	0	45	.	.	

'pair'라고 하는 변수의 5행째의 값이 15로 되어 있다.

No. 5번과 15번을 쌍으로 했다는 것을 의미하고 있다. 마찬가지로 8번과 62번, 11번과 7번, 12번과 54번, …을 쌍으로 하고 있다.

참고문헌

[국내문헌]

1. 강병서. 「인과분석을 위한 연구방법론」. 무역경영사, 1999.
2. 강병서 · 김계수. 「사회과학 통계분석」. 고려정보산업, 1998.
3. 노형진. 「EXCEL을 활용한 유형별 데이터의 통계분석」. 학현사, 2010.
4. 노형진. 「SPSS를 활용한 정성적 데이터의 통계분석」. 학현사, 2010.
5. 노형진. 「SPSS를 활용한 조사방법 및 통계분석」(제2판). 학현사, 2014.
6. 노형진 외 2인. 「SPSS를 활용한 일반선형모형 및 일반화선형혼합모형」. 학현사, 2013.
7. 노형진. 「SPSS를 활용한 분할표의 분석 및 대응분석」. 학현사, 2011.
8. 노형진 · 정한열. 「SPSS에 의한 통계분석 입문」. 한올출판사, 2008.
9. 노형진. 「SPSS를 활용한 주성분분석과 요인분석」. 한올출판사, 2014.
10. 노형진. 「SPSS를 활용한 회귀분석과 일반선형모형」. 한올출판사, 2014.
11. 노형진. 「SPSS를 활용한 비모수통계분석 및 대응분석」. 지필미디어, 2015.
12. 노형진. 「SPSS를 활용한 통계분석 선택방법」. 지필미디어, 2015.
13. 송문섭 · 박창순. 「비모수통계학개론」. 자유아카데미, 1994.
14. 양병화. 「다변량 데이터 분석법의 이해」. 커뮤니케이션북스, 2006.
15. 허명회. 「SPSS Statistics 고급선형모형(증보판)」. 데이타솔루션, 2013.

[일본문헌]

1. 石村貞夫. 「SPSSによる統計處理の手順」. 東京圖書, 1995.
2. 石村貞夫. 「SPSSによる多變量データ解析の手順」. 東京圖書, 1998.
3. 石村貞夫. 「SPSSによる分散分析と多重比較の手順」. 東京圖書, 1997.

4. 石村貞夫.「SPSSによる時系列分析の手順」. 東京圖書, 1999.
5. 石村貞夫.「SPSSによるカテゴリカルデータ分析の手順」. 東京圖書, 2001.
6. 石村貞夫.「SPSSによる線型混合モデルとその手順」. 東京圖書, 2012.
7. 石村貞夫·謝承泰·久保田基夫·石村友二郎.「SPSSによる醫學·齒學·藥學のための統計解析」. 東京圖書, 2016.
8. 石村貞夫·加藤千惠子·石村友二郎.「SPSSによる臨床心理·精神醫學のための統計處理」. 東京圖書, 2015.
9. 內田治.「SPSSによるノンパラメトリック検定」. Ohmsha, 2014.
10. 內田治.「SPSSによる分散分析」. 東京圖書, 2007.
11. 內田治.「SPSSによる回歸分析」. Ohmsha, 2013.
12. 內田治.「SPSSによるロジスティック回歸分析」. Ohmsha, 2011.
13. 內田治.「SPSSによるロジスティック回歸分析 第2版」. Ohmsha, 2016.

[서양문헌]

1. Akaike, H. (1973). Information theory and an extension of the maximum likelihood principle. In Petrov, B. N. and Csaki, F.[Eds.], *Proceedings of the 2nd International Symposium Theory*. Budapest: Akademiai Kiado, 267~281.
2. Akaike, H. (1987). Factor analysis and AIC. *Psychometrika*, 52, 317~332.
3. Anderson, T. W. (1957). Maximun likelihood estimates for a multivariate normal distribution when some observations are missing. *Journal of the American Statistical Association*, 52. 200 ~203.
4. Anderson, T. W. (1984). *An introduction to multivariate statistical analysis*. New York: Wiley.
5. Beale, E. M. L. and Little, R. J. A. (1975). Missing values in multivariate analysis. *Journal of the Royal Statistical Society Series B*, 37, 129~145.
6. Bentler, P. M. (1980). Multivariate analysis with latent variables: Causal modeling. *Annual Review of Psychology*, 31, 419~456.
7. Diaconis, P. and Efron, B. (1993). Computer-intensive methods in statistics. *Scientific American*, 248(5), 116~130.
8. Kendall, M. G. and Stuart, A. (1973). *The advanced theory of statistics*. (vol. 2nd,

3rd edition). New York: Hafner.

9. Little, R. J. A. and Rubin, D. B. (1987). *Statistical analysis with missing data.* New York: Wiley.
10. Little, R. J. A. and Rubin, D. B. (1989). The analysis of social science data with missing values. *Sociological Methods and Research*, 18, 292~326.
11. Little, R. J. A. and Schenker, N. (1995). Missing data. In G. Arminger, C.C. Clogg and M.E. Sobel [Eds.] *Handbook of statistical modeling for the social and behavioral sciences.* New York: Plenum.
12. Mardia, K. V. (1970). Measures of multivariate skewness and kurtosis with applications. *Biometrika*, 57, 519~530.
13. Mardia, K. V. (1974). Applications of some measures of multivariate skewness and kurtosis in testing normality and robustness studies. *Sankhya*, Series B, 36, 115~128.
14. McDonald, R. P. and Marsh, H. W. (1990). Choosing a multivariate model: Noncentrality and goodness of fit. *Psychological Bulletin*, 107, 247~255.
15. Rubin, D. E. (1976). Inference and missing data. *Biometrika*, 63, 581~592.
16. Rubin, D. E. (1987). *Multiple imputation for nonresponse in surveys.* New York: Wiley
17. Schafer, J. L. (1997). *Analysis of incomplete multivariate data.* London, UK: Chapman and Hall.
18. Wothke, W. (1993). Nonpositive definite matrices in structural modeling. In Bollen, K.A. and Long, J.S. [Eds.], *Testing structural equation models* (pp. 256~293). Newbury Park, California: Sage.
19. Wothke, W. (1999). Longitudinal and multi-group modeling with missing data. In T.D. Little, K.U. Schnabel and J. Baumert [Eds.] *Modeling longitudinal and multiple group data: Practical issues, applied approaches and specific examples.* Mahwah, New Jersey: Lawrence Erlbaum Associates.

찾아보기

▸R

▸S

▸T

▸V

저/자/소/개

노형진

- 서울대학교 공과대학 졸업(공학사)
- 고려대학교 대학원 수료(경영학박사)
- 일본 쓰쿠바대학 대학원 수료(경영공학 박사과정)
- 일본 문부성 통계수리연구소 객원연구원
- 일본 동경대학 사회과학연구소 객원교수
- 러시아 극동대학교 한국학대학 교환교수
- 중국 중국해양대학 관리학원 객좌교수
- 국방과학연구소 연구원 역임
- 현재, 경기대학교 경상대학 경영학과 교수
  전공, 품질경영 · 기술경영 · 다변량분석(조사방법 및 통계분석)
- 중소기업청 Single-PPM 심의위원
- 대한상공회의소 심사위원 · 지도위원
- Single-PPM 품질경영연구회 회장
- 한국제안활동협회 회장
- 한중전략경영연구소 이사장

▸ 주요저서

- EXCEL을 활용한 앙케트 조사 및 분석(학현사)
- SPSS를 활용한 조사방법 및 통계분석(학현사)
- SPSS/Excel을 활용한 알기쉬운 시계열분석(학현사)
- SPSS를 활용한 일반선형모형 및 일반화선형혼합모형(학현사)
- SPSS 및 Amos를 활용한 구조방정식모형분석-원리편-(지필미디어)
- SPSS를 활용한 비모수통계분석 및 대응분석(지필미디어)
- SPSS를 활용한 분할표의 분석 및 분산분석(지필미디어)
- SPSS를 활용한 앙케트의 통계분석(지필미디어)
- EXCEL에 의한 경영과학(한올출판사)
- SPSS에 의한 다변량분석 기초에서 응용까지(한올출판사)
- Excel 및 SPSS를 활용한 다변량분석 원리와 실천(한올출판사)

e-mail: hjno@kyonggi.ac.kr

SPSS를 활용한

회귀분석

REGRESSION ANALYSIS *USING* SPSS

발 행 일 2016년 5월 28일 초판 인쇄
저　　자 노형진
발 행 인 김성남
발 행 처 (주)지필미디어
주　　소 경기도 파주시 문발로 132 조에아울렛 402호
전　　화 031-957-4504
팩　　스 031-957-4503
이 메 일 book@jiphil.co.kr
홈페이지 www.jiphil.co.kr
등록번호 제 312-1997-000043호 (1997년 07월 16일)
I S B N 979-11-86674-38-3 93310
편　　집 디자인 콤마
가　　격 28,000원